思想政治教育研究论丛

第十一辑

SIXIANG ZHENGZHI JIAOYU
YANJIU LUNCONG

主　　编　辛向阳
副 主 编　李春晖　贺　瑞　张瑞军
执行主编　刘爱玲

方志出版社
Publishing House of Local Records

图书在版编目（CIP）数据

思想政治教育研究论丛. 第十一辑 / 辛向阳主编 ；李春晖，贺瑞，张瑞军副主编 ；刘爱玲执行主编. —北京 ：方志出版社，2021.12

ISBN 978-7-5144-5243-3

Ⅰ. ①思… Ⅱ. ①辛… ②李… ③贺… ④张… ⑤刘… Ⅲ. ①思想政治教育—中国—文集 Ⅳ. ①D64-53

中国国家版本馆 CIP 数据核字(2023)第 128638 号

责任编辑：董琳
责任校对：刘玉霞
责任印制：梅中英
出 版 者：方志出版社
地　　址：北京市朝阳区潘家园东里 9 号（国家方志馆 4 层）
邮　　编：100021
网　　址：http://www.zgfzcb.cn
发　　行：方志出版社图书营销中心（010-67110500）
印　　刷：北京中科印刷有限公司
开　　本：787 毫米×1092 毫米　1/16
印　　张：30.25
字　　数：482 千字
版　　次：2021 年 12 月第 1 版
印　　次：2021 年 12 月第 1 次印刷
定　　价：98.00 元

代　序

从中国共产党思想政治教育百年历程中汲取迈向伟大复兴的智慧和力量

——在 2021 年全国思想政治教育学术研讨会上的讲话

辛向阳

（2021 年 7 月 18 日　呼和浩特）

各位领导、各位专家，朋友们：

大家上午好！非常荣幸也非常高兴来到内蒙古师范大学参加这个重要的学术研讨会。在热烈庆祝中国共产党成立一百周年之际，恰逢“全国思想政治教育学术研讨会”举办 10 周年。在举国同庆的重要时刻，为庆祝中国共产党成立百年，深入学习贯彻习近平总书记“七一”重要讲话精神，举办“2021 年全国思想政治教育学术研讨会”有着重要的现实意义。我谨代表会议主办方之一——中国社会科学院马克思主义研究院，向出席会议的各位专家学者表示热烈欢迎，向承办此次会议的内蒙古师范大学表示衷心感谢，向在座的辛勤耕耘在思想政治教育工作领域的教师、学者致以崇高敬意！

历史长河奔流不息、跌宕起伏。端起马克思主义的望远镜、显微镜回望中国共产党百年历程，中国共产党的百年历史是矢志践行初心使命的一百年、筚路蓝缕奠基立业的一百年、创造辉煌开辟未来的一百年。习近平总书记指出："回顾党的奋斗历程可以发现，中国共产党之所以能够历经艰难困苦而不断发展壮大，很重要的一个原因就是我们党始终重视思想建党、理论强党，使全党始终保持统一的思想、坚定的意志、协调的行动、强大的战斗力。"① "思想政治工作是一切工作的生命线"②，在这百年历程中，中国共产党人之所以能够团结带领中国人民开辟伟大道路、创造伟大事业、取得伟大成就，最根本的原因是有马克思主义作为行动指南，这与我们党一贯重视思想政治教育工作密不可分。

新民主主义革命时期，党的思想政治教育工作服务于民族独立和解放的政治任务，发动群众、团结群众、依靠群众，遇水搭桥、逢山开路，通过浴血奋战和艰苦卓绝的斗争迎来了新民主主义革命胜利的曙光。社会主义革命和建设时期，服务于"社会主义建设和改革"的任务，中国共产党人以无产阶级的世界观、人生观和价值观为指导，团结带领中国人民，自力更生、奋发图强，在一穷二白的基础上开展社会主义建设，确立了社会主义制度。改革开放和社会主义现代化建设新时期，思想政治教育工作服务于以经济建设为中心这一根本任务，激励中国共产党人解放思想、锐意进取，坚决同来自各方的风险挑战作斗争，确保了中国特色社会主义道路科学的前进方向。进入中国特色社会主义新时代，党的思想政治教育工作服务于实现社会主义现代化国家和实现中华民族伟大复兴中国梦的战略布局，党的思想政治教育工作全面加强，群众性精神

① 《习近平谈治国理政》第三卷，北京：外文出版社，2020 年，第 74 页。
② 《建国以来重要文献选编》第二十册，北京：中央文献出版社，1998 年，第 197 页。

文明创建活动得到深化，担当民族复兴大业的时代新人得到培养，党的思想政治教育工作为巩固“四个自信”、统揽“四个伟大”、统筹推进“五位一体”总体布局、协调推进“四个全面”战略布局，提供了奋进的精神力量。

以史为鉴，从中国共产党思想政治教育百年历程中汲取迈向伟大复兴的智慧和力量，要用习近平新时代中国特色社会主义思想铸魂育人，用党的奋斗历程和伟大成就鼓舞斗志、明确方向，用党的光荣传统和优良作风坚定信念、凝聚力量，用党的实践创造和历史经验启迪智慧、砥砺品格，用党的理论创新和经验总结推进新时代思想政治教育创新发展，开创思想政治工作的新局面。

一、坚持以马克思主义及其中国化理论为指导，充分发挥科学理论的巨大思想伟力

马克思主义理论武装是我们党的政治优势和优良传统，中国共产党人自建立之日起就坚持运用马克思主义的立场、观点、方法分析问题、解决问题。习近平总书记指出，中国共产党之所以能、中国特色社会主义之所以好，归根到底是马克思主义行。中国共产党成立百年来之所以能够完成近代以来各种政治力量不可能完成的艰巨任务，关键在于坚持马克思主义理论的指导，坚持把马克思主义基本原理同中国革命实际相结合，在实践中不断推进马克思主义中国化，不断推进理论创新，不断实现理论创造。习近平新时代中国特色社会主义思想是当代中国马克思主义、21 世纪马克思主义，是马克思主义基本原理同时代特征和中国具体实际相结合的最新飞跃，是新时代最鲜活生动的马克思主义。习近平总书记关于思想政治教育的一系列重要论述是做好新时代思想政治教育工作的思想旗帜，是引领思想政治教育工作者育新人的精神旗帜。思想政治教育工作事关培养什么样的人、如何培养人和为谁培养人的根本性问题。习近平总书记在党的十九大报告中指出，要“培养担当民族复兴大任的时代新

人”[①]，“为人民服务，为中国共产党治国理政服务，为巩固和发展中国特色社会主义制度服务，为改革开放和社会主义现代化建设服务”[②]，系统回答了思想政治教育工作“谁来教”“为谁教”“怎么教”等重大现实问题，发展和创新了思想政治教育的基本理论，为新时代思想政治教育的创新发展提供了理论伟力。新时代，我们要以习近平新时代中国特色社会主义思想统一思想、统一意志、统一行动，增强做好新时代思想政治教育工作的理论自觉和政治自信。

二、弘扬伟大建党精神、赓续红色血脉，为走好新时代赶考路提供不竭的精神伟力

历史是大写的精神，精神是历史的内化。伟大建党精神承载着中国共产党的初心和使命，同中国共产党革命精神和文化基因一脉相承，是激励中国共产党人披荆斩棘，带领中国人民跨越革命路上的“雪山”“草地”，攻克前进道路上“娄山关”“腊子口”的精神动因。当前，我国面临着前所未有的风险挑战，既有国内的，也有国际的，既有政治、经济、文化、社会等领域的，也有来自自然界的，既有传统领域的，也有非传统领域的，“黑天鹅”“灰犀牛”还会不期而至。新时代，思想政治工作者要肩负起深入阐释、弘扬伟大建党精神的历史使命，自觉继承发扬伟大建党精神，坚持马克思主义普遍真理的指导，坚守马克思主义的信仰、共产主义的理想和社会主义的信念不动摇，坚守对党忠诚、不负人民的政治品质，不怕牺牲、英勇奋斗，以“为有牺牲多壮志、敢教日月换新天”的气魄和胸怀，进行新时代具有许多新的历史特点的伟大斗争，走好新时代赶考路，为中华民族伟大复兴提供精神力量。

---

① 习近平：《决胜全面建成小康社会　夺取新时代中国特色社会主义伟大胜利——在中国共产党第十九次全国代表大会上的报告》，北京：人民出版社，2017年，第42页。

② 《习近平谈治国理政》第三卷，北京：外文出版社，2020年，第328页。

三、把“学史明理”融入政治理论课教学，激发青年为实现中华民族伟大复兴而努力的奋斗伟力

历史是最好的教科书，新时代培育和弘扬社会主义核心价值观、开展革命传统教育和爱国主义教育要重视学史明理的重要作用，在学生中加强中国历史特别是中国近现代史、中国革命史、中共党史、中华人民共和国史、中国改革开放史的教育，加强青年学生思想引导和理论辨析。政治理论课要深入阐释党的辉煌成就、艰辛历程、历史经验、优良传统，从中引导学生勤学深悟中国共产党为什么能、马克思主义为什么行、中国特色社会主义为什么好。政治理论课还要讲清楚中国人民选择中国共产党的历史必然性，要准确把握、深入领会党领导人民脱贫攻坚、全面建成小康社会的历史性成就，从历史与现实、理论与实践、国际与国内的比较中，深刻认识全面建成小康社会的伟大成就和历史意义。要准确把握、深入领会实现中华民族伟大复兴历史伟业，引导青年学生矢志不渝地为实现第二个百年奋斗目标而继续努力、为实现中华民族伟大复兴中国梦而奋斗。

今后，中国社会科学院马克思主义研究院继续坚持开门办院，积极扩大同高校及各科研教学机构、广大专家学者的交流合作，共同为推动马克思主义学科体系、学术体系、教学体系建设，为发展当代中国马克思主义、21 世纪马克思主义共同努力。今天同内蒙古师范大学联合举办这个高质量研讨会，就是一次成功的合作。我相信，在诸位同仁的共同努力下，本次研讨会一定会激发出更多智慧火花，收获重要成果，产生切实可行的建议和措施，为推进新时代思想政治教育改革发展贡献更多智慧和力量。

祝研讨会圆满成功！谢谢各位。

目　录

中国共产党百年爱国主义教育的历史回顾

杨峻岭[①]　张艺川[②]

摘要：建党百年来，中国共产党始终是爱国主义精神最坚定的传承者、弘扬者和实践者。在波澜壮阔的百年征程中，中国共产党把爱国主义教育贯穿于中国革命、建设和改革实践的全过程，谱写了中华民族爱国主义精神的辉煌篇章。其中，新民主主义革命时期以“救国”为主线的爱国主义教育孕育了中国革命的原动力，社会主义革命和建设时期以“立国”为主线的爱国主义教育激发了新中国建设的发展力，改革开放新时期以“富国”为主线的爱国主义教育涵育了中国特色社会主义的生命力，新时代以来以“强国”为主线的爱国主义教育汇聚了中华民族复兴的巨大向心力。

关键词：中国共产党；爱国主义教育；建党百年

中国共产党百年光辉历程，百年丰功伟绩。从 1921 年成立至今，中国共产党团结带领全国各族人民，在“救国”“立国”“富国”“强国”的道路上砥砺奋进了一百年，取得了举世瞩目的辉煌成就，留下了弥足珍贵的宝贵经验和精神财富。回望中国共产党百年爱国主义教育的历程，总结和探索中国共产党

---

① 杨峻岭，哲学博士，中国地质大学（北京）马克思主义学院院长、教授、博士生导师。

② 张艺川，中国地质大学（北京）马克思主义学院马克思主义理论专业博士研究生。

百年爱国主义教育的经验和规律，对继承和弘扬中华民族以爱国主义为核心的民族精神和以改革创新为核心的时代精神，推动新时代党的爱国主义教育不断深入具有重要的理论和实践价值。

一、新民主主义革命时期以“救国”为主线的爱国主义教育（1921—1949年）

爱国主义是一个历史范畴，不同的历史时期爱国主义教育有不同的具体内容。近代以降，中华民族陷入内忧外患的悲惨境地，面临空前的民族危机，中国社会各阶层的仁人志士开始寻求“救亡图存”的道路。他们向西方“学技术”“学制度”，领导并发起了洋务运动、戊戌变法、辛亥革命，然而这些方案相继破产，未能真正实现挽救中国、挽救民族的历史任务。正如习近平总书记指出：“孙中山先生领导的辛亥革命，推翻了统治中国几千年的君主专制制度。旧的制度推翻了，中国向何处去？中国人苦苦寻找适合中国国情的道路。君主立宪制、复辟帝制、议会制、多党制、总统制都想过了、试过了，结果都行不通。”[①]1921年，中国共产党的诞生，为近代中国选择全新的救国道路奠定了坚实的组织基础。这一时期中国共产党将争取民族独立和谋求人民解放作为自己的使命，并在中华民族救亡图存、浴火重生的革命和建设道路上，始终围绕用什么“主义”救国、建设什么样的国以及“无产阶级政党在国家建立过程中应该发挥怎样的作用”这一时代课题，将爱国主义与马克思主义信仰相结合，谱写了一曲新民主主义革命时期党的爱国主义教育的绚丽篇章，推动近代中国爱国思想和爱国行动进入崭新的发展阶段。

早在1919年，毛泽东就在《湘江评论》中发文疾呼：“天下者，我们的

---

① 习近平：《在布鲁日欧洲学院的演讲》，《人民日报》2014年4月2日。

天下；国家者，我们的国家；社会者，我们的社会。我们不说，谁说？我们不干，谁干？”[①]号召有识之士特别是青年知识分子开怀天下事，不言家与身。1924年建党初期，为了启蒙国人、反对帝国主义，陈独秀与毛泽东联名发出了《关于“五一”“五四”“五五”“五七”之纪念与宣传》的通告，号召广大青年积极开展“‘五一’纪念，在可能的范围内，召集工人演讲会……‘五四’纪念，以学生为中心，必须发挥五四运动两个重要的意义：（一）恢复国权运动；（二）新文化运动……‘五五’纪念，应集合党、团员同志，由在理论上素有研究者讲演……‘五七’纪念，务必努力联合工商学生做大规模的示威运动”[②]。1926年，中共中央再次发出了《关于五月各纪念日之宣传工作》的通告（以下简称《通告》），提出红色的五月“没有一个纪念日不值得我们作广大的宣传，警醒民众，检阅自己的力量，向帝国主义反动势力示威。”[③]《通告》指出，纪念“五一”旨在推进工人运动，纪念“五四”旨在启蒙思想，纪念“五五”旨在传播马克思主义，纪念“五七”旨在告诫国人勿忘国耻。《通告》把思想启蒙同反帝爱国的群众运动和工人运动以及马克思主义相结合，极大地丰富了近代中国革命时期爱国主义教育的内容，推动了近代中国爱国主义教育走向深入。此后，“红五月”纪念活动一直成为中国共产党进行爱国主义教育的载体。

1927年大革命失败后，中国共产党在创建井冈山革命根据地的过程中，也始终将马克思主义理论作为根据地干部群众思想建设的重要内容，并通过创办学校、报刊，张贴标语、宣传画等形式，在根据地党员、干部、群众中播下救

① 《毛泽东早期文稿（1912.6—1920.11）》，长沙：湖南人民出版社，1990年，第39页。

② 《毛泽东年谱（1893—1949）（修订本）》（上），北京：中央文献出版社，2013年，第123页。

③ 《中共中央青年运动文件选编》，北京：中国青年出版社，1988年，第100页。

国、救民思想理论的种子。其中，1929 年 12 月通过的《中国共产党红军第四军第九次代表大会决议案》曾明确提出，用“党报、政治简报、编辑各种教育同志的小册子、训练班”[①] 等方法教育党内干部和群众。之后，党中央通过在根据地举办党团、党务、师资、妇女骨干等多种形式的训练班，创办《特委通讯》《湘赣简报》《红旗》《赤报》等各类报纸杂志，对根据地党员、干部、群众进行广泛思想动员和政治宣传，大大提高了根据地党员、干部、群众的马克思主义理论水平和积极投身革命的热情。

中央苏区时期，中华苏维埃共和国中央教育人民委员部也多次发布训令，要求广大苏区党员干部“用教育与学习的方法，启发群众的阶级觉悟，提高群众的文化水平与政治水平，打破旧社会思想习惯的传统，以深入思想斗争，使（之）能更有力地动员起来。”[②] 长征期间，广大工农红军为了向沿途广大群众宣传党的政策与革命主张，激励人民群众投身革命，创建新的中央苏区的积极性，作为党中央、中央军委的唯一报纸《红星》报也曾多次发文强调，“必须首先从群众切身利益开始，然后逐步进入到苏维埃基本主张的宣传，必须以最通俗的语言、极大的耐心，同群众接近，来启发他们的斗争。”[③] 抗战时期，面对空前深重的民族危机，为了鼓励广大师生积极投身救亡图存的爱国洪流中。1935 年 9 月，爱国教育家张伯苓在南开大学新学年“始业式”上，提出了振聋发聩的“爱国三问”，即“你是中国人吗？你爱中国吗？你愿意中国好吗？”这“三问”，一问民族血脉，二问家国情怀，三问责任担当，其言谆谆，其意切切，直击青年学生的灵魂，点燃了热血青年的爱国斗志。1938 年 5 月，毛泽

---

① 《毛泽东文集》第一卷，北京：人民出版社，1993 年，第 95 页。

② 中央教育科学研究所编：《老解放区教育资料》，北京：教育科学出版社，1981 年，第 29 页。

③ 《邓小平年谱（1904—1974）》（上），北京：中央文献出版社，2009 年，第 112 页。

东在延安抗日战争研究会上发表了《论持久战》的演讲，提出了“抗日战争是持久战，最后胜利是中国的”① 这一科学论断，从思想上武装了全党、全军、全国人民，坚定了中国人民夺取抗战胜利的信心，孕育了以爱国主义为核心的伟大抗战精神。解放战争时期，中国共产党领导全国人民与国民党进行了一场事关中国前途命运的决战。在即将夺取全国胜利前夕，中共中央于 1949 年 3 月在河北省平山县西柏坡村召开了七届二中全会，制定了促进革命取得胜利以及胜利后的工作方针、政策，提出了党的建设这个重大而紧迫的新课题，孕育了饱含中国共产党人政治智慧的西柏坡精神。

纵观新民主主义革命时期党的爱国主义教育历程，我们不难发现，中国共产党从诞生之日起，就将爱国主义与马克思主义信仰相结合，他们广泛传播马克思主义，播撒救国报国的革命种子，通过思想启蒙、政治宣传和革命斗争等形式，把千千万万的中华儿女团结在爱国主义的光辉旗帜下，并在新民主主义革命的不同历史时期，孕育形成了井冈山精神、苏区精神、长征精神、延安精神、抗战精神、红岩精神和西柏坡精神等一系列伟大的革命精神传统。这光辉的革命精神传统，不仅为中国共产党革命精神谱系建立奠定了坚实的基础，而且为后续中国革命、建设和改革实践中赓续传承中华民族伟大的爱国主义精神，推动中华民族从苦难走向辉煌提供了强大精神动力。

二、社会主义革命和建设时期以“立国”为主题的爱国主义教育（1949—1978 年）

1949 年 10 月，中国共产党领导中国人民经过艰苦卓绝的斗争，建立了人民当家作主的社会主义新中国，开辟了中国历史的新纪元，中国社会发生了

① 《毛泽东选集》第二卷，北京：人民出版社，1991 年，第 515 页。

“改天换地”的历史巨变。这一时期国内经济一穷二白，千疮百孔，百废待兴；以美国为首的西方发达资本主义国家对新中国实行政治孤立、经济封锁和武力威胁的政策，新生的中国政权和中国人民面临巨大风险考验。这一时期中国共产党围绕“如何建设新中国”“建设一个什么样的新中国”这一时代主题，开启了中国共产党爱国主义与社会主义、爱国主义与国际主义相统一的爱国主义教育新篇章。

1949年9月29日，中国人民政治协商会议第一届全体会议通过的《中国人民政治协商会议共同纲领》中将实现共产主义作为新中国建设的根本目标，提出在广大人民群众中积极倡导“爱祖国、爱人民、爱劳动、爱科学、爱护公共财物”[①] 的社会主义的基本道德要求。中华人民共和国成立后中国人民在“中华民族站起来了”和社会主义革命和建设的光明前景的感召下，以空前饱满的爱国热情投入新中国的建设事业中。1950年10月，为了保卫祖国，维护和平，践行马克思主义倡导的伟大国际主义精神，中国人民志愿军毅然奔赴朝鲜，开启了艰苦卓绝的抗美援朝战争。次年2月，中共中央印发了《关于进一步开展抗美援朝爱国运动的指示》(以下简称《指示》)。《指示》中明确提出：“在各阶层人民，特别是在工农群众中，广泛进行时事教育，开展蔑视、鄙视、仇视美国帝国主义与提高民族自信心自尊心的运动。”[②] 之后，社会各界爱国人士积极将抗美援朝运动与社会主义革命斗争实践相结合，通过爱国公约、爱国捐献、认购爱国公债等多种形式，在全社会广泛开展以反对美帝国主义侵略，保卫革命胜利果实，巩固人民民主政权为主要内容的爱国主义教育运动，一时间我国社会各行各业人民群众的爱国热情空前高涨。对此，郭沫若曾经这样评价道：“在抗美援朝战争中，我国人民受到普遍而深入的爱国主义教育……一年

① 《建国以来重要文献选编》第一册，北京：中央文献出版社，1992年，第11页。
② 《建国以来重要文献选编》第二册，北京：中央文献出版社，1992年，第24页。

以来，我国人民已有 80% 受到爱国主义教育。”① 其间，为了团结社会各界人士和各种力量建设新中国，激发广大工人、农民、知识分子建设社会主义新中国的热情，彰显中国共产党人博大宽广的爱国主义情怀，推动中华民族传统爱国主义精神和马克思主义的国际主义精神的有机融合，党中央、政务院相继出台了一系列爱国主义教育文件和教育政策。例如，1951 年 12 月，李维汉在中央民族事务委员会第二次委员会扩大会议上作的《关于民族政策若干问题的报告》中指出，要“加强各民族的爱国主义与国际主义相结合的教育，反对大民族主义和狭隘民族主义”②。1953 年 9 月，毛泽东同志在同民主党派和工商界部分代表谈话时也明确提出，要“继续在资本家中间进行爱国主义教育，为此需要有计划地培养一部分眼光远大的、愿意和共产党和人民政府靠近的、先进的资本家”③。1954 年 6 月，中共中央政务院颁布的《关于改进和发展中学教育的指示》中首次对学校爱国主义教育的内涵进行了明确界定，指出爱国主义教育“是要培养学生对祖国的热爱和献身于祖国社会主义建设事业的志愿，加强国家观念，树立个人利益服从国家利益的观念。进行爱国主义教育的同时，应注意培养国际主义的精神”④，彰显出爱国主义、社会主义、国际主义有机统一的爱国主义教育理念。

1956—1966 年是新中国成立后全面建设社会主义的十年。这一时期“社会主义改造已经取得决定性的胜利……社会主义的社会制度在我国已经基本上建立起来了”⑤。爱国主义与爱社会主义、爱国主义与建设社会主义的有机统一

① 郭沫若：《伟大的抗美援朝运动》，《人民日报》1951 年 10 月 1 日。
② 《李维汉选集》，北京：人民出版社，1987 年，第 248 页。
③ 《毛泽东文集》第六卷，北京：人民出版社，1999 年，第 292 页。
④ 《建国以来重要文献选编》第五册，北京：中央文献出版社，1993 年，第 197 ~ 198 页。
⑤ 《建国以来重要文献选编》第九册，北京：中央文献出版社，1994 年，第 341 页。

成为爱国主义教育的主题。例如，1956 年 9 月，刘少奇在《在中国共产党第八次全国代表大会上的政治报告》中指出："随着我国社会主义事业的胜利发展，我们的人民民主统一战线的范围将愈来愈广泛……我们的任务就是使一切积极因素都能够动员起来，使他们对于建设社会主义的事业都能贡献一份力量。"[①]1956—1978 年，中国共产党将马克思主义基本原理与我国社会主义建设的具体实践相结合，初步探索出了一条如何在生产力相对落后的国家建设社会主义的基本路线。我国经济社会"赖以进行现代化建设的物质技术基础，很大一部分是这个期间建设起来的；全国经济文化建设等方面的骨干力量和他们的工作经验，大部分也是在这个期间培养和积累起来的"[②]。它标志着中国共产党开创的社会主义建设事业进入一个全新的历史阶段，中国社会主义建设事业彰显出强大的生机和巨大的发展潜力。20 多年的艰难求索，有挫折失败，也有巨大成就。这一时期党的爱国主义教育也经历了一个艰难曲折的发展过程，但爱国主义与爱社会主义相统一的原则始终没有变。

纵观社会主义革命时期党的爱国主义教育历程，我们发现，这一时期中国共产党坚持爱国主义与社会主义、爱国主义与国际主义相统一的原则，紧紧围绕"反对帝国主义侵略和封建主义压迫，就是保卫中国人民民主革命的果实，就是拥护新民主主义，就是拥护进步，反对落后，就是拥护劳动人民，就是拥护中国与苏联和人民民主国家的以及全世界劳动人民的国际主义联盟，就是争取社会主义的前途"[③] 这一主题，以新中国公民道德教育为切入点，通过在各类群众运动中广泛开展马克思主义理论、新民主主义、社会主义、集体主义和国

---

① 《建国以来重要文献选编》第九册，北京：中央文献出版社，1994 年，第 86 ~ 87 页。

② 《中国共产党中央委员会关于建国以来党的若干历史问题的决议》，北京：人民出版社，1981 年，第 18 页。

③ 《胡乔木文集》第一卷，北京：人民出版社，2012 年，第 453 页。

际主义教育，凝聚民心，聚合民力，增强民众对新社会、新国家、新制度的认同。这一时期各行各业的人民群众在党的爱国主义精神旗帜的感召下，尽显爱国热情、报国之志，他们通过理论学习、生产劳动、科研攻关等实际行动，积极投身社会主义建设事业，构筑起了爱国主义、集体主义、革命英雄主义、社会主义相融合的“两弹一星”精神、大庆精神、红旗渠精神等。这些光辉的革命精神传统，不仅为社会主义革命和建设激发出强大的精神动力，而且为我国社会主义革命、建设奠定了坚实的民心基础。

三、改革开放新时期以“富国”为主线的爱国主义教育（1978—2012年）

1978年党的十一届三中全会的召开，开启了中国改革开放和社会主义现代化建设的新征程。“以邓小平同志为主要代表的中国共产党人，作出了把党和国家的工作重心转移到经济建设上来、实行改革开放的历史性决策，深刻揭示了社会主义的本质，确立了社会主义初级阶段基本路线，明确提出走自己的路、建设中国特色社会主义，科学回答了建设中国特色社会主义的一系列基本问题，成功开创了中国特色社会主义。”① 这一时期党的爱国主义教育，也以我国改革开放伟大事业为发端，实现了由“以阶级斗争为纲”向“振兴中华，实现四个现代化”的“富国”目标转变，形成了以“富国”为主题，以国家认同为核心，以历史教育和国情教育为重点的爱国主义教育话语体系，谱写了新形势下爱国主义与中国特色社会主义建设有机融合的教育新篇章。

1983年3月，中共中央专门成立了“五讲四美三热爱活动委员会”。委员会要求全国各地积极开展“五讲四美三热爱”活动，努力推进良好社会风尚

① 中共中央宣传部编：《习近平新时代中国特色社会主义思想学习纲要》，北京：学习出版社、人民出版社，2019年，第23页。

的形成。1983 年 7 月，中共中央宣传部、中共中央书记处研究室首次颁布了以“爱国主义教育”为主题的专门性文件——《关于加强爱国主义宣传教育的意见》(以下简称《意见》)。《意见》明确提出，这一时期党的爱国主义宣传教育的实践主题是“加紧社会主义现代化建设，争取实现包括台湾在内的祖国统一，反对霸权主义，维护世界和平。在目前社会条件下，振兴中华，就是要切实完成这三大任务”[①]。党的爱国主义教育成为我国社会主义现代化建设事业的重要思想保障。同年 8 月 24 日，教育部发布了《关于学习贯彻〈关于加强爱国主义宣传教育的意见〉的通知》(以下简称《通知》)。《通知》提出“要使我国各族人民从儿童时代起，就把‘祖国母亲’铭刻在自己的头脑中，把热爱祖国、热爱党、热爱社会主义三者融为一体”。热爱祖国、热爱党、热爱社会主义有机统一的爱国主义教育原则首次被明确写入党的教育文件。1986 年 9 月，中共十二届六中全会通过了《中共中央关于社会主义精神文明建设指导方针的决议》(以下简称《决议》)。《决议》针对经济体制改革给我国经济社会带来的急剧变化，我国经济社会生活中一度出现的“崇洋媚外”“全盘西化”的思想倾向，以及爱国主义教育被削弱、淡化的社会现象，提出新形势下我国社会主义道德建设的基本要求是“爱祖国、爱人民、爱劳动、爱科学、爱社会主义”。[②]这是继新中国成立初期党的政治纲领之后，“爱祖国”再次在党中央文件中被明确为社会主义道德建设的首要要求。1989 年政治风波后，邓小平同志在总结十年失误时也曾深刻指出，“十年最大的失误是教育，这里我主要是讲思想政治教育……对于中国是个什么样的国家，将要变成一个什么样的国家，这种教育

---

① 人民出版社编辑部：《中共十一届三中全会以来大事记》，北京：人民出版社，1998 年，第 119 页。

② 《社会主义精神文明建设文献选编》，北京：中央文献出版社，1996 年，第 13 页。

很少，这是我们很大的失误”[①]。此后，历史教育、国情教育成为改革开放时期党的爱国主义教育重点。

从党的十三届四中全会到党的十六大，国际政治、经济形势风云变幻。东欧剧变，苏联解体，世界社会主义发展遭受严重挫折，我国的经济建设也遇到困难。以江泽民同志为主要代表的中国共产党人，“集中全党智慧创立的‘三个代表’重要思想，进一步回答了什么是社会主义、怎样建设社会主义的问题，创造性地回答了在长期执政的历史条件下建设什么样的党、怎样建设党的问题”[②]。与此同时，党的爱国主义教育也步入一个全新的发展阶段。1994 年 8 月，中共中央印发了《爱国主义教育实施纲要》（以下简称《纲要》）。《纲要》首次对爱国主义教育的根本目标、基本原则、主要内容等进行全面系统的阐述，并明确提出这一时期“爱国主义教育的重点是青少年”，强调“党的基本路线教育，中国近代史、现代史和基本国情的教育，中华民族传统美德和优秀传统文化教育”[③]是当时和今后一个时期爱国主义教育的主要内容。同年 8 月，中共中央发出《关于进一步加强和改进学校德育工作的若干意见》（以下简称《意见》）。《意见》明确要求各地各类学校要“深入持久地进行爱国主义、集体主义和社会主义思想教育……要以中国近、现代史和国情教育为依托……把增强民族团结，维护祖国统一，列为学校爱国主义教育的重要内容”[④]。

从党的十六大到党的十八大，“我国已进入改革发展的关键时期，经济体制深刻变革，社会结构深刻变动，利益格局深刻调整，思想观念深刻变化”[⑤]。

① 《社会主义精神文明建设文献选编》，北京：中央文献出版社，1996 年，第 351 页。
② 《十六大以来重要文献选编》（下），北京：中央文献出版社，2008 年，第 585 页。
③ 《十四大以来重要文献选编》（上），北京：人民出版社，1996 年，第 925 页。
④ 《社会主义精神文明建设文献选编》，北京：中央文献出版社，1996 年，第 532 ~ 533 页。
⑤ 《中国共产党第十六届中央委员会第六次全体会议文件汇编》，北京：人民出版社，2006 年，第 2 页。

面对新的世纪、新的实践和新的发展要求，以胡锦涛同志为主要代表的中国共产党人，坚持以人为本和可持续发展理念，提出了一系列关于建设、巩固和发展中国特色社会主义的重大战略思想，解决了“为什么要发展、要什么样的发展、为谁发展、靠谁发展、怎样实现发展”等重大问题，开启了全面建设小康社会的进程。这一时期，党的爱国主义教育同样被赋予新的时代内容。2002 年 11 月，党的十六大报告明确提出“必须把弘扬和培育民族精神作为文化建设极为重要的任务，纳入国民教育全过程，纳入精神文明建设全过程”[①]。2006 年 10 月，党的十六届六中全会再次强调“以爱国主义为核心的民族精神和以改革创新为核心的时代精神，社会主义荣辱观，构成社会主义核心价值体系的基本内容。坚持把社会主义核心价值体系融入国民教育和精神文明建设全过程、贯穿现代化建设各方面”[②]。至此，以弘扬和培育民族精神及时代精神为基本内容的社会主义核心价值体系成为这一时期党的爱国主义教育的重要内容。

纵观改革开放时期党的爱国主义教育历程，我们发现，这一时期面对东欧剧变，苏联解体，世界社会主义发展遭受严重挫折，经济全球化的负面影响，中国共产党勇于直视改革开放初期学校德育工作的失误，强调在社会主义市场经济条件下进行爱国主义教育的重要性和紧迫性，坚持爱国主义与爱中国共产党、爱国主义与爱中国特色社会主义相统一的原则，提出爱国主义教育回归历史、回归传统文化，要以党的基本路线、中国近现代史教育、国情教育、中华优秀传统文化、民族团结、祖国统一以及社会主义核心价值体系为主要内容的爱国主义教育要求；强调教育引导学生了解中国国情，理解并热爱中华民族的

---

① 《全面建设小康社会，开创中国特色社会主义事业新局面——在中国共产党第十六次全国代表大会上的报告》，北京：人民出版社，2002 年，第 39 页。

② 《中共中央关于构建社会主义和谐社会若干重大问题的决定》，北京：人民出版社，2006 年，第 22 页。

传统文化，形成对祖国历史、文化的认同，对民族国家的使命感责任感；强调理性爱国，尊重世界文明、文化的多样性，注重民族自尊心、自信心的培养，倡导为人类和平、进步贡献力量。这一时期各行各业的人民群众在党的爱国主义精神旗帜的感召下，积极投身改革开放和中国特色社会主义现代化建设的伟大事业，构筑起了爱国主义、集体主义、社会主义相融合的特区精神、女排精神、载人航天精神、抗震救灾精神、抗洪精神等光辉的革命精神传统。这些优秀的革命精神，不仅为我国改革开放事业汇聚起强大的精神动力，而且为中国特色社会主义道路认同、理论认同、制度认同和文化认同的确立，奠定了坚实的思想基础。

四、新时代以来以“强国”为主线的爱国主义教育（2012 年至今）

党的十八大以来，中国特色社会主义进入新时代。面对深刻变化了的世情、国情、党情，中国共产党应时代之变迁，立时代之潮头，发时代之先声，“坚持辩证唯物主义和历史唯物主义，紧密结合新的时代条件和实践要求，以全新的视野深化对共产党执政规律、社会主义建设规律、人类社会发展规律的认识，进行艰辛理论探索，取得了重大理论创新成果，形成了习近平新时代中国特色社会主义思想”①，开启了实现中华民族伟大复兴的新征程。这一时期党的爱国主义教育，围绕“坚持和发展什么样的中国特色社会主义、怎样坚持和发展中国特色社会主义”这一时代课题，实现了由“富国”向“强国”目标的转变，构建了以“强国”为主线，以实现中华民族伟大复兴的中国梦为主题的爱国主义教育话语体系，谱写爱国主义与爱党、爱社会主义高度统一，爱国主义与国际主义有机融合以及爱国主义教育不断走向法治化的教育新篇章。

---

①《决胜全面建成小康社会 夺取新时代中国特色社会主义伟大胜利——在中国共产党第十九次全国代表大会上的报告》，北京：人民出版社，2017 年，第 18 ~ 19 页。

党的十八大以来，面对世界百年未有之大变局，国际力量对比深刻调整，国际国内环境日益复杂，不稳定不确定性因素明显增加，世界进入动荡变革期，单边主义、保护主义、霸权主义严重影响着世界和平与发展的大势以及“决胜全面建设小康社会的艰巨任务，实现中华民族伟大复兴的历史使命，对我们党提出了前所未有的新挑战新要求”[①] 的复杂国际国内形势。以习近平同志为核心的党中央高度重视爱国主义教育，并针对新时代爱国主义教育目标、主题、原则、内容、方法等问题，作出了一系列重要论述和部署，推动新时代党的爱国主义教育取得了显著成效。例如，2015 年 12 月，习近平总书记在第十八届中央政治局第二十九次集体学习时强调指出，“弘扬爱国主义精神，必须把爱国主义教育作为永恒主题。要把爱国主义教育贯穿国民教育和精神文明建设的全过程。要深化爱国主义教育研究和爱国主义精神阐释，不断丰富教育内容、创新教育载体、增强教育效果……要充分利用我国改革开放发展的伟大成就、重大历史事件纪念活动、爱国主义教育基地、中华民族的传统节日以及国家公祭日等来增强人民的爱国主义情怀和意识，让爱国主义成为每一个中国人的坚定信念和精神依托”[②]。这些科学论断，为新时代党的爱国主义教育提供了思想引领和行动指南。与此同时，中国共产党全面把握面临的基本国情，结合我国当前仍然处于社会主义初级阶段以及新时代我国社会主要矛盾已经转化的客观现实，坚定不移贯彻新发展理念，大力实施创新驱动发展战略；坚持法治国家、法治政府、法治社会一体化建设，提出了一系列全面依法治国新理念，不断推进国家治理体系和治理能力现代化。党的爱国主义教育也顺应时代的发展需求，进入法治化、制度化的发展阶段。2012—2017 年，先后颁布实施

① 《习近平关于“不忘初心、牢记使命”重要论述摘编》，北京：中央文献出版社、党建读物出版社，2019 年，第 303 页。

② 《十八大以来重要文献选编》（上），北京：中央文献出版社，2014 年，第 235 页。

《中华人民共和国未成年人保护法》《中华人民共和国网络安全法》《中华人民共和国国歌法》《中华人民共和国国旗法》等相关法律法规，对未成年人爱国主义教育的基本要求、网络对爱国主义教育的危害以及将国歌、国旗作为爱国主义教育的重要内容作了明确而具体的立法规定。2018 年 3 月 11 日正式颁布实施的《中华人民共和国宪法修正案》中明确规定“国家倡导社会主义核心价值观，提倡爱祖国、爱劳动、爱科学、爱社会主义的公德，在人民中进行爱国主义、集体主义和国际主义、共产主义教育”。这既是新时代党的爱国主义教育法治化进程中根本性法律规定，也是新时代党的爱国主义教育法律化、制度化的标志性体现。

2019 年 9 月，中共中央“不忘初心、牢记使命”主题教育领导小组印发《关于在“不忘初心、牢记使命”主题教育中加强爱国主义教育、弘扬爱国主义精神的通知》（以下简称《通知》）。《通知》要求广大党员干部“在‘不忘初心、牢记使命’主题教育中，要加强爱国主义教育，弘扬爱国主义精神，激发广大党员干部和人民群众的爱国热情，凝聚奋进新时代的磅礴伟力”，“在学习教育中引导党员干部把爱党爱国爱社会主义统一起来”，“在学习党史、新中国史中培养党员干部爱国之情、砥砺强国之志”。[①] 同年 11 月，中共中央、国务院颁布《新时代爱国主义教育实施纲要》（以下简称《纲要》）。《纲要》不仅从理论层面对长期以来党的爱国主义教育经验和教育政策进行了系统总结、梳理和发展，而且为新时代党的爱国主义教育实践提供了行动指南，表明党的爱国主义教育政策随着时代的发展变迁也愈加朝向多元全面的方向发展。特别是党的十九大后，面对世界百年未有之大变局，全球化和全球治理已经成为不可逆转的世界发展趋势。以习近平同志为核心的党中央准确把握世界发展大势，深刻

① 中共中央“不忘初心、牢记使命”领导小组：《关于在“不忘初心、牢记使命”主题教育中加强爱国主义教育、弘扬爱国主义精神的通知》，《人民日报》2019 年 9 月 29 日。

剖析人类共同利益与国家利益之间的辩证统一关系，再度将爱国主义与国际主义相融合，强调世界各国相互依存、休戚与共，主张世界各国在共建共享共赢中不断寻求价值共识，构建人类命运共同体。这种以马克思主义的国际主义为价值基础构建起来的人类命运共同体理念，不仅赋予了新时代党的爱国主义教育的全新时代主题，而且创新了新时代党的爱国主义教育的实践模式。它使爱国主义具有了民族国家利益与人类进步事业、促进世界各国共同发展相统一的新内涵，它将中国的发展进步与世界的发展进步紧密结合起来。我们坚信，这种将爱国主义与马克思主义的国际主义相融合的爱国主义教育新特质，必将成为推动中国走向世界舞台中央的强大精神动力。

回顾十八大以来党的爱国主义教育历程，我们发现，这一时期党的爱国主义教育始终坚持把实现中华民族伟大复兴的中国梦作为鲜明主题，将爱国主义与民族复兴的中国梦相融合，构建了以祖国统一、民族团结为着力点，以“四史”教育、国情教育、形势与政策教育以及优秀传统文化教育为主要内容的爱国主义教育体系；将爱国主义与中国特色社会主义现代化建设事业相统一，不断坚定各族群众“进行伟大斗争、建设伟大工程、推进伟大事业、实现伟大梦想”的信心，强化人民群众对党、国家、民族、文化、制度的归属感和认同感。这一时期，各行各业的人民群众在党的爱国主义精神旗帜的感召下，积极投身中华民族复兴的伟大建设事业，构筑起了爱国主义、集体主义、社会主义以及国际主义相融合的脱贫攻坚精神、抗疫精神、北斗精神、载人深潜精神等。这些崭新的富有鲜明时代特色的革命精神，不仅是对中国共产党人精神谱系的进一步丰富，而且势必成为推进新时代中国特色社会主义现代化建设事业不断走向胜利的强大精神力量。

回望中国共产党百年爱国主义教育的历程，我们不难发现，它既是一部中国共产党百年爱国主义教育的历史，也是一部中国共产党人精神谱系的百年孕育史，更是一部中华民族百年奋进的历史。一百年来，爱国主义作为一个历史范畴，其教育主题和教育内容随着时代的发展不断被赋予新的内涵，但爱国主义与爱党、爱社会主义的有机统一，爱国主义与革命建设和改革开放事业相一致，爱国主义与国际主义相融合的基本原则没有变；爱国主义与马克思主义理论教育，爱国主义与国情教育、历史教育，爱国主义与社会主义教育相融合的内容没有变；爱国主义教育必须坚持发展的观点，与时俱进、不断创新方法，必须依靠社会各界人士形成合力、广泛开展群众性活动的教育理念没有变。一百年来，中国共产党凭借爱国主义教育强大的感召力、凝聚力和生命力，团结和激励中华各族人民为中国革命、建设以及改革开放事业不懈奋斗，铸就了中华民族坚不可摧的精神支柱，彰显了中国共产党强大的精神优势。

中国共产党百年精神谱系的红色基因与高校思政教育

朱佳君[①]　杨　芳[②]

摘要：一百年来，中国共产党团结带领中国人民在革命、建设和改革的实践中，构筑、培育、凝聚而形成了丰富的精神形态，这些精神形态的衍生积累如同家族谱系，故谓之“精神谱系”。精神谱系中展现出的不朽精神，在新时代依然绽放新的光芒。本文通过对已发表的中国共产党精神谱系相关文献论文进行剖析，提取精神谱系中的红色基因，经解构分析后，以高校思想政治教育为视角，提取出对当代高校教育有重要意义的高价值红色基因：爱国主义、坚定信仰、人民情怀、创新奉献、团结协作和自强不息，并由此组成大学生精神谱系核心基因，从而得出新时代高校传承红色基因的五个方面切入口的结论。教育内容应以厚植爱国情怀，弘扬伟大民族精神；坚定理想信念，为共产主义伟大事业奋斗；担使命乐奉献，立志为人民服务；攀高峰勇创新，承前启后敢为先；凝心团结奋斗，自强不息攻难关等高校时代精神气质为主要切入口。以此为教育主导方向，把牢社会主义办学方向。

① 朱佳君，兰州大学马克思主义学院在读博士，兰州大学学工部、马克思主义学院助理研究员，主要研究方向为马克思主义基本原理、大学生思想政治教育。

② 杨芳，兰州大学哲学社会学院本科毕业生、吴忠市红寺堡区大河乡人民政府一级科员。

关键词： 中国共产党；百年精神谱系；红色基因；时代价值；高校思政教育

中国共产党即将迎来百年华诞。习近平总书记曾指出："伟大的事业孕育伟大的精神。"① 一百年来，中国共产党团结带领中国人民将马克思主义逐步中国化、民族化、大众化，领导人民推翻了帝国主义、封建主义和官僚资本主义三座大山，实现了从站起来、富起来到强起来的伟大飞跃，成果震撼，过程艰辛。在百年艰苦奋斗的过程中，熔铸锻造和孕育了各种典型的红色文化和精神形态，它们一脉相承、接续发展，形成了"中国共产党百年精神谱系"。在新时代背景下，习近平总书记在不同场合、不同时间多次系统阐发了中国共产党精神谱系，要求我们弘扬红色传统、传承红色基因，赓续共产党人精神血脉。这些精神谱系中的各种红色基因可以在不同的时期植入不同的领域，产生不同的影响。因此，精神谱系中有哪些红色基因可以植入高校思想政治教育工作，丰富教育手段和内容，是值得深入研究的重要问题。

一、对现有精神谱系研究的多维视角

在 CNKI 中国学术总库中共搜索到相关内容 351 条，其中学术期刊 182 条、学位论文 11 条、会议 1 条、报纸 112 条、学术辑刊 3 条、特色期刊 40 条和图书 2 条。本文主要对学术期刊的内容进行述评和剖析。现有文献主要从以下五个切入点阐释中国共产党精神谱系。

（一）按照中国共产党党史划分

邹绍清等以 1921 年中国共产党诞生为原点，历史纵向发展为纵坐标，接续

① 《习近平谈治国理政》第四卷，北京：外文出版社，2022 年，第 349 页。

发展的精神形态为横坐标建构精神谱系图。[①] 分为精神谱系的初创期、探索期和全面推进期，以中国共产党培育或构筑精神点时缘起或发生的重大事件、重要时间节点、重要地点及重要人物等为分类标准进行梳理和研究。将 1921—1949 年称为中国共产党精神谱系的初创期，是中国精神谱系之根、雏形和内核的创立时期。这一时期表现出的精神气质具有鲜明的时代特色，与中国近代史的主线和主题正相关，构筑了以爱国主义、团结一心、众志成城、勇往直前等为内涵的各类精神，高扬爱国主义、舍小为大、众志成城的民族精神，这是中华民族战胜外来敌人的精神力量。将 1949—1978 年称为中国共产党精神谱系的探索期，是精神谱系快速生根发芽的时期。这一时期以建设新中国、建设社会主义为主题，涵养了爱国奉献精神和勇于克服困难的自力更生精神。将 1978 年至今称为中国共产党精神谱系的全面推进期，是谱系枝繁叶茂的生长期。“形成了以爱国主义精神为核心的民族精神和以改革创新为核心的时代精神，构筑起了较为完整的中国精神谱系，推动了中华民族从站起来、富起来到强起来的历史进程和雄健步伐。”[②]

朱永刚等按照中国共产党发展历程，以时间为向度，建党为起点，分革命时期、建设时期和改革开放时期三个阶段阐释精神谱系的理论内涵；以空间为向度，阐述不同地域孕育的精神谱系，突出中国共产党紧密联系实际的优势，展现党在不同时空条件下的主攻方向和战略依托；以人物为向度，阐述中国共产党和全体人民作为革命实践主体，在奋斗过程中的精神塑造与精神展现。[③]

---

① 邹绍清：《论中国共产党构筑中国精神谱系的百年历程与基本经验》，《西南大学学报（社会科学版）》2021 年第 1 期。

② 邹绍清：《论中国共产党构筑中国精神谱系的百年历程与基本经验》，《西南大学学报（社会科学版）》2021 年第 1 期。

③ 朱永刚：《中国共产党革命精神谱系演化逻辑、共生特质与传承创新研究》，《学习论坛》2019 年第 8 期。

（二）按照精神谱系的三重逻辑划分

刘佳等从历史逻辑、理论逻辑和现实逻辑三重维度解读中国共产党革命精神谱系。从历史逻辑看，中国共产党带领中国人民在一百年的奋斗历程中经历新民主主义革命时期、社会主义建设时期、改革开放时期和中国特色社会主义进入新时代时期，各时期孕育了一脉相承的革命精神谱系；从理论逻辑看，中国共产党的精神是中国共产党前进道路上一以贯之的思想内核，穿越时空的使命担当，是扩展到整个中华民族的精神，集中体现为以爱国主义为核心的民族精神和以改革创新为核心的时代精神，具有深远而厚重的实践属性；从现实逻辑看，中国共产党的精神谱系是实现伟大梦想的精神指引，是进行伟大斗争的力量源泉，是推进伟大工程的擎天之柱，也是筑牢“四个自信”的坚实根基。[①]

（三）按照精神谱系的结构划分

齐彪等分别从宏观角度和微观角度对中国共产党精神及其谱系进行了探析。一方面，从宏观角度认为中国共产党是马克思主义、中华民族伟大精神和中国近现代革命奋斗精神的主要承载者，中国共产党精神有机集成了这些优秀精神，是一种精神世界和精神世界反映出的精神状态。[②]另一方面，从微观角度对中国共产党精神主体进行了多维分析，初步建构中国共产党精神谱系，认为中国共产党的精神谱系是由五个部分组成：序谱即精神来源，主要有马克思列宁主义、中华民族伟大精神、孙中山革命精神、五四精神等；正谱一是革命精神，邓小平同志把革命精神概括为“发扬革命和拼命精神，严守纪律和自我牺牲精神，大公无私和先人后己精神，压倒一切敌人、压倒一切困难的精神，坚持革命乐观主义、排除万难去争取胜利的精神”[③]；正谱二是艰苦创业精神，

① 刘佳、顾保国：《中国共产党革命精神谱系的三重逻辑》，《中南民族大学学报（人文社会科学版）》2020 年第 6 期。

② 齐彪、邢济萍：《中国共产党精神及其谱系探析》，《前线》2020 年第 11 期。

③ 《邓小平文选》第二卷，北京：人民出版社，1994 年，第 368 页。

即独立自主、自力更生，艰苦奋斗、奋发图强，团结一心、积极探索的鲜明时代精神；正谱三是改革开放精神，其涵盖改革开放全方位全过程的主要精神形态；正谱四是新时代伟大斗争精神，是贯彻到进行伟大斗争、建设伟大工程、推进伟大事业、实现伟大梦想全过程的精神形态。

（四）按照精神谱系类型划分

唐辉等对长征精神在共产党人精神谱系中的地位与作用进行了论述，阐明长征精神蕴含着与人民生死与共、同甘共苦的深刻内涵；诠释了长征精神丰富了为国为民思想，奠定了党群关系鱼水常态；诠释了长征精神引导党员干部保持为民服务初心、坚持权为民所赋，保持淡泊名利衷心、坚持权为民所用，保持扎根百姓恒心、坚持情为民所系的精神力量和作用。刘继华等对南梁精神的形成、特征及时代价值进行论述，分别从中共革命史和革命精神史两个角度梳理南梁精神形成的背景，阐述了在中国共产党一脉相承的精神谱系中，南梁精神承前启后的作用，总结了南梁精神坚守理想信念的革命底色、提高群众路线的革命成色、铸牢顾全大局的革命本色、打造求实开拓的革命亮色的特征，阐明了南梁精神坚持理想信念、坚持以人民为中心、坚持系统观念和坚持全面深化改革的时代价值。此外，吴萌等对伟大抗疫精神做了较为详细的论述；韩延明等对延安精神做了较为完备的诠释；齐卫平阐释了红船精神的深刻内涵和意义等。

（五）按照谱系内部要素之间的关系划分

刘琳等对红船精神、八一精神、井冈山精神和苏区精神这四大革命精神的内在逻辑关系进行深刻分析，指出四大革命精神深刻反映了近现代以来中华民族最优秀分子在“建党”“建军”和“建国”壮丽事业中迸发的崇高理想、坚定信念、睿智胸怀和道德情操。[①]从中华优秀传统文化、中国工人阶级优秀精神品质和蓬勃发展的工人运动入手，阐述四大革命精神的孕育和形成；通过引用领导人对四大革命精神的评价，阐释四大革命精神的内涵表述；分析了四大革命精神薪火相传，与中华文明和中国精神一脉同生，与中国共产党革命精神谱系同条共贯，与新民主主义文化一脉相承，共同体现中国共产党人初心和使命的内在联系，指出四大革命精神是中国共产党革命精神谱系中的鲜明坐标。

二、精神谱系中的特定基因的聚焦提炼

本文对于精神谱系的研究主要采用分析和综合的方法。上文依据已有的文献，从不同的角度分析了中国共产党精神谱系。本文拟运用“断腱解构”法对所有梳理出的精神谱系进行分析诠释，明晰每一种精神的主要组成基因，接着拟聚合归纳出现频次最多的基因内涵。最后，对照党和国家对社会主义办学方向的要求和大学生培养期待，提炼出高校思想政治教育中应着重开展教育的特定红色基因，为中国特色社会主义事业培养根正苗红的建设者和接班人。

前面依据已有文献归纳分析了八种中国共产党精神谱系梳理方式和方法，以下将归纳出的主要精神列于表中，并进行深入的基因解构与分析，如表 1 所示。

表 1　中国共产党精神谱系汇总表及其精神谱系的红色基因解构表

精神谱系	内涵表述	解构主要基因
五四精神	爱国、进步、民主、科学	爱国、创新、人民情怀、追求真理、奋斗

① 刘琳、叶桉：《试析红船精神、八一精神、井冈山精神和苏区精神的内在逻辑关系》，《江西科技师范大学学报》2019 年第 1 期。

续表 1

精神谱系	内涵表述	解构主要基因
二七精神	彻底牺牲、勇往直前、不顾生死	爱国、贡献、团结、追求真理、勇敢
安源精神	安源工人运动时期：秩序、齐心、勇敢 社会主义建设时期：义无反顾、团结奋斗、开拓进取、无私奉献 改革开放以后：义无反顾、艰苦奋斗、开拓进取、再创辉煌 核心内涵：义无反顾、敢为人先	爱国、追求真理、团结、奉献、坚定信念、自强不息、创新、勇敢
延安精神	坚定正确的政治方向，解放思想、实事求是的思想路线，全心全意为人民服务的根本宗旨，自力更生、艰苦奋斗的创业精神①	爱国、坚定信念、创新、奉献、奋斗、人民情怀、自强不息、追求真理
大别山精神	团结奋斗、创造②	爱国、团结、奋斗、创新
红岩精神	团结、奋斗、奉献③	爱国、团结、奋斗、奉献
井冈山精神	坚定执着追理想、实事求是闯新路、艰苦奋斗攻难关，依靠群众求胜利④	爱国、坚定信念、追求真理、创新、奋斗、自强不息、人民情怀
苏区精神	以坚定信念、求真务实、一心为民、清正廉洁、艰苦奋斗、争创一流、无私奉献等为主要内涵的精神⑤	爱国、坚定信念、追求真理、人民情怀、清正廉洁、奋斗、奉献

① 戴焰军：《延安精神的丰富内涵》，《光明日报》2020 年 8 月 5 日。

② 邹绍清：《论中国共产党构筑中国精神谱系的百年历程与基本经验》，《西南大学学报（社会科学版）》2021 年第 1 期。

③ 邹绍清：《论中国共产党构筑中国精神谱系的百年历程与基本经验》，《西南大学学报（社会科学版）》2021 年第 1 期。

④ 习近平：《祝全国各族人民健康快乐吉祥祝改革发展人民生活蒸蒸日上》，《人民日报》2016 年 2 月 4 日。

⑤ 习近平：《在纪念中央革命根据地创建暨中华苏维埃共和国成立 80 周年座谈会上的讲话》，《人民日报》2011 年 11 月 4 日。

续表 1

精神谱系	内涵表述	解构主要基因
沂蒙精神	吃苦耐劳、勇往直前、永不服输、敢于胜利、爱党爱军、开拓奋进、艰苦创业、无私奉献	爱国、听党指挥、吃苦耐劳、勇敢、自强不息、创新、奋斗、艰苦创业、奉献
西柏坡精神	两个敢于，即敢于斗争、敢于胜利的彻底革命精神；两个善于，即善于破坏旧世界、善于建设新世界的开拓创新精神；两个坚持，即坚持依靠群众、坚持团结统一的民主团结精神；两个务必，即谦虚谨慎、艰苦奋斗的精神	爱国、勇敢、斗争、创新、团结，人民情怀、谦虚谨慎、奋斗
革命英雄主义精神	追求革命理想，把革命利益看得高于一切，不怕牺牲，为了革命事业不懈追求的高度责任感、崇高的道德品质和革命乐观主义的精神风貌①	爱国、坚定信念、勇敢、奉献、责任感、高尚道德
白求恩精神	毫不利己、专门利人的精神，表现在他对工作的极端的负责任，对同志对人民的极端的热忱②	奉献、敬业、人民情怀
红船精神	开天辟地、敢为人先的首创精神；坚定理想、百折不挠的奋斗精神；立党为公、忠诚为民的奉献精神③	爱国、创新、坚定信念、奋斗、自强不息、人民情怀、奉献
八一精神	坚定信念、听党指挥，为民奋斗、百折不挠，敢为人先、勇于创新④	爱国、坚定信念、听党指挥、人民情怀、自强不息、创新

---

① 邹绍清：《论中国共产党构筑中国精神谱系的百年历程与基本经验》，《西南大学学报（社会科学版）》2021 年第 1 期。

② 《毛泽东选集》第二卷，北京：人民出版社，1991 年，第 659 ~ 660 页。

③ 习近平：《弘扬“红船精神”走在时代前列》，《人民日报》2017 年 12 月 1 日。

④ 叶桉：《八一精神内涵的概括表述》，《中国高校社会科学》2016 年第 4 期。

续表 1

精神谱系	内涵表述	解构主要基因
长征精神	把全国人民和中华民族的根本利益看得高于一切，坚定革命的理想和信念，坚信正义事业必然胜利的精神；为了救国救民，不怕任何艰难险阻，不惜付出一切牺牲的精神；坚持独立自主、实事求是，一切从实际出发的精神；顾全大局、严守纪律、紧密团结的精神；紧紧依靠人民群众，同人民群众生死相依、患难与共、艰苦奋斗的精神①	爱国、坚定信念、人民情怀、自强不息、奉献、勇敢、独立自主、追求真理、顾全大局、听党指挥、团结、奋斗
抗战精神	坚持国家和民族利益至上、誓死不当亡国奴的民族自尊品格，万众一心、共赴国难的民族团结意识，不畏强暴、敢于同敌人血战到底的民族英雄气概，百折不挠、勇于依靠自己的力量战胜侵略者的民族自强信念，开拓创新、善于在危难中开辟发展新路的民族创造精神，坚持正义、自觉为人类和平进步事业贡献力量的民族奉献精神②	爱国、坚定信念、团结、勇敢、奋斗、自强不息、创新、坚持正义、奉献
大庆精神	爱国、创业、求实、奉献③	爱国、艰苦创业、追求真理、奉献
大寨情神	自力更生、艰苦奋斗④	自强不息、奋斗
“两路”精神	一不怕苦、二不怕死，顽强拼搏、甘当路石，军民一家、民族团结⑤	自强不息、奋斗、奉献、人民情怀、团结
红旗渠精神	修建红旗渠的过程中形成的自力更生、艰苦创业、团结协作、无私奉献精神	爱国、自强不息、艰苦创业、团结、奉献

① 习近平：《在纪念红军长征胜利80周年大会上的讲话》，北京：人民出版社，2016年，第8页。

② 《胡锦涛文选》第二卷，北京：人民出版社，2016年，第336页。

③ 邹绍清：《论中国共产党构筑中国精神谱系的百年历程与基本经验》，《西南大学学报（社会科学版）》2021年第1期。

④ 邹绍清：《论中国共产党构筑中国精神谱系的百年历程与基本经验》，《西南大学学报（社会科学版）》2021年第1期。

⑤ 《习近平就川藏青藏公路建成通车60周年作出重要批示强调要弘扬“两路”精神助推西藏发展》，《人民日报》2014年8月7日。

续表 1

精神谱系	内涵表述	解构主要基因
青藏铁路精神	挑战极限、勇创一流	爱国、挑战极限
雷锋精神	憎爱分明的阶级立场、言行一致的革命精神、公而忘私的共产主义风格、奋不顾身的无产阶级斗志[①]	爱国、人民情怀、奉献
焦裕禄精神	亲民爱民、艰苦奋斗、科学求实、迎难而上、无私奉献[②]	爱国、人民情怀、奋斗、追求真理、奉献
铁人精神	爱国创业，求实奉献	爱国、艰苦创业、追求真理、奉献
好八连精神	军事好、政治好、纪律好、为人民、军民团结如一人	听党指挥、精益求精、坚定信念、人民情怀
兵团精神	热爱祖国、无私奉献、艰苦奋斗、开拓进取	爱国、奉献、奋斗、创新
抗美援朝精神	爱国主义、革命英雄主义和国际主义相融合的精神	爱国、听党指挥
“两弹一星”精神	爱国、奉献、公而忘私的奋斗精神	爱国、奉献、奋斗
航天精神	爱祖国爱人民是航天精神的“根”和“魂”	爱国、人民情怀
北斗精神	我国航天人在建设北斗全球卫星导航系统过程中表现出来的“自主创新、开放融合、万众一心、追求卓越”的新时代精神。体现了以国家为重的社会主义核心价值观[③]	创新、开放融合、团结
西迁精神	胸怀大局、无私奉献、弘扬传统、艰苦创业	坚定信念、奉献、传承、艰苦创业
农垦精神	艰苦奋斗、勇于开拓	奋斗、创新

① 《建国以来重要文献选编》第十六册，北京：中央文献出版社，1997 年，第 188 页。

② 习近平：《结合新的实际大力弘扬焦裕禄精神》，《求是》2009 年第 10 期。

③ 邹绍清：《论中国共产党构筑中国精神谱系的百年历程与基本经验》，《西南大学学报（社会科学版）》2021 年第 1 期。

续表 1

精神谱系	内涵表述	解构主要基因
抗洪精神	万众一心、众志成城，不怕困难、顽强拼搏，坚韧不拔、敢于胜利的伟大抗洪精神①	爱国、团结、自强不息、奋斗、追求真理
抗震救灾精神	万众一心、众志成城，不畏艰险、百折不挠，以人为本、尊重科学的伟大抗震救灾精神②	
小岗精神	率先探索"分田到户，自负盈亏"的家庭联产承包责任制，拉开对内改革的大幕	解放思想、追求真理、创新、自我革命、艰苦创业
深圳特区精神	率先探索在对外经济活动中实行特殊政策、灵活措施。迈出对外开放的历史性脚步	
北京奥运精神	爱国、进取、务实、创新、开放、和谐	爱国、奋斗、追求真理、创新、开放融合
上海精神	互信、互利、平等、协商、尊重多样文明、谋求共同发展③	合作、开放融合
丝路精神	以和平合作、开放包容、互学互鉴、互利共赢为核心的精神④	
时代楷模精神	敢闯敢干、无私无畏，积极发挥先锋模范作用，而彰显出的强大的时代精神⑤	爱国、创新、奉献
女排精神	祖国至上、顽强拼搏、无私奉献、团结协作、自强不息的精神⑥	爱国、奋斗、奉献、团结、自强不息
中华体育精神	为国争光、无私奉献、科学求实、遵纪守法、团结协作、顽强拼搏的精神	
工匠精神	精益求精、严谨、一丝不苟、耐心、专注、坚持、专业、敬业	精益求精、耐心、坚持、敬业

① 《江泽民文选》第二卷，北京：人民出版社，2006 年，第 230 页。

② 《胡锦涛文选》第三卷，北京：人民出版社，2016 年，第 126 页。

③ 《习近平谈治国理政》第三卷，北京：外文出版社，2020 年，第 440 页。

④ 《习近平谈治国理政》第二卷，北京：外文出版社，2017 年，第 506 ~ 507 页。

⑤ 邹绍清：《论中国共产党构筑中国精神谱系的百年历程与基本经验》，《西南大学学报（社会科学版）》2021 年第 1 期。

⑥ 邹绍清：《论中国共产党构筑中国精神谱系的百年历程与基本经验》，《西南大学学报（社会科学版）》2021 年第 1 期。

续表 1

精神谱系	内涵表述	解构主要基因
劳模精神	信念坚定、立场鲜明，艰苦奋斗、勇于奉献，胸怀大局、纪律严明，开拓创新、自强不息	爱国、坚定信念、奋斗、奉献、顾全大局、听党指挥、创新、自强不息
科学家精神	胸怀祖国、服务人民的爱国精神，勇攀高峰、敢为人先的创新精神，追求真理、严谨治学的求实精神，淡泊名利、潜心研究的奉献精神，集智攻关、团结协作的协同精神，甘为人梯、奖掖后学的育人精神①	爱国、创新、追求真理、奉献、团结、淡泊名利
企业家精神	持续创新、奉献、合作、冒险	创新、奉献、合作、冒险
改革开放精神	改革开放铸就的伟大改革开放精神	解放思想、创新
抗击“非典”精神	人民群众团结一致、相互支援；医务工作者舍生忘死、前仆后继；科技工作者夙兴夜寐、全力攻关	团结、奉献、追求真理
抗疫精神	生命至上、举国同心、舍生忘死、尊重科学、命运与共的伟大抗疫精神②	

本文对主要基因进行分析后，将基因出现频次制作成雷达图，并指出基因图谱中最主要的精神气质所在，见图 1。

① 习近平：《在科学家座谈会上的讲话》，北京：人民出版社，2020 年，第 11 页。
② 习近平：《在全国抗击新冠肺炎疫情表彰大会上的讲话》，北京：人民出版社，2020 年，第 12 页。

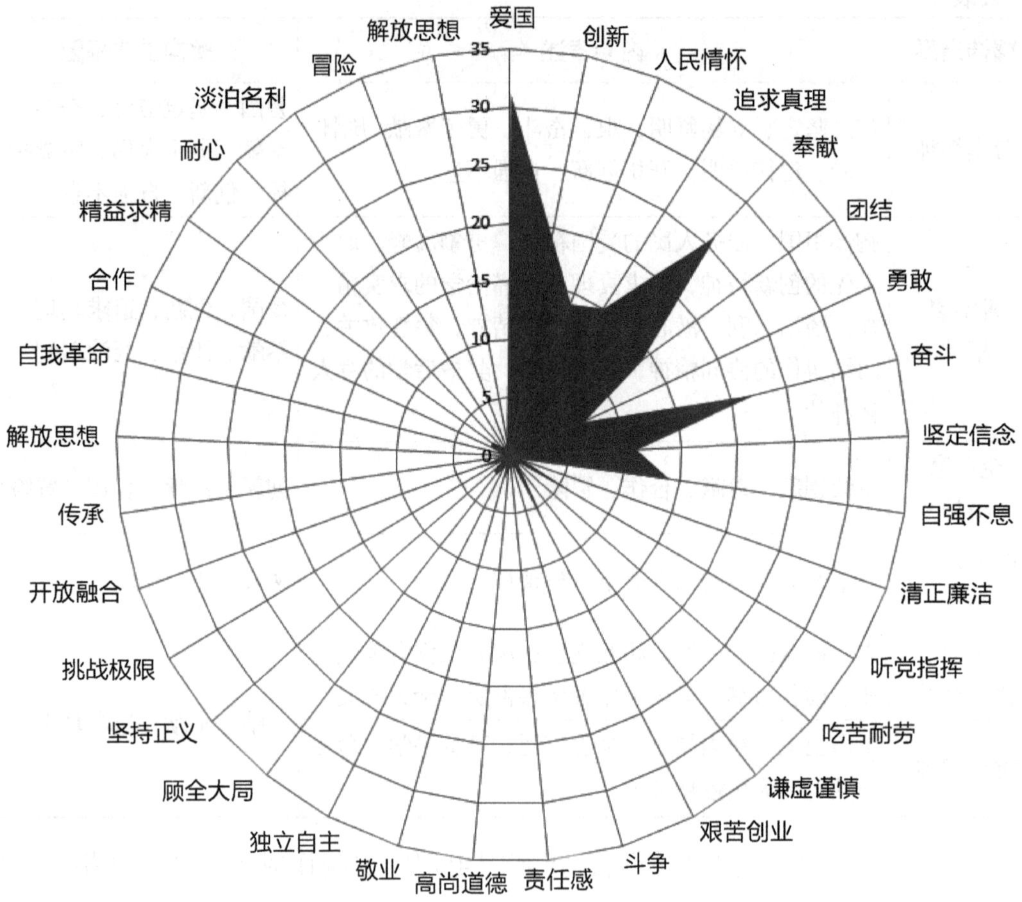

图 1　主要基因频次雷达图

从图 1 可以看出，一百年的奋斗过程中，中国共产党和中国人民的精神气质，主要表现和集中于爱国、奉献、奋斗、创新，并在追求真理、人民情怀、坚定信念、团结、自强不息等方面相当明显。这些精神气质可以说聚焦了百年来，在中国共产党的领导下，中国人民在面对外敌入侵时表现出的大无畏抗争精神和对自己祖国的无比热爱的伟大情怀；聚焦了在社会主义革命和建设的全新事业中，中国共产党人追求真理、不忘初心使命、紧紧依靠和服务人民、无私奉献的坚定信念；聚焦了亿万中国人民在中国共产党的领导下，万众一心、团结一致、艰苦奋斗的时代旋律；聚焦了在改革开放和社会主义现代化建设中，中国人民敢于创新、勇于开拓的时代精神特质；聚焦了中华民族不屈不挠、勇敢前行、自强不息的伟大民族精神。

三、高校思想政治教育中红色基因的传承

回顾中国共产党百年历史，从不到60名党员的非执政党发展到拥有近亿名党员的大党，中国共产党一直致力于思想入党，构建党的精神谱系，才取得今天的成就，这是文化自信的力量，是植入骨髓的红色基因的传承。如今，生在红旗下，长在新时代的大学生必将成为建设祖国的接班人，精神谱系中有哪些红色基因应当在大学生时代就植入青年心脑呢？通过对精神谱系的分析和对蕴含的可传承红色基因的解构，高校在学生培养中，应牢牢抓住爱国主义、信仰坚定、人民情怀、创新奉献、团结协作、自强不息六组重要基因，即大学生精神谱系核心基因，开展德育教育，不断增进“四个自信”，牢牢掌稳社会主义办学方向之舵。

（一）爱国主义情感

爱国主义是融入中华民族骨髓的深厚情感，是自鸦片战争以来，中国人民争取国家富强、民族独立和走向复兴的精神力量。从图1可以看出，表1列举的49种精神中，31种都离不开爱国，可以说爱国是上述精神谱系的底色。正是由于爱国主义这种“底色”性质，使得“爱国”在一些特定场合和时刻才被激发或者说才会更为凸显，如面临国家满目疮痍、国破家亡之时，与他国人士同台竞技之时，祖国发展取得傲人成绩之时等，心中会燃起爱国的炽火。爱国主义作为精神动力，是中国悠久历史与文化传统的结晶，是中华儿女民族精神的核心。爱国主义作为一种“底色”情感，没有激发事件，没有传统教育，是不会自发强化和传承的，每一代人的爱国主义情怀，都具有特定时代的鲜明特征，每一代人都是在不断实践和接受教育中强化爱国主义情怀的。爱国主义情

感是可以培养、激发和传承的。在改革开放和市场经济环境下，面对复杂国际环境和市场经济的逐利倾向，爱国主义教育受到了各种挑战，这就需要高校在大学生教育中高度重视、着重培养、激发爱国主义精神，尤其是在外来多元文化大量涌入的今天，加强大学生爱国主义教育更为重要。而且不仅要做好青年的爱国主义教育，更要借助一代代青年将这种精神不断弘扬和传承。

（二）坚定信仰

青年有信仰，国家有力量，民族有希望。信仰是人内心的不竭动力，也是人精神世界的强大支撑，内心树立崇高的信仰，不会在追逐梦想的途中被困难击倒，不会被其他文化形态所干扰；信仰是光，不仅可以点燃自己的激情，激发才智，奋发向上，还能够照亮周围的人，引导身边的人。中国共产党党史充分证明“星星之火，可以燎原”的道理，这个星星之火也有与时俱进的时代意义。革命时期，星星之火是革命的火种，胜利的希望；新时代，星星之火是信仰的火种，复兴的希望。纵观古今，放眼世界，凡是为人类进步事业作出杰出贡献的人，无不具有远大理想和崇高信仰。

毛泽东主席当年在莫斯科向中国留学生讲话时说：“世界是你们的，也是我们的，但是归根结底是你们的。你们青年人朝气蓬勃，正在兴旺时期，好像早晨八九点钟的太阳。希望寄托在你们身上。世界是属于你们的。中国的前途是属于你们的。”① 青年时期是播种理想，确立信仰的黄金时期，当代大学生站在规划未来、设计人生的关键十字路口，从根本上决定了青年大学生的人生意义与价值；众多青年人的集合也决定了伟大祖国的发展方向和进程。当代大学生是祖国的栋梁，祖国未来建设事业的主力军，坚定信仰至关重要。同样，对真理的追求也是一种信仰。追求真理要求我们从客观的尺度出发去认识和改造

① 毛泽东：《对莫斯科各学校中国留学生和实习生的讲话》，《人民日报》1957 年 11 月 19 日。

世界，这是马克思主义政党所具备的宝贵品质，也是中国共产党坚持为人民服务、发展各项事业、涤荡不良风气的制胜法宝。① 只有坚持实事求是，从客观事实出发，将马克思主义基本原理同中国具体实际相结合，才能更好地建设社会主义强国。青年学生作为社会主义现代化强国目标的践行者，具备实事求是、坚持真理的品格是必要的，也是必然的。

（三）人民至上立场

马克思主义唯物史观告诉我们“人民群众是历史的创造者”。中国共产党全部奋斗都是为了人民，依靠人民。以人民利益为中心是中国共产党长期执政的政治基石。中国共产党人的精神谱系注满了人民情怀，承载着人民寄托，也离不开一代代中国共产党人和人民群众的创造。中国共产党的百年奋斗史，用事实证明了汇聚人民力量的可贵和伟大。当代大学生肩负中华民族伟大复兴的中国梦，更应该深刻理解“鱼水情”的内涵，在学生时代就培养为民、忧民、亲民、敬民、惠民的情怀，肩负使命，勇担责任。习近平总书记指出：“当代中国青年要有所作为，就必须投身人民的伟大奋斗。”将个人前途和国家命运炽热相融。从解构的精神谱系中可以看出，人民情怀是很多重点、难点工作的重要支撑，正是以为人民服务为宗旨，才创造了一个个奇迹和其中蕴含的精神。伟大的精神谱系中为民服务是基本的出发点也是最终的目标。大学时期正处在人生观、价值观的形成乃至稳固时期，到底是为小我而生，还是为大我而活主要在此时得到较为确定的答案。因此，在大学时代，要培养大学生的服务意识和豪迈气概，要引导大学生树立远大的共产主义理想，坚定实现共产主义的信念，从而理解人民立场的内涵，明晰“人民立场是中国共产党的根本政治立场，是马克思主义政党区别于其他政党的显著标志”。重视与人民的血肉联

---

① 郭光文：《旗帜鲜明坚持真理》，《新湘评论》2020 年第 6 期。

系，立志全心全意为人民服务。

（四）创新奉献精神

中国是四大文明古国之一，中国人民在漫长而深邃的历史中创造了灿烂的文化和科技成就，当代大学生为了更好继承和实现中国共产党的初心和使命，应当在中国共产党继承中华民族优秀传统思想文化的革命精神谱系中，融入新的历史条件下的鲜明时代特征，切实做到创新思想、创新技术。我们从解构的谱系基因中，可以看出创新基因随时间发展有明显递增趋势。世界“百年未有之大变局”全面展开，对于中国来说，必须积极面对深刻复杂的国际环境，面对全面深化改革的艰难开拓，善于创新、能够应变，才能在动荡变革的世界上，找准自己的位置，作出负责任大国的贡献。然而，创新并非凭空创新，而是守正创新，这就不得不具有奉献精神，一是愿意奉献自己的时间、精力和智慧进行创新；二是愿意将既有创新进行分享；三是愿意爱岗敬业，为创新提供土壤、环境和原料等；四是甘愿付出，不求回报，即淡泊名利。从图 1 中可以看出，奉献也是出现频率非常高的红色基因，可见奉献对于共同事业的成功和共同目标的实现具有极其重要的作用。

（五）团结协作理念

马克思说：“人的本质并不是单个人所固有的抽象物，在其现实性上，它是一切社会关系的总和。”[①] 这种复杂的社会关系就决定了人的本质，形成了人的社会属性。团结协作这种基因可以把每个个体凝聚在一起，赋予共同的理想和使命后，容易形成合力，使得集体中的每个人都能热爱集体、关心集体，自觉地为集体尽义务、做贡献，可以激发一种积极的心理品质，激发出集体中每个个体乐于奋斗的精神力量，形成合力，而物理常识告诉我们合力大于分力，

① 《马克思恩格斯全集》第三卷，北京：人民出版社，1966 年，第 5 页。

势能持续积累，集体将呈现进步发展趋势。如果集体中有一个人不与大家团结协作，甚至三三两两搞小团体，这个集体就会四分五裂，将每个个体的力量削弱，从而导致集体无法积聚势能而崩溃。然而团结和协作的意识对于每个个体来说，是需要培养的，是在具体的实践和工作中，逐渐被激发和逐渐感悟的。大学时代作为理论与实践沟通的桥梁，是培养和激发大学生团结协作精神最佳的时期，而大学作为培养这种精神的环境，也有其特别优势，即大多数学生开启独自住校模式，大家在相互需要中被相互需要，能够快速激发团结协作的意识。

（六）自强不息气概

“天行健，君子以自强不息。”自强不息往往是针对克服极限困难而弘扬的精神品格，是中华民族悠久文化的传承，而要有对所追求对象的强烈的自信心和坚持追求的顽强毅力，方能做到自强不息。首先，中小学时代，我们告知学生以宏伟志向，他们的理解一般都不太透彻，很难真正体悟到大气磅礴的家国情怀。而步入大学的青年，他们的眼界更宽，理解能力更强，将深刻理解中华民族伟大复兴的中国梦的内涵，从而明晰自己的奋斗目标。其次，中小学中除了难解之题，一般学生不会遇到极限困难，步入大学后，逐步接触社会，开始实践，现实困难就会逐步显现。所以在大学时期更易帮助学生明确奋斗目标，解析奋斗过程，同时，可以在奋斗的过程中磨炼其坚韧的意志。从上述精神谱系的 49 种精神中可以看出，几乎每种精神谱系都或多或少蕴含着自强不息的气概。可以见得，自强不息是成功必备的品质，也是必经的过程。

四、党的精神谱系核心基因对高校思政教育的时代价值

中国共产党精神谱系在革命战争年代，是中国共产党摆脱困境、浴火重生的精神支柱；在社会主义建设时期，精神谱系是支撑中国共产党带领全国人民

自力更生、艰苦奋斗的精神力量；改革开放年代，精神谱系是中国共产党攻坚克难、勇攀高峰的精神之源；新时代，将这种精神谱系接力传承，是实现中华民族伟大复兴中国梦的思想源泉。当代大学生作为新时代的优秀群体，肩负着复兴的使命，高校作为“为党育人、为国育才”的基地，两者的碰撞可以有效传承精神谱系中的红色基因。

（一）厚植爱国情怀，弘扬伟大民族精神

爱国主义是一个历史范畴。不同历史时期，爱国主义有不同的内容。爱国主义体现为有益于社会的行动，热爱祖国、建设祖国，以自己的实际行动去体现自己对祖国的热爱是理性爱国的方式。高校作为培养社会主义建设者和接班人的基地，应当帮助大学生将爱国热情转化为学习的动力，把爱国热情积累并理性地发展下去，使之转化为一种精神力量，在学生的生活、学习和工作中持续发挥作用。一方面，要发挥课堂的思想政治教育主阵地作用，培养高校学生的爱国情怀。丰富课堂教学内容，深化党史、新中国史、改革开放史和社会主义发展史的教育，培养学生的国家和民族意识；加强学生对世界局势和中国国情的认识，提高学生的主权意识，增强学生投身社会主义建设的使命感。① 拓展课外实践内容，增加中国共产党百年革命精神主题实践，通过参观革命文化教育基地等活动，促进高校学生的情感认同。② 另一方面，要发挥校园文化的隐性功能，增强思想政治教育的效果。打造承载爱国精神与革命文化的校园景观和宣传载体。发掘地方红色资源，举办有特色的校园文化活动；打造校园全媒体矩阵，把握正确的舆论导向，传播爱国正能量。

---

① 李琼：《新形势下大学生爱国主义教育的有效路径》，《思想理论教育导刊》2017年第4期。

② 温健、胡恒钊：《中国共产党百年革命精神融入大学生思想政治教育研究》，《创新》2021年第2期。

（二）坚定理想信念，为实现中国梦而奋斗

高校思政教育在引导青年学生坚定理想信念中发挥着主阵地作用。首先，高校要将“四个自信”深深植入大学生心脑。当今社会现象复杂多变，各种诱惑被陷阱掩饰，却暗藏危机，使得“四个自信”备受挑衅，有些大学生摇摆不定。所以高校要查找问题，及时补缺，切实强化大学生对社会主义道路的自信，坚定他们建设社会主义事业的信心。其次，高校要引导学生将个人命运与国家发展紧密联系起来。[①]引导学生正确认识国家发展取得的巨大成就和发展过程中经历的曲折探索，以习近平新时代中国特色社会主义思想为指引，将个人的理想信念同中华民族伟大复兴的光辉事业结合起来。再次，将理论与实践结合，通过红色教育活动、大学生公益活动等，引导学生树立远大理想，将个人的理想、前途融进国家、民族的根本利益中，自觉将自己锻炼成对国家和社会有用的人才。最后，要积极利用网络思政教育平台开展知识性与趣味性兼备、学生喜闻乐见的教育、宣传活动。通过解读理论、讨论热点、树立榜样等活动促进学生提升理论素养，坚定理想信念，抱定为中华民族伟大复兴的中国梦的实现不懈奋斗的志向。

（三）担使命乐奉献，立志为人民服务

青年学生来自人民群众，是未来中国特色社会主义建设的中坚力量，必将走到人民群众中去。培养青年学生“为人民服务”的思想意识和责任担当是高校思想政治教育的题中应有之义。首先，要带领学生系统学习马克思主义及其中国化成果，以理论指导学生树立为人民服务的价值观，深化“一切为了群众，一切依靠群众，从群众中来，到群众中去”的思想认识。[②]其次，要加强

① 黄蓉生：《高校应始终把理想信念教育作为大学生思想政治工作的核心内容》，《思想理论教育导刊》2004年第8期。

② 薛宝林、王凤琴：《教育学生党员确立为人民服务的人生价值取向》，《思想政治教育研究》1999年第3期。

"担使命乐奉献"的榜样宣传。以国家公祭日等重大纪念日、地方革命文化资源为依托，开展革命教育和人物宣传，使青年学生感悟先辈的光辉形象和崇高境界，提高自身的精神境界。[①]最后，要积极组织各类社会实践，使青年学生深入社会，了解人民群众的忧喜苦乐，对人民群众满腔热爱，全心全意。通过知情意行相结合的思想政治教育，将青年学生培养为对社会有用，对人民有情的栋梁之材。

（四）攀高峰勇创新，承前启后敢为先

创新是一个民族进步的灵魂，是国家兴旺发达的不竭动力。高等教育的目标就是培养具有创新精神和实践能力的高级专门人才。[②]高校作为人才培养的摇篮，培养高素质、具有创新能力的人才是高校义不容辞的责任和义务。首先，高校要以培养创新型人才为指引，通过举办创新大赛、宣传优秀创新成果等手段，培养校园内求真务实、探索创新的学术风气。其次，改进教学方式，以中共中央、国务院印发的《深化新时代教育评价改革总体方案》为指导纲要，采用针对性、综合性相结合，动态性、过程性相补充，激励性、发展性相融合的教学和评价制度，以评促学，激发学生的创新意识，拓宽学生的创新思维。[③]再次，要注重培养学生的实践能力，通过通识教育和建立校企合作的协同实践平台，确立完整有效的培养模式、管理方式、经费保障机制等，提高学生的创新实践质量，以及理论与实践的转化能力，从而进一步提升学生的创新实践能力。最后，需要深刻理解"一代人有一代人的长征路"之内涵，高校应当积极探索科学和文化前沿，引导当代大学生站在前人的工作基础上，守正创

---

① 杨洪波：《培养大学生的社会责任感和使命感》，《学理论》2012 年第 33 期。

② 吴怀宇、程光文、丁宇、龚园：《高校学生创新能力培养途径探索》，《武汉科技大学学报（社会科学版）》2012 年第 3 期。

③ 贾琼：《我国高校大学生创新能力培养文献综述》，《辽宁教育行政学院学报》2009 年第 9 期。

新，做好承前启后的衔接角色，传承以往的成果和成绩，继续开拓创新，攀登新高峰。

（五）凝心团结奋斗，自强不息攻克难关

今天的中国是中国共产党团结带领全国各族人民百年来接续奋斗的结果，青年学生必将接过历史的接力棒，成为全面建设社会主义现代化国家新征程上的中流砥柱。马克思曾说过：“在科学的道路上没有平坦的大路可走，只有在崎岖小路的攀登上不畏劳苦的人，才有希望到达光辉的顶点。”[①] 自强不息、团结奋斗是高校开展学生教育工作的重要切入点和关注点。首先，在思想政治教育第一课堂和第二课堂上，强化团结奋斗的重要性，通过革命故事、红色故事讲述和典型树立等方式，将自强不息的意志品格在大学生中广为传承。其次，以适当方式使学生了解社会发展现状及社会竞争态势，激发学生攻坚克难的精神，做好进入社会的准备。再次，积极建设各类实践平台，组建各类大学生社团和团队，在具体工作和项目中锻炼提升大学生的领导、组织、执行能力，提升大学生的合作意识和协作能力，让学生们在团队共同工作的过程中体悟团结的力量、奋斗的重要和自强不息的精神品格。最后，营造合作共赢、拼搏进取的校园文化，引导学生正确处理竞争与合作的关系，培养青年学生成为有能力、有担当、会合作的社会主义建设者。

习近平总书记指出：“对马克思主义的信仰，对中国特色社会主义和共产主义的信念，是共产党人的政治灵魂，是共产党人经受住任何考验的精神支柱。”[②] 红色基因应当被传承和接续，高校在青年培养工作中，要高举秉承红色基因、赓续奋斗使命的大旗，将“大学生精神谱系核心基因”融合在日常思想教育中，为培养合格建设者和可靠接班人而不懈努力。中国共产党即将迎来百

① 马克思：《资本论》法文版，北京：人民出版社，2004 年，第 24 页。
② 《习近平谈治国理政》第二卷，北京：外文出版社，2017 年，第 326 页。

年华诞，这是百年征程的壮美节点，更是千秋伟业的序幕篇章。过去百年，中国共产党带领全国人民用一个个可歌可泣的故事诠释了中国共产党的精神，站在历史新起点，迈步新征程，中国共产党精神谱系还将继续在和平年代延展、深化、丰富和发展。作为中国特色社会主义事业未来的接班人，当代青年将继续传承红色基因，为中国共产党精神谱系增添新时代的流光溢彩。

百年来中国共产党思想政治教育方法发展的动力、经验与展望*

王红云[①] 周耀东[②]

摘要： 思想政治教育方法是中国共产党开展思想政治工作的重要手段，时代发展的新要求与党的思想政治教育的新任务，同方法自身局限性的张力，成为其发展创新的动力之源。基于百年来的实践探索，中国共产党思想政治教育方法累积了丰富的发展经验：坚持马克思主义方法论为指导的科学发展；坚持以问题为导向服务党的中心工作的精细发展；坚持先进性与广泛性、层次性与多样性的有机发展；坚持理论教育与自主教育、政治宣传与科学研究并进的系统发展。为回应新时代党的思想政治教育培育时代新人的任务要求，需要注重方法工具性与价值性相结合的协同发展、政治化与人本化相结合的融通发展、民族化与国际化相结合的并行发展以及个体化与群体化相结合的互动发展。

关键词： 新中国；中国共产党；思想政治教育方法；经验

---

* 本文系2020年度教育部人文社会科学研究青年基金项目“新中国成立70年中国共产党思想政治教育方法发展的历程与经验研究”（20YJC710057）的阶段性成果。

① 王红云，法学博士，电子科技大学马克思主义学院讲师，主要研究方向为中国共产党思想政治教育理论与实践。

② 周耀东，内蒙古大学马克思主义学院博士研究生，主要研究方向为马克思主义法哲学。

中国共产党尤为重视思想政治教育工作，其方法是完成党的思想政治教育任务的“桥”和“船”。自中国共产党成立以来，伴随党和国家工作重心的转移，实现了与社会发展的互动同构，有效完成了时代赋予党的各项工作任务，增强了党的思想政治教育育人实效。2016 年 12 月习近平总书记在全国高校思想政治工作会议上提出“沿用好办法，改进老办法，探索新办法”[①]，提供了新时代党的思想政治教育工作的理论指导。本文基于建党以来中国共产党思想政治教育方法发展的动力演化，总结其发展经验，力图把握新时代党的思想政治教育方法发展的未来趋势。

一、百年来中国共产党思想政治教育方法发展的动力

中国共产党思想政治教育方法发展的动力，既源自对时代发展、社会要求的积极回应，也源自自身矛盾运动的内在规律，具有很强的改进性和自适性特征。其中，社会发展的新诉求是根本动力，党的思想政治教育目标任务的变化是基本动力，其方法自身的发展局限是直接动力。

（一）根本动力：社会发展与时代转型的新诉求

建党以来社会结构的深刻变革，国内国际形势的深度嬗变为党的思想政治教育方法发展创新提供了时空场域和时代背景，也提出了诸多全新任务和课题，成为方法发展的根本动力。一是国际环境发展变革的强势推动。自中国共产党成立以来，党的思想政治教育便面临着全新的时空场域，使其教育方法面临着单一与多样、本土与国际、封闭与开放之间的深刻矛盾。尤其是抗日战争的爆发、东欧剧变、苏联解体、经济全球化、文化多元化的时代背景，使各国意识形态之间的斗争博弈日趋隐蔽和激烈，促使党的思想政治教育方法必须立

① 《习近平在全国高校思想政治工作会议上强调：把思想政治工作贯穿教育教学全过程 开创我国高等教育事业发展新局面》，《人民日报》2016 年 12 月 9 日。

足全球视野，审视其发展的历史逻辑和实践逻辑，实现由封闭向开放、由民族向世界的时代发展。二是国内政治、经济、文化、社会发展转型的迫切需要。中国共产党成立以来，我国历经了社会改革发展建设的诸多阶段，基于建党之初的复杂局势、新中国成立的百废待兴、“文化大革命”的反思批判、改革开放后“计划”向“市场”的转型以及中国特色社会主义进入新时代的最新历史方位，党的思想政治教育方法逐步形成以服务发展为核心、以科学发展为保障、以人本发展为追求的价值结构。在科学理念的指导下，实现了由经验向科学、由权威到民主、由单一向综合的时代转变。三是信息科学技术的发展促进了党的思想政治教育方法形态升级。网络信息技术作为当今世界最大的科技成果，对整个世界政治、经济、文化以及人们生产生活、思维方式等都产生了深远的影响，也改变着传统社会“自上而下”的垂直结构，在一定程度上赋予了网民区别于现实社会实践活动的“特权”，给党的思想政治教育方法提供了现代化发展的机遇，但同时也带来了不可忽视的挑战。依托网络思想政治教育方法有效化解网络信息技术发展所滋生的现实矛盾与问题，有效整合现实方法与虚拟方法，以实现由传统向现代的形态升级，是党的思想政治教育方法实现现代化发展的迫切需要。

（二）基本动力：中国共产党思想政治教育目标任务的新要求

中国共产党思想政治教育的目标任务是由党在不同历史时期的总任务决定的，具体体现为“为谁培养人”“培养什么样的人”以及“如何培养人”的根本要求，内在规定了方法发展的基本向度，成为其发展创新的基本动力。在新民主主义革命时期，思想政治教育方法依据战争与革命的时代特点，主要通过军事斗争和政治斗争等方法摧毁旧的上层建筑，以调动广大干部群众对社会主义制度的阶级觉悟和感情。新中国成立后，党的中心任务由农村转移到城市，一方面要求稳定广大人民群众的思想，调动其投入社会主义生产、建设的积极性；另一方面要求重点加强各领域、各部门、各阶层干部群众的马克思主义理论教育，有针对性地增强其对社会主义的认同。1978 年改革开放以来，中国共产党在吸取“文化大革命”历史教训的基础上，果断抛弃“以阶级斗争为纲”的教育内容，抛弃运动式、大批判的方法，为适应改革开放和社会主义市场经济的发展需要，坚持以马克思主义理论武装全党、教育人民，重新拿起批评与自我批评的武器；坚持广泛性与先进性相结合，通过广泛开展群众性精神文明创建活动等方式，深化人们对改革开放和社会主义市场经济的认知，引导其正确认识改革过程中的各种矛盾和问题。中国特色社会主义进入新时代，面临诸多新挑战和新任务，要求重点推进党员干部和青少年思想政治教育，通过借助网络信息技术、文化活动、家庭社会组织等载体增强教育方法的有效性，形成具有中国特色的方法体系。

（三）直接动力：克服传统方法局限性的新探求

中国共产党思想政治教育方法发展是一个动态过程，必然存在特定历史时期和历史阶段的发展局限。在近百年的发展变革中主要体现为两个方面。一方面传统教育方法难以契合时代发展需求的弊端显现。对此，毛泽东曾指出：“一切工作，如果仅仅是提出任务而不注意实行时候的工作方法……那末，什么任务也是不能实现的。”① 传统政治运动、武装斗争等刚性教育方式在特定历史时期起到了一定的教育效果，最广泛地凝聚了社会共识、统一了人们的思想。但是，随着改革开放和社会主义市场经济的深入推进，人的主体意识日渐增强，传统教育方法的弊端逐渐显现，促使党的思想政治教育方法必须契合时代的发展与人身心的内在诉求以实现科学化、人文化的发展变革，由此催生人文关怀法、心理疏导法、网络思想政治教育法等新兴方法，彰显对人生存发展

① 《毛泽东选集》第一卷，北京：人民出版社，1991 年，第 140 页。

的价值观照。另一方面，传统教育方法滞后与教育对象等各要素之间的矛盾张力凸显。尤其是改革开放以来，伴随着社会主义市场经济的发展，人作为市场活动的主体和利益主体，有着多元、多样的利益和发展诉求。但基于历史传统惯性等原因，方法自身发展依然存在手段单一、陈旧的问题，既未脱离传统方法的窠臼，也未探索形成新兴教育方法，游离于“变”与“不变”之间，制约了党的思想政治教育育人效果。这种源自方法体系内部的矛盾张力，为方法的发展提供了强大的内驱力，推动其通过不断的改革创新摆脱其发展的现实之困。由此，方法的自适性及其内部矛盾，成为推动其由显性向显隐结合、由单向灌输向双向互动、由工具向人文发展的直接动力。

二、百年来中国共产党思想政治教育方法发展的基本经验

中国共产党成立以来，党的思想政治教育方法在不断完善、探索和发展的过程中，形成了适应性发展、科学性发展、现代性发展的相互交织、不断递进的发展向度，其基本经验在于以下几个方面。

（一）坚持马克思主义方法论为指导的科学发展

第一，坚持以马克思主义理论为指导是中国共产党的优良传统。“马克思主义的整个世界观不是教义，而是方法”①，它提供了中国共产党各项工作开展的行动指南，是中国共产党始终坚持的思想方法。毛泽东曾指出“自从中国人学会了马克思列宁主义以后，中国人在精神上就由被动转为主动”②；邓小平强调“搞社会主义一定要遵循马克思主义的辩证唯物主义和历史唯物主义”③；江泽民指出“如果头脑里没有辩证唯物主义、历史唯物主义的世界观……就不可

① 《马克思恩格斯全集》第三十九卷，北京：人民出版社，1974 年，第 406 页。
② 《毛泽东选集》第四卷，北京：人民出版社，1991 年，第 1516 页。
③ 《邓小平文选》第三卷，北京：人民出版社，1993 年，第 118 页。

能站在时代的前列，团结和带领广大群众前进”[①]；胡锦涛指出“辩证唯物主义和历史唯物主义的世界观和方法论，是马克思主义最根本的理论特征”[②]；党的十八大以来，习近平突出强调坚持辩证唯物主义和历史唯物主义的方法论的重要性，指出“辩证唯物主义是中国共产党人的世界观和方法论”[③]。历史和事实证明，马克思主义是党和国家各项事业顺利开展的思想指南，是党的事业取得成功的根本法宝。

第二，坚持以马克思主义方法论为指导是党的思想政治教育方法发展的重要遵循。中国共产党成立以来，党的历代领导集体始终坚持以马克思主义方法论为指导，结合我国社会发展实际具体问题具体分析，不断实现着对马克思主义唯物辩证法的创造性转化和创新性发展。毛泽东作为马克思主义哲学的集大成者，早在革命战争年代就系统论述了中国共产党思想政治教育方法的重要作用。他将方法作为“桥”或“船”的经典论述以及“实事求是”“群众路线”的经典概括，凸显了对马克思主义哲学的科学转化。改革开放以来，以邓小平、江泽民、胡锦涛为核心的历代党中央领导集体，在继承毛泽东关于马克思主义哲学方法的基础上，相继实现对解放思想、实事求是、与时俱进、求真务实等思想方法的丰富和完善，指导完成党在各个历史时期、发展阶段的目标任务。习近平在党的十九大报告中强调，要继续“坚持解放思想、实事求是、与时俱进、求真务实”[④]。而基于求真的反思式“批判”而创造性提出的“团结—批评—团结”的民主方法、批评与自我批评的方法、自我教育法等工作方法，为

---

① 《十五大以来重要文献选编》（上），北京：人民出版社，2000 年，第 491 页。

② 《十六大以来重要文献选编》（上），北京：中央文献出版社，2005 年，第 362 页。

③ 习近平：《辩证唯物主义是中国共产党人的世界观和方法论》，《光明日报》2015 年 1 月 25 日。

④ 习近平：《决胜全面建成小康社会 夺取新时代中国特色社会主义伟大胜利——在中国共产党第十九次全国代表大会上的报告》，北京：人民出版社，2017 年，第 18 页。

化解“左”的错误思想、“文化大革命”、改革开放历史性转折以及全面建成小康社会进程中人们的思想问题提供了有效支撑。

第三，中国共产党思想政治教育方法的发展是对科学方法论的转化和应用。从本质上讲，方法“是知识体系的具体应用”①，“世界观如果不转化为认识方法和工作方法，也就发挥不了指导认识世界和改造世界的作用”②。在近百年的发展历程中，党的思想政治教育方法始终坚持求真务实、理论联系实际、一切从实际出发的马克思主义理论品质，结合我国革命、改革和建设的发展实际，在开展思想政治工作的过程中逐步形成实事求是、矛盾分析、统筹兼顾等思想方法。同时，以具体时间、地点和条件为转移，具体问题具体分析，改进发展了群众路线法、理论教育法、榜样示范法、实践锻炼法，创新发展了网络思想政治教育法、心理疏导法等工作方法，丰富完善了党的思想政治教育方法发展的时代内容，并逐渐发展为独立的理论知识体系，彰显马克思主义方法论与时俱进的理论品质和强大生命力。

（二）坚持以问题为导向服务党的中心工作的精细发展

自建党以来，中国共产党思想政治教育方法始终坚持以问题为导向，紧紧围绕党的中心工作自觉实现和契合党的工作目标、工作任务、工作效果的精细化发展，有效增强了党的思想政治教育育人实效。

第一，契合党工作目标的对标发展。党的思想政治工作主要遵循社会与个人两个维度，内在规定了党的思想政治教育方法发展聚焦社会目标和个人目标的基本逻辑。就社会目标而言，党的思想政治教育方法在百年的发展历程中，为社会政治、经济、文化等发展服务，维护党的政权和社会政治稳定，保证经济发展方向，提供文化选择、传播和渗透的有效手段。就个人目标而言，党的

① 王晖：《方法论新编》，上海：上海财经大学出版社，1997 年，第 3 页。
② 郑永廷：《思想政治教育方法论》，北京：高等教育出版社，2010 年，第 6 页。

思想政治教育方法围绕党的成立、新中国成立、改革开放、社会主义市场经济的建设以及全面建设小康社会等历史关键节点，为“培养适应革命斗争需要的革命者、适应国家建设需要的建设者以及适应社会全面发展需要的创新型人才”① 等提供具体指导。

第二，围绕党的中心工作内容的对点发展。内容与方法作为党的思想政治教育的重要组成部分，制约着思想政治教育效果，两者是辩证统一的关系。建党以来，思想政治教育围绕时代发展转变、党的中心工作转移以及以教育理念价值转向，在不同的历史时期逐渐形成理想信念教育、道德教育、爱国主义教育等的内容体系结构。教育方法紧紧围绕教育内容的丰富完善，在方法选择和设计上依据不同教育对象和群体进行变革，如重点依据青年、党员干部等不同群体思想行为的特点，通过集中教育和日常教育相结合的方式推进重点对象思想政治教育；同时，兼顾农村、企业、军队和社区等不同领域教育对象的发展实际，依据其思想状况实际、接受程度、工作特点等制定具体的教育内容，创设有针对性的教育方法以保证教育内容的有效接受，对不同教育方法的选择、运用及融合，则自觉构成方法发展的时代内容。

第三，以完成党的工作任务为检验标准。评判党的思想政治教育方法发展不仅要以方法的自我完善为标准，更要以其完成党的工作任务效果为尺度。一是党的中心工作的完成检验方法发展的“信度”。方法信度，即对方法运用及其效果的信赖、认可程度。如群众路线作为党开展思想政治工作的思想方法和工作方法，是党和国家事业发展的重要法宝，从调查研究到网络群众路线的时代转变，更以鲜明的价值理念和方式手段巩固了党的群众基础，成为党和国家各项事业取得成功、赢得民心的关键。二是党的中心工作的完成检验方法发展

① 邱吉、梅雪：《中国共产党思想政治教育目标的历史考察》，《教学与研究》2014年第5期。

的“效度”。方法效度，即教育方法的准确性和有效性。1999 年中共中央在《关于加强和改进思想政治工作的若干意见》中明确指出，“在改革开放和发展社会主义市场经济条件下，思想政治工作的环境、任务、内容、渠道和对象都发生了很大变化。如果不能适应这种变化，只是简单地重复过去的老方式、老办法，就难以收到好的效果，甚至适得其反”[①]。而历史事实也不断证明，凡是紧密结合党的工作中心而科学运用的方法，都取得了良好的教育实效；凡是偏离党的中心工作的，最终带来灾难性后果。三是党的中心工作的完成检验方法发展的“温度”。方法温度，即方法运用过程中所渗透的情感、价值与态度。改革开放以来，思想的解放使广大人民群众呈现出对自由、平等、发展、尊严、权利等的迫切诉求，要求实现教育方式人本化、科学化和民主化的时代转变。江泽民曾指出，思想政治工作要做到“尊重人、理解人和关心人”[②]；胡锦涛重申“思想政治工作说到底是做人的工作，要坚持以人为本的理念”[③]；习近平突出强调人本理念，主张“要树立以人民为中心的工作导向”，促进人的全面发展。而人文关怀法、以文化人法以及心理疏导法的发展，自觉契合了党的工作价值理念的嬗变，赋予了方法情感温度。

（三）坚持先进性与层次性、广泛性与多样性的有机发展

党的思想政治教育对象是具体的、现实的人，存在着思想和行为的易变性和差异性，也有着显著的广泛性和复杂性等特征。中国共产党成立以来，党的思想政治教育方法在鼓励先进的同时能兼顾好大多数，联结和引导不同类型、不同层次、不同领域和不同性质的干部群众，有效凝聚了社会共识。

第一，以重点群体为抓手，深化方法先进性与层次性的融合。党员和青少

① 《十五大以来重要文献选编》(中)，北京：人民出版社，2001 年，第 1042 页。
② 《十四大以来重要文献选编》(中)，北京：人民出版社，1997 年，第 1578 页。
③ 《胡锦涛文选》第三卷，北京：人民出版社，2016 年，第 184 页。

年作为人民群众中的大多数，又是多数中的少数，能够起到一定的示范引领作用。一方面，要鼓励先进，抓好党员干部和青少年这一重点对象。就党员干部而言，新中国成立以来主要通过集中教育、干部轮训、理论学习、实践锻炼、预防与警示教育等方法进行思想武装，可以说，“坚持经常性教育与适当的集中教育相结合，是我们党解决自身存在的问题、加强自身建设的一条重要经验”[①]。就青少年而言，党历来重视青年思想政治教育方法。在新中国成立初期，就通过“三反”“五反”运动、设立马列主义政治理论课、实践锻炼等方法推进爱国主义教育和思想道德建设，并沿用至今。在网络信息化时代，要根据未成年人接受信息途径的新变化，“要从未成年人身心成长的实际出发，根据他们生理、心理和思想可塑性强等特点……确定思想道德教育的重点内容，区分不同年龄层次，各有侧重，循序渐进，最终实现培育‘四有新人’的目标”[②]，为国家发展建设赢得青年。另一方面，要兼顾层次，教育引导广大人民群众这一多数。1986年《中共中央关于社会主义精神文明建设指导方针的决议》明确指出，“在道德建设上，一定要从实际出发，鼓励先进，照顾多数，把先进性的要求同广泛性的要求结合起来”[③]。尤其社会主义市场经济条件下利益结构的分化，催生了人们思想价值观念的多元化，不同阶层或同一阶层不同群体之间的差异化日渐凸显，促使党的思想政治教育方法必须“要注意区分层次，针对不同特点”[④]教育对象的发展需求，选择恰当的教育方式，有步骤、有针对性地开展教育。

第二，以重点领域为支撑，增强方法广泛性与多样性的互补。“开展思想

① 《十六大以来重要文献选编》（中），北京：中央文献出版社，2006年，第415页。
② 《十六大以来重要文献选编》（中），北京：中央文献出版社，2006年，第82～83页。
③ 《十二大以来重要文献选编》（下），北京：中央文献出版社，2011年，第128页。
④ 《十四大以来重要文献选编》（上），北京：人民出版社，1996年，第655页。

政治工作，要注意因地制宜，因人制宜，因事制宜，因时制宜……工人、农民、知识分子、干部、军人、退休人员等都有自己的特点，千篇一律地做工作，是不会取得好效果的。”[①] 新民主主义革命时期，毛泽东曾指出：“很简单的一些标语、图画和讲演，使得农民如同每个都进过一下子政治学校一样，收效非常之广而速。”[②]《古田会议决议》作为党的思想政治教育的纲领性文件，在全面反思党内错误思想方法的基础上，提出了诸多明确的教育方法。新中国成立以来，《工作方法六十条（草案）》《关于正确处理人民内部矛盾的问题》等为党的思想政治教育方法增添了许多新的内容。改革开放实现了党的思想政治教育方法的历史性转折，尤为重视人民群众和青年学生等群体的思想政治教育，并分别颁布了《公民道德建设实施纲要》《中共中央关于改进和加强高等学校思想政治工作的决定》等专门性文件，要求结合群众性精神文明创建活动，通过传播载体、活动载体、实践锻炼和文化载体等不断创新教育方法。党的十八大以来，党中央继承优良传统教育方法，先后颁布了《新时代爱国主义教育实施纲要》《新时代公民道德建设实施纲要》等文件，结合党内集中教育和干部轮训，大力主张运用网络信息传媒技术，团结、教育、引导大多数干部群众，凝聚最广泛的社会共识。

（四）坚持理论教育与自主教育、政治宣传与科学研究并进的系统发展

党的思想政治教育是一项系统工程，只有联动各方力量和各种途径协同开展，才能实现教育效果最大化。新中国成立以来，为完成党的思想政治工作各项目标和任务，党的思想政治教育方法形成了理论教育与自主教育、政治宣传与科学研究互促并进的协同教育模式。

第一，坚持理论武装和自我教育的优良传统。理论教育法在党的思想政治

---

① 《江泽民文选》第三卷，北京：人民出版社，2006 年，第 90 页。
② 《毛泽东选集》第一卷，北京：人民出版社，1991 年，第 35 页。

教育过程中起着举足轻重的作用，毛泽东在《新民主主义论》中曾提出“我们应当努力在工人阶级中宣传社会主义和共产主义，并适当地有步骤地用社会主义教育农民和其他群众”①；邓小平变革了传统生硬说教和灌输的形式，主张采用表演、讲演、文艺作品等来教育和引导广大人民群众；江泽民在党的十四大报告中正式提出了“理论武装”的概念；胡锦涛针对新时期新情况提出“坚持学习理论和指导实践相结合”“坚持运用理论和发展理论相结合”等一系列新举措；习近平突出强调“党校、干部学院、社会科学院、高校、理论学习中心组等都要把马克思主义作为必修课，成为马克思主义学习、研究、宣传的重要阵地”②。同时，基于理论教育的阶段性、专题性和局限性，主张要实现对党员干部群众教育的持久性、稳固性和持续性，必须依靠学校、家庭、社会集中发力，引导其实现自教与他教的有机互补。

第二，科学研究有效推动方法的科学化发展。中国共产党自成立以来，尤为重视推动党的理论创新，创立了毛泽东思想与中国特色社会主义理论体系这一丰硕的理论成果，为党的思想政治教育方法的发展提供了鲜明的指导与理论内容。为进一步推进方法的科学化发展，党和政府颁布了一系列政策文件，并组织专门力量推进方法理论与实践的科学研究。通过开设思想政治理论课、组织专家撰写《思想政治教育方法论》教材、设置思想政治教育专业、推进方法载体建设、强化师资队伍建设等措施，为方法发展提供扎实的理论支撑和人才保障，推进其由分散向系统、由经验向科学发展。

第三，多元主导推动方法的综合化发展。新中国成立以来，党的思想政治教育逐渐形成了分别以理论研究为主和以事务工作为主的科学合理且具有一定

---

① 《毛泽东选集》第二卷，北京：人民出版社，1991 年，第 704 页。

② 习近平：《胸怀大局把握大势着眼大事努力把宣传思想工作做得更好》，《光明日报》2013 年 8 月 21 日。

规模的教育队伍，提供了党的思想政治教育方法理论与实践互动的主体要素。其中，前者主要集中在高校、党政工团和科研院所，重点从事人才培养、教育方法理论研究，探索针对党员干部和青少年的教育方法。后者主要集中在企业、农村、军队和社区等基层部门，重点依据不同领域教育对象的特点，有针对性地进行政治宣传教育。新中国成立70多年来，中国共产党常态化推进两支队伍的互动融合，有效推动了党的思想政治教育方法的系统化发展。

三、百年来中国共产党思想政治教育方法发展的时代展望

基于百年来中国共产党思想政治教育方法发展的历史经验，站在新时代的历史起点展望未来，思想政治教育方法发展必须坚持因时而进、因势而新、因事而化，在协调和平衡工具性与价值性、政治化与人本化、个体化与群体化、民族化与国际化的过程中，破解新时代所面临的发展新问题与新挑战。

（一）工具性与价值性协同发展

中国共产党思想政治教育方法是工具性和价值性的统一，作为联结教育者和受教育者的中介与桥梁，是价值引导下的工具和手段。新时代党的思想政治教育方法发展必须坚持工具性和价值性协同共进，以工具性张扬价值性的发挥，以价值性引领工具性的呈现。一方面，深化和更新对党的思想政治教育方法“工具属性”的认识。方法是完成党的思想政治教育工作目标和任务的重要手段，基于百年来的理论与实践探索，已然形成独立的知识体系，有着其内在的发展规律。因此，推动党的思想政治教育方法发展，不仅需要以“工具”属性视之，更需要将方法本身作为独立的知识体系加以审思，以升华的“工具”观和科学的思维方式更好地探索方法发展变革的内在规律，尤其是在“技术至上”的当下，要警惕“技术理性的挤压、遮蔽，最终导致思想政治教育方法纯

粹成为了僵硬的、冰冷的工具”[①]，抑制育人实效。另一方面，强化和扩展对党的思想政治教育方法“价值属性”的理解。价值性是党的思想政治教育方法的内在属性，新时代党的思想政治教育方法发展要充分体现“以人民为中心”的“人本理念”，这是现代思想政治教育方法与传统思想政治教育方法的本质区别。“人本理念”表现在思想政治教育方法的人文价值和情感诉求，即党的思想政治教育在方法的选择和应用层面，要尊重受教育者的主体地位和情感需求，关心人的成长发展，通过“加强人文关怀和心理疏导，引导人们正确对待自己、他人和社会，正确对待困难、挫折和荣誉”[②]，以凸显思想政治教育对人的价值关照，增强育人实效，激发其投入民族复兴伟业的积极性和热情。

（二）政治化与人本化融通发展

政治化与人本化是党的思想政治教育方法发展的基本内容，政治化是党的思想政治教育方法发展的基本前提，旨在阐明其发展是什么样的发展问题；人本化主要体现其发展的内在价值，即说明方法发展为谁的问题，是党的思想政治教育方法发展的落脚点和价值旨归。一方面，方法理念、内容及其运用必须将社会主义政治方向放在首位。意识形态性是各个社会、各个国家思想政治教育的共同属性，党的思想政治教育方法自觉蕴含着鲜明的政治化特征。尤其是在全球化时代背景下，不同国家意识形态斗争与博弈日趋激烈且更显隐蔽，对我国社会主义意识形态的主导地位形成了一定的挑战，要求新时代党的思想政治教育方法在理念、内容及其运用上必须凸显社会主义意识形态的本质属性，积极占领网络空间，运用新兴载体讲好中国故事，传播好中国好声音。另一方面，方法发展的本质，要求新时代党的思想政治教育方法发展必须紧紧围

① 郭超、王习胜：《论现代思想政治教育方法的偏向与守正》，《马克思主义理论学科研究》2017 年第 5 期。

② 《十六大以来重要文献选编》（下），北京：中央文献出版社，2008 年，第 662 页。

绕“人”这一根本，以人的发展需要为出发点和落脚点。这里的“人”既是个体也是群体，既是少数人也是大多数人。回顾党的思想政治教育百年的发展历程，既存在意识形态性过于浓厚、抑或张扬人的主体性而滋生“去意识形态化”“去政治化”等错误思潮，也存在泛生活化、泛娱乐化等错误倾向，两者在一定程度上都淡化或消解了方法的意识形态性、人本性和科学性。这些历史经验和教训启示我们，党的思想政治教育方法不可能做到“价值无涉”和“价值中立”，新时代党的思想政治教育方法发展必须保持政治化与人本化之间的适度张力。

（三）个体化与群体化互动发展

任何方法都是个性与共性的统一，新时代党的思想政治教育方法的发展需要协同个体化方法与群体化方法的有效互动才能更好地实现。一方面，促进个人与社会发展是党的思想政治教育方法发展创新的根本遵循。方法的有效性也体现为运用综合的教育手段帮助个体形成正确的思想政治价值观念，优化其思想品德系统，有效破解党和国家改革、建设、发展中的各种教育问题。尤其是多元社会结构下，国家、社会、市场等各个领域都存在相对独立的运行逻辑，逐渐出现了一定的教育“空场”。传统一元化的教育方法难以适应教育对象分众化、群体化需求，如何借助组织、网络传媒和管理等综合载体，基于个体属性探索针对不同层次、不同领域、不同状况和不同群体的思想政治教育方法，应对个体化和群体化互动中所产生的诸种复杂问题，是时代提出的全新课题。另一方面，协同创新重点群体和重点对象的教育方法。个体化与群体化是社会发展的两个重要维度，个体化蕴含着群体化的集体特征，群体化集中反映着个体化的部分属性，两者的有机互动催生出诸多社会问题与研究课题，提供了党的思想政治教育出场语境，并转化为重点群体和重点对象教育方法的发展创新。党员干部和青少年是党的思想政治教育的重点对象，农村、企业、军队、高校是党的思想政治教育的重点领域，协同推进重点群体和重点领域教育方法的发展创新，能够更好地凝聚社会共识，巩固党的群众基础。

（四）民族化与国际化并行发展

民族化和国际化是全球化浪潮中最基本的文化要素，两者之间的矛盾运动共同推动党的思想政治教育方法的创新发展。党的十九大报告作出了中国特色社会主义进入新时代的重大判断，要求我国必须站在新的时代方位，立足中国，放眼世界，在民族化和国际化深入交融中推进思想政治教育方法发展。一方面，以民族化为根基，坚持对党的优良传统教育方法的守正。以儒学为主导的传统教化方法是党的思想政治教育方法的历史文化资源和起点，新时代党的思想政治教育方法要实现发展，应该在内容上实现对化民成俗、身教示范、礼乐结合、学思并重等社会教化和个体修养方法的扬弃。同时，基于百年来的发展探索，必须坚守马克思主义理论对方法发展的主导地位，持续推进实事求是、群众路线、统筹兼顾、矛盾分析的思想方法，以及理论学习、批评与自我批评、实践锻炼、榜样示范、以文化人等工作方法，丰富完善中国特色思想政治教育方法体系，巩固我国社会主义意识形态主导权和话语权。另一方面，以国际化为发展目标，在吸纳借鉴他国优秀教育方法的基础上推进党的思想政治教育方法完善创新。西方国家在公民教育、道德教育、政治教育的长期实践过程中，依托社团、宗教等组织载体逐步形成了道德教育法、价值澄清法、隐性教育法和心理咨询法等诸多方法，给我国提供了诸多有益借鉴。立足国际视野积极变革方法理念、载体和运用场域，打破囿于特定场域、特定群体和特定形式的教育方式，借助文化学、心理学、信息技术和社团组织等，对党的思想政治教育方法进行时空重组、情境重构和中国式转化，能够更好地助推党的思想政治教育方法的国际化。

中国共产党思想政治教育的百年育人理路*

栾淳钰[①]　白　洁[②]

摘要：自中国共产党成立起，党的思想政治教育就以培养符合时代需要的新人为使命，致力于实现人的全面发展，反之，不同时期或时代新人的培养又反哺着不同阶段的思想政治教育，二者具有紧密的逻辑关联。当前，培养担当民族复兴大任的时代新人是新时代思想政治教育的重要使命。新时代思想政治教育要从崇德向善的价值引领、纵横并进的国民教育、同向同行的课程建设、互通有无的家校合作等实践路径着手，实现新时代思想政治教育培养时代新人的目标追求。

关键词：中国共产党思想政治教育；时代新人；育人逻辑

思想政治教育从根本上说是做人的工作。中国共产党自成立起就注重根据不同时代的育人要求培养时代需要的新人。“一个时代有一个时代的问题，一代人有一代人的使命。”[③]党的十九大报告提出“培养担当民族复兴大任的时代新人”的战略任务，为新时代思想政治教育改革创新指明方向、提出要求。新

* 本文系2020年度国家社科基金青年项目“培养担当民族复兴大任的时代新人对马克思主义新人观的原创性贡献研究”（20CKS017）的阶段性成果。

① 栾淳钰，天津大学马克思主义学院副教授、硕士生导师。

② 白洁，天津大学马克思主义学院硕士研究生。

③ 《习近平谈治国理政》第三卷，北京：外文出版社，2020年，第193页。

时代思想政治教育要立足新时代的新目标，适应思想政治教育对象的新变化，丰富和更新思想政治教育的内容和方法，使思想政治教育能够顺利完成新时代的育人使命。目前，学者们关于新时代思想政治教育与时代新人结合方面的研究不多，个别研究多以理论宣传和静态阐释为主，缺少在理论逻辑和历史逻辑相统一中的关于思想政治教育培养时代新人逻辑理路的系统分析。而且，关于思想政治教育培养时代新人的路径探索更多注重单方面的观点解读，对于其在培养时代新人中发挥的作用缺少全面性、整体性的阐释。鉴于此，有必要梳理中国共产党运用思想政治教育培养时代新人的历史逻辑，立足新时代的现实背景，从理论逻辑和实践逻辑两方面出发，一脉相承又与时俱进地探索思想政治教育培养时代新人的必然性、可行性，进而探讨培养担当民族复兴大任时代新人的有效路径。

一、思想政治教育百年育人的历史追溯

从“无产阶级革命新人”“共产主义新人”“四有新人”“四个新一代”到“担当民族复兴大任的时代新人”，中国共产党立足不同时期的客观实际，着眼不同时代的现实要求，传承和创新思想政治教育的方法载体，着力培养实现自身成长、社会进步、国家发展有机统一的新人。

（一）新民主主义革命时期：培养政治立场坚定的“无产阶级革命新人”

新民主主义革命时期，中国共产党致力于创建自身的政治工作体系，而思想政治教育始终处于中心环节。通过思想政治教育，统一党内思想，培养政治立场坚定的无产阶级革命新人，“以国民革命来解放被压迫的中国民族”①，为实现民族独立和人民解放而努力奋斗。

① 《建党以来重要文献选编》第一册，北京：中央文献出版社，2011年，第277页。

新民主主义革命初期，早期中国共产党人通过创办刊物、出版翻译书籍对马克思主义理论的内容进行讲述和解读，《新青年》《中国共产党党报》《向导》等在宣传党的思想和政治主张方面发挥了重要作用。思想政治教育旨在提高人们认识世界和改造世界的能力。为了提高工农群众的文化水平，中国共产党成立专门的宣传教育机构，建立不同行业的工人补习学校、成立师范教育班、创办地方通俗报纸等，把思想教育、政治教育与文化教育、业务教育相结合。通过不同形式的思想政治教育，提高工人和农民的文化水平和劳动生产能力，为革命队伍培养理论扎实、思想先进、政治正确的无产阶级革命者。随着时势的变化，在理论学习的基础上，中国共产党重视思想政治教育在实践方面的指导作用。古田会议突出党的宣传教育工作的重要性，把思想政治教育作为党和军队发展的必要环节；遵义会议纠正“左”倾错误思想，为党内思想政治教育扫清了障碍。解放战争时期，思想政治教育主要以“推翻国民党反动统治，建立新中国”为目标，通过“三查三整”“群众性自我教育”“土地改革、恢复生产”等运动对党内干部、军队、农民等不同团体进行思想政治教育，为解放战争的胜利提供思想政治保障。同时，毛泽东多次强调把书本知识与实际革命相结合，把教育与生产劳动相结合，抛弃过去腐朽的旧教育，“建立自己的民族的、科学的、人民大众的新文化和新教育”[①]，培养一批信念坚定的马克思主义者和坚决同反动敌对势力斗争的无产阶级革命新人。

（二）社会主义革命和建设时期：培养有社会主义觉悟的“共产主义新人”

从新中国成立到1956年，在“破旧立新”中，中国共产党有针对性地开展了思想政治教育，对人民群众的社会主义思想教育卓有成效。后来一段时间，思想政治教育在挫折和徘徊中前进，这要求思想政治教育在继承的基础上

---

① 《毛泽东选集》第三卷，北京：人民出版社，1991年，第1083页。

进行发展，为新中国的建设与发展培养共产主义新人。

社会主义革命和建设时期，思想政治教育坚持把“为国家建设服务”① 作为根本任务，对教育队伍的建设以及教育课程的设置进行了重新规划，明确了这一时期人才培养的方向。1949 年 6 月，毛泽东在《论人民民主专政》一文中，向全党和全国人民提出了“教育自己和改造自己”的任务。毛泽东强调把思想问题放在首位，重视政治方面与思想方面的共同进步，号召全党全国学习马克思主义，关心时事政治。毛泽东提出：“使受教育者在德育、智育、体育几方面都得到发展，成为有社会主义觉悟的有文化的劳动者。”② 思想政治教育以培养“有社会主义觉悟的有文化的劳动者”为育人目标，树立劳动者典型进行榜样教育，毛泽东号召全党全国向黄继光、雷锋、王进喜、焦裕禄等先进榜样学习，高度赞扬他们是“全中华民族的模范人物”③，用榜样助力教育，创新了思想政治教育的方法。1958 年 11 月，《解放军报》首次提出了“干社会主义大事，做共产主义新人”。鉴于此，面对人民文化知识普遍低的状况，毛泽东提出文化教育，发展“民族的、科学的、大众的文化”④。在第一次全国教育工作会议中强调：“教育必须为国家建设服务，学校必须为工农开门。”⑤ 社会主义革命与建设需要技术专业、知识扎实的劳动者，这意味着思想政治教育承担着文化育人的任务，努力构建学习知识、崇尚文化的良好社会氛围，进而培养政治觉悟高、革命理想坚定、专业知识扎实、实践能力过关的共产主义新人。

---

① 《中共中央文件选集》第七册，北京：人民出版社，2013 年，第 235 页。
② 《毛泽东文集》第七卷，北京：人民出版社，1999 年，第 226 页。
③ 《毛泽东文集》第六卷，北京：人民出版社，1999 年，第 95 页。
④ 《毛泽东选集》第二卷，北京：人民出版社，1991 年，第 708 页。
⑤ 《中华人民共和国大事记：1949 年 10 月—2019 年 9 月》，北京：人民出版社，2019 年，第 4 页。

（三）改革开放和社会主义现代化建设新时期：培养“四有新人”和“四个新一代”

改革开放是一次伟大革命，是社会主义制度的自我完善和发展。经济的突破需要思想的解放，而且精神文明建设能否与物质同步发展归根到底就是要提高人民文化素养和道德素质，“用人类历史上最先进、最科学的世界观、方法论去教育人、启发人”①，以培养社会主义新人作为最终的目标和归宿。

改革开放初期，党和国家领导人重塑教育秩序，变革教育混乱的状况，特别强调学校教育的纪律和秩序。邓小平提出把政治觉悟放在第一位，政治觉悟与科学文化教育同向同行。1983 年，中国职工思想政治工作研究会召开成立大会，意味着思想政治教育落实到干部群众的实际工作中，努力提高干部群众的思想道德素质和政治素养，完善了思想政治教育的手段和载体。1984 年，思想政治教育作为一门学科正式设立，逐步走向了学科建设的规范化道路。邓小平从现实需要出发，提出“教育要面向现代化，面向世界，面向未来”②。1985 年 3 月，根据改革开放和社会主义现代化建设的时代要求，邓小平首次明确提出，“教育全国人民做到有理想、有道德、有文化、有纪律”③的“四有”新人教育目标，成为党和国家对社会主义新时期人才培养的目标和要求。1990 年，党中央以“德、智、体全面发展的建设者和接班人”④定位我国教育目标，奠定了 20 世纪 90 年代以来我国教育目标的新基调。1999 年，中共中央颁发《关于加强和改进思想政治教育工作的若干意见》，为全国的思想政治教育工作指明方向。各教育宣传部门和教育工作者坚守培养人的初心，对照《关于加强和改进思想

---

① 《十三大以来重要文献选编》(中)，北京：人民出版社，1991 年，第 1063 页。

② 《邓小平文选》第三卷，北京：人民出版社，1993 年，第 35 页。

③ 《邓小平文选》第三卷，北京：人民出版社，1993 年，第 110 页。

④ 《中共中央关于制定国民经济和社会发展十年规划和“八五”计划的建议》，北京：人民出版社，1991 年，第 30 页。

政治教育工作的若干意见》要求促进思想政治教育的完善和发展。2007 年，在“四有”新人的基础上，根据社会主义现代化建设的新形势和构建社会主义和谐社会的新要求，党中央提出思想政治教育培养“四个新一代”的使命，从理想信念到内在品德，从文化素养到精神品质对新人开展培养与教育。

（四）中国特色社会主义新时代：培养担当民族复兴大任的时代新人

中国特色社会主义进入新时代，思想政治教育迎来了机遇与挑战并存的新发展阶段。新时代面对“中华民族伟大复兴的战略全局和世界百年未有之大变局”，多元文化思潮的冲击加剧，亟须思想政治教育变革培养人的方式，对社会现实作出回应，继续做好培养人的工作。

“旗帜鲜明加强思想政治教育”[①]是全党教育工作的重中之重，更是培养新人的根本要求。自 2012 年党的十八大报告提出“把立德树人作为教育的根本任务”[②]，党的十八大以来，以习近平同志为核心的党中央高度重视思想政治教育的创新发展，突出思政课在学校教育和人才培养中的极端重要性。2017 年，党的十九大报告再次强调“落实立德树人根本任务”[③]，并进一步提出“培养担当民族复兴大任的时代新人”[④]，这是着眼于国际环境纷繁复杂变化，各种思潮和危险暗流涌动的现实情况，对新时代思想政治教育提出的新要求。2018 年，在全国宣传思想工作会上，习近平总书记进一步指出，要把“育新人”作为新形势下宣传思想工作的使命任务。同年 9 月，全国教育大会在“四育”中加入“劳育”，丰富了思想政治教育培养时代新人的内容，对思想政治教育的育人工

① 《思政课是落实立德树人根本任务的关键课程》，北京：人民出版社，2020 年，第 4 页。

② 《十六大以来重要文献选编》（下），北京：人民出版社，2008 年，第 617 页。

③ 《决胜全面建成小康社会 夺取新时代中国特色社会主义伟大胜利——在中国共产党第十九次全国代表大会上的报告》，北京：人民出版社，2017 年，第 45 页。

④ 《决胜全面建成小康社会 夺取新时代中国特色社会主义伟大胜利——在中国共产党第十九次全国代表大会上的报告》，北京：人民出版社，2017 年，第 42 页。

作提出了更高的要求。2019年，习近平总书记组织召开全国思政课教师座谈会，听取思想政治教育主题的经验分享与实践困境，提出思想政治教育要解决好“培养什么人、怎样培养人、为谁培养人”这个根本问题。鉴于此，新时代思想政治教育者遵循思想政治教育规律，立足学生成长新需求，以“六个要”为根本遵循，加强思想政治教育队伍建设，改进思想政治教育各项工作，助力担当民族复兴大任的时代新人的培养。

二、思想政治教育百年育人的理论逻辑

思想政治教育培养时代新人是由思想政治教育的目标使命和时代新人的特质需要决定的。思想政治教育与培养时代新人之间是协调统一、相互促进的关系，两者具有契合性，使得思想政治教育培养时代新人具有可行性。

（一）培养时代新人是思想政治教育的使命要求

思想政治教育培养不同阶段新人的要求和使命随着时代背景和社会需求的变化而发展更新。习近平总书记提出思想政治工作要着眼于社会现实和未来方向，“因事而化，因时而进，因势而新”①，为新时代思想政治教育培养时代新人提供了基本遵循。

一方面，新时代提出思想政治教育新要求。从国内环境来看，党的十八大以来，社会主要矛盾变化突出个体对精神层面需求的增加，内在地规定了思想政治教育要紧扣培养时代新人的使命，在培养时代新人的精神品质上下功夫，同时，思想政治教育也要助力消除教育发展不平衡不充分的现状，为时代新人的成长提供公平的机会和合适的平台。从外部环境来看，面对中国的崛起和日益强大，西方国家采取较为隐蔽的和平演变手段进行西方意识形态的渗透，试

① 《习近平谈治国理政》第二卷，北京：外文出版社，2017年，第378页。

图抹黑、丑化、妖魔化中国。“我们的教育绝不能培养社会主义破坏者和掘墓人，绝不能培养出一些长着‘中国脸，不是中国心，没有中国情，缺少中国味’的人！”[①]这也是对思想政治教育工作者的一个明确而重要的要求。可见，新时代面对国内国际两个大局，迫切需要理解思想政治教育培养时代新人的深刻内涵，完善思想政治教育内容、创新思想政治教育方法，厘清担当民族复兴大任的时代新人的培养逻辑，以完善的体系和契合的方式完成时代赋予的育人要求。

另一方面，新时代赋予思想政治教育新使命。培养什么人，是教育的首要问题。担当民族复兴大任的时代新人，是社会主义建设者和接班人的时代要求，其深刻回答了党在新时代“培养什么人、如何培养人、为谁培养人”等根本问题，也赋予思想政治教育新使命。习近平总书记明确新时代“培养什么人”的目标，阐述“怎样培养人”的措施，坚定“为谁培养人”的方向，从宏观到微观对思想政治教育培养时代新人进行了全方位的分析和思考。正如习近平总书记所强调的新时代要增强“四个意识”、坚定“四个自信”、做到“两个维护”，实现中华民族伟大复兴的中国梦必然要有正确的立场与坚定的自信。思想政治教育要始终牢记培养担当民族复兴大任时代新人的历史使命，引导时代新人主动学习国家大政方针，对国家发展和社会进步充满信心与希望，自觉与党和人民保持一致，着力增强时代新人的民族自信心和自豪感。

（二）思想政治教育与培养时代新人的内在契合

思想政治教育与培养时代新人是相辅相成、相互促进的。思想政治教育以培养时代新人为目标，通过丰富的内容和多样的方法培养人，同时，时代新人的反馈是思想政治教育成效的有力检验和创新的动力来源。新时代思想政治教育与培

---

① 《十九大以来重要文献选编》（上），北京：中央文献出版社，2019年，第647页。

养时代新人是相互交融的，向着实现中华民族伟大复兴中国梦的目标不断推进。

一方面，思想政治教育助力时代新人的培养。培养时代新人是新时代思想政治教育的出发点和落脚点。“思想政治工作说到底是做人的工作，必须坚持以人为本。”[①] 进入新时代，习近平总书记高度肯定思想政治教育在培养人问题中的重要作用，坚持为党育人、为国育才，办好人民满意的教育的方向，通过思想政治教育帮助人们树立正确的政治立场和崇高的理想信念，培养堪当民族复兴大任的时代新人，正如新时代“思政课是落实立德树人根本任务的关键课程”[②]。思想政治教育可以思政课为主渠道，突出思政课的理论阐释与传播作用，通过系统的课程教育引导学生坚定对马克思主义的信仰，了解新时代赋予的历史使命，在实践活动中深化思想政治教育的理论认识和内在精神，成为具有扎实的知识储备、担当责任的勇气和付诸实践的能力的时代新人。

另一方面，时代新人反哺思想政治教育的实践。时代新人作为思想政治教育的对象，既是思想政治教育的接收者，也是思想政治教育的反馈者。显然，培养人的效果是衡量思想政治教育的重要标准，思想政治教育效果评价可以通过立德树人的评价导向进行检验。进入新时代，传统的灌输式教育显示出过于强势、缺少沟通等缺点，受教育者表现出抗拒的态度。对此，思想政治教育转变方法，加入了互动式教育、引导式教育，多种教育方式相互配合，调动受教育者的学习积极性，更好地传授思想政治教育的思想观念、政治观点和道德规范，促进思想政治教育更加适应社会发展和人才培养的需要。同时，深受有效思想政治教育的时代新人会作为传播者和践行者反哺思想政治教育的实践。在思想政治教育过程中，时代新人针对思想政治教育的方法与内容进行直接反

① 《十六大以来重要文献选编》(下)，北京：中央文献出版社，2008 年，第 617 页。

② 《思政课是落实立德树人根本任务的关键课程》，北京：人民出版社，2020 年，第 2 页。

馈，为思想政治教育的创新发展提供新思路，实现思想政治教育与时俱进。

（三）人的全面发展是思想政治教育的价值旨归

马克思主义认为，人类社会发展的终极目标是人的全面发展。时代新人蕴含人的全面发展的价值内核。新时代思想政治教育以培养全面发展的时代新人为根本任务，集合思想政治教育的多方教育资源、多元工作队伍、多种教育方案培养时代新人，实现思想政治教育的内在价值。

一方面，思想政治教育从根本上来讲是做人的工作。思想政治教育的对象是现实的人，思想政治教育追求使人成为人的使命，尊重人的本质特征和现实需要来培养人。思想政治教育关注人的思想和行为双重活动，重视对人的思想引导、品质培育和行为规范，在尊重思想政治教育客观规律和人的发展规律的基础上，以理论学习为基本载体，以社会实践为重要内容，以具有系统性、综合性、时代性的方法和手段培养担当民族复兴大任的时代新人，进而由内而外地实现人的思想和行为的共同完善和发展。关注人的需求、服务人的发展是思想政治教育的内在要求。思想政治教育的主体、环体、介体相互配合，多角度、多手段促进思想政治教育对象思想观念、政治观点、道德规范的提升，助力培养实现伟大复兴中国梦的时代新人。

另一方面，思想政治教育旨在促进实现人的全面发展。人的自由而全面发展是马克思主义重要命题，也是思想政治教育的理论基石。人的全面发展是思想政治教育的出发点和落脚点。中国共产党思想政治教育内涵以马克思主义理论作为其基本遵循，在革命、建设、改革探索基础上，坚持正确的价值取向，培养适应社会需求和满足个体发展的时代新人，以实现人的全面发展。可以说，“人的彻底解放与全面发展是中国共产党百年思想政治教育的价值导向”[①]。

---

① 王树荫：《人的彻底解放与全面发展——中国共产党百年思想政治教育的价值导向》，《马克思主义研究》2020 年第 10 期。

新时代育人指向就是要以实现人的全面发展为方向，培养担当民族复兴大任的时代新人。同时，思想政治教育也是实现人的全面发展的重要途径。在全面建设社会主义现代化进程中，“既不断解放和发展社会生产力，又逐步实现全体人民共同富裕、促进人的全面发展”①。思想政治教育吸纳一切有益方法，通过理论宣传与实践操作、自我批评与扬弃教育等方式，为实现人与时俱进的发展提供创新平台和改进方法，旨在实现人的全面发展。

三、新时代思想政治教育“育新人”的实践路径

培养时代新人最终要落实到实践之中，在实践中达成思想政治教育的育人目标和育人成效。新时代思想政治教育致力于培养全面发展的时代新人，通过价值引领、国民教育、课程建设以及家校合作等实践路径来铸魂育人、全面育人、协同育人、合力育人，助力培养担当民族复兴大任的时代新人。

（一）崇德向善的价值引领：铸魂育人

首先，立足“爱国、敬业、诚信、友善”，保证培养时代新人的个体价值准则。公民个体价值准则是培养时代新人的基本价值遵循，其最主要的是对人们进行爱国主义教育，增强人们对自己家园以及民族和文化的归属感、认同感、尊严感与荣誉感，培养自觉爱国、敬国、护国，坚持爱国、爱党与爱社会主义相统一的时代新人。同时，要把传统美德教育融会到思想政治教育中，注重爱国奉献、明礼守法、厚德仁爱等个人品德的养成，在全社会弘扬向上向善的传统美德，培养讲道德、遵道德、守道德的时代新人。此外，各个岗位要通过制度约束和规范公民的个人行为，引入“敬业员工”“模范员工”等评选机制，激励员工学先进、做先进，培养爱岗敬业、服务社会的时代新人。

① 《习近平谈治国理政》，北京：外文出版社，2014 年，第 9 页。

其次，实现“自由、平等、公正、法治”，凝聚培养时代新人的社会价值共识。“人创造环境，同样，环境也创造人。”①新时代要致力于打造良好的社会环境，明确“每个人自由发展”的社会定位，在培养时代新人时更新传统的“灌输型”“听话为主”的教育观念，营造“敢于表达”“各抒己见”的社会氛围，使时代新人可以自由表达，增强担当责任，主动参与到社会治理之中。同时，思想政治教育应积极回应国家治理中的公平正义诉求，秉持人人平等的理念培养人，尊重个人之间的差异，切实保障每个公民享有平等的权利。此外，思想政治教育内含法治意识教育，要加强法治思维教育，完善必要的奖惩和规范制度，培养懂法、遵法、守法的时代新人。

最后，指向“富强、民主、文明、和谐”，实现培养时代新人的国家价值目标。新时代思想政治教育致力于培养担当民族复兴大任的时代新人，明确国家层面社会主义核心价值观的统领作用，增强时代新人的思想认同和内涵理解，为实现中华民族伟大复兴中国梦建设提供群众基础和主体力量。同时，要立足于政治、经济、文化、社会、生态的建设发展，大力发展生产力，提高经济实力和人民生活水平，推进国家治理体系和治理能力现代化，鼓励时代新人积极投身国家建设。此外，要将社会主义核心价值观作为“生而为中国人的独特精神支柱”②，引导人们明确国家利益与个人利益的关系，将“小我”融入“大我”，从最高层次的价值规范出发，助力培养担当民族复兴大任的时代新人。

（二）纵横并进的国民教育：全面育人

首先，思想政治教育要一以贯之，循序渐进培养时代新人。培养时代新人要以思想政治教育一体化建设为重要载体，尤其突出思想政治理论课的重要地

① 《马克思恩格斯文集》第一卷，北京：人民出版社，2009 年，第 545 页。

② 《习近平关于社会主义文化建设论述摘编》，北京：中央文献出版社，2017 年，第 125 页。

位，把握社会发展要求、思想政治教育规律和学生自身成长规律，制定培养担当民族复兴大任时代新人的教学目标。同时，思想政治教育要重视教育内容的连贯性和系统性，特别是大中小各阶段思政课要设计合适的培养方案，对时代新人的培养要从小抓起，循序渐进地推进小学阶段的道德启蒙教育、初中阶段的道德认知教育、高中阶段的责任使命教育、大学阶段的思想政治素质养成教育。[①] 此外，思想政治教育要重视育人理念和方法的创新，从“单一理论宣讲”到“多元知行合一”，从“事例讲述”到“以理服人”，从“有意思”到“有意义”，借助科学化、多样化的教育理念和方法培养时代新人。

其次，思想政治教育要因时而进，因人而异培养时代新人。思想政治教育要立足“两个大局”，着眼于新时代的发展规律和育人要求，不断地完善思想政治教育系统，创新思想政治教育的育人载体，净化思想政治教育的育人环境，与时俱进地培养时代新人。同时，思想政治教育要体现人的主体性，根据社会群体不同的知识水平、思想素质、实践能力提出针对性的培养方案，切实做到“因材施教”，把新时代的个人培养为合格的时代新人。此外，因时而进、因人而异要求思想政治教育要吸收传统文化的有益因素，在继承的基础上创新，在受众群体方面要面向全体人民，考虑高校、部队、农村等各行各业的全部角色，充分做到公平，把每一个新时代的个体都聚集在实现伟大复兴中国梦的队伍中。

最后，思想政治教育要整合资源，群策群力培养时代新人。培养时代新人是一项具有实践性、时代性、综合性的重要战略。思想政治教育要充分吸收各种有利的育人资源，不断增强识别有效资源的敏锐性和运用优质资源的执行力，充分利用历史古迹、红色基地等为时代新人的培养提供理论学习和实践场

---

① 翁铁慧：《大中小学课程思政一体化建设：整体构架与实践路径研究》，北京：人民出版社，2020 年，第 19 页。

所，把丰富的育人资源整合起来协同培养时代新人。同时，思想政治教育要立足新时代，培训专业化的教育者队伍，增添新时代的教育内容，形成高水平人才培养体系，培养时代新人的问题意识和责任担当。① 此外，思想政治教育培养时代新人要调动全社会的力量，政府政策要进行引导并给予资金、人才和制度扶持，全员、全程、全方位培养时代新人，群策群力提升思想政治教育培养时代新人的实效性。

（三）同向同行的课程建设：协同育人

首先，思政课程与各类课程在互相融合中培养时代新人。课程教育是培养人的重要手段，在课程教育中要始终坚持马克思主义的根本立场和社会主义的育人方向，以“立德树人”为根本任务，推动课程思政与思政课程的联动效应，实现培养时代新人的目标。同时，要重视马克思主义学院的建设和发展。以培养时代新人为指向，学院要制定明确的教育教学方案，提升思政课教师的育人意识，加强思政课程的规范化建设，实现思政课程的育人功能。此外，要挖掘其他课程中的思想政治教育元素，在各课程教学中要坚持社会主义办学方向，以思想政治教育为内核，创新专业课程教学的方式，充分利用现代化的教学设备和课程资源，切实落实课程改革，实现思政课程与其他课程的交叉融合，培养以德为先、专业过硬，有理想、有本领、有担当的时代新人。

其次，教育主体与教育客体在互促共进中培养时代新人。“人的根本就是人本身。”② 新时代思想政治教育要扬弃“主体灌输、客体接受”的传统教育方式，挖掘教育主体的引导规范作用和教育客体的自我教育潜能，培养时代新人自觉参与、主动献策的能力。同时，要正确看待思想政治教育主体和客体之间的关系，转变传统固定的、单向度的主客体关系，允许教育主体的客体化和培

---

① 《深入学习习近平关于教育的重要论述》，北京：人民出版社，2019 年，第 4 页。

② 《马克思恩格斯全集》第三卷，北京：人民出版社，2002 年，第 207 页。

养教育客体的主体性，采取“师生互评”“教学建议”“自我规划”等活动鼓励主客体之间的平等交流，以主体主导为主，客体主动反馈的新形式培养时代新人。此外，要营造良好的主客体合作环境和沟通条件，建立平等沟通机制，开通“反馈渠道”“建议信箱”等交流通道，实现教育主体与教育客体在互促共进中培养时代新人。

最后，课堂教育与课外教育在相辅相成中培养时代新人。课堂教育是思想政治教育的主渠道，要规划好课堂的课时安排，以培养方案为参照，系统化地进行理论知识教育。在课堂教育中，教师要改变“一言堂”和“满堂灌”的授课方式，鼓励学生参与互动，利用多媒体等新型教学设备，营造自由和谐的课堂氛围。同时，要充分挖掘课外教育的独特优势，借助形式多样的社会实践活动进行思想政治教育，带领学生参观红色基地、博物馆等文化基地，开阔学生的视野，潜移默化中激发学生的爱国心、报国情、强国志。此外，思想政治教育要把显性课堂教育和隐性课外教育紧密结合，制定符合学生成长和社会要求的思想政治教育方案，调动学校各岗位人员共同参与到思想政治教育的育人工作中，通过校风、学风、班风等建设，形成良好的校园氛围，潜移默化地助力时代新人的培养。

（四）互通有无的家校合作：合力育人

首先，思想政治教育要凝聚家校合作育人的共识。学校思想政治教育要创新家校合作新模式，召开家校合作的相关讲座，宣传家校合作对于培养时代新人的必要性。同时，把学校的教育理念和时代新人的培养计划传达给家长，引导家庭教育观念与学校相一致，达成家校合作培养时代新人的共识。学校要树立家校平等的观念，吸纳家长对于学校思想政治教育的建议，鼓励家长参与到学校教育培养时代新人的过程中。此外，打造和借助家长学校“空中课堂”、家庭教育研究院等，引导家长转变“教育是学校的事情”的错误观念，主动参与到孩子成长为时代新人的过程中。作为家长，要与学校老师积极沟通，定期了解孩子在校情况和思想状态，配合学校思想政治教育的开展，协助孩子形成正确的“三观”，以满足时代新人的品格要求。

其次，思想政治教育要创新家校合作育人的方法。学校要立足人的自主性发展设计个性化的培养方案，在课程开始之前与家长进行交流，提前了解特殊学生的个性需求。在教学过程中要关注学生心理变化，及时进行疏导，还要培养学生自我教育和自我调节的能力，形成培养时代新人的内外合力。同时，要发挥渗透式教育的功能，将学校系统教育和家庭日常教育相结合，增强培养时代新人的协同性。譬如，可以举办理论宣讲大赛、辩论赛、共同观看一堂思政课等活动，进行润物无声的思想政治教育，潜移默化地促进时代新人的培养。此外，家校联动进行思想政治教育时，要关注党和国家的各项路线、方针、政策，对资料进行筛选，配合典型案例对学生进行讲授，通过理论知识的通俗化，帮助时代新人理解历史任务，勇担历史使命。

最后，思想政治教育要拓宽家校合作育人的渠道。利用互联网平台作为思想政治教育的重要媒介，通过数据库整合学生的基本信息，为因材施教做准备，直击关键特殊方面，精准培养时代新人。家校之间可以通过定期的视频会议进行学生情况的沟通，利用好微信群、QQ 群、公众号等介体实时沟通，适时优化培养方案，与时俱进地培养时代新人。同时，家校合作要强化体制机制创新，学校教育的专业化、系统化资源要与家庭教育的基础性相互配合，共享思想政治教育的育人资源，合力培养时代新人。此外，要建立专业、综合、规范的家校沟通渠道，譬如设立“家校合作委员会”，设立家校合作育人的中介平台，对培养时代新人的问题和见解进行及时沟通，利用好家校合作渠道，共同培养时代新人。

新时代高校意识形态认同版图及群体特征
——基于15省45所高校的实证研究 *

董海军① 杨少曼②

摘要： 基于15省45所高校的实证调查，通过构建意识形态领域的“概念知晓度—观点知晓度—观点认同度”三维分析模型，新时代高校意识形态认同情况如下：大学生对主流意识形态的认同显著高于对社会思潮的认同，主流意识形态的主导地位依然十分巩固；在社会思潮的“概念知晓度”和“观点知晓度”方面，影响较大的为“消费主义、娱乐主义、拜金主义”“民族主义”“逆全球化、贸易保护主义、多边主义”；就“观点认同度”而言，排在前三位的社会思潮是“逆全球化、贸易保护主义”“历史虚无主义”“民主社会主义、自由社会主义、宪政社会主义”。不同大学生群体对社会思潮的认同度存在显著差异，且“主流意识形态”和“社会思潮”存在此消彼长的关系，尤其是需要

---

* 本文系2019年马克思主义理论研究和建设工程重大项目、国家社科基金重大项目“新时代发扬斗争精神防范意识形态领域风险挑战研究”（2019MZD021）的阶段性成果；广东省普通高校哲学社科2019年专项项目“粤港澳大湾区教育法律与国家认同内在逻辑研究”（2019GXJK069）的阶段性成果；国家社科基金2020年度一般项目“新时代中国特色社会主义制度优势认同研究”（20BKS083）的阶段性成果。

① 董海军，华南师范大学马克思主义学院副教授，主要研究方向为青年社会学、马克思主义中国化研究。

② 杨少曼，南方科技大学思想政治教育与研究中心讲师，主要研究方向为青年思想政治教育。

重点关注和加强政治领域和文化领域阵地的建设和巩固。

关键词：主流意识形态；社会思潮；认同版图；群体特征

2016年12月，习近平总书记在全国高校思想政治工作会议上强调，高校是意识形态工作的前沿阵地，要求各高校要认真落实意识形态工作责任制，保持警惕、有效防范，防止各种错误思潮抢滩登陆。[①]为明晰新时代高校意识形态的认同版图、防范应对各种社会思潮对大学生的不良影响，本文拟对当代大学生意识形态认同情况及群体特征进行深入分析。

一、文献回顾与研究设计

本研究通过文献回顾，充分掌握高校意识形态研究的基础理论和前沿动态，界定新时代高校意识形态的基本内涵和相关概念，并在此基础上进行研究设计，准确把握各类型高校、不同群体大学生意识形态的认同版图。

（一）文献回顾

近年来，关于意识形态和社会思潮的研究日益深入，主要涉及以下三个方面：

一是理论研究，主要围绕基本内涵、主要特征、影响因素、生成机制等方面开展。如有学者认为，从唯物史观来看，意识形态概念具有“因时因地”的特征，且蕴含其中的“合规律性—普遍性—有效性—技术性”的内在逻辑需得到普遍遵循，并可将其阐述为一种“观念的秩序”[②]。关于社会思潮概念，主要

① 中共中央文献研究室编：《习近平关于社会主义文化建设论述摘编》，北京：中央文献出版社，2017年，第55页。

② 杨章文：《“观念的秩序”：“意识形态”概念的分歧、嬗变与马克思主义重构》，《中国地质大学学报（社会科学版）》2020年第5期。

有两种代表性观点，即“综合说”与“中介说”①。

二是发展研究，主要围绕社会思潮发展变化、分析研判等方面开展。如《红旗文稿》每年对思想理论领域的热点问题进行综述。《人民论坛》自2010年起，每年推出年度重大社会思潮专题，评选出较有代表性的年度十大思潮，并对重大社会思潮的演变进行研判。

三是实证研究，主要围绕认同状况、群体差异、影响因素等方面开展。如佘双好团队的系列成果——不同社会群体对中国特色社会主义理论体系认同分析②、当代社会思潮对大学生中国特色社会主义理论体系认同影响的特征分析③、当代社会思潮对青年学生影响的新趋势及应对策略④。

本研究立足已有学术成果，进行混合研究，主要涉及两对核心概念：“主流意识形态”和“社会思潮”。“主流意识形态”主要是指中国特色社会主义理论体系⑤，“社会思潮”是指以一定的社会现实为客观基础，以一定的社会心理为意识基础，以价值表达为核心，具有特定的利益诉求，在一段较长的时期内产生了一定社会影响，对主流意识形态起消解作用的非主流社会意识形态。

（二）研究设计

1. 社会思潮的选取。改革开放以来，随着西方社会思潮的涌入和国内思想舆论的涌动，加之互联网的倍增效应，意识形态领域形势愈发复杂、挑战愈发

---

① 林泰：《问道——改革开放以来的社会思潮与青年思想政治教育研究》，北京：中国社会科学出版社，2013年，第5页。

② 佘双好、李秀、魏晓辉：《不同社会群体对中国特色社会主义理论体系认同分析》，《江西师范大学学报（哲学社会科学版）》2017年第2期。

③ 佘双好、魏晓辉：《当代社会思潮对大学生中国特色社会主义理论体系认同影响的特征分析》，《中国青年研究》2016年第11期。

④ 佘双好：《当代社会思潮对青年学生影响的新趋势及应对策略》，《中国青年研究》2015年第11期。

⑤ 张志丹：《改革开放以来我国主流意识形态的创新》，《马克思主义研究》2019年第11期。

严峻，各种社会思潮纷繁复杂，目前呈现出来的有二十余种。本研究结合文献综述出的各种社会思潮，根据影响力、关切点和相关度，选取了如下 11 种社会思潮进行调查研究：①逆全球化、贸易保护主义、多边主义；②民粹主义、反智主义；③民族主义；④生态主义；⑤消费主义、娱乐主义、拜金主义；⑥历史虚无主义；⑦“普世价值”；⑧自由主义、新自由主义、个人主义；⑨新“左”派、老“左”派；⑩文化保守主义；⑪民主社会主义、自由社会主义、宪政社会主义。同时，与中国特色社会主义理论体系进行对比。

2. 调查问卷的设计。本研究按照文献综述、访谈了解、专家论证、模拟调查的流程，确定研究问题及指标体系，拟定调查问卷，保证了调查的科学性和问卷的信效度。问卷包括 2 个部分：（1）基本信息。设置了“性别、学校、专业、年级、政治面貌、长期生活地区、学生干部经历、宗教信仰情况”8 道题目。（2）认同版图。设置了“概念知晓度”“观点知晓度”“观点认同度”3 个测量指标，其中，“概念知晓度”和“观点知晓度”考察大学生对相关概念和基本观点的知晓程度，采取多选题的形式，以选取的 11 种社会思潮和中国特色社会主义理论体系为选项，填答的比例越高，知晓度越高；“观点认同度”考察大学生对“11 种社会思潮和中国特色社会主义理论体系”基本观点的认同程度，采取李克特 5 级量表的形式，设置了 6 个正向题目和 15 个反向题目，得分越高，认同度越高。

3. 抽样调查的情况。本研究采取便利抽样，共选取 15 省 45 所高校作为样本，涵盖三种不同类型的地区、四种不同类型的高校，具体为北京、上海、广东、浙江、福建、山东、黑龙江、江西、湖南、河南、湖北、重庆、四川、广西、海南等省份、直辖市的高校。采取网络问卷的形式，2020 年 5 月 15 日至 10 月 15 日，将问卷的二维码海报发给各高校任课教师或者辅导员，并告知填答相关事项，组织部分学生在线填答。最终，共有 7772 人完成问卷调查，剔除填答时间过短或无效问卷后，实际回收有效问卷7613份，有效回收率97.95%。其中，男生占40.5%，女生占59.5%；长期生活在北上广深等一线城市的大学生占23.5%，生活在省会城市的占18.5%，生活在其他城市或农村地区的占58.0%；来自985高校的学生占9.1%，来自211高校的占15.1%，来自普通本科高校的占67.9%，来自其他本科高校的占7.9%；理工农医类的学生占43.3%，文史哲类的学生占44.4%，艺术体育类的学生占12.3%；大一学生占38.2%，大二学生占29.5%，大三学生占17.4%，大四学生占11.7%，大五学生占3.1%；中共党员占3.5%，共青团员占86.3%，民主党派成员占0.1%，群众占10.1%；有学生干部经历的占67.8%，无学生干部经历的占32.2%；有宗教信仰的占4.7%，无宗教信仰的占95.3%。

本研究对单变量的分析，主要采用描述性统计方法；对双变量关系的考察，主要采用卡方检验、T检验或方差分析。

二、新时代高校意识形态的认同版图

为刻画新时代高校意识形态的认同版图，本研究构建了“概念知晓度—观点知晓度—观点认同度”三维分析模型，在此基础上，对“中国特色社会主义理论体系”的观点认同度和“社会思潮”的观点认同度分别进行了比较分析。

（一）“概念知晓度—观点知晓度—观点认同度”三维分析模型

本研究构建了“概念知晓度—观点知晓度—观点认同度”三维分析模型，其中，“概念知晓度”和“观点知晓度”能够掌握大学生对意识形态和社会思潮相关概念和基本观点的知晓程度，即吸引大学生关注的程度；“观点认同度”能够明晰大学生对意识形态和社会思潮基本观点的认同程度，即引导大学生接受的程度。

之所以引入三大变量进行分析，是因为社会思潮具有依附性、隐蔽性和复杂性等特点，如有的大学生仅仅听说过相关概念，并不知道其基本观点；有的知晓其基本观点，但未必认同；有的认同其基本观点，但并不知晓其相关概念，因此，这一分析模型可以克服社会思潮研究中“以概念代替观点、以知晓代替认同”等问题，更好地对社会思潮的影响进行剖析。

数据显示（见表1），大学生对社会思潮“概念知晓度”的排名依次为：①消费主义、娱乐主义、拜金主义；②民族主义；③逆全球化、贸易保护主义、多边主义；④自由主义、新自由主义、个人主义；⑤历史虚无主义；⑥生态主义；⑦民主社会主义、自由社会主义、宪政社会主义；⑧民粹主义、反智主义；⑨文化保守主义；⑩“普世价值”；⑪新“左”派、老“左”派。

大学生对社会思潮“观点知晓度”的排名依次为：①消费主义、娱乐主义、拜金主义；②民族主义；③逆全球化、贸易保护主义、多边主义；④历史虚无主义；⑤自由主义、新自由主义、个人主义；⑥生态主义；⑦民主社会主义、自由社会主义、宪政社会主义；⑧文化保守主义；⑨民粹主义、反智主义；⑩“普世价值”；⑪新“左”派、老“左”派。

大学生对社会思潮“观点认同度”的排名依次为：①逆全球化、贸易保护主义、多边主义；②历史虚无主义；③民主社会主义、自由社会主义、宪政社会主义；④“普世价值”；⑤民族主义；⑥消费主义、娱乐主义、拜金主义；⑦文化保守主义；⑧民粹主义、反智主义；⑨新“左”派、老“左”派；⑩生态主义；⑪自由主义、新自由主义、个人主义。

数据表明，五成左右的大学生知晓“消费主义、娱乐主义、拜金主义”“民族主义”“逆全球化、贸易保护主义、多边主义”的概念，超过四成的大学生知晓其基本观点，但是，就“观点认同度”而言，排在前三的是“逆全球化、贸易保护主义”“历史虚无主义”“民主社会主义、自由社会主义、宪政社会主义”，需要重点加以关注。这一结论也验证了“概念不代表观点、认知不代表认同、认同不代表知晓”的假设，更加清晰地刻画了认同版图的数据肖像。

表1　意识形态领域“概念知晓度—观点知晓度—观点认同度”三维分析模型

单位：份

相关概念	概念知晓度		观点知晓度		观点认同度（得分）
中国特色社会主义理论体系	7466	98.1%	7408	97.3%	4.72
消费主义、娱乐主义、拜金主义	4067	53.4%	3367	44.2%	2.57
民族主义	3809	50.0%	3166	41.6%	2.58
逆全球化、贸易保护主义、多边主义	3759	49.4%	3066	40.3%	2.89
自由主义、新自由主义、个人主义	2708	35.6%	1744	22.9%	1.82
历史虚无主义	2216	29.1%	2240	29.4%	2.85
生态主义	1935	25.4%	1650	21.7%	2.18
民主社会主义、自由社会主义、宪政社会主义	1664	21.9%	1304	17.1%	2.84
民粹主义、反智主义	1068	14.0%	906	11.9%	2.32
文化保守主义	957	12.6%	1104	14.5%	2.44
“普世价值”	869	11.4%	730	9.6%	2.72
新“左”派、老“左”派	438	5.8%	386	5.1%	2.27

注：①此表以“概念知晓度”的比例为排序依据；②“概念知晓度”和“观点知晓度”为选择频次与样本总量（7613份）的百分比，比例越高，表明知晓度越高；③“观点认同度”为1～5级评分，通过计算得出均值，得分越高，表明认同度越高；括号内为排序；④“多边主义”仅作为概念知晓度和观点知晓度的选项

（二）“主流意识形态”五大领域认同度比较分析

通过三维分析模型，可以从整体上刻画意识形态的认同版图，但每种意

识形态和社会思潮的内部差异，则需要细化为“经济、政治、文化、社会、生态”五大领域，对之进行比较分析，从而更加清晰地描绘其内部的全息图像。

数据显示（见表2），大学生对主流意识形态“中国特色社会主义理论体系”五大领域的认同度排名依次为：①生态领域4.81分，②社会领域4.77分，③政治领域4.73分，④文化领域4.69分，⑤经济领域4.58分。此外，道路自信的得分为4.73分。平均分为4.72分。

数据表明，大学生对“环境保护”和“民生福祉”的认同度最高，但对“学习和践行社会主义核心价值观和社会主义核心价值体系”，尤其是如何看待“经济发展中市场和政府的关系问题”还有待深化。

表2 “中国特色社会主义理论体系”观点认同度比较

基本观点	非常认同	比较认同	一般	比较不认同	非常不认同	得分
【道路】我们坚定不移高举中国特色社会主义伟大旗帜，既不走封闭僵化的老路、也不走改旗易帜的邪路	78.2%	17.0%	4.0%	0.5%	0.2%	4.73
【经济】市场虽然在资源配置中起决定性作用，但还要更好地发挥政府作用	65.6%	27.8%	5.8%	0.5%	0.2%	4.58
【政治】人民代表大会制度是保障人民当家作主的根本政治制度	78.9%	16.4%	4.0%	0.4%	0.3%	4.73
【文化】我们能够认真学习和践行社会主义核心价值观和社会主义核心价值体系	75.2%	19.6%	4.8%	0.2%	0.2%	4.69
【社会】增进民生福祉是发展的根本目的，坚持在发展中保障和改善民生	80.9%	16.1%	2.8%	0.2%	0.1%	4.77

续表2

基本观点	非常认同	比较认同	一般	比较不认同	非常不认同	得分
【生态】发展经济的同时应该注重保护环境，不能走“先污染后治理”的老路	85.9%	10.3%	3.0%	0.3%	0.5%	4.81
平均分	4.72					

注：①“观点认同度”为1～5级评分，通过计算得出均值，得分越高，表明认同度越高；②“平均分”计算公式：得分之和/题目数量

（三）“社会思潮”五大领域认同度比较分析

为了便于进行内外部比较分析，本研究将“社会思潮”的基本观点同样归纳为五大领域，这样既可以比较社会思潮认同度的内部差异，又可以与主流意识形态进行外部比较。

数据显示（见表3），大学生对“社会思潮”五大领域的认同度排名依次为：①政治领域2.85分；②文化领域2.65分；③社会领域2.45分；④生态领域2.31分；⑤经济领域2.27分。平均分为2.47分。

表3 “社会思潮”观点认同度比较

基本观点		非常认同	比较认同	一般	比较不认同	非常不认同	得分	小计
经济领域	【逆全球化、贸易保护主义】	20.3%	16.4%	19.8%	19.1%	24.3%	2.89	2.27
	【老“左”派】	18.7%	7.5%	6.0%	17.5%	50.3%	2.27	
	【新自由主义】“放弃国有经济”	8.9%	4.1%	7.3%	19.5%	60.3%	1.82	
	【新自由主义】“市场万能”	9.0%	4.5%	7.6%	16.8%	62.1%	1.81	

续表 3

基本观点		非常认同	比较认同	一般	比较不认同	非常不认同	得分	小计
经济领域	【民主社会主义】“混合经济”	13.9%	15.1%	19.5%	15.1%	36.3%	2.55	
政治领域	【“普世价值”】“自由、民主、人权”	11.3%	15.8%	29.4%	23.4%	20.1%	2.75	2.85
	【“普世价值”】“三权分立”	8.3%	12.8%	37.5%	21.2%	20.1%	2.68	
	【民主社会主义】“阶级调和”	18.9%	22.1%	29.0%	13.6%	16.4%	3.13	
文化领域	【历史虚无主义】	9.1%	15.8%	39.3%	22.1%	13.7%	2.85	2.65
	【文化保守主义】	6.9%	8.4%	30.3%	30.4%	24.0%	2.44	
社会领域	【民粹主义】	6.4%	7.5%	24.7%	34.7%	26.7%	2.32	2.45
	【民族主义】	10.6%	14.3%	23.0%	26.8%	25.3%	2.58	
生态领域	【消费主义】	7.8%	14.3%	28.3%	26.2%	23.4%	2.57	2.31
	【生态主义】“放缓经济发展”	6.7%	11.6%	29.6%	32.7%	19.4%	2.54	
	【生态主义】“先污染后治理”	5.3%	4.4%	11.6%	23.4%	55.2%	1.81	
平均分		2.47						

注：①社会思潮的基本观点并未列出，为了区别，列出 2 道题目以上观点的主张；②“观点认同度”为 1 ~ 5 级评分，通过计算得出均值，得分越高，表明认同度越高；③“平均分”计算公式：得分之和 / 题目数量；“小计”得分计算公式：相应领域得分之和 / 相应领域题目数量

数据表明，政治领域和文化领域的“社会思潮”更加容易误导当代大学生。具体而言，民主社会主义的“阶级调和”论，逆全球化、贸易保护主义，

历史虚无主义，以及“普世价值”所宣扬的“自由、民主、人权”“三权分立”，对大学生的迷惑性最大，需要重点加以关注。

比较而言，“主流意识形态”的认同得分为4.72分，“社会思潮”的认同得分仅为2.47分，可见，主流意识形态的主导地位依然十分稳固。调查中，43%的大学生也认为中国特色社会主义理论体系的地位“非常稳固”，认为“比较稳固”的占45.8%。当然，走进新时代，必须持续巩固主流意识形态的主导地位，让正能量更加强劲、主旋律更加响亮。

三、新时代高校意识形态的群体特征

本研究以“性别、学校、专业、年级、政治面貌、长期生活地区、学生干部经历、宗教信仰情况”8大基本信息为原因变量，以“概念知晓度、观点知晓度、观点认同度”为结果变量，根据变量类型和适用条件，进行T检验、单因素方差分析或卡方检验，考察不同群体在认同版图上是否存在显著差异，从而深入揭示新时代高校意识形态的群体特征和内在规律。

（一）人口学特征

人口学特征主要考察不同“性别、长期生活地区”的大学生，在知晓度和认同度上是否存在显著差异。

1. 女生的“概念知晓度”“观点知晓度”整体高于男生，但男生比女生更易受到社会思潮的影响。（1）概念知晓度方面，卡方检验结果表明，男女生之间不存在显著差异的为“中国特色社会主义理论体系，生态主义，民主社会主义、自由社会主义、宪政社会主义”3个概念，其余9个概念均存在显著差异。其中，男生对“民粹主义、‘普世价值’、新老‘左’派”概念的知晓度显著高于女生，女生对其余6个概念的知晓度显著高于男生。（2）观点知晓度方面，卡方检验结果表明，男女生之间不存在显著差异的为“中国特色社会主义理论体系、民主社会主义”2个基本观点，其余10个社会思潮的观点知晓度均存在显著差异。其中，男生对“民粹主义、‘普世价值’、新老‘左’派”观点的知晓度显著高于女生，女生对其余7个观点的知晓度显著高于男生。（3）就主流意识形态“观点认同度”而言，T检验结果表明，男女生之间存在显著差异（T=-3.968，P=0.000 < 0.05），女生的认同度（M=28.42，表示平均值，下同）显著高于男生（M=28.16）。（4）就社会思潮“观点认同度”而言，T检验结果表明，男女生之间也存在显著差异（T=15.047，P=0.000 < 0.05），男生的认同度（M=39.89）显著高于女生（M=35.05），且男女生受影响最大的社会思潮均为“民主社会主义、逆全球化、贸易保护主义和历史虚无主义”。经分析认为，女生虽然比男生知晓程度更高，但受其影响反而较小，这应该是由于女生思想成熟度较高，理论辨别力较强，在引导上需要注意这一性别特点，精准化开展思想政治教育工作。

2. 一线城市大学生的“概念知晓度”“观点知晓度”整体高于其他地区，但省会城市的大学生更易受到社会思潮的影响。（1）概念知晓度方面，卡方检验结果表明，不同“长期生活地区”大学生之间存在显著差异的为“逆全球化、贸易保护主义、多边主义，民粹主义，历史虚无主义，‘普世价值’，新老‘左’派”5个概念，其中，历史虚无主义概念的知晓程度呈现“省会城市 > 一线城市 > 其他地区”的趋势，其他4个概念的知晓程度均呈现“一线城市 > 省会城市 > 其他地区”的趋势。（2）观点知晓度方面，卡方检验结果表明，不同“长期生活地区”大学生之间存在显著差异的7个基本观点和基本趋势如下：①中国特色社会主义理论体系基本观点的知晓程度呈现“其他地区 > 一线城市 > 省会城市”的趋势；②逆全球化、贸易保护主义、多边主义，民粹主义，“普世价值”，呈现“一线城市 > 省会城市 > 其他地区”的趋势；③民族主义，文化保守主义，呈现“省会城市 > 其他地区 > 一线城市”的趋势；④新老“左”派呈现“省

会城市 > 一线城市 > 其他地区”的趋势。（3）就主流意识形态“观点认同度”而言，单因素方差分析结果表明，不同“长期生活地区”大学生之间的差异并不显著（F=1.046，P=0.351>0.05）。（4）就社会思潮“观点认同度”而言，单因素方差分析结果表明，不同“长期生活地区”大学生之间存在显著差异（F=10.344，P=0.000 < 0.05），经多重比较发现，省会城市对社会思潮的“观点认同度”（M=38.38），显著高于一线城市（M=37.15）和其他地区（M=36.52）。经分析认为，省会城市大学生对社会思潮的知晓程度虽然较低，但受其影响反而最大，这应该与“一线城市大学生思想政治教育资源集中、其他地区大学生受影响较少”有关，在引导上需要注意这一地区差异。

（二）组织社会学特征

组织社会学特征主要考察不同“学校、专业、年级”的大学生，在知晓度和认同度上是否存在显著差异。

1. 学校层次越高，大学生的“概念知晓度”和“观点知晓度”越高，受社会思潮的影响反而较小。（1）概念知晓度方面，卡方检验结果表明，不同学校层次的大学生之间存在显著差异，其中，除“民主社会主义、自由社会主义、宪政社会主义”概念的知晓程度呈现“其他本科高校 > 普通本科高校 >211 高校 >985 高校”的趋势外，其他概念的知晓程度则正好相反，学校层次越高，知晓程度越高。（2）观点知晓度方面，卡方检验结果表明，不同学校层次的大学生之间，不存在显著差异的为“中国特色社会主义理论体系，自由主义、新自由主义、个人主义，文化保守主义”3 个基本观点，其余 9 个社会思潮的观点知晓度均存在显著差异，其中，民族主义和民主社会主义的观点知晓度呈现“学校层次越高，知晓程度越低”的趋势，其他 7 个社会思潮均呈现“学校层次越高，知晓程度越高”的趋势。（3）就主流意识形态“观点认同度”而言，单因素方差分析结果表明，不同学校层次的大学生之间存在显著差异（F=4.506，P=0.004 < 0.05），经多重比较发现，985 高校的大学生对主流意识形态的“观点认同度”（M=28.60），显著高于 211 高校（M=28.18）、普通本科高校（M=28.33）和其他本科高校（M=28.11）。（4）就社会思潮“观点认同度”而言，单因素方差分析结果表明，不同学校层次的大学生之间存在显著差异（F=55.114，P=0.000 < 0.05），经多重比较发现，其他本科高校的大学生对社会思潮的“观点认同度”（M=41.37），显著高于 985 高校（M=34.52）、211 高校（M=33.77）和普通本科高校（M=37.56）；普通本科高校的“观点认同度”显著高于 985 高校和 211 高校。经分析认为，学校层次越高，知晓程度越高，受社会思潮的影响反而较小，这应该与优质教育资源有关。

2. 理工农医、艺术体育类大学生的“概念知晓度”和“观点知晓度”较低，但更易受社会思潮的影响。（1）概念知晓度方面，卡方检验结果表明，不同专业类别的大学生之间存在显著差异，其中，文史哲类大学生的“概念知晓度”整体高于理工农医、艺术体育类，理工农医类大学生整体高于艺术体育类。（2）观点知晓度方面，卡方检验结果表明，不同专业类别的大学生之间存在显著差异（除新老“左”派），其中，文史哲类大学生的“观点知晓度”整体高于理工农医类、艺术体育类，但是，艺术体育类大学生对“民族主义，自由主义、新自由主义、个人主义，文化保守主义”3 个观点的知晓度高于理工农医类，且对“民主社会主义、自由社会主义、宪政社会主义”的观点知晓度最高。（3）就主流意识形态“观点认同度”而言，单因素方差分析结果表明，不同专业类别的大学生之间存在显著差异（F=29.916，P=0.000 < 0.05），经多重比较发现，文史哲类大学生对主流意识形态的“观点认同度”（M=28.59），显著高于理工农医类（M=28.20）和艺术体育类（M=27.72）；理工农医类大学生又显著高于艺术体育类。（4）就社会思潮“观点认同度”而言，单因素方差分析结果表明，不同专业类别的大学生之间存在显著差异（F=183.608，P=0.000

< 0.05），经多重比较发现，艺术体育类大学生对社会思潮的“观点认同度”（M=44.89），显著高于理工农医类（M=37.98）和文史哲类（M=33.91）；理工农医类大学生又显著高于文史哲类。经分析认为，这应该与专业特点和课程结构有关，需要依托思想政治教育主阵地加强这一群体的教育引导。

3. 大三学生的“概念知晓度”和“观点知晓度”较高，但大二学生更容易受社会思潮的影响。（1）概念知晓度方面，卡方检验结果表明，不同年级的大学生之间存在显著差异，其中，大一、大二学生对“历史虚无主义”概念的知晓度最高，大二、大三学生对“自由主义、新自由主义、个人主义，文化保守主义，民主社会主义、自由社会主义、宪政社会主义”3个概念的知晓度最高，大一、大三学生对其余8个概念的知晓度最高。（2）观点知晓度方面，卡方检验结果表明，不同年级的大学生之间存在显著差异（除中国特色社会主义理论体系、消费主义），其中，大一、大二学生对“历史虚无主义”观点的知晓度最高，大二、大三学生对“民族主义，‘普世价值’，自由主义、新自由主义、个人主义，新老‘左’派，文化保守主义，民主社会主义、自由社会主义、宪政社会主义”6个观点的知晓度最高，大一、大三学生对其余3个概念的知晓度最高。（3）就主流意识形态“观点认同度”而言，单因素方差分析结果表明，不同年级的大学生之间存在显著差异（F=13.068，P=0.000 < 0.05），经多重比较发现，大一学生对主流意识形态的“观点认同度”（M=28.55），显著高于大二（M=27.97）、大四（M=28.21）；大三学生（M=28.45）显著高于大二。（4）就社会思潮“观点认同度”而言，单因素方差分析结果表明，不同年级的大学生之间存在显著差异（F=46.270，P=0.000 < 0.05），经多重比较发现，大一学生对社会思潮的“观点认同度”（M=34.46），显著低于大二（M=39.26）、大三（M=38.21）、大四（M=38.21）。经分析认为，大三学生经过两年完整的思政课学习和实践，对意识形态和社会思潮的概念和观点较为了解，记忆较为清

晰；大二学生正处于学习的过渡期，容易受社会思潮的影响。

（三）政治社会学特征

政治社会学特征主要考察不同“政治面貌、学生干部经历、宗教信仰情况”的大学生，在知晓度和认同度上是否存在显著差异。

1. 学生党团员的“概念知晓度”和“观点知晓度”较高，但政治面貌为群众的大学生更容易受社会思潮的影响。（1）概念知晓度方面，卡方检验结果表明，不同政治面貌的大学生之间存在显著差异（除生态主义，自由主义、新自由主义、个人主义，文化保守主义，民主社会主义、自由社会主义、宪政社会主义），党团员大学生的“概念知晓度”整体高于群众。（2）观点知晓度方面，卡方检验结果表明，不同政治面貌的大学生之间存在显著差异（除民族主义，自由主义、新自由主义、个人主义，文化保守主义，民主社会主义、自由社会主义、宪政社会主义），党团员大学生的“观点知晓度”整体高于群众。（3）就主流意识形态“观点认同度”而言，单因素方差分析结果表明，不同政治面貌的大学生之间存在显著差异（F=6.030，P=0.021＜0.05），经多重比较发现，党员对主流意识形态的“观点认同度”（M=28.87），显著高于团员（M=28.35）和群众（M=27.88）；团员显著高于群众。（4）就社会思潮“观点认同度”而言，单因素方差分析结果表明，不同政治面貌的大学生之间存在显著差异（F=16.651，P=0.000＜0.05），经多重比较发现，群众对社会思潮的“观点认同度”（M=40.85），显著高于党员（M=36.87）和团员（M=36.56）。经分析认为，这一结果与党团教育和党团活动有关。

2. 有学生工作经历的大学生的“概念知晓度”“观点知晓度”高于无学生工作经历的，但无学生工作经历的大学生更易受到社会思潮的影响。（1）概念知晓度方面，卡方检验结果表明，有无学生工作经历的大学生之间，不存在显著差异的为“民粹主义，自由主义、新自由主义、个人主义，新老‘左’派”3

个概念，其余9个概念均存在显著差异，且有学生工作经历的大学生显著高于无学生工作经历的。（2）观点知晓度方面，卡方检验结果表明，有无学生工作经历的大学生之间，不存在显著差异的为“民族主义，生态主义，新老‘左’派，民主社会主义、自由社会主义、宪政社会主义”4个基本观点，其余8个的观点知晓度均存在显著差异，且有学生工作经历的大学生显著高于无学生工作经历的。（3）就主流意识形态“观点认同度”而言，T检验结果表明，有无学生工作经历的大学生之间存在显著差异（$T=4.907$，$P=0.000<0.05$），有学生工作经历大学生的认同度（$M=28.42$）显著高于无学生工作经历的（$M=28.08$）。（4）就社会思潮“观点认同度”而言，T检验结果表明，有无学生工作经历的大学生之间存在显著差异（$T=-4.914$，$P=0.000<0.05$），无学生工作经历大学生的认同度（$M=38.11$）显著高于有学生工作经历的（$M=36.49$）。经分析认为，大学生在校期间的学生工作经历，的确有利于提高政治社会化程度，增强大学生对社会思潮的辨别力。

3. 无宗教信仰的大学生的“概念知晓度”“观点知晓度”高于有宗教信仰的，但有宗教信仰的大学生更易受到社会思潮的影响。（1）概念知晓度方面，卡方检验结果表明，有无宗教信仰的大学生之间，存在显著差异的为“中国特色社会主义理论体系，逆全球化、贸易保护主义、多边主义，民族主义，历史虚无主义，新老‘左’派”5个概念，且无宗教信仰的大学生显著高于有宗教信仰的（除新老“左”派）。（2）观点知晓度方面，卡方检验结果表明，有无宗教信仰的大学生之间，存在显著差异的为“中国特色社会主义理论体系，逆全球化、贸易保护主义、多边主义，消费主义、娱乐主义、拜金主义，历史虚无主义，新老‘左’派，民主社会主义、自由社会主义、宪政社会主义”6个观点，且无宗教信仰的大学生显著高于有宗教信仰的（除民主社会主义、新老“左”派）。（3）就主流意识形态“观点认同度”而言，T检验结果表明，有无宗教信仰的大学生之间存在显著差异（T=–2.197，P=0.029 < 0.05），无宗教信仰大学生的认同度（M=28.33）显著高于有宗教信仰的（M=27.92）。（4）就社会思潮“观点认同度”而言，T 检验结果表明，有无宗教信仰的大学生之间存在显著差异（T=5.968，P=0.000 < 0.05），有宗教信仰大学生的认同度（M=41.57）显著高于无宗教信仰的（M=36.78）。经分析认为，宗教信仰本身限制了对其他社会思潮的知晓度，对社会思潮的辨别力也相对较弱。

四、结论与讨论

本研究尝试提出意识形态领域“概念知晓度—观点知晓度—观点认同度”三维分析模型，并运用实证调查数据和统计分析方法予以验证，取得了一些可靠的研究成果。

1. 在意识形态和社会思潮研究中，概念不代表观点、认知不代表认同、认同不代表知晓，需要加以区分以明晰认同版图。就“概念知晓度”和“观点知晓度”而言，影响较大的社会思潮主要为“消费主义、娱乐主义、拜金主义”“民族主义”和“逆全球化、贸易保护主义、多边主义”。但就“观点认同度”而言，排在前三的是“逆全球化、贸易保护主义”“历史虚无主义”“民主社会主义、自由社会主义、宪政社会主义”，需要重点加以关注。

2. 比较而言，主流意识形态的主导地位依然十分巩固，但不同群体对社会思潮的认同度存在显著差异。经统计分析，“主流意识形态”的认同得分为 4.72 分，远高于“社会思潮”的 2.47 分，但是，总的来看，男生、省会城市的大学生、普通本科高校的大学生、理工农医艺术体育类大学生、大二学生、政治面貌为群众的大学生、无学生工作经历的大学生、有宗教信仰的大学生更易受到社会思潮的影响。

3.“主流意识形态”和“社会思潮”存在此消彼长的关系，尤其是需要重点关注和加强政治领域和文化领域阵地的建设和巩固，在这个方面，“习近平新时代意识形态论述形成了集壮大主流意识形态的战略方针论、做强宣传思想工作的战略主导论、引导社会思潮方向的战略战术论、构建意识形态话语体系的战略支撑论、维护意识形态安全的战略目的论于一体的逻辑架构，彰显出深刻的战略底蕴”[①]，需要在引领和治理中落实落细。

① 路媛、王永贵：《习近平关于新时代意识形态论述的战略底蕴和实践深意》，《思想理论教育导刊》2019年第1期。

百年红色精神的初心使命特质：出场依据、演进机理及具象化旨归

卢欣林[①]

摘要：红色精神乃红色文化隐性气质的高度凝练，是中国共产党践行初心和使命的精神印记。红色精神之初心使命特质发轫于马克思主义经典作家的无产阶级和人类解放情怀，奠基于中国共产党成立之时的庄重承诺，依归于近代中国半殖民地半封建社会的多难处境，凝聚升华于中华民族伟大复兴的共同理想。红色精神的凝铸与近代中国阶段性任务目标同步嬗进，历经了中华民族站起来、富起来、强起来的奋斗征程，其初心与使命底色始终不改。在新时代下，红色精神仍将在标注中国底色、提增文化自信、提升国家认同、传承奋斗基因等方面延续其始终不变的初心与使命本色。

关键词：红色精神；初心与使命；出场依据；演进机理；价值旨归

党的十九届四中全会提出："要建立不忘初心、牢记使命的制度。把不忘初心、牢记使命作为党员干部的终身课题。"[②]红色是中国共产党和中国革命的

---

① 卢欣林，长安大学马克思主义学院硕士研究生，主要研究方向为马克思主义理论与思想政治教育。

②《中共中央关于坚持和完善中国特色社会主义制度 推进国家治理体系和治理能力现代化若干重大问题的决定》，《人民日报》2019 年 11 月 6 日。

底色，红色文化是中国共产党带领全国各族人民在近代中国革命、建设和改革开放的伟大征程中所形成的器物、制度以及精神三种文化形态的总和，而红色精神则是红色文化三种形态的核心和全局统领，是对红色文化深层结构的高度精神凝练，集中体现为物态文化和制度文化所承载的主体精神状态和风貌，彰显了无数共产党人的初心与使命，是中国共产党践行初心与使命的历史印记、原点追寻和本源之溯。

所谓“初心”，在语义学上乃出发时的目标、誓言或承诺。2015 年 7 月 1 日，习近平总书记在给国测队一位老党员的回信中，首次提到了“初心”，他指出：“不忘初心，方得始终。广大共产党员要始终在党爱党、在党为党，心系人民、情系人民，忠诚一辈子。”[①] 自“五四”运动伊始，中国共产党开始走上历史舞台，高擎奋斗旗帜，埋下了其为中国人民谋幸福、为中华民族谋复兴的初心使命火种。在近百载的艰苦奋斗中，中国共产党人所走过的革命足迹留下了凝心聚魂的红色精神，集中表现为坚定信念、依靠群众、不怕牺牲、勇于斗争、敢于胜利等初心与使命品质。时下，恰逢新一轮的“不忘初心、牢记使命”主题教育深入开展，在此情势下，凝练总结红色精神的初心与使命特质既是对标初心使命教育的实效之举，也是彰显中国道路优势的应有之义。

一、红色精神内蕴初心与使命特质的出场依据

初心和使命发轫于马克思主义经典作家的无产阶级和人类解放情怀，奠基于中国共产党成立之时的庄重承诺，依归于近代中国半殖民地半封建社会的多难处境，凝聚于中华民族伟大复兴的共同理想。不论社会矛盾和形势如何变化，革命奋斗精神中的初心与使命特质始终历久弥新，定力和底气饱经革命风

---

① 《习近平给国测一大队老队员老党员回信勉励广大共产党员 在党爱党 在党为党 忠诚一辈子 奉献一辈子》,《党建》2015 年第 7 期。

霜的洗礼而更加沉稳。

（一）原点应然：马克思主义唯物史观与无产阶级使命观的赓续与发展

习近平总书记曾言：“我们干事业不能忘本忘祖、忘记初心，我们共产党人的本就是对马克思主义的信仰。”[①] 中国共产党革命与建设的奋斗轨迹自始至终都与马克思主义的指导思想紧密相连、血肉相依。马克思主义的一切理论都致力于实现以劳动人民为主体的最广大人民的根本利益，这是马克思主义最鲜明的政治立场。因而，自红色精神凝结的行动开端即五四运动开始，马克思主义指导思想就为红色精神发展的整个脉络注入了立场基因，奠定了本原基调。

在马克思和恩格斯的一生创作中，他们穷尽毕生心力，只为深入剖析挖掘如何实现人类解放，实现全人类的平等共同发展。俄国十月革命一声炮响，开启了人类历史的新纪元，既建立了世界上第一个社会主义国家，也为遥远的东方送来了马克思主义，开启了中国近代革命的新视野，以李大钊、陈独秀等为代表的第一代无产阶级革命先驱率先在中国大地上举起了马克思主义大旗。自此开始，几代共产党人就始终秉持着“砍头不要紧，只要主义真”的革命箴言为中华民族的伟大复兴而奔走呼号，在经历数次的失败与打击之后，英勇的中国共产党人将马克思主义的普遍真理与中国革命实际情况相结合创立了毛泽东思想、邓小平理论以及中国特色社会主义理论体系。与奋斗轨迹相伴随而创生了以红船精神、井冈山精神和延安精神为代表的革命精神，以大庆精神、“两弹一星”精神为代表的社会主义建设精神，以及以特区精神、奥运精神、抗震救灾精神等为代表的改革开放精神。但无论精神形态如何之演进，其内容如何之丰富，最终的价值皈依和原则方向始终是中华民族伟大复兴的初心与使命主题，始终是马克思列宁主义的精神升华与时代观照。

---

① 习近平：《在全国党校工作会议上的讲话》，北京：人民出版社，2015年，第7页。

（二）党性必然：党的性质宗旨、理想信念、奋斗目标的集中体现

在最新修订公布的《中国共产党章程》总纲开头中，对党的“三个先锋队”性质作了明确规定，即“中国共产党是中国工人阶级的先锋队，同时是中国人民和中华民族的先锋队”[①]。关于“三个先锋队”的明确界定虽是近几载之事，但却是对百余载卓越奋斗历程的当代凝练与总结，其性质的明确界定有着深厚的理论渊源与历史逻辑。

红色精神是对新民主主义革命、社会主义建设以及改革开放等气质、品格的高度综合概括与总结，镌刻了奋斗足迹的人民性、国家性与民族性。在中华民族处于生死存亡之边际，中国共产党领导下的人民军队始终以人民、国家、民族为初心底蕴和革命动机之始源、皈依，以建立人民民主共和国为目的，在艰难困苦的民族战争、波澜壮阔的社会主义建设以及改革开放的伟大实践中形成了红色精神的各种形态，其中轴和主线始终是人民、国家和民族这些高贵而接地气的核心词汇与字眼。

在革命、建设与改革的各个历史时期，人民属性始终都是中国共产党各项事业能够取得成功的精神密码与符号标识。也正是因为中国共产党人在革命、建设与改革中始终保持初心与使命本色不改，近百载的革命、建设与改革奋斗才有了现实意义，船到中流浪更急，人到半山路更陡，在未来也只有继续紧紧依靠人民进行全面深化改革、持续推进国家治理体系和治理能力现代化，我们的各项工作才能获取持续性动力。换言之，在继往开来的新时代视域下，红色精神的初心与使命特质也必将继续指引着我们始终不忘初心、牢记使命，照亮中国共产党人阔步远行、实现中华民族伟大复兴中国梦的新航路。

---

① 本书编写组：《中国共产党章程》，北京：人民出版社，2017 年，第 11 页。

（三）国情使然：同舟共济、守望相助之家国情怀的内生性演进

认识中国近代社会的性质，就是认识近代中国的基本国情。这是认识中国近代一切社会问题和革命问题的最基本依据。自鸦片战争以来，在晚清政府软弱无能的统治下，近代中国逐渐丧失了独立自主的地位，开始沦为半殖民地半封建社会，中国社会性质发生了巨大变化。1900 年的八国联军侵华战争和 1901 年签订的《辛丑条约》，使中国完全沦为半殖民地半封建社会。在这样的国情形势下，无数的仁人志士开始苦思救国良方，但无论是洋务派的“师夷长技以制夷”，还是资产阶级维新派的“戊戌变法”，抑或是资产阶级革命派的“三民主义”方案，都没能改变近代中国受压迫、受剥削的被动挨打局面，直至 1921 年 7 月中国共产党的成立，近代中国的革命开始有了先进的领导阶层和科学的革命方案。自此，中国的革命面貌开始焕然一新。

1921 年嘉兴南湖游船上的惊天一课，诞生了一个具有强大凝聚力与战斗力的组织实体——中国共产党。自此开始，中国共产党就自觉地承负起了如山般的责任，坚定了自己的历史使命，与这个有着五千年灿烂历史文明却又在近代多灾多难的古老民族建立了心手相依的密切关系，在十四年的抗日战争、四年的解放战争中，虽然社会的主要矛盾发生了改变，但中国共产党人计为天下谋的初心与使命始终未改，坚定地将为中国人民谋幸福、为中华民族谋复兴作为自己的承诺与担当。新中国成立以后，在大踏步迈入社会主义革命、社会主义建设以及改革开放的伟大征程中，中国共产党人以壮士断腕的勇气不断自省、自我革命，敢于进行刮骨疗毒式的肌体更新。在这个过程中，红色精神也完成了其价值接续与理论升华的时代诉求，助推形成了中国特色社会主义理论体系，开辟了中国特色社会主义道路，完成了马克思主义中国化的第二次华丽转身，以中国速度创造了中国奇迹。

（四）理想本然：对象化意指于中华民族伟大复兴的旨归高地

古之立大事者，不惟有超世之才，亦必有坚忍不拔之志。红色精神肇基于为争取民族独立、人民解放的新民主主义革命时期，成熟稳定于波澜壮阔的社会主义建设和改革开放时期，涵濡深化于全面深化改革、全面决胜小康社会的中国特色社会主义新时代。

作为有着悠久灿烂文明的近代中国，随着鸦片战争之始，闭关锁国的大门被西方列强的坚船利炮打开，在西方列强的残暴压迫下，国人开始觉醒。自此开始，无数国人开始为寻救国良方而进行了苦苦探索，穷尽心力。在近半个世纪的摸索与实践中，历史和人民选择了中国共产党，而中国共产党也承担起了其应有的职责和使命，带领全国各族人民完成了新民主主义革命，实现了中华民族“站起来”这一共同夙愿。

理想信念，源自坚守，成于磨炼。[①] 红色精神就是汇集千万人之心血浇筑的“精神长城”，在现实性上，红色精神并非某一个民族和某一个具体个人的精神，而是以共产党人为代表的无数仁人志士奋斗基因的集合体，他们的努力与牺牲铸就了红色精神，也在红色精神中描绘了为中华民族伟大复兴而不断奋斗的共和国底色。历史虽已走远，但实现中华民族伟大复兴的初心与使命却因时间的磨砺与考验而历久弥新，且增添了不同的时代基因。红色精神在今天依然被值得大肆颂扬，正是因其始终不改的初心与使命底色，因其跨越世纪沟壑而底色仍在的时代担当。

---

① 《十八大以来重要文献选编》（下），北京：中央文献出版社，2018 年，第 457 ~ 458 页。

二、红色精神之初心使命特质演进机理：近代中国的阶段性任务目标嬗进

红色精神不是一成不变的，而是与时俱进、不断发展的，但初心和使命的内核要义是恒定不变的。在革命、建设与改革进程中所铸就的红色精神归旨始终恒定在为中国人民谋幸福、为中华民族谋复兴。但在近代中国革命、建设和改革的不同时代语境下，红色精神中蕴含的初心与使命特质的具体践行路径则有终极性指向与阶段性追求之分，概括起来，就是通过民主革命救国救民，通过社会主义建设利国利民，通过改革开放强国富民。三个阶段既有共性，也有个性，共同写就了红色精神的磅礴篇章。

（一）中华民族站起来：争取民族独立、人民解放涵养了初心使命之“源”

中共二大通过的《中国共产党第二次全国代表大会宣言》明确提出了反帝反封建的革命纲领：“一是消除内乱，打倒军阀，建设国内和平；二是推翻帝国主义压迫，达到中华民族完全独立。”① 这一反帝反封建的革命纲领和总任务的制定与实践，折射出了中国共产党人的初心与使命。1919 年五四爱国运动的爆发，拉开了中国新民主主义革命的大幕。自此，中国共产党作为一支独立的力量登上了历史舞台。随着中国共产党第一次全国代表大会辗转于南湖一条游船上召开，中国共产党正式投入中国近代革命浪潮之中，承担起了其应有的历史责任与使命，中国革命也自此焕然一新，五四精神与红船精神也成为中国共产党近百年奋斗精神的历史开端。

在新民主主义的伟大革命中，逐渐形成了以红船精神、五四精神、井冈山精神、延安精神、西柏坡精神等为代表的革命精神，见证了红色精神的第一次嬗变与生成理路。在历史逻辑上，红色精神的称谓虽然有历史色彩的变化，但

① 中共中央党史研究室、中央档案馆编：《中国共产党第二次全国代表大会档案文献选编》，北京：中共党史出版社，2014 年。

其蕴含的初心与使命从未因时间的演进而褪色。井冈山的革命斗争不仅点燃了中国革命的星星之火、开辟了中国革命的独特道路，而且孕育出了伟大的井冈山精神。井冈山精神有其深邃而绵长的理论价值，是众多革命优秀品格的总体概括和代名词，其灵魂是坚定信念、艰苦奋斗，其核心是实事求是、敢闯新路，其基石是依靠群众、勇于胜利。

而长征则是宣言书、宣传队、播种机。长征精神是把中华民族的根本利益看得高于一切，在绝境中依然坚定革命的理想和信念，坚信正义事业必然胜利的精神。在西柏坡时期，党所面临的革命形势是即将最后夺取全国政权以建立新中国，党的工作重心将由农村向城市转移，党的主要任务是由革命战争向和平建设转变，党所面临的全新课题是由革命党和局部执政向掌握全国政权的执政党转变。西柏坡精神恰是谦虚谨慎、艰苦奋斗，敢于斗争、敢于胜利，依靠群众、团结统一这些我党优秀品质的集中体现。

总体论之，新民主主义革命时期红色精神的演进磅礴大气，其内涵难以尽述，但确定无疑的是，无论对上述精神进行何种角度的释义与解答，其价值归依始终是为人民谋幸福、为民族谋复兴、为世界谋大同等这些优秀的初心与使命品质。一场伟大的新民主主义革命不仅重新聚合了统一的多民族国家实体，更熔铸了中国精神谱系中的红色精神，涵养了红色精神初心与使命特质之“源”。

（二）中华民族富起来：谋求国家发展、人民富足引导了初心使命之“流”

新民主主义革命涵育了红色精神初心与使命特质之“源”，而追求中华民族富起来的社会主义建设时期则引导了红色精神初心与使命特质之“流”。红色精神在社会主义的伟大建设中与具体时代背景相融合，不断升华演进，依旧发挥着其为中华民族伟大复兴而奋斗的初心与使命。在此过程中，红色精神不断接续升华，凝铸了更多的时代特质，聚焦了更多的时空思维，红色精神在此时期华丽转身，并成为中国特色社会主义建设的重要力量源泉与精神支柱。

“治国有常，而利民为本。”[①] 换言之，红色精神初心与使命特质的演进发展是一个常态化过程，融入了变动不居的时代因子，但不变的是其始终和人民利益紧密相连，和中华民族的利益紧密相连。新中国成立初期，数十万中国人民解放军官兵，按照中央“屯垦戍边”的方针，就地转业，铸剑为犁，开赴荒无人烟的北大荒与新疆戈壁进行生产建设，数十万革命军人脱掉了身上的军装，在艰苦的生产建设中，他们始终牢记军人的初心底色，心中的“军装”从未脱下，战胜了难以想象的艰难困苦，将北大荒的亘古荒原变成中国规模最大、机械化程度最高的商品粮种植基地和农副产品加工出口基地，将风卷残云的西北沙漠变成了戈壁滩上的一颗明珠。

经过二十余年的反侵略与国内反压迫战争，中国大地满目疮痍。中华人民共和国成立以后，万事待举、百废待兴，人民生活水平低下，此时的中国亟须进行生产力建设，医治战争创伤。而正是在此种境况下，中国共产党承担起了其应有的历史使命，饱经风霜的中华民族在中国共产党的带领下进行了艰苦卓绝的经济建设运动，诞生了众多建设模范人物，凝结了生产建设精神风貌。他们之中既有焦裕禄、王进喜式的个人英雄模范，也有北大荒、新疆生产建设兵团、载人航天这样的集体英模典范。无论时代如何进步、岁月如何更迭，以共产党人为代表的奋斗群体在为广大人民谋幸福、中华民族谋复兴征程中所凝结的红色精神之初心使命情怀始终未曾因时间的流逝而消减、褪色一分。

（三）中华民族强起来：人民美好生活需要观照了初心与使命时代之“思”

惟士必有坚定之志，然后可与有为。红色精神不管其称谓和形态如何更迭，其本质内核始终都是人民底色，始终都是为中华民族谋复兴，为中国人民谋富强这些优秀品格的核心凝练。党的十八大之后，以习近平同志为核心的新

① 习近平：《深入理解新发展理念》，《当代党员》2019 年第 12 期。

一代中央领导集体审时度势，作出了中国进入全面深化改革的新时代之重要研判，中国特色社会主义事业进入“强起来”的全新征程，社会的主要矛盾也已转变为人民日益增长的美好生活需要和不平衡不充分的发展之间的矛盾。虽然时代方位、社会基本矛盾发生了变化，但共产党人的初心与使命始终未曾改变，纵然经日月侵蚀，岁月洗礼，共产党人的初心与使命依旧散发着时代意气与风范。

时间新故相推一往无前，奋斗接续发力永不止步。在党的十八届一中全会上，习近平总书记旗帜鲜明地指出：“我们的责任，就是要团结带领全党全国各族人民，接过历史的接力棒，继续为实现中华民族伟大复兴而努力奋斗。”①接力既是一种时代责任，也是一种历史态度，表征了中国共产党勇担时代重任的决心与毅力。党的十九大报告中，言简意赅地指出中国共产党的初心与使命就是“为中国人民谋幸福，为中华民族谋复兴”。习近平总书记以初心使命为出场逻辑，多次强调要把红色资源利用好、把红色传统发扬好、把红色基因传承好。②为此，先后数次到红色革命圣地江西、延安、西柏坡等地考察调研，追寻中国共产党人的使命之源，表现出了中国共产党人不忘本来、着眼未来的精神底色。在纪念红军长征胜利80周年大会的讲话中，习近平17次提到“伟大长征精神”。红色精神作为我党我军在战火硝烟和国家建设中凝结的坚定理想信念、优良革命传统和顽强战斗作风，不是高悬空中的价值符号，而恰是中国共产党人的初心与使命源头。我们在新时代追忆其时代价值，就是为了让其增强中国人民的政治认同，坚守中国共产党人为国为民的初心使命，确保在全面深化改革的时代浪潮中基因始终纯正，初心始终永葆，确保在薪火相传中筑

① 《习近平关于“不忘初心、牢记使命”论述摘编》，北京：中央文献出版社、党建读物出版社，2019年。

② 习近平：《贯彻全军政治工作会议精神 扎实推进依法治军从严治军》，《人民日报》2014年12月16日。

牢初心，在根基永固中坚定初心，在优势永存中砥砺初心。

三、接续升华的价值具象化旨归：承担彰往察来的新时代责任

中国共产党已走过千山万水，但仍需要跋山涉水。红色精神谱系是中国共产党薪火相传的根脉所在、灵魂所依和力量所系，承载着中国共产党人顽强拼搏、乐观进取、生死相依、机智果敢等崇高品德和优良作风。革命战争年代的生动誓言埋下了共产党人初心与使命的根脉，融进了红色精神的演进始终，其初心、使命、特质的底蕴注解了时代之约，在中华民族伟大复兴的新时代，其必将延续初心，升华使命，承担起彰往察来的新时代责任。

（一）标注中国底色：彰显党在中国特色社会主义事业中的全面领导地位

习近平总书记曾旗帜鲜明地强调指出，共和国是红色的，我们不能淡化这个颜色。总书记的讲话深刻阐发了今天之中国坚定中国共产党的领导，坚守马克思主义的共同理想对实现中华民族伟大复兴是何等重要。[①] 马克思主义是红色精神的水之源，中国人民是中国特色社会主义先进文化的木之本，而中国共产党是中国特色社会主义事业建设的主心骨。

人生如屋，信念如柱，柱折屋塌，柱坚屋固。在社会环境深刻变革和全面改革深化的当代视域，否定中国共产党执政合法性和革命贡献的历史虚无主义言论开始沉渣泛起，部分人忘了本、丢了魂、断了根，得了“软骨病”。不仅否定中国共产党在中华民族伟大复兴征程中的重要领导作用和贡献力，而且还把共产主义看作是难以触摸的海市蜃楼，对中国特色社会主义丧失信心，态度消极。深究其因，这些问题归根到底还是在于这些人的理想信念“总开关”松了，“压舱石”碎了。红色精神中初心与使命特质以无可置疑的事实雄辩地证

---

① 《决胜全面建成小康社会 夺取新时代中国特色社会主义伟大胜利》，北京：人民出版社，2017 年，第 16 页。

明着中国共产党在中华民族伟大复兴中的领航者作用，深入挖掘红色精神的时代价值就是拧紧人们的信念“总开关”，置稳“压舱石”。

要而论之，红色精神的初心与使命特质彰显了中国共产党自成立以来就始终为国为民的一路奋斗风景，近百载的奋斗历程中，中国共产党人初心与使命本色始终未改，在中华民族伟大复兴的征程中既为帅、也为将，时刻冲锋在前，敢于将自己置于时代潮头。红色精神也将延续其历史担当与时代使命，不断助力中华民族行健且稳，筑牢中国特色社会主义发展前行的底蕴根基。

（二）提增文化自信：为发展社会主义先进文化提供航向标示

党的十八大以来，习近平一再强调传承红色基因，继承发展革命文化和社会主义先进文化，在全党全军全国人民中树立起坚定的文化自信问题。习近平总书记指出：“文化兴国运兴，文化强民族强。没有高度的文化自信，没有文化的繁荣兴盛，就没有中华民族伟大复兴。”①

面对近代中国半殖民地半封建社会的境地，中国共产党的初心与使命助推了红色精神的创生，自此重构了中国人民的精神生活，使中国人民之生命存在有了新的追寻意义与现实依存，中华民族在精神上也得益于此由被动转为主动。正如伟大领袖毛泽东所言：“自从中国人学会了马克思列宁主义以后，中国人在精神上就由被动转入主动。”②换言之，红色精神激浊扬清、正本清源，正是中华文化的自信基因，是社会主义意识形态认同的思想基础，也是中华优秀传统文化的当代嬗进。红色精神的洗礼与浸润，能够牢筑广大人民的精神家园，唤起人民群众对中国特色社会主义的文化自信，提升优秀传统文化的吸纳

① 习近平：《决胜全面建成小康社会 夺取新时代中国特色社会主义伟大胜利》，《人民日报》2017 年 10 月 28 日。

② 刘小龙：《马克思主义与文化自信的深层逻辑》，《中国社会科学报》2019 年 5 月 23 日。

力和凝聚力。

要而论之，红色精神与文化自信的提升有着不解之缘，红色文化与红色精神支撑了中国传统文化的现代转型，并使传统文化因民族危机与建设需要而勃发新的生机，生成了新的时代价值和精神，成为中国文化自信的底色和本源。以红色精神作为文化自信的航向标识，有利于增强人们对党史、国史、社会主义发展史的深度体认与纵深了解，加深人们对党和人民奋斗历史的尊重，对红色精神的认同和景仰，进而导引社会主义先进文化的前进方向。

（三）提升国家认同：为铸牢中华民族共同体意识凝心聚魂

红色精神不是某一个民族的精神，不是单一民族而简单创造的，而是在中国共产党的领导下全国各族人民胼手胝足、披荆斩棘所创造的物质文化之精神高度凝结，是中国各民族为争取民族独立、人民解放、社会主义现代化建设而奋斗的共同历史记忆。

党的十九届四中全会从 13 个方面系统总结了中国特色社会主义国家制度和国家治理体系的显著优势，其中显著优势之一就是“坚持各民族一律平等，铸牢中华民族共同体意识，实现共同团结奋斗、共同繁荣发展的显著优势”[①]。在全面深化改革、全面决胜小康社会的新时代，改革与发展进入深水期，潮头更急、浪头更涌，越是在这种艰难困苦的情势下越要着力团结各族人民，促进各民族紧密相拥，像石榴籽一样团结在中国共产党周围，构筑起强有力的中华民族命运共同体。

以红色精神的民族共有性促进各民族紧密相依，正是在于红色精神的求真务实之美，是美美与共之美，是 56 个民族“共美”的综合体现，是 14 亿中国人民共同的历史、家国和政治记忆。在今天，它不仅能增强全国各族人民的认

① 《中共中央关于坚持和完善中国特色社会主义制度 推进国家治理体系和治理能力现代化若干重大问题的决定》，《人民日报》2019 年 11 月 6 日。

同感和归属感，也能使各民族之间坚持一致性和多样性的相互统一，凝心聚力找到最大公约数，画出最大同心圆。从而鼓舞中华儿女为中华民族的伟大复兴万众一心，披荆斩棘，破除西方敌对势力的诋毁，战胜各种自然灾害，始终坚定执着、砥砺前行，不断续写“中国故事”，传播“中国声音”。

（四）传承奋斗基因：为中华民族伟大复兴新征程助力攻坚克垒

不忘其藏修游息之故地，其不忘初志从可知矣。红色精神，究其本质而言，就是奋斗精神、拼搏精神、勠力同心精神，是中国共产党领导下的全国各族人民为争取民族独立、人民解放而不懈奋斗的一路风景；是革故开新、勇敢地试、大胆地闯、家国同爱、艰苦创业等这些优秀品格的综合体。当前，中国全面深化改革进入深水区、攻坚期，固有观念束缚、体制机制藩篱、利益固化顽疾等一个个“硬骨头”摆在历史当口。逆水行舟，不进则退，传承、颂扬创新和奋斗精神已成为当前迫在眉睫的时代问题。

水不激不跃，人不激不奋。实现中华民族伟大复兴是一项艰苦卓绝的系统性工程，绝不是敲锣打鼓、轻轻松松、简简单单就能实现的。党的十八大以来，习近平总书记站在新的历史方位多次强调：“我们的责任，就是要团结带领全党全国各族人民，接过历史的接力棒，继续为实现中华民族伟大复兴而努力奋斗。”① 当前，按照党中央部署要求，从 2019 年 9 月开始在全党开展第二批“不忘初心、牢记使命”主题教育，其主要目的便是为了坚定奋斗的初心，牢记中华民族伟大复兴的历史使命，自新民主主义革命以来，这一思路像红线一样始终贯穿于党和国家工作的方方面面。

行程万里，始于起点。红色精神蕴含的初心与使命正是中国共产党和全国各族人民奋斗的初心与使命，在中华民族伟大复兴的新征程中，红色精神的初

---

① 《习近平谈治国理政》第一卷，北京：外文出版社，2018 年，第 3 ~ 4 页。

心与使命特质有助于坚定人民的奋斗底气，扫除人们急功近利的浮躁情绪，从而坚定奋斗信念，从容不迫地应对各种挑战，虚怀若谷地吸收各种声音，继而照亮奋斗航道，鼓足风帆，不断为实现中华民族伟大复兴而奋斗，坚守自己的初心与使命，啃下攻坚克难的“硬骨头”。

四、结语

红色精神是中国共产党的根脉所在、力量所系和灵魂所依，既彪炳史册，又观照未来，既延续基因，又指引方向，既植根传统，又与时嬗进。回望历史，一部红色精神谱系的传承史，就是一部坚守初心与使命的奋斗史。从南湖红船到南昌打响第一枪，中国共产党破茧而出、敢于斗争，为的是推翻独裁统治；从井冈山革命根据地的道路初创，到红都延安的“陕北江南”，中国共产党筚路蓝缕、艰苦奋斗，为的是民族独立、人民解放；从南海边“画圈”到神舟太空翱翔，中国共产党经济富国、科技强国，为的是人民幸福、民族复兴。近百载栉风沐雨路，无论是弱小还是强大，富足抑或是贫瘠，中国共产党始终未改计天下利、为万民谋的初心使命，且深深融入血脉。

庶几成就其学不忘其初之志，行程万里，始于起点。红色精神承载着中国共产党人砥砺奋进、扭转乾坤的历史画卷，见证着马克思主义中国化的神奇飞跃，照耀着中华民族勠力同心、拼搏奋进的新时代道路。中国共产党领导全国各族人民在革命、建设与改革的征途中，初心与使命火种撒遍神州大地，革命足迹遍及大江南北。伟大革命足迹和建设改革征程所铸就的五四精神、红船精神、井冈山精神、兵团精神、大庆精神、女排精神、抗疫精神等，让我们看到了中国共产党人一以贯之的坚定理想信念、信仰，这就是“初心和使命”。

新时代科学家精神的养成探赜*

冯道杰[①]　程恩富[②]

摘要：以科技进步为主要标志的不同生产力水平，把人类推进到了不同的社会形态，也呈现出不同形态的人类文明。以塑形铸魂科学家精神为切入点，形成良好社会风尚和生态，推进科技创新和科技现代化，是新时代面临的重大课题。中国科学家精神时代内涵的真谛蕴含着真、善、美三个维度，彰显着科技的威力、德力、魅力，引导广大科技工作者做“求真的先锋、至善的标杆、臻美的使者”，需从社会养成和个人养成两个层面，综合国家政策、社会制度、伦理治理、经济支撑、文化滋养、精神传承、教育熏陶、团队打造、实践磨砺等多种因素，外在激励约束与内在激励约束相结合，共同推动科学家精神在神州大地蔚然成风，努力建构新时代科学家精神的养成体系。

关键词：新时代科学家精神；社会养成；个人养成

“手推磨产生的是封建主的社会，蒸汽磨产生的是工业资本家的社会。”[③]以科学技术进步为主要标志的不同生产力水平，把人类推进到了不同的社会形

* 本文系国家社科基金项目“民生导向型乡村基层自治研究”（20BKS191）的阶段性成果。

① 冯道杰，济南大学特聘教授。

② 程恩富，中国社会科学院学部委员、中国社会科学院大学首席教授。

③ 《马克思恩格斯选集》第一卷，北京：人民出版社，2012 年，第 222 页。

态，也呈现出不同形态的人类文明。当今时代，科学技术及其体系化应用日益彰显出强大的经济、社会、政治、文化、生态等多元化功能，成为不同利益群体和国家间竞争的主要手段。

一、问题提出与文献回顾

科学技术现代化是我国实现四个现代化的关键。面对百年未有之大变局，建设现代化经济体系，推动高质量发展，保障产业链供应链安全稳定，构建新发展格局。在现代化建设新征程中，我国比过去任何时候都更加需要大量科学家和高层次人才，推进科技创新。

顺应时代需要，党中央向广大科学家和科技工作者发出“四个面向”“不断向科学技术广度和深度进军”[①] 的伟大号召。2019 年颁发的《关于进一步弘扬科学家精神 加强作风和学风建设的意见》（以下简称《意见》），强调“以塑形铸魂科学家精神为抓手，切实加强作风和学风建设，积极营造良好科研生态和舆论氛围”[②]，引领社会追求真善美蔚然成风。以氤氲塑形铸魂科学家精神为切入点，推动科技现代化，建设科技强国，成为新时代的重大课题。

通过知网检索学术界关于科学家精神养成的学术研究成果并不多，大多是针对中央精神的解读和时论报道，还有一些是对典范科学家个体体现出来的精神解读。余德刚认为科学家精神彰显了社会主义制度的优越性，具有鲜明的“民族性与阶级性、整体性与协作性、开放性与独立性、创新性与进步性”[③]。胡祥明阐述了社会主义核心价值观与科学家精神的关系及其时代内涵、塑造方法

---

① 习近平：《在科学家座谈会上的讲话》，《人民日报》2020 年 9 月 12 日。

② 中共中央办公厅、国务院办公厅印发：《关于进一步弘扬科学家精神 加强作风和学风建设的意见》，《光明日报》2019 年 6 月 12 日。

③ 余德刚、龚松柏、余周唱晚：《论我国科学家精神的时代价值》，《毛泽东思想研究》2018 年第 6 期。

等。徐祥运、张童阔强调从加强人文主义教育、道德约束、法律监督等方面重建科学家的社会责任感。潜伟认为，科学家精神更强调科学的社会属性，是科学精神的人格化、时代化、中国化。

二、科学家精神的时代内涵

科学精神的本质在于求真，人文精神的本质在于至善，科学家精神集科学精神、人文精神于一体，在求真与至善的辩证统一中实现臻美。善是真的灵魂，真是善的核心与本质，美则是精神体的依托和展现。新时代科学家精神的真谛应当是真、善、美三维的融通共进，三者彰显了科学的威力、德力与魅力，是密不可分的统一体，缺一不可。如果科学家失掉了为人民、为祖国服务的善，而走向反人类反人民的所谓真，不仅是扭曲、异化、虚假的，甚至是危险、丑陋、邪恶的。

科学家精神随着时间和实践而与时俱进。从科技救国、科技报国，到科教兴国、人才强国、科技强国，广大科技工作者在薪火相传中积淀形成了新时代中国科学家精神。《意见》详细阐释了新时代科学家精神的内涵，集求真、至善、臻美于一身，融科学性、人文性、社会性于一体，体现了历史与现实、科学与人文、个人与社会的统一。强调占有事实、追求真理、敢于质疑、勇攀高峰、格物致知、严谨治学及把握规律的求实、创新精神，达到求真；强调以国为重、淡泊名利、品德高尚、服务人民、潜心治学、兼济天下的爱国、奉献精神，达到至善；强调集智攻关、分工协作、和合共求、交融共进、甘为人梯、奖掖后学及克明俊德的协同、育人精神，达到臻美。

个人存在于社会之中，社会由交互作用的个人组成，二者有机统一。作为社会人，科学家精神的养成不仅需要有个人的执着追求，还要有社会层面的熏陶和影响。塑形铸魂科学家精神，需要从社会和个人两个层面，综合国家政策、社会制度、伦理治理、经济支撑、文化滋养、精神传承、教育熏陶、团队打造、实践磨砺等多种因素，外在激励约束与内在激励约束相结合，共同推动科学家精神在神州大地蔚然成风，努力建构新时代科学家精神的养成体系。科学家精神的个人养成，是指单个个体人如何培养、教育、影响、塑造具有科学家精神的优良品质。科学家精神的社会养成，是指如何在社会层面弘扬科学家精神，成为一种人们追求的社会价值导向，形成社会风气和潮流而不断发扬光大。如何处理个人与社会之间的关系，标志着精神文化体系的不同性质。唯物史观认为，人类是群体动物，个人只有通过社会才能获得生存和发展所需，离开社会和群体便很难生存。科学家精神的个体养成需要社会环境、社会生态和社会氛围的滋养，科学家精神的社会养成需要个体养成为支撑，个体养成是社会养成的细胞基础和落脚点。科学家精神的社会养成与个人养成交互促进，相辅相依，共同构筑科学家精神的养成体系。

三、科学家精神的社会养成

科学在本质上是一种社会活动，科学家精神是在特定社会条件下形成的。社会是由个体依托于物质环境相互联系而形成的开放循环体系，反映着人与人、人与社会、人与自然的关系。包括科学家和科技工作者在内的每个人成长、成人、成才过程都必然要受到经济、政治、文化、生态，以及历史的、现实的、家庭的、教育的、自然的以及国际国内等各种因素的综合影响。

（一）充分发挥中国特色社会主义制度优势，完善有利于培育和弘扬科学家精神的相关教育、科技、人才政策、体制机制等，对新时代科学家精神的社会养成具有根本性保障作用、导向作用和直接激励作用

科学家为少数人谋私利，不择手段不顾后果，还是满足大多数人需要，投身于人类进步事业，决定着其工作的方向和性质。私有制条件下，生产资料和

科技发展被少数人作为役使并剥夺他人的手段和资本，科技发展和人的欲望膨胀相互推动，导致科学技术与科学家的异化。科技发展可以重置权力关系，既能扩大原有权力的范围，也能分解有争议的权力进一步创造新的权力。马克思、恩格斯并不反对科技进步，而是反对以此为手段奴役剥削他人的“人役人”“物役人”的社会制度。“共产主义并不剥夺任何人占有社会产品的权力，它只剥夺利用这种占有去奴役他人劳动的权力。”[①] 社会主义生产资料公有制从根本上消除了人与人、人与社会、人与自然关系异化与对立的物质基础，进而在人与人实质平等的基础上实现个人与集体、社会利益的有机统一，在无私利性的基础上实现人与自然和谐相处。

教育立国，科技强国，是近代以来大国崛起的历史规律。能否占据发展制高点，源自一个国家更加重视教育、科技、人才的制度和体制机制优势。一个占世界人口 1/4 的东方大国，在极其落后的条件下，经过短短七十多年的和平发展，已充分彰显了理论优势、发展优势、制度优势、文化优势。中国共产党领导的社会主义制度，有着实事求是的求真之魂，有着为人民服务的至善之宗，有着人类大同的臻美之梦。建立在公有制为主体和人民当家作主基础上的社会主义制度，与新时代科学家精神内在一致，息息相通，为新时代科学家精神的社会养成提供了根本制度保障和前提。

社会主义制度优势需要通过具体的体制机制、政策等体现和展现出来。在中国共产党领导下，以各级科研院所、高等学校、大型企业研发机构等为主体，充分吸纳社会力量，构建与社会主义市场经济和国际竞争相适应的新型举国科教体制，强化国家战略科技力量，提高创新链整体效能，搭建政产学研企的交流合作平台，建设国家科技创新体系和人才工作体系，“造就一批用马克

---

① 《马克思恩格斯选集》第一卷，北京：人民出版社，2012 年，第 416 页。

思主义武装起来、学贯中西的科学家、思想家和理论家，造就一批功底实、素质高、勇于创新的高层次人才，造就一批政治强、业务精、品行好、开拓进取的青年理论骨干，全面提高教育质量和国民素质”[①]。深化科技管理体制改革，改变部门分割、互不统属、多头管理、小而散的状态，优化配置科技资源，改革经费使用和管理方式，打破简单以升学率、就业率以及“五唯”等为依据，杜绝以财富多寡、职位高低、权力大小等为标准，建立以成果质量、贡献程度、绩效优差等为导向的科技评价体系和人才选拔机制，营造民主公正、激励创新、海纳百川的良好社会环境，充分激发创新智慧与活力。

（二）建构导向明确的科技伦理治理体系，形成科学家群体和科技工作者良好的科技道德、科技良心、工作作风，对新时代科学家精神的社会养成具有典范和规约作用

“科学技术与伦理道德是互动渗透的。”[②]马克思、恩格斯以“双刃剑”比喻科学技术，在改造自然造福人类的同时，也给自然生态、人性伦理等带来一系列负面冲击，甚至严重威胁人类生存与健康。计算机占据着越来越多的工作任务，技能退化正在加速。人工智能正在重塑着人的生产生活和社会关系，带来便利的同时，也使人日益沦为“智能社会的‘附庸’和‘奴隶’”[③]。对人机关系、人的本质与主体地位，以及公民隐私、国家安全、社会公平、社会治理等形成新的冲击，“数字穷人”日益被边缘化。科技伦理体系规范了科研人员从事科技活动应有的使命担当和价值导向，明确应当以怎样的态度、思想、感情、作风和行为从事科技工作。科技道德和科技良心是科技伦理的主要内容，划定了科技工作者作为人所必备的良知和道德底线，对社会的价值认知和导向

① 程恩富：《程恩富选集》，北京：中国社会科学出版社，2010年，第17页。
② 马云华：《科学技术与伦理道德互动的内在动因》，《自然辩证法研究》2003年第10期。
③ 孙伟平：《人工智能与人的“新异化”》，《中国社会科学》2020年第12期。

形成软约束和软激励。

中国传统文化蕴含着丰富的“以道驭术”“以道驭技”“以民为本”等科技伦理思想，对道术观、义利观、民本观、人性论、天人合一思想等都有着深刻认识，特别强调人是器物的主人，技术发展为人类生产生活服务，限制和禁止一些“奇技淫巧”。“厚乎德行，辩乎言谈，博乎道术”（《墨子·尚贤》），“故所为功，利于人谓之巧，不利于人谓之拙”（《墨子·鲁问》）。“人为物本，物因人而用”（《农书》），而不能“物役人”。

新时代塑形铸魂科学家精神，理当强化相关的科技伦理治理体系建设，防止科技工作者陷入钱、权、色的贪婪陷阱，摈弃权力、关系、利益、学阀等对科技创新和发展的困扰，打破官大学问大、钱多学问多等怪现象，构建科技进步与人类文明协同演化、共融共生的生态系统，形成崇尚科学、鼓励创新、尊重知识、爱护人才的良好社会风尚和社会氛围，成为科技进步的精神支撑和强大动力。2019 年，中央全面深化改革委员会第九次会议审议通过《国家科技伦理委员会组建方案》等文件，提出组建国家科技伦理委员会，“推动构建覆盖全面、导向明确、规范有序、协调一致的科技伦理治理体系”①。

（三）不断提高科教工作者和各类人才的待遇，改善科教工作条件和环境，增强科教工作在市场经济条件下对各类人才的吸引力，为新时代科学家精神的社会养成提供物质基础和财力物力人力支撑

精神与物质，辩证统一，相辅相依。能否为科技教育和各类人才开展工作提供坚实的物质保障和人力物力财力支撑，也是衡量优先发展科教事业是否真正落实的主要标志之一。科学家群体、科技工作者和各类人才心无旁骛地全身心投入科研工作，必须以满足其基本需要为前提，给予他们献身科教事业优越

① 《习近平主持召开中央全面深化改革委员会第九次会议》，《人民日报》2019 年 7 月 25 日。

感、神圣感、安全感、归属感。

“不是意识决定生活，而是生活决定意识。”① 一些地方官员过于强调把经济效益放在首位，更热衷于任期内见效快显政绩的招商引资，他们对“老板”的“关爱”远远大于对教育、科技、人才的关爱。对大多数研究人员来说，不能要求他们在难以解决基本生存条件的情况下还要多出成果，不能只“挤奶”而“不给草”。相对于一些“明星”们轻轻松松日赚斗金，科技工作者的待遇相对较低，甚至一些作出卓越贡献的大科学家依然生活清贫。这对普罗大众，特别是青年人投身于科教事业缺乏吸引力，甚至让一些人望而却步，不利于在全社会培育和弘扬科学家精神。

（四）以社会主义核心价值体系为统领，把科学家精神与工匠精神、劳模精神结合起来，与每个人的岗位职责联系起来，发挥示范带动作用，把握主基调，唱响主旋律，加大新时代科学家精神的舆论宣传与社会教育，对于新时代中国科学家精神的社会养成具有关键性引领作用

科学家精神与一定社会条件下的价值准则导引和整体环境密切相关。市场经济环境中，对利益因素的考量渗透在社会各个领域，也渗透于科学研究与文化发展中。市场机制是一种手段，可以刺激竞争，加速科技进步和成果转化，但市场过于追求私和利，激发人的欲望膨胀，对公和义、奉献精神等有着负面冲击和影响。在有失公平的制度安排下，数字技术导致数字时代权力失衡的加剧，“数字穷人”更加边缘化。同时，随着外来文化的涌入，腐朽、堕落的个人主义、自由主义、享乐主义、消费主义、拜金主义等思想，蜂拥而来，再加上西方势力和平演变等图谋，对新时代中国科学家精神的养成产生不可忽视的影响。

---

① 《马克思恩格斯选集》第一卷，北京：人民出版社，2012 年，第 152 页。

中国传统社会中“学而优则仕”“书中自有黄金屋，书中自有颜如玉”等观念，导致官本位、崇拜权威等思想，不敢质疑和批判权威，过于追求权力和金钱，不利于科学精神的养成。人们在“病态社会”中得到物欲的满足和“虚假的快感”，丧失了对真善美的精神追求，异化为被操纵、被控制的“单向度的人”。[①] 新时代，在推动传统文化创造性转化和创新性发展的过程中，应当以马克思主义和社会主义先进文化为提领，以社会主义制度优势，以及法治、道德、文化等力量削弱和抵御市场经济、官本位等对科学家精神的负面冲击和影响，防止科技工作者异化为学阀、行政官僚、金钱的奴隶，将科学家精神多领域、全过程融入思政教育工作，弘扬传统美德，唱响主旋律，结合社会现实和每个人的实际工作，宣扬科学家精神、劳模精神、工匠精神的时代楷模，为塑形铸魂科学家精神营造良好的社会风尚和舆论氛围。

（五）打造具有良好学术和科研风气的科研团队和科学共同体，搭建政产学研企交流连接平台，是新时代科学家精神社会养成的微观发育生态

科技进步呈现出跨领域、多学科交叉融合的整体化发展趋势，面对庞大、繁杂的科技攻关和科研任务，无论是学识、能力、眼界，还是精力、时间等，个体力量都是微弱的，科技突破与创新，很难依靠某单一学科、专业，依靠某一位科学家的力量完成，需要整合不同专业、不同领域、不同知识背景的科学家和研究人员组建科研团队和科学共同体，搭建政产学研企交流连接平台，协同合作，交流互促，共同进步。在科学共同体内部，通过建立相关的制度、纪律、规范、准则等，从而构成科学家和研究人员工作的微观环境，潜移默化影响每一位成员的思想和行为，使之内化为科学良心和科技道德自觉。

同时，以科学家精神激励和培育学术新秀和年轻人队伍，形成教学相长、

① 孙伟平：《人工智能与人的“新异化”》，《中国社会科学》2020 年第 12 期。

交流互促、交融共进的科研团队和梯队，打造艰苦奋斗、团结互助、风清气正的科研队伍，共同抵制不良风气的侵蚀，有利于不同专业背景和不同特长的成员之间相互取长补短、优势互补，搭建施展才华的舞台，推动科学技术与生产劳动实践相结合，更好地推动科技进步与创新，更容易对接国家和企业重大任务和需求，防止科技事业的断层风险，以群体和团队的力量带动科学家精神的社会养成。

另外，科技进步与创新不是在封闭中自我循环、闭门造车，而应在开放的系统中不断新陈代谢。建立开放环境中的自主创新体系，使科学家在不断吸纳外部信息和能量的基础上不断提升自立自强的能力，营造新时代科学家精神社会养成的外部生态系统。构建科技创新的开放系统，必须以自主、自立为基础，开放、外援为条件，将战略基点建构在自主创新能力的提升上，在不断提高国际交流层次与质量的过程中完善自我生长的生态系统。习近平总书记强调："关键核心技术是要不来、买不来、讨不来的"①，一定要把关键核心技术掌握在自己手中。

四、科学家精神的个人养成

组成人类社会的单个人是精神理念和经济社会活动的完整主体，反映在肉体与灵魂、思想与行为等方面。具体到每个个体养成科学家精神，既是社会环境和科研生态的熏陶培育，更是科学家个人精神境界、意志品质的叩问与考量。

（一）树立崇高理想和高远目标，将个人的发展、事业与国家民族的兴旺、人民的福祉、人类的进步紧密联系起来，提升个人的人生境界格局

马克思主义不仅是口头上的信仰，更是行动上的追求。在物资匮乏、极度

① 习近平：《在中国科学院第十九次院士大会、中国工程院第十四次院士大会上的讲话》，《光明日报》2018 年 5 月 29 日。

困难的条件下，钱学森等一批科学家冒着巨大风险，放弃国外的优厚待遇，毅然回国，用自己的实际行动，甚至生命诠释了为国为民、无私奉献的大爱精神，他们是中国科学家精神的最好诠释。一个人为理想而奋斗，为使命而工作，就会充满奋斗的力量，不断提升人生境界。新时代科学家要胸怀祖国，以人民为中心，传承弘扬老一辈科学家的优秀品质和崇高品德，勇于担当，奋发图强，争优创先，在史无前例的现代化伟业中实现自己的科学梦想。

（二）淡泊名利，坚守科技伦理和科技道德底线，永葆科技良心，增强社会责任感，锤炼个人的意志品质，把崇尚科学、探求真知作为毕生追求

在现实社会中，科学家同样具有作为人的弱点和劣根性，必然受到人的需要、欲望、兴趣、感情等因素的支配。社会环境、社会因素对科学家的影响是不同的，在相同或相似的社会环境、教育背景乃至家庭熏陶影响之中，人与人之间依然有着天壤之别，这主要取决于个人的性格禀赋、道德水平、价值观念、精神信仰、意志品质等因素。科学真理是客观的，科学家不能随意制作科学事实。好奇心和求知欲，是推动人们探索真知的原初动力。优秀的科学家要具有坚定信念、崇高品格、顽强意志力，始终把热爱科学、探索未知、追求真理作为毕生追求，不迷信，不盲从，自觉坚守科技道德和科技良心，打破功利、欲望、关系等因素的困扰，独立思辨、大胆设想、小心求证，锤炼个人的意志品质，不断提升洞察力、思考力、推理力、判断力，面对挫折和质疑愈挫愈奋、坚韧不拔。

（三）弘扬科学家精神要顶天立地，既要不断追求前沿科技，还要植根大地，立足实践，走产学研结合的道路

恩格斯说：“社会一旦有技术上的需要，这种需要就会比十所大学更能把

科学推向前进。”[①]一个人的价值是在服务社会和他人的过程中实现的。新时代科学家和科技工作者要主动对接国家重大战略需求和人民美好生活需要，服务经济社会发展主战场，深入群众与实践，植根大地，把理论与实际、学术成果与现实社会联系起来，孜孜以求，无私奉献，才能打破封闭的环境，突破思维惯性和传统习俗的束缚，获取不竭动力和力量源泉，获得广阔空间和舞台。科学家来自人民中间，是人民群众中涌现出来的佼佼者。科技进步与创新又是为人民服务的。在现实实践的历练中，应以时不我待的紧迫感、危机感，抢抓机遇，永葆科学良心，不断增强为国担责，为民服务的能力。

（四）以开放视野和开阔胸襟，打破学科壁垒和门派世俗观念，增强团队精神、合作精神和协作精神，形成优秀的科研团队和科学共同体，把科学研究、服务社会与培育后人相互结合与融合

不同领域、不同专业的科学家相互关照，是更高层次的科学家精神。重大科技攻关和科技创新需要打破学科和专业限制，跨界发展、跨领域发展，自然科学、哲学社会科学和生命科学等多学科、多领域科学家和研究人员形成作风优良的科研团队和科学共同体，以重大科技项目、基础科学项目、科研集成项目、事关国家安全和民生的科技项目以及国家实验室建设等为主要抓手，聚焦重大问题和关键技术，整合资源，协同攻关，甘为人梯，奖掖后人，把科学研究、服务社会、打造团队与培育后人融为一体。

五、结语

人追逐私利，产生欲望；追逐公利产生价值。一个人的价值是在服务社会和他人的过程中实现的，让私欲符合大多数人的利益和需要，才能实现义和利

① 《马克思恩格斯选集》第四卷，北京：人民出版社，2012年，第648页。

的统一。在社会主义制度优势和先进文化优势的基础上，唱响主旋律，通过制度、法律、文化习俗和道德教化的力量，调适和规制欲望，推动中华传统文化创造性转化和创新性发展，引导人们正确处理义和利、道和术、公与私，以及个人、集体、国家的关系，达到身心和谐、义利平衡、物质和精神相协调，在市场经济环境下，既要满足人的基本需求，激励人们创造更多财富，又要限制人的动物性，增加人性，提升高尚性，引导人们驾驭欲望，欲望适度，欲望向善，追求合于义的利，合于道的术，合于人民利益的权，实现理论真、道德善、文艺美的完美融合与统一。

数智化思想政治教育的图景展现及实践策略*

宫长瑞[①]　轩　宣[②]

摘要：思想政治教育应以积极主动的姿态迎接新一轮科技革命，用万物互联的技术及思维实现自身的深刻变革和持续发展。网络思想政治教育、大数据思想政治教育和智能思想政治教育是思想政治教育信息化过程中并行不悖的三条主线，构建出数智化思想政治教育发展演进的基本框架，展现出思想政治教育现代化、鲜活化、个性化的育人图景。完善智能基础设施、建立技术培训体系、打造思政创新平台、实现劳动资源转换、重视伦理风险防范是推动数智化思想政治教育由理论构想逐步转为落地实践的关键。

关键词：数智化思政；思想政治教育；大数据；人工智能

互联网技术、大数据和人工智能逐次递升、渐进演变，推动形成网络化、数字化、智能化三元融合的数智化时代。面对数智融合时代的新要求，只有不断探寻思想政治教育的新信息技术范式，以新一代技术要素赋能思想政治教育数智

* 本文系教育部高校思想政治理论课教师研究重大攻关项目“西部地区高校思政课质量提升战略研究”（20SZK10730002）的阶段性成果；中央高校基本科研业务费专项重点研究基地项目“高校思想政治教育理论与实践创新中心”（2019JBKYJD001）的阶段性成果。

① 宫长瑞，兰州大学马克思主义学院副教授、硕士生导师。

② 轩宣，兰州大学马克思主义学院 2019 级硕士研究生。

化发展，才能构筑起思想政治教育的“先发优势”。数智化思想政治教育（以下简称数智化思政）是指思想政治教育在技术层面实现基于信息化的多元技术融合，以技术赋能并加快思想政治教育系统变革，实现思想政治教育理念、方法、载体、环境、队伍全链路数智化能力的跃升。在数智融合时代对思想政治教育进行建设性的预判与探索，无疑对推动思想政治教育增效式创新发展具有理论的前瞻性与潜在的实践意义。

一、数智化思想政治教育的发展演进

思想政治教育的未来是属于“智慧”的时代，其终极形态依然在演化进程中。网络思想政治教育、大数据思想政治教育和智能思想政治教育是思想政治教育信息化过程中并行不悖的三条主线，代表了思想政治教育技术范式下应用层次与水平的不断提高，同时也构建出数智化思政发展演进的基本框架。见表1。

表 1　数智化思想政治教育发展阶段

阶段	发展目标	驱动技术	优势分析	发展难点	具体实践
网络思想政治教育	育人的在线化和协同化	计算机技术、通信技术、传感技术等	构建新型育人空间，促进优秀教育资源共享	占领网络空间并主导网络舆论导向和价值引领	思想政治教育网站、“思政开放课程”
大数据思想政治教育	育人的个性化和精准化	海量数据分析预处理技术、数据仓库、模型预测、可视化分析等	提供大量有效数据，提供个性化学习支持	数据的安全规范获取和有效利用	思想政治教育大数据管理平台、学生画像和预测模型
智能思想政治教育	育人的智慧化和思维化	机器学习、深度学习、神经网络等	营造智慧化育人环境，提供智能决策支持	暂时尚未专门、全面地应用于思想政治教育	AI＋思政课堂、虚拟仿真思政课

（一）固本强基阶段：网络思想政治教育

与时俱进是不同时代背景下思想政治教育理论探索与实践发展的内在需求。自1994年我国正式接入国际互联网以来，互联网成为思想政治教育全新的价值空间，网络化也成为思想政治教育的全新价值属性。互联网营造出扁平化的人际互动平台，给以往孤立分散的人们带来全新的人际交往体验，交往状态逐渐从消极被动走向积极主动。与此同时，思想政治教育者和教育对象的关系发生根本性变化，逐渐从满足标准化需求向满足个性化需求转变。在线教学以进化中的互联网为基础设施和操作模式，将多元化的网络学习工具和丰富的数字化资源整合，提供更高质量和更大规模的线上课程。2014年全国首个思想政治理论类的混合式共享课平台在复旦大学和北京大学开讲，视频学习课程一经推出，就吸引了全国高校五千余名学生选课，深受教师和学生喜爱。“思修共享课”通过在线进阶式学习、见面课和考核三大板块，完成知识性、概念性的内容传播和理论诠释，将教育者从大量重复性的教育工作中解放出来，从而能够把更多的精力放在答疑解惑和纠正偏差上，增强了受教育者的获得感。因此，在线教学就成了“互联网＋教育”模式下思想政治理论课改革创新的重要选择，网络教学平台也成为思想政治理论课实践教学的辅助手段。随着移动互联网和智能手机的普及，思想政治教育平台向移动化发展，满足教育者同受教育者随时随地进行互动的需求，推动思想政治教育育人的在线化和协同化。同时，线上线下的有机衔接提升了思想政治理论课教学质量和育人成效。可见，以互联网为核心的信息技术深度渗透思想政治教育体系，为思想政治教育实践活动构建出新型社会空间，促进思想政治教育生态的开放与协同。值得注意的是，鱼龙混杂的网络信息潜移默化地对人们的思想观点和价值观念产生影响，如何占领网络空间并主导网络舆论导向和价值引领已然成为网络思想政治教育的重要课题。

（二）提质增效阶段：大数据思想政治教育

习近平指出："要推动思想政治工作传统优势同信息技术高度融合，增强时代感和吸引力。"[①] 大数据时代，思想政治教育应找寻与数字技术的契合点，通过思考新的增长点助推思想政治教育实现深刻变革和持续发展。"理想的思想政治教育大数据应用模式应是从浩瀚繁杂的信息中探寻受教育者需求变化轨迹、洞见受教育者思想行为变化规律，从而帮助教育者制定高度聚焦的精准教育方案。"[②] 可见，大数据思想政治教育已经不单是利用相关的数字技术将思想政治教育信息转化为数字、数据的过程，更是在大数据与云计算加持下实现思想政治教育的全面优化，通过改变思想政治教育方法与流程，以提高思想政治教育效率和效果。"数字技术提供了对知识本质进行探究的更多可能性，也为知识创造提供了拟真的条件与资源。"[③] 在这一阶段，数据成为主要驱动力，跨平台、跨系统的数据采集优势使得多源数据获取和数据分析的时间缩短，教育管理、教学过程、个体学习中产生的大量结构化、可靠数据被采集、清洗和积累，并借助可视化的方式将已转化为有用信息和形成结论的有效数据呈现出来。通过建立学习者模型，探索受教育者学习进度、学习过程、学习兴趣与学习能力水平等多种学习特征，帮助思想政治教育者及时调整教学策略，进而为受教育者提供符合个体需求的个性化学习方案，真正实现了"教无定法"的良好教学情景。通过对历史统计数据的分析，形成思想政治教育发展情况各方面的趋势分析，帮助思想政治教育者获取关于每个受教育者精准的科学评价，为管理人员的科学决策提供可靠的数据支持。大数据时代助推实现思想政治教育

---

① 《习近平在全国高校思想政治工作会议上强调：把思想政治工作贯穿教育教学全过程开创我国高等教育事业发展新局面》，《人民日报》2016 年 12 月 9 日。

② 宫长瑞、轩宣：《从大数据到小数据：思想政治教育精准发展的新思考》，《思想教育研究》2021 年第 1 期。

③ 顾小清：《数字技术带来教育生态变革》，《光明日报》2016 年 8 月 6 日。

者、受教育者、管理者多方主体的差异化教学、个性化学习、过程化评价及精细化管理，从而构建出思想政治教育大数据支持下的数字化服务体系。同时，这一阶段也为思想政治教育的智能化阶段提供数据基础。

（三）聚合生成阶段：智能思想政治教育

习近平向国际人工智能与教育大会所致贺信中指出："要积极推动人工智能和教育深度融合，促进教育变革创新，充分发挥人工智能优势。"① 当前，人工智能正处于弱人工智能发展阶段，离真正的成熟应用还有一段距离，此阶段为智能思想政治教育的未完成性提供一种解释，即人工智能暂且不会专门、全面地应用到思想政治教育领域。但是，人工智能已经能够满足思想政治教育基本的应用前提和条件。"人工智能开启了理解人的思想和行为的新方式，建立起了同思想政治教育的关联。"② 人机交互对人们的思维方式、认知图式和行为习惯带来根本性变革，建立起主体实践活动与智能社会之间的关联，思想政治教育实践得以在更高层次的信息化环境中进行，并渐进实现从局部到整体智能化层次的提升。以人工智能作为思想政治教育智能化发展的关键环节，和由大数据、云计算、5G 等组成的信息空间已成为思想政治教育环境的重要组成部分，根植于思想政治教育过程之中。超高速接入速率、极低的接入时延、海量的连接端数，能够满足思想政治教育个性化的网络连接需求，最大程度拓展智能思想政治教育的内涵、外延及应用场景。当思想政治教育达到智能化阶段，也就同步实现了数据驱动、技术驱动和场景驱动。那时，思想政治教育基于大数据思想政治教育形成的海量数据，以物联网、云计算、自适应学习、泛在网络等技术为支撑，凭借人工智能辅助教学的智慧化育人空间，为思想政治教育

---

① 《习近平向国际人工智能与教育大会致贺信》，《人民日报》2019 年 5 月 17 日。

② 常宴会：《人工智能在思想政治教育中的应用前景和价值前提探析》，《思想理论教育》2019 年第 8 期。

受众群体提供基于算法推荐的最优下一步行动决策。一言蔽之，智能思想政治教育是思想政治教育在人工智能时代的理性抉择和无限追求，推动智能化发展模式由思想政治教育的想象空间变成现实场景，这样的美好愿景如何实现，是当前我们每一个亲历者亟须思考和解决的难题。

二、数智化思想政治教育的育人图景

作为提升人的德行、修养、层次的活动，思想政治教育致力于在技术辅助与教育本质之间寻求一个平衡点，为其数智化生存构建科学高效的育人空间。伴随万物融合的发展，数智化思政以数据的深度挖掘和技术的融合应用为主要特征，将会为我们呈现现代化、鲜活化、个性化的美好育人图景。

（一）顶层位思考：加速思想政治教育现代化

思想政治教育现代化是一个螺旋式上升的过程，需要通过不断凝结现代化进程中的实践创新智慧来提升。数智化思政以现代化的理论建构、教学实践和治理推进加速实现更高层次的思想政治教育现代化。数智化思政不仅要通过技术渗透解决思想政治教育实际问题，同时也需要满足实践创新的成果转化需求，积极推进数智融合时代的思想政治教育理论创新。数智化思政实现了技术与学科之间的相互关照，因而，既需要从技术革新视角研究技术对思想政治教育系统内部的颠覆与重构，也需要从学科本位视角对思想政治教育理论进行重新构架和整体规划，不断扩大思想政治教育的研究视野和理论范畴，构建出现代化的思想政治教育理论体系。智能时代在加速颠覆教育模式的同时，也将为教育过程实施提供全新的联结理念与技术支撑。① 数智化思政不只是一种形态，更是从思想政治教育与技术融合的具体路径出发，依据社会、技术、人的现代

① 李仁涵：《智能时代高等教育模式研究》，上海：上海大学出版社，2019 年，第 211 页。

化特点革新知识获取的渠道和交互方式，助力思想政治教育现代化教学实践。课前，实时的数据收集和自动分析能够帮助思想政治理论课教师更加深入地了解每位学生，依据其特点作出更加精准的教学规划，让普遍的因材施教成为可能。课中，实体与虚拟并存、线上与线下结合的教育空间打破时空壁垒，原本相对孤立的教学信息或学习信息得以联结并即时共享，自由而平等的交流语境促进学习者的知识构建与智慧发展。课后，通过跟踪记录学生学习的全过程，极大提升教学评价的准确性和科学性，并依据预判随时调整教学策略，助力学生的知识优化与思想进阶。此外，数智化思政有助于推进思想政治教育的现代化治理。智能技术帮助思想政治教育构建更加完善的治理框架，推动思想政治教育治理能力和模式创新。人与机器的互联互通，实现了思想政治教育治理主体的多元化和协作化，提升了协同治理效能。信息的及时获取和精确传递，使得思想政治教育管理者可以及时发现和处理思想政治教育领域出现的问题，实现动态治理。可长期追溯的多维信息改变了对资源匹配的依赖状况，可以让现实资源更好地匹配和适应思想政治教育治理需求，提高治理精准性。

（二）薄弱点切入：促使思想政治教育鲜活化

思想政治教育只有摆脱“消沉”与“萎靡”，建立起顺畅的协作育人体系，才能落实立德树人的根本任务。数智化思政从传统思想政治教育的薄弱点切入，可以重新激发思想政治教育的活力和创造力。其一，以沉浸传播取代硬性灌输。人是万物的灵长，具有丰富的情感，任何人内里的知识理论形成必然是经过汲取相关体系文本、反复摸索思考得到的。从知、情、意、信、行的教育接受规律看，教育内容的灌输还只是政治教育的初始阶段，政治教育必须在具体政治生态中感知、体悟，才能真正内化为信念、信仰等最具有根本意义的政治素质。[①] 传统思想政治教育中，知识信息经由教育者输送给受教育者，是一种单向的知识传承模式。在数智融合时代教育理念的变革下，借助各种科学技术手段营造真实学习情境的沉浸传播成为思想政治教育拓展教育边界的重要方法。沉浸传播通过虚拟现实技术搭建的学习环境，让受教育者在虚拟世界体会真实世界中的情感，并实现学习、生活、娱乐等不同场景的快速、流畅切换，满足受教育者个人感知、分析、判断等实时信息需求，这种具有虚实二重性的教学形态能够培养受教育者的自主探索能力和高级思维能力，以“活化”的课堂不断激发思想政治教育育人活力。其二，以人机协同改变“单打独斗”。“在数据时代，人工智能技术的水平、教育机器人的水平将是影响教育改革、教育质量的革命性、决定性的一个变量。”[②] 顺潮流而动，数智化思政也将开启人机协作育人新模式，将拟人化的智能产品作为一种特殊的教师角色嵌入育人过程，建立机器同思想政治教育者的关联。在这种情景下，思想政治教育者与人工智能协作共存、优势互补，人工智能帮助思想政治教育者更敏锐地洞悉事件的本质，做出更精准、更智慧的教育决策。思想政治教育者则从繁重且重复的教学、管理劳动中解放出来，将教育重心转向受教育者的精神和情感世界中去，以更加充分的信息感知和情感体验点亮受教育者，开创师生共长、生生共长、人机协同的新局面。

（三）转型期规划：推动思想政治教育个性化

个性化的教育服务体系正成为思想政治教育变革的主导趋势。数智化思政使思想政治教育的个性化目标不仅是一种理念准备，更成为一种实践回应。首先，通过拓展场景，实现育人场景适配。依托智能技术的广泛应用，数智化思

---

① 商丹、董亚超：《社会网络视角下提升高校思想政治教育要素有效性的策略》，《思想理论教育导刊》2020 年第 11 期。

② 刘复兴：《论教育与机器的关系》，《教育研究》2019 年第 11 期。

政开启无限场域模式，各要素聚集在由万物互联联结成的网络平台上，只要通过移动终端或其他网络终端，个体就能依托身边便捷的实际场域，与思想政治教育要素结合创造出个性化、动态性的无限场域模式。同时，数智化思政重构思想政治教育的平等教育场景，教育信息的透明性使得思想政治教育资源不平等的鸿沟被拉平，个性化的教育模式可以满足不同群体的教育需求，实现按需分配的共享教育。其次，通过盘活资源，实现资源精准推送。泛在知识环境下，多源异构的数据、信息和知识得以整合并向所有人开放。数智化思政受益于物质与知识生产的自主化，能够共享优质丰富的教育资源。数智化思政在对教育资源进行合理的整合与优化的基础之上，以新媒体为载体进行广泛传播，实现了各高校优质课程资源、各地红色文化资源、全国先进人物事迹及精神资源等的快速流转与传递，以便个体更便捷和低成本地获得知识，改变了传统思想政治教育有效供给不足、配置失衡等现象。最后，通过打通要素，实现要素有效升级。新技术的发展使思想政治教育现有要素从数字化逐渐走向智慧化和智能化，并创造新一代的要素，使思想政治教育有了“数智化”的赋能。围绕主客体要素信息交流的畅通性与信息欲望的膨胀性，数智化思政实现了介体要素的快速更迭与升级，知识载体正在由传统模式的书本载体向信息模式的画面、声音、影像等更加具体化载体过渡。同时也催生环体要素发生根本性的变化，即实现信息空间与物理空间的互融互通、虚拟环境与现实环境的全方位链接，形成随时随地、无缝隙的智能育人环境。

三、数智化思想政治教育的实践策略

数智化思政蕴含着不同于传统思想政治教育的规律和特点，它实现的关键是思想政治教育工作者要迅速行动起来，不断强化责任担当，进行深度转型规划，分步骤推进实施，实现思想政治教育数智化能力的螺旋迭代提升。

（一）完善智能基础设施，破解数智化发展制约

全方位推动思想政治教育向数智化转型，在技术牵引、数据驱动下实现思想政治教育融合创新、场景应用、价值共创，意味着思想政治教育必须强化基础设施支撑。在一个不断快速迭代升级的创构社会里，所催生的必然是万物的互联与融合。就目前而言，单一技术要素很难实现真正意义上的智慧化育人服务。因而，技术热点融合将成为助力思想政治教育基础设施数智化转型的突破点。推进 5G、物联网、云计算、大数据、人工智能等热点技术的融合，实现对传统基础设施的智能化升级改造以及智能基础设施的新建。破解思想政治教育数智化发展制约，政府要先行。政府应建立思想政治教育数智化发展的基础设施配置标准体系，对基础设施建设进行统筹规划和协调，从政策上引导、鼓励和支持各院校、各单位参与基础设施的优化整合，推动融合基础设施和创新基础设施的数字化转型、智能化升级。当然，教育企业要加快研发教育技术装备，促进智慧课堂系统、教学云平台、双师直播课堂等产品的设计投入，从源头保障和实现数智化思政所需基础设施配置的最优化。除政府支持和企业研发以外，各高校、各部门思想政治工作者必须进行敏捷调试，以满足多层次、多用户需求为方向，积极挖掘并引入符合数智化思政需求的前沿技术，在国家政策的引导与支持下实现基础设施的再造和扩充。

（二）建设技术培训体系，开启数智化能力盘点

通过实施有效的技术培训提高技术素养是数智化思政对思想政治教育工作队伍提出的基本要求。构建合理高效的技术培训体系，要以队伍专业化为导向，以模式创新为突破口，以全面提升思想政治教育工作队伍的整体素质为重点，实现新时期思想政治教育的战略性转变，努力造就一支具有 TPACK（整合技术的学科教学知识体系）的思想政治工作队伍，为思想政治教育的数智化转型作出更大贡献。为保证培训体系更符合数智化思政发展需求以及思想政治工

作者个人需要，应重视需求分析和能力规划，深入分析思想政治教育学科的发展趋势以及关注思想政治工作者在实践中遇到的“技术困惑”，面向整个培训计划确立具体且可测量的培训目标，并以此确定短期内培训工作的重点和突破点。随着培训内容由知识本体论向知识价值论转变，应将解决实际问题的技能培训作为主要组成部分。为了扩大培训规模和方便思想政治教育工作者的个性化、便捷化学习，可以通过培训平台提供网络课程的方式改进培训模式，为思想政治教育工作者提供自主在线学习、远程技术培训、全真模拟运行环境等立体式培训路径。为保证培训工作的效果，应持续加强培训效果评估改进工作，制定切实可行的培训方案和激励措施，以良好氛围和环境的创设形成长期稳定且行之有效的培训运行机制，真正促进思想政治教育工作者主动参与教育技术培训，完成观念的变革、角色的转变和知识体系的重构。

（三）打造思政创新平台，增加数智化场景应用

思想政治教育平台是实现碎片化场景互联的育人环境，也是数智化思政必需的场景设置。当前，各类思想政治教育平台缺少监管和维护，资源内容不能及时更新，存在建设、应用“两张皮”的现象，平台用户也越来越少，资源平台形存实亡，迫切需要打造思想政治教育创新平台，构建智慧育人场景。思想政治教育创新平台重点建设基于互联网大规模协作的知识资源管理与开放式共享工具，形成面向教、学、研、管高度融合的智慧平台和服务环境。以智能、快速、全面的教育分析模块，精准计算受教育者的知识基础、学科倾向、思维特征、情感偏好、能力潜质等，实现思想情感交流与学习需求满足的良性循环，促进思想进阶与知识优化的“并肩同行”。课程资源建设模块则积累了大量宝贵的思想政治教育教学资源，通过优质资源的共建共享实现日常教育和终身教育定制化。通过理论教学模块，建立以学习者为中心的教育环境，实现在线学习、在线互动、在线测试一体化的智能环境，提供精准推送的教育服务，

让其充分彰显集教学平台、思想交流平台、知识互动平台、文化熏染平台于一体的平台特色。质量检测模块则通过跟踪教学活动和学习过程，进行教学质量监控，并对教学效果、学习效果和资源适用度进行评估预测，最后通过效果展示模块展示出来，凭借 VR 技术为工作人员提供强大的可视化功能，既能正面展示出思想政治教育工作所作出的突破与创新，也能及时发现工作过程中的纰漏与不足，有助于辅助后续工作的有序、高效进行。

（四）实现劳动资源转换，拓展数智化创造边界

人机协同是人工智能时代的必然要求，机器形成的角色辅助将成为思想政治教育实现劳动资源转换的关键。“人工智能为人类提供了一种自动化、智能化的思维辅助工具或者替代手段，即逻辑与非逻辑的综合高效表征形式。”[①] 人工智能的关键技术主要有计算机视觉、机器学习、自然语言处理、机器人和语音识别等，从这个意义上来说，思想政治教育者“传道”“授业”“解惑”的部分工作能够被人工智能所学习和掌握，甚至在一定层面上比思想政治教育者掌握得更为精准。因而，应积极推动人工智能进入思想政治教育领域，打造人机协同课堂，与思想政治教育者一同实现对高质量育人的认知与理解。人工智能在充当思想政治教育教学辅助角色的基础上也给予了思想政治教育者更多自由选择与创造的余地，这样一来，更多可支配的时间和更充沛的精力可以被用来增强创造性本领，比如设计一些更加关注生命体验的教学方式、进行以“智慧培育”为核心的教学规划、创设平等交流的学习环境等。这些创造性活动弥补了智能机器所不具备的主体性因素，也进一步确证了思想政治教育者作为“引路人”的价值与能力，即“以信息方式存在的人不断从包括自身载体在内的物能束缚中解放出来，不断提升自己的信息方式存在层次，从而使信息文明的发

① 刘伟：《追问人工智能：从剑桥到北京》，北京：科学出版社，2019 年，第 196 页。

展层次不断提升”[①]。得益于教学过程和管理过程的智慧化以及思想政治教育者本领的提升，受教育者实现了智慧化学习，能够在把握好自己学习节奏之余自愿参与更多技能教育和社会实践，扩大了个体发展和社会发展的可能性空间。

（五）重视伦理风险防范，建立数智化安全保障

全面看待技术对思想政治教育系统的变革和重塑，就必须对其可能引发的安全风险和伦理挑战进行有效研判。电子数据、虚拟社群、智能算法形成了个体的信息化生存状态，瓦解了现实中强烈的身份认同，导致个体行为的盲目和无序。思想政治教育在技术引导下实现数智化转型的过程中，重视并规避可能带来的风险，建立数智化安全保障，意义重大。只有将价值元素内化到思想政治教育技术数智化应用框架的各个层面，保障基础层的数据资源安全，确保基础层技术的合理应用、实现应用层的安全输出，才能从根本上规避风险。新一代技术要素的强势突破和快速渗透为思想政治教育数智化安全保障的建立提供了一种崭新思路，即通过区块链技术为数智化思政建立信任并实现安全变革。作为一个去中心化的数字化解决方案，区块链技术让思想政治教育数智化安全保障的建立由想象变为了可能。区块链开创了一种在不可信的竞争环境中低成本建立信任的新型计算范式和协作模式，凭借其独有的信任建立机制，实现了穿透式监管和信任逐级传递。区块链开源共享的特点能为数智化思政形成较高的安全和信任度，技术和架构能够有效维持数智化思政区块链网络的稳定，密码学技术和攻击成本高能够有效防止黑客入侵，加之其不可篡改、可以追溯、公开透明等特点，可以从根本上优化思想政治教育资源数据的安全性和真实性，更高效地维护和存储思想政治教育数据资源。

---

① 王天恩：《人工智能的信息文明意蕴》，《社会科学战线》2018 年第 7 期。

论思想政治教育研究范式的多重价值、学术版图与发展态势*

杨彦斌①

摘要： 思想政治教育研究范式是思想政治教育学科发展的本体论问题，关乎思想政治教育学术生产的基本路向和发展态势。探析思想政治教育研究范式，对于勾勒思想政治教育研究范式的图谱、推动思想政治教育研究范式的视域融合、夯实思想政治教育学科的马克思主义理论基础、促进思想政治教育学科存在的合法性认同、增强思想政治教育学术共同体的凝聚力具有极其重要的范导价值。在学术版图上，形成了以学术取向为主要标识的思想政治教育研究范式建构研究、以人学范式为争论焦点的思想政治教育研究范式转换研究和以视域融合为发展指向的思想政治教育研究范式创新研究。在发展态势上，思想政治教育研究范式的学术生产将在积极回应时代跃迁和学科发展的重大理论和现实问题、不断强化马克思主义的指导地位、有效推进思想政治教育研究范式的视域融合等方面大有可为。

关键词： 思想政治教育；研究范式；多重价值；学术版图；发展态势

---

* 本文系国家社会科学基金项目“内蒙古思想政治教育史研究（1947—2017）”（17XKS005）的阶段性成果。

① 杨彦斌，法学博士，内蒙古科技大学马克思主义学院教授、硕士生导师，东北师范大学马克思主义学部博士后。

思想政治教育研究范式是思想政治教育学科发展的本体论问题，关乎思想政治教育学术生产的基本路向和发展态势。确证思想政治教育研究范式的多重价值，勾勒思想政治教育研究范式的学术版图，展望思想政治教育研究范式的发展态势，对于进一步推动思想政治教育研究范式的学术生产具有重要的范导意义。

一、思想政治教育研究范式的多重价值

思想政治教育研究范式的学术生产或理论建构并不是价值无涉，也不是价值中立，而是有着深刻的价值旨归。具体表征在勾勒思想政治教育研究范式的图谱、推动思想政治教育研究范式的视域融合、夯实思想政治教育学科的马克思主义理论基础、促进思想政治教育学科存在的合法性认同、增强思想政治教育学术共同体的凝聚力等方面。

（一）勾勒思想政治教育研究范式的图谱

历经30余年的学科创制史，思想政治教育学科形成了多元化的研究范式。既有思想政治教育社会哲学研究范式，也有思想政治教育人学研究范式。既有思想政治教育文化研究范式，也有思想政治教育实践观研究范式。既有交叉学科研究范式，也有比较研究范式，等等。这些思想政治教育研究范式，孰为核心范式，孰为辅助范式？虽然尚未达成共识，但都是思想政治教育研究范式图谱的重要组成部分。即使确立了思想政治教育核心研究范式，也并不意味着思想政治教育其他研究范式可以自行消解或悬置。“对于思想政治教育来说，范式研究既需要凝聚具有统御力的核心范式，更要提升创新力度，构建完善的范式图谱，人学范式、科学实践范式、文化学范式都应该是这个图谱拼接中的重

要一块。”[①] 勾勒思想政治教育研究范式的图谱，对于廓清思想政治教育研究范式的历史地平，描绘思想政治教育研究范式的学术版图，推动思想政治教育研究范式的创新发展意义重大。

（二）推动思想政治教育研究范式的视域融合

思想政治教育学术共同体的传统信念、学术旨趣、思想酵素、话语体系、方法选择等的差异，必然导致思想政治教育研究范式以各种学术形态出场，进而呈现出一种“合法的偏见”。“对‘问题中的思想政治教育’和‘思想政治教育中的问题’的反思尚未达到本质性的澄明，从而使思想政治教育诸种研究范式形成了‘片面的深刻’或‘深刻的片面’，成为制约思想政治教育研究范式创新发展的瓶颈。”[②] 例如，思想政治教育社会哲学研究范式和思想政治教育人学研究范式的纷争。这两种研究范式分别从历史唯物主义和马克思主义人学的视野来考察、关照、研究思想政治教育的基础理论、研究对象、概念界定、主要功能、目的任务、核心内容、教育方法以及研究方法等内容[③]，不可避免陷入非此即彼的泥淖。为此，需要从整体上分析思想政治教育研究范式纷争的内外根源，进而超越以往范式所形成的定域关注，在自我否定和比较借鉴中匡正思想政治教育研究范式的“偏狭化”倾向，有效推动思想政治教育研究范式的视域融合。

（三）夯实思想政治教育学科的马克思主义理论基础

思想政治教育学科的归属，最初隶属于教育学，之后又隶属于政治学。自

---

① 石海兵、王苗：《近十年思想政治教育范式研究述评——基于2006—2016年CAJD收录文献的分析》，《思想政治教育研究》2018年第2期。

② 杨彦斌、陈勇：《从出场语境到出场形态：思想政治教育研究范式的出场学视域呈现》，《学术论坛》2015年第11期。

③ 张耀灿：《推进思想政治教育研究范式的人学转换》，《思想教育研究》2010年第7期。

成为马克思主义理论一级学科下的二级学科以来，思想政治教育学科的马克思主义理论基础日益巩固，但仍然有进一步提升和拓展的理论空间。为了进一步推动思想政治教育学科的发展，在指导思想上必须进一步凸显马克思主义在思想政治教育学科中的指导地位。如何进一步凸显马克思主义在思想政治教育学科中的指导地位，进而夯实思想政治教育学科的马克思主义理论基础，可谓仁者见仁，智者见智。就理论研究层面来讲，必须“进一步运用马克思主义科学理论指导思想政治教育学科建设，不断深化思想政治教育的‘中国认识’和‘认识中国’，最终揭示思想政治教育运动的普遍规律和特殊规律”①。在马克思主义研究范式的选择和运用上，马克思主义出场学研究范式就是一个可供借鉴的理论范式。马克思主义出场学范式自提出以来，在中国哲学社会科学领域业已产生较大影响。不仅马克思主义出场学朝着学派化的方向强势进发，而且其解释框架也辐射到马克思主义中国化、社会学、政治学等学科的基本理论研究，展示出强大的理论解释力和广阔的发展空间。积极借鉴马克思主义出场学研究范式，可以夯实思想政治教育学科的马克思主义理论基础，逐步优化思想政治教育的学科建制及知识生产方式。

（四）促进思想政治教育学科存在的合法性认同

思想政治教育作为人类社会的一种共相存在，各个国家虽“名”不同，但都有其“实”。高度重视思想政治教育，是中国共产党的优良传统和政治优势。在革命、建设、改革的不同历史时期和同一历史时期的不同发展阶段，思想政治教育始终发挥“生命线”作用。虽然这已是不争的事实，但在学术研究和日常生活中，仍然存在思想政治教育的“失语”“失色”和“失声”的现象。其中的原因虽然是多方面的，但缺少思想政治教育核心研究范式，缺少思想政治

① 杨彦斌、张澍军：《论思想政治教育学术生产的分布格局和发展态势——国家社科基金思想政治教育学科立项的统计分析（2006—2018）》，《思想教育研究》2019年第6期。

教育核心研究范式与辅助研究范式的共振则是重要原因之一。通过思想政治教育核心研究范式的打造，可以强化思想政治教育研究的政治意识、责任意识、阵地意识、底线意识，巩固思想政治教育的“生命线”地位，营造良好的社会舆论氛围，更好地实现思想政治教育在国家政治生活中的历史使命，促进思想政治教育学科存在的合法性认同。

（五）增强思想政治教育学术共同体的凝聚力

思想政治教育研究范式既有世界观和价值观层面的理论研究范式，也有方法论层面的实践研究范式。既有思想政治教育研究范式的纷争，也有思想政治教育研究范式的融合。无论是哪种思想政治教育研究范式，都有其首倡和信奉的学术共同体。不同的学术共同体为了证明自身研究范式的合理性和合法性，都在积极构建自己的“学术体系”。这种井田化的分割对于深耕思想政治教育某一研究范式无疑具有重要作用，但容易导致思想政治教育多元研究范式自说自话，甚至相互对峙，撕裂着思想政治教育学术共同体的内在统一性。为此，需要承续和弘扬思想政治教育多元研究范式的合理性，厘清和揭示思想政治教育多元研究范式的不足，有效化解思想政治教育多元研究范式的纷争，促进思想政治教育学术共同体的对话、合作、统一，最终增强思想政治教育学术共同体的凝聚力。

二、思想政治教育研究范式的学术版图

学术版图是理论研究历史进程的聚类效应，也是理论研究纵横推进的重叠反映。学术版图的深描路径主要有三：一是依托于学科，形成边界式学术版图；二是依托于历史，形成递进式学术版图；三是依托于问题，形成并列式

学术版图。[1]鉴于思想政治教育研究范式的学科归属、历史演进和问题导向，笔者从学科、历史和问题相结合的维度来勾勒思想政治教育研究范式的学术版图。

（一）以学术取向为主要标识的思想政治教育研究范式建构研究

思想政治教育研究范式虽然与思想政治教育学科建设共始，但真正引起思想政治教育学术共同体的广泛关注则是近十年。思想政治教育研究范式的建构，不是对库恩范式理论的简单借用，也不是思想政治教育学术共同体的纯粹思辨，而是有着鲜明的学术取向。学术取向不同，其所建构的思想政治教育研究范式必然风格迥异，从而对思想政治教育的核心概念、本质规律、功能价值、原则方法等基本问题的理解也各有千秋。

一是以学科建设为取向的思想政治教育学（科）研究范式抑或思想政治教育研究范式建构。学科建设与范式建构是相得益彰、相互促进的。一方面，学科发展为范式建构提供学科基点；另一方面，范式建构又为学科发展增添学术活力。为了进一步推动思想政治教育学科的发展，学界依据库恩的范式理论，援引不同的思想酵素，结合思想政治教育学科研究范式的现状，对思想政治教育学科研究范式进行深度的哲学沉思和宏阔的体系建构。代表性成果有《论思想政治教育理论研究的新范式与新形态》《思想政治教育学科范式的哲学沉思》《思想政治教育学科范式简论》等。二是以文化人为取向的思想政治教育文化研究范式建构。作为人类文化实践的一种理论样式抑或是方式方法，思想政治教育与文化在运行逻辑上具有一定的内在关联。无论是将思想政治教育研究的视野投放到文化领域，还是借鉴文化学的基本理论和方法资源来深化思想政治教育研究，都可以有效推动文化、思想政治教育与人的同频共振、协同发

① 杨彦斌、陈勇：《乌兰夫思想研究的学术版图、基本理路和未来走向》，《内蒙古社会科学（汉文版）》2017 年第 2 期。

展，进而打造以文化人为取向的思想政治教育文化研究范式。在具体理论研究路向上，一种是以文化学视野来检视思想政治教育的基本理论和实践运行，以期建构思想政治教育文化学。代表性成果有《思想政治教育的文化视野》《文化环境：思想政治教育运行的新视界》《思想政治教育：一种文化的分析视角》等。另一种是以文化学研究范式来总结和反思思想政治教育研究范式的成效和不足，进而建构思想政治教育文化范式。代表性成果有《文化视野：思想政治教育研究的新范式》《思想政治教育范式研究反思及文化范式出场》等。三是以铸魂育人为取向的思想政治教育教学研究范式建构。思想政治教育教学研究范式主要集中在高校和大学生思想政治教育研究范式建构方面。其中，高校思想政治教育研究范式的建构主要涉及以人为本的高校思想政治教育范式建构以及新媒体视域下高校思想政治教育研究范式转换研究。大学生思想政治教育研究范式的建构主要涉及大学生思想政治教育生活化范式建构以及不同理论视域下大学生思想政治教育范式建构。

（二）以人学范式为争论焦点的思想政治教育研究范式转换研究

伴随着马克思主义人学的兴起、以人为本的时代理念的提出以及思想政治教育回到“现实的人”的呼唤，思想政治教育人学研究范式得以出场。思想政治教育人学研究范式的倡导者和推动者以对思想政治教育社会哲学范式的辩证否定为思想前提，以马克思主义人学为理论指南，以推进思想政治教育研究范式的人学转换为学术旨趣，进而在思想政治教育人学研究范式的体系建构及其理论辐射等方面开疆拓土，取得了一系列代表性成果。如《现代思想政治教育的人性基础研究》《推进思想政治教育研究范式的人学转换》《马克思主义人学视域中的思想政治教育范式转换研究》《思想政治教育的人学取向》《思想政治教育的人学解读》等。这对于推进思想政治教育的时代化、科学化、大众化，重构思想政治教育主干学科和分支学科无疑具有极其重要的时代价值和学术价值。

尽管思想政治教育“人学范式不是对社会哲学范式的推倒重来，而是继承基础上的超越”[①]，但在其具体理论建构抑或是研究重点上似乎只能在社会和个人之间作出一种非此即彼的选择，由此产生了一些理论困境和意义缺失，进而在一定范围和不同程度上遇到商榷、质疑和批判。如《人学范式，还是社会哲学范式？思想政治教育现代转型的反思》《思想政治教育人学取向研究的方法论问题》《思想政治教育人学范式献疑》等。这对于思想政治教育人学研究范式来讲，既是机遇，亦是挑战。只有深入检视问题、自觉融通视域、优化理论体系，才能有效回应思想政治教育产生和发展过程中面临的社会与个人的双重关切，不断激发思想政治教育学术共同体的创造活力，进而展现思想政治教育人学研究范式应有的精神本色和实践荣誉。

思想政治教育社会哲学研究范式与人学研究范式的纷争虽然构成了思想政治教育研究范式转换的亮丽风景，但它并没有遮蔽思想政治教育研究范式转换的其他论题。思想政治教育研究范式转换是思想政治教育世界观、价值观和方法论的整体性变革，是思想政治教育研究范式何为转换、为何转换、如何转换的总括和标识。具体关涉思想政治教育的学科定位和运行方式、理论研究和教育实践的路径选择以及学科理论体系的返本和开新等。总之，思想政治教育研究范式转换，既预示着旧范式的危机，也展露着新范式的曙光。无论是思想政治教育研究范式的革命和重建，还是思想政治教育研究范式的改革和创新，都要求思想政治教育学术共同体不断转换思维方式，积极探寻思想政治教育“变”与“不变”的内在逻辑，最终使思想政治教育研究范式通过不断出场而秉持在场。

---

① 张耀灿：《推进思想政治教育研究范式的人学转换》，《思想教育研究》2010年第7期。

（三）以视域融合为发展指向的思想政治教育研究范式创新研究

随着思想政治教育学科的发展特别是思想政治教育研究范式的多元化，学界越来越认识到要从整体性的视野来推动思想政治教育研究范式的创新。对“问题中的思想政治教育”和“思想政治教育中的问题”的反思，是推动思想政治教育研究范式创新的逻辑前提。这些问题主要表征为定域关注、多元拼接、定位摇摆、井田分割、范式对峙等。而要解决这一症结，就需要以开放的姿态、对话的方式、统一的视域对思想政治教育研究范式进行整体性研究。以视域融合为发展指向，思想政治教育科学实践观研究范式和思想政治教育出场学研究范式相继出场。

直面思想政治教育社会哲学研究范式和思想政治教育人学研究范式的纷争，学界提出了思想政治教育研究范式再转换的学术议题。思想政治教育科学实践观研究范式鲜明地指出了以上两种研究范式“围绕的核心问题是个人与社会的关系问题，争论的焦点是个人与社会哪个方面更为重要、更为基本的问题”[①]。为此，需要援引马克思主义实践观才能扬弃思想政治教育社会哲学研究范式和人学研究范式的合理性和局限性。在思想政治教育科学实践观研究范式的知识生产上，学界既着眼于思想政治教育科学实践观研究范式的理论建构，又注重运用这一范式重新阐释思想政治教育基本理论问题。代表性成果有《论思想政治教育研究取向的问题——马克思主义实践观视角》《科学实践观何以可能——谈思想政治教育研究范式的转换》《科学实践观视域中的思想政治教育环境研究》《科学实践观范式下思想政治教育价值研究》《科学实践观视阈下思想政治教育内容研究》等。

思想政治教育科学实践观研究范式对于化解思想政治教育社会哲学研究

---

① 王秀阁：《论思想政治教育研究取向的问题——马克思主义实践观视角》，《马克思主义研究》2015 年第 5 期。

范式和人学研究范式的纷争，进而推动思想政治教育研究范式的融合无疑具有助推意义，但这种融合还仅限于以上两种研究范式的融合。如何从整体上对思想政治教育多元研究范式进行深度融合，这就呼唤着一种更为宏大的视野，思想政治教育出场学研究范式得以出场。这一范式力图从“场域”建构（交往实践）、多重循环（“出场”与“在场”、“同一”与“差异”等）和三重结构（出场语境、出场路径与出场形态）[①]相统一的本质性向度来关照思想政治教育研究，力求匡正思想政治教育多元研究范式的“偏狭化”倾向，最终实现思想政治教育研究范式的视域融合。产出的理论成果有《从出场语境到出场形态：思想政治教育研究范式的出场学视域呈现》《出场学视域中思想政治教育价值研究的当代发展》等。虽然思想政治教育出场学研究范式才初现端倪，但它符合思想政治教育研究范式日趋融合的发展趋势，具有强大的理论解释力和广阔的发展空间，必将引发思想政治教育学术共同体的广泛关注并在其倡导下产出更加丰富的理论成果。

三、思想政治教育研究范式的发展态势

确证思想政治教育研究范式的多重价值，勾勒思想政治教育研究范式的学术版图，对于把脉思想政治教育研究范式的发展态势具有十分重要的范导价值。在发展态势上，思想政治教育研究范式的学术生产将在积极回应时代跃迁和学科发展的重大理论和现实问题、不断强化马克思主义的指导地位、有效推进思想政治教育研究范式的视域融合等方面大有可为。

---

① 任平：《论马克思主义出场学的辩证视阈》，《马克思主义研究》2012 年第 5 期。

（一）在问题导向上，思想政治教育研究范式的学术生产将积极回应时代跃迁和学科发展的重大理论和现实问题

回应时代跃迁和学科发展面临的重大理论和现实问题，是思想政治教育学科及其理论研究的安身立命之本和持续发展之源。进言之，任何一种思想政治教育研究范式的出场都有其深刻的时代背景和学科底蕴。就时代背景而言，革命、建设、改革的时代主题提出了革命动员、建设动员和改革动员的历史任务。为了完成这一历史任务，思想政治教育不断转换出场的学术形态，催生、滋育和锻造了思想政治教育研究范式的多元景观。不同的思想政治教育研究范式依据的“思想酵素”虽然各有千秋，但都有其独特的出场语境和出场路径，从而展现其“是其所是”的内在尺度和理论旨趣，具有一定的合理性和合法性。就学科底蕴而言，自思想政治教育成为一门独立的学科建制以来，其学科归属历经从教育学到政治学再到马克思主义理论的历史嬗变。在这场历史嬗变中，思想政治教育学术共同体始终结合时代和学科发展需要致力于思想政治教育基础理论和前沿问题研究，在思想政治教育原理、思想政治教育方法、思想政治教育史和比较思想政治教育研究等方面取得了一系列具有标志性意义的研究成果。这些研究成果虽然在具体的价值取向和研究理路上略有差异，但贯穿在这些研究成果之间的核心学术旨趣、基本概念系统、主要话语体系等却始终如一，这就标志着思想政治教育研究范式已经形成。思想政治教育研究范式的形成，并没有穷尽思想政治教育理论研究的所有论题，而是不断提出思想政治教育学科发展的重大理论和现实问题，推动思想政治教育学术共同体在不同的学术领域中开疆拓土或精耕细作。

（二）在指导思想上，思想政治教育研究范式的学术生产将不断强化马克思主义的指导地位

“坚持以马克思主义为指导，是当代中国哲学社会科学区别于其他哲学社

会科学的根本标志，必须旗帜鲜明加以坚持。”① 思想政治教育作为当代中国哲学社会科学的重要一域，在指导思想、学科体系、学术体系、话语体系、课程体系、教材体系、教学体系等方面必须坚持马克思主义的指导地位。究其原因在于：首先，思想政治教育学科是在马克思主义指导下建立和发展起来的。在马克思主义指导下开展思想政治教育学科建设及理论研究，是思想政治教育学科的优良传统和突出优势。其次，马克思主义为思想政治教育学术共同体提供了宏阔的理论视野和科学的思维方法。思想政治教育学科的发展与思想政治教育学术共同体的世界观、价值观和方法论息息相关。运用马克思主义“涵养正气、淬炼思想、升华境界、指导实践”②，可以为思想政治教育学术共同体从“世界历史”的宏阔视野来求解思想政治教育的“中国认识”提供“清醒的理论自觉、坚定的政治信念、科学的思维方法”③。再次，思想政治教育的马克思主义学科归属使然。作为马克思主义理论一级学科下的二级学科，思想政治教育的学科建制和知识生产方式必然以马克思主义为指导。以马克思主义为指导，能够进一步夯实思想政治教育学科的马克思主义理论基础，促进思想政治教育研究范式的不断优化。

（三）在体系建构上，思想政治教育研究范式的学术生产将有效推进思想政治教育研究范式的视域融合

“现有的多种研究范式的融合，既是学术发展的需要，也是研究范式发展的必然趋势。”④ 历经 30 余年的学科创制史，思想政治教育在何种范式、何种合

① 习近平：《在哲学社会科学工作座谈会上的讲话》，《人民日报》2016 年 5 月 19 日。

② 习近平：《在纪念马克思诞辰 200 周年大会上的讲话》，《人民日报》2018 年 5 月 5 日。

③ 习近平：《在哲学社会科学工作座谈会上的讲话》，《人民日报》2016 年 5 月 19 日。

④ 戴锐：《思想政治教育研究范式的回顾与前瞻》，《思想政治教育研究》2009 年第 3 期。

理性这一问题上仍然存在着争议。这些争议虽然对扩宽拓深思想政治教育特定研究范式具有一定的建设意义，但不同研究范式的视域差异造成了各种研究范式的“自说自话”，遮蔽了思想政治教育研究视域的内在统一性，阻碍了思想政治教育研究范式的视域融合。如何冲破思想政治教育研究范式的学科壁垒，进而推动思想政治教育研究范式的视域融合，是思想政治教育研究范式体系创新过程中必须予以解决的重大课题。今后思想政治教育研究范式的发展至少需要在以下两个方面着力：一是对思想政治教育多元研究范式进行辩证的否定。既对思想政治教育研究范式转换过程中取得的成绩给予应有的肯定，也对思想政治教育研究范式转换过程中产生的问题给予合理的批判。在对思想政治教育多元研究范式扬弃的过程中，探寻其“变”与“不变”的学科基因和内在逻辑，筑牢思想政治教育研究范式融合的学科基质。二是要从整体性和本质性相统一的维度来构建思想政治教育研究新范式。只有从辩证法的维度来解构思想政治教育多元研究范式，进而在“场域”建构、多重循环和三重结构相统一的整体性和本质性维度来建构思想政治教育研究新范式，才能不断超越思想政治教育多元研究范式所形成的定域关注，有效匡正思想政治教育研究范式的“偏狭化”倾向，不断增强思想政治教育研究范式融合的内生动力。

延安时期毛泽东榜样教育思想及其当代价值*

李志松① 任 妍②

摘要： 榜样教育思想是毛泽东思想的重要组成部分。延安时期毛泽东在榜样选树上注重“立足时代，彰显民族精神”“富有党性，植根服务意识”及“个人价值与社会价值的统一”，更着重强调榜样教育应以“坚持正人先正己”“弘扬共产主义道德品质”“重视对榜样自身的教育”及“善用反面典型进行警示教育”等为核心内容，并在革命实践中探索出行之有效的榜样教育方式方法，对于新时代榜样选树与榜样教育具有重要的借鉴价值。

关键词： 延安时期；毛泽东；榜样教育；当代价值

延安时期毛泽东非常注重榜样教育，重视榜样的示范效应，在领导中国革命的实践过程中，通过选树榜样、宣传榜样、教育榜样，逐步形成自己的榜样教育思想，对延安时期中国共产党局部执政及中华人民共和国成立后的社会主义革命和建设均产生重要影响。

---

* 本文系教育部人文社科研究项目（20YJA0023）、陕西省社科基金项目（2017A007）、西安市社科基金项目（ZX28）的阶段性成果。

① 李志松，西北大学马克思主义学院副院长、副教授、硕士生导师，主要研究方向为中共党史和马克思主义中国化。

② 任妍，西北大学马克思主义学院硕士研究生，主要研究方向为思想政治教育。

一、延安时期毛泽东关于榜样选树标准的理论阐述

对于“何谓榜样”，延安时期的毛泽东作出了初步回答，在毛泽东看来，延安时期的榜样很多，如以彭雪枫和“狼牙山五壮士”为代表的战斗英雄、以吴满有和“三五九旅”为代表的劳动模范及以张思德和“延安五老”为代表的道德楷模，等等。在那个英雄辈出的年代，毛泽东极力推崇他们，认为他们身上所体现出的崇高人格立足时代，富有党性，更能将个人价值融于集体利益、民族利益和国家利益之中，这也构成了延安时期毛泽东榜样选树的基本标准。

（一）立足时代，彰显民族精神

民族精神是一个民族在长期实践过程中形成的精神特质，其内涵包括“天下兴亡，匹夫有责”的爱国情怀，“穷则独善其身，达则兼济天下”的道德操守，“不畏艰难，自强不息”的坚强意志，“勤俭节约，艰苦奋斗”的个性品质，以及“己所不欲，勿施于人”的人格特质，等等。延安时期毛泽东所树立的榜样无不彰显着伟大的民族精神。徐特立作为老革命家，具有“不怕困难，虚心求知”的精气神，亦有“虚怀若谷，言行一致”的人格魅力，更有“心怀人民，严于律己”的大格局。白求恩，一位外国人，心怀为世界革命献身的伟大抱负，具有“救死扶伤，恪守医德”的高尚品格，更具有“严谨求实，极端负责”的工作态度。张思德，一位普通战士，具有“不怕吃苦，敢为人先”的优秀品质，更有“不怕牺牲，勇于革命”的坚定信念，这些品质成为中华民族精神的生动写照。

伟大的时代呼唤伟大的精神，崇高的事业需要榜样引领。榜样不仅是民族精神的写照，更离不开他所处的时代。革命年代，面对复杂的战况和艰苦的环境，毛泽东基于革命现实需要，以马克思主义思想方法为指导，从千千万万个典型中选树了“延安五老”、鲁迅、张思德、白求恩、吴满有及赵占魁等这样具有时代精神的光辉典范，他们如灯塔般，照耀着革命前进的道路，进一步使

人们明确使命、坚定信仰，激励着越来越多的人民为取得革命胜利浴血奋战、前仆后继，更使全党上下乃至全国上下形成“学榜样，做榜样”的社会风气。

（二）富有党性，植根服务意识

党性是政党的核心，其指向一个政党的阶级性、先进性及人民性。马克思曾强调，无产阶级与资产阶级政党最根本的不同在于，它始终代表整个运动的利益，即整个无产阶级的共同利益。《中国共产党章程》中以两个“先锋队”明确指出，党的阶级本色是无产阶级，更指明了我们党来自人民，更要服务人民。延安时期，毛泽东所树立的榜样都将党性深刻于心、践于行。徐特立自建党初期加入共产党，秉承积极进取的革命态度，主动担重任、挑难事，始终将他人放在第一位，成为党性的积极践行者。同为老革命家的吴玉章，不仅尽心尽力帮助青年，更几十年如一日坚持做好事，成为党性的忠实拥护者。白求恩，一位加拿大共产党员，为支援中国人民抗日战争，毅然放弃优渥生活，艰苦跋涉抵达延安抗战一线，在枪林弹雨中救死扶伤，用实际行动印证了共产党人专门利人精神是无国界的，毛泽东称赞其为“纯粹的人”。张思德，原本负责毛泽东的警卫工作，当得知中央面临冬季取暖问题，主动承担起到偏远的安塞烧木炭的重任，他的吃苦耐劳、处处走前头，践行了共产党员为人民服务的誓言。

延安时期毛泽东所树立的榜样都是普通群众中的一员，是与广大群众打成一片，从群众中脱颖而出的优秀分子，他们的伟大之处在于将“服务”二字深铸于心，融于一件件小事中。徐特立、吴玉章等老革命家，终其一生践行革命第一、他人第一的精神。白求恩从加拿大到中国延安，治病救人，致力于前线医疗水平的提升，最终将热血洒在了革命热土上。张思德自加入革命队伍，任劳任怨，将满腔革命热情化为兢兢业业、帮助群众的实际行动。农业战线的吴满有和工业战线的赵占魁，关心帮助群众，竭尽所能为党和人民事业贡献一切，成为那个年代最可爱的人。总之，这些可亲、可敬、可信、可学的模范人物榜样人物正是党性抽象性和具体性的统一，以耿耿忠心和坚强意志时刻坚守为人民服务的本色。

（三）坚持个人价值与社会价值的统一

人的价值是作为客体的人的实践活动满足作为主体的社会与自身需要的关系。人的实践活动对自身需要的满足称为个人价值，对社会需要的满足称为社会价值。[①]在马克思看来，个人价值的实现离不开其社会价值，脱离了社会，个人的发展将会失去根基和条件。另一方面，个人发展对社会的发展具有促进作用，个人才能的不断提升将为社会作出更大的贡献。换言之，人的个人价值与社会价值是统一的。

延安时期毛泽东所树立的榜样都始终坚持个人价值与社会价值的统一。徐特立曾在《六十自传》中写道："我的一切生活，都配合着中国的发展，随着复杂的、激烈的社会变化，使我的生活成为多方面的、不固定的，但总是前进的。"[②]这充分体现了他将国家利益视为第一。白求恩在日记中写道："奔赴抗战一线，不仅是为了挽救今日的中国，而且是为了实现明天的伟大、自由、没有阶级压迫的新中国……"[③]这充分说明了他将实现中国革命胜利的重任视为自己的事业。张思德的事迹体现了无私奉献、服务人民的价值追求，任劳任怨、处处为先的工作作风，团结同事、乐于助人的革命情怀，他的死"重于泰山"。无论是徐特立、白求恩、张思德，还是延安时期的英雄榜样群体，他们都以实际行动诠释人生价值，其精神、启迪并鼓舞着一代又一代中华儿女。

---

① 王双梅：《刘少奇对中国共产党执政党建设的贡献和探索》，《毛泽东研究》2015年第3期。

② 《徐特立文集》，长沙：湖南人民出版社，1980年，第104页。

③ 欧阳雪梅：《毛泽东"又红又专"思想的提出及影响》，《毛泽东研究》2015年第4期。

二、延安时期毛泽东关于榜样教育核心内容的概述

（一）共产党员要坚持正人先正己

毛泽东强调，典型本身就是一种政治力量，树典型等于插旗帜，共产党员要成为“好典型”，大力发挥示范引领作用，才能把全国人民团结起来形成强大的政治力量。他进一步指出：“共产党员应在民族战争中表现其高度的积极性；而这种积极性，应使之具体地表现于各个方面，即应在各方面起其先锋的模范的作用。”① 他更强调：“所谓的领导权，不是要一天到晚当作口号去高喊，也不是盛气凌人地要人家服从我们，而是以党的正确政策和自己的模范工作，说服和教育党外人士，使他们愿意接受我们的建议。”② 因此，他要求共产党员应该到军队和群众中去，成为作战的模范、团结的模范，做政治觉悟、坚决勇敢、刻苦勤劳、遵守纪律、廉洁奉公及身体力行的典型。

毛泽东这样要求别人，他本人也是这样做的，他始终秉承为人民服务的态度和信念，在带领人民进行革命的过程中，坚持以高标准要求自己，事事作出表率。首先，他是坚持联系群众，服务群众的典范。延安时期，毛泽东旗帜鲜明地强调：“不允许‘洋包子’看不起‘土包子’。”③ 他十分重视与群众密切联系，时常深入群众当中，体察民情，关心他们的疾苦，为其排忧解难，被百姓亲切地称为“穷人王”。其次，他是坚持不断学习，斗争到老的典范。延安时期，毛泽东始终保持学习的习惯与毅力，在延安的窑洞中写出了许多光辉篇章。毛泽东在青年时代就形成了“与天斗，其乐无穷；与地斗，其乐无穷；与人斗，其乐无穷”的斗争观念，并将其付诸革命实践中。当面对日军的猛烈进

① 《毛泽东选集》第二卷，北京：人民出版社，1991 年，第 521 页。
② 《毛泽东选集》第二卷，北京：人民出版社，1991 年，第 742 页。
③ 中共陕西省委党史研究室编：《毛泽东在陕北》，西安：陕西人民出版社，1993 年，第 257 页。

攻和国民党的经济封锁，他坚定地说："饿死呢？解散呢？还是自己动手呢？饿死没有一个人赞成，解散也没有一个人赞成，还是自己动手吧——这就是我们的回答。"① "自己动手"是对敌人最好的回应，亦饱含着不畏艰难的斗争精神。再次，他是坚持节约俭朴，艰苦奋斗的典范。毛泽东倡导"要节约闹革命"，呼吁务必要"保持艰苦奋斗的作风"。毛泽东的卫士长曾回忆道："历史为毛泽东留下了很多很多带了一身补丁的形象……"② 用他自己的话说就是："我节约一件衣服，前方战士就能多一发子弹。"他的以身作则，堪称艰苦朴素的楷模。

（二）弘扬共产主义道德品质

共产主义道德品质是无产阶级在与资产阶级的斗争实践中所形成的，马克思、恩格斯及列宁充分注意到这一品质并对其作了生动的阐述。譬如，工人阶级的组织性、纪律性、团结协作精神、大公无私的人格、勇敢、坚定、热忱及牺牲精神等都体现了这一品质。延安时期，毛泽东继承了马克思主义经典作家关于共产主义道德品质的理论，并与中国的具体实践相结合，对其进行了集中概括，即集胸怀坦荡、忠于革命，立场坚定、敢于斗争，联系群众、服务群众于一身的"革命先锋"。在长期革命实践中，毛泽东一贯主张抓好先进典型，立好一面旗帜。毛泽东曾以无比敬意称颂徐特立为"一切革命党人和全体人民的模范"，号召全党同志向徐老学习，学习他"革命、工作、他人第一"的大公无私的品质；学习他积极奋斗、不畏困难的品质；学习他"服从党的与革命的纪律"的品质；学习他以联系群众为乐的品质；学习他甘挑重担，勇担责任的品质及学习他危难时刻为革命献身的高风亮节。毛泽东称赞吴玉章是四十年如一日做有益于人民、有益于党的好事的模范，并号召学习吴老历经风浪、坚持革命，饱受艰苦、坚守革命节操的精神。

---

① 《毛泽东文集》第二卷，北京：人民出版社，1993 年，第 460 页。

② 权延赤：《走下神坛的毛泽东》，呼和浩特：内蒙古人民出版社，2001 年，第 95 页。

毛泽东还高度赞扬了白求恩的国际共产主义精神。在他看来，白求恩的精神体现在毫不利己专门利人的品质和对工作极端负责、对同事极端热忱的品质，他大公无私的高尚品质值得每个共产党员学习与效仿。毛泽东强调张思德是完全彻底地为人民服务的典型，时时、处处、事事为人民谋利益，不惜献出生命，他的死重于泰山。毛泽东善于发掘为革命胜利和经济发展作出贡献的先锋者，对于发扬自力更生、艰苦奋斗精神的吴满有和“三五九旅”等模范个人和集体，毛泽东倡导全边区人民向他们看齐，学习他们忠诚积极、艰苦奋斗、切实朴素、以身作则的高尚品质，进而实现以榜样育榜样、以典型促典型。

（三）重视对榜样自身的教育引导

“金无足赤，人无完人。”唯物辩证法认为，事物是不断变化发展的，榜样人物虽是人们看齐的标杆与旗帜，但也是生活在复杂社会关系及环境中的现实的人，若不加以教育引导，其模范形象将会受到影响或挑战而难以永久保持。其中，晋察冀抗日根据地一级英雄李勇因骄傲落选就是一个典型事例。毛泽东听闻此消息后，立即指出：“对英雄模范须勤加教育。”[①]毛泽东着重分析并指出了李勇落选的原因，直接原因固然是他本人的骄傲自满，不求上进，但主要原因还是在于领导他的人工作不到位，未能及时发现他的问题并引导其改正。毛泽东还以李勇为例，明确了对榜样人物的培养教育问题，他认为，要避免李勇落选的案例在其他地方重演，教育者要树立责任意识，强化对英雄模范的教育与培养，使其保持戒骄戒躁的良好作风，成为永久模范人物，而“只有赞扬，没有教育，骄傲落选将是必然现象”[②]。因此，毛泽东强调要利用各种机会对英雄模范加以教育。警卫员战士杜林森在开荒竞赛中创下佳绩，毛泽东在称赞其功劳很大的同时，仍不忘告诫他，要继续做好带头作用、虚心向群众请

① 《毛泽东文集》第三卷，北京：人民出版社，1996年，第246页。
② 《毛泽东文集》第三卷，北京：人民出版社，1996年，第390页。

教，当好群众中的“诸葛亮”。毛泽东还曾多次在边区劳模大会上勉励英雄模范们，吸取前车之鉴，继续保持戒骄戒躁、虚心努力的态度、尊重干部、尊重群众和他人，否则就当不成劳模了。

此外，毛泽东特别提倡用自我批评的方法应对劳模中出现的骄傲自满。延安时期，在运用《解放日报》对英雄模范的高尚人格与先进事迹进行大力宣传的同时，毛泽东强调英雄模范也要遵循“天天要洗脸，天天要扫地”[①]，时刻进行自我批评，把工作做得更好，取得更大的成绩。在他的影响下，参加边区劳模大会的劳模们在大会或小组会上大都进行了自我批评，交流先进经验，并纷纷表示：“不要英雄一时，而要英雄一世。”[②]

（四）善用反面典型进行警示教育

毛泽东在《矛盾论》一文中谈到：“矛盾存在于一切事物的发展过程中。”[③]在推行榜样教育的过程中，毛泽东既看到了“好榜样”的引领带头作用，又看到了“坏榜样”的警示教育作用。毛泽东曾说：“坏事里头含有好的因素。”[④]他善于从坏人坏事中总结经验教训，发现其好的一面，即作为反面典型以教育引导广大民众，以达到“惩前毖后，治病救人”的目的。延安时期，毛泽东也选取了一些反面典型来教育全党和边区民众，其中最为典型的是黄克功枪杀刘茜的案件。毛泽东指出，黄克功曾为革命立功，过去光荣的功绩不能被抹去，但也不能因为过去的功就抵消如今的大过。作为共产党员和红军战士，他的行为已经违反了党纪，失掉了党性，若念及旧功，不严厉处置，将无以教育所有人。毛泽东指出：“一切共产党员，一切红军指战员，一切革命分子，都要以

① 《毛泽东选集》第三卷，北京：人民出版社，1991 年，第 935 页。
② 王敬：《延安〈解放日报〉史》，北京：新华出版社，1998 年，第 263 页。
③ 《毛泽东选集》第一卷，北京：人民出版社，1991 年，第 305 页。
④ 《毛泽东选集》第三卷，北京：人民出版社，1991 年，第 812 页。

黄克功为前车之鉴。”① 此外，对于张国焘叛党等反面典型，毛泽东强调，要在全党开展党的纪律警示教育，防止再次出现类似行为。

毛泽东善于运用“坏典型”或“反面教员”等来教育、警示民众，引导民众要以反面典型为“镜”，对照自身，及时发现不足和缺点并加以改正，这也是一种将坏思想及时消灭在萌芽状态的先见之明。毛泽东强调：“当开展反坏人坏事的广泛斗争达到了一个适当的阶段的时候，就应将各地典型的好人好事加以调查分析和表扬，使全党都向这些好的典型看齐，发扬正气，压倒邪气。”② 由此可见，毛泽东坚持主张以宣传正面好人好事为主抓手，切实把握好宣传反面典型的量与度。他认为，唯有大量宣传正面典型，才能树立正确的观念，形成积极向上向善的社会风气，更能凝聚人心，形成奋力向前的强大力量，而这些也是反面典型所远远达不到的。

三、延安时期毛泽东关于榜样教育方式方法的思考

延安时期，以毛泽东为代表的中国共产党人在极端艰苦的情况下，号召全党和根据地民众“自己动手”，使各领域涌现了一大批光辉榜样，为革命事业作出了重大贡献，而这一切都得益于毛泽东在实践中推行的富有成效的榜样教育方式方法，为我们提供了宝贵的经验。

（一）言传与身教相结合

“人只能用人来建树。”榜样教育并不是简单的说教，而是一种鲜活、具体的形象教育，更是人格影响人格的过程。毛泽东始终坚持将言传与身教相结合，高度重视发挥先锋分子模范带头的作用。在抗大开学典礼上，他对抗大学

① 《毛泽东文集》第二卷，北京：人民出版社，1993 年，第 39 页。
② 《毛泽东文集》第六卷，北京：人民出版社，1999 年，第 255 页。

员们说："你们要学做干部，发动组织广大的人民。"① 这里的"干部"即革命骨干、先锋分子、典型人物等，是革命政治方向和革命作风的传播者，唯有自身素质过硬，才能使民众信服，才能更好地教育、组织广大民众。在庆贺模范青年大会的讲话中，毛泽东强调，五四运动中的青年是真正的模范青年，他们用行动铸就了"永久奋斗"的革命传统。他鼓励模范青年，让"永久奋斗"存于心，显于行，更要继续发扬愚公精神，使这一传统代代相传。

在大生产运动中，毛泽东不仅是大生产运动的倡导者，更是其中的参与者。"一面生产、一面工作、一面学习"的号召刚一发出，以毛泽东为代表的中共中央领导人就率先垂范，积极投身于生产运动中。毛泽东特别强调"作为党的领导机关的成员就更没有理由将自己置身于大生产之外"②，于是在自家窑洞下面开荒种地，并婉拒他人代耕；朱德组织了一个生产小组，开垦菜地近三亩；周恩来、任弼时等领导同志争先参加纺线比赛，并荣获"纺线能手"等称号。党员干部与普通战士、农民同吃同住同劳动，不仅鼓舞了边区军民积极投身生产，涌现出了"气死牛"式的劳动英雄，也感动教育了边区个别好吃懒做的人。杨家岭曾有个二流子，整天游逛，不好好劳动，当他看到毛泽东在烈日下耕地，感动不已，下定决心作出改变，转变成为一位劳动积极分子。③

（二）组织领导与群众参与并举

"团结起来才更有力量。"毛泽东通过会议讲话、发表演讲及追悼会讲演等方式开展榜样教育，意在通过组织行为，反映组织需求，体现组织意志。具体而言，一是使全党上下齐心聚力。毛泽东多次强调，凡是为革命作出牺牲的

① 《毛泽东文集》第二卷，北京：人民出版社，1993 年，第 117 页。

② 中共陕西省委党史研究室编：《毛泽东在陕北》，西安：陕西人民出版社，1993 年，第 167 页。

③ 杨凤岗：《毛主席用实际行动教育改造懒惰青年》，《党史博采》1994 年第 3 期。

人，都要去永久纪念。他亲自撰文，组织开追悼会、发表讲演，在各媒介报刊的广泛宣传下，学榜样之风在陕甘宁边区盛行。二是与边区的工作重心相契合。针对边区的一些文艺工作者一味追求“阳春白雪”，而不顾“下里巴人”，割裂了革命与文艺、文艺与群众的关系。毛泽东及时树立了鲁迅这个“甘为孺子牛”的榜样，形象阐释了文艺与群众的密切关系，纠正了文艺界存在的思想偏差。在推进生产运动的过程中，针对边区存在着些许懒汉、二流子和少数不思进取的群众，毛泽东提倡要将召开奖励英雄大会这一方式推广至各地区，并要求各地领导干部要善于发现榜样，宣传榜样的典型事迹，以此来提高他们的劳动精气神儿。三是与加强党性修养密切相关。毛泽东树立了许多共产党员干部应该学习的典范，如全心全意“为人民服务”的张思德、“共产主义精神”的白求恩、“一心为革命”的吴玉章及“永久奋斗”的延安青年模范们等，他们集中体现出可贵的精神品质，亦成为衡量一名共产党员合格与否的重要标准。毛泽东还强调“只要我们党的作风正派了，全国人民就会跟我们学”①，意在强调共产党员要从先锋模范的高尚品格中汲取力量，发挥好带头示范的作用，当好人民群众“一面旗”，更指明了开展榜样教育与增强党性修养之间的密切联系。

“密切联系群众”是毛泽东在革命实践中得出的一大经验。在推行榜样教育的过程中，他格外注重发挥群众的强大力量，将群众参与置于更高的位置。一方面，他主张以先进群众影响落后群众。实际上，毛泽东所树立的榜样大多数都是普通党员群众，如张思德、白求恩、吴满有、赵占魁等。他开展的榜样教育，其根本目的在于使群众自己学习自己，转变了以往榜样人物“只能远观，不可接近”的局面。通过挖掘群众身边真切感知的先进人物，最大限度地

① 《毛泽东选集》第三卷，北京：人民出版社，1991 年，第 861 页。

达到教育广大群众的目的。另一方面，他所树立的榜样也是由群众最先发现的。如张思德生前无论遇到再大的困难，他总会毫不犹豫地选择挺身而出、主动担责，他对工作的兢兢业业，对战友的团结友爱，多次受到上级的表扬及嘉奖，战友和周边群众也对他连声称赞。白求恩抵达延安后，主动请缨来到战斗前线，并谢绝中央津贴补助，生活非常艰苦，他对伤员、人民的关怀备至及极端热忱的精神早已在边区流传开来，使边区的医护人员和革命战士都深受感动。吴满有、赵占魁等这样的普通人在边区不计其数，他们以高度的生产热忱成为各自领域的"状元"，成为边区群众学习的英雄模范。此外，毛泽东还坚持以群众喜闻乐见的方式开展榜样教育。如榜样事迹报告会、宣传榜样先进事迹的话剧、电影及快板等教育形式，都能很好吸引并激发群众广泛参与的积极性与主动性。

（三）多方宣传与活动表彰并进

"人总是要有一点精神的"，毛泽东十分重视以榜样为主要载体，采用多种渠道、途径进行宣传、表彰，使榜样人物的精神与行为为军民所熟知，成为民众心中看齐的方向，充分发挥其应有的社会引领作用，以期实现"六亿人民皆为尧舜"的美好理想。具体而言：一是利用文艺作品、报刊等进行宣传。毛泽东曾强调"文艺就把这种日常的现象集中起来，把其中的矛盾和斗争典型化，造成文学作品或艺术作品，就能使人民群众惊醒起来"①，再次重申了通过文艺作品对广大军民进行榜样教育的重要性。同时，毛泽东充分利用报刊的宣传作用，先后组织创办了《八路军军政杂志》《新中华报》《共产党人》《解放日报》等一批党的重要报刊，并以专栏文字的形式将军队和民众中先进人物的事迹和精神发表出来，使广大军民更真实、更贴近地了解、学习榜样，进一步激发了军

① 《毛泽东选集》第三卷，北京：人民出版社，1991 年，第 861 页。

民的革命斗志。二是通过报告、会议讲话、演讲、著作等进行宣传。延安时期涌现出的战斗英雄、劳动模范、道德楷模等人物不胜枚举，毛泽东通过演讲、会议讲话等方式对其精神及事迹进行宣传，既有口头称赞，又有书面表扬，更有撰文称颂，极大地增强了榜样教育的时效性。延安时期，毛泽东号召全党同志要学习白求恩“毫不利己，专门利人”的共产主义精神，使白求恩的名字印在人民心中；在张思德的追悼会上，毛泽东亲笔写挽联并发表演讲，使人民更切实地感受为人民服务、不怕牺牲的精神及行为，并将开追悼会变成一种制度，使每一个为革命和人民牺牲的英雄都死得其所；在《论鲁迅》一文中，毛泽东称赞鲁迅为很优秀、很老练的先锋分子，号召全党同志要继续发扬鲁迅精神，夺取革命胜利。在烈士刘志丹和谢子长的公葬大会上，毛泽东在纪念碑上亲笔题词，精练概括、高度赞扬，字里行间透着对革命烈士的怀念与钦佩，也要求全党和人民将英雄精神传承下去。

与此同时，通过召开各种表彰大会进行宣传也成为毛泽东推行榜样教育独特而有效的方式。毛泽东曾谈道：“我看最近开劳动英雄大会、劳动英雄与模范工作者大会、劳动英雄与战斗英雄大会，就是一种好的工作方法。”他在高干会结束前夕，亲笔为在生产中受奖的个人和团体逐一题词，可见他对于榜样教育的重视程度。他更强调应该把“陕甘宁边区一些农业劳动英雄的模范方法推行于各地”。在 1943 年召开的边区劳动英雄大会上，毛泽东高度表扬了劳动模范和模范工作者的精神品质，也宣传了他们的模范行为及劳动经验方法，激励他们继续发挥模范带头作用，当好群众“领袖”，领导人民，领导群众，把工作做得更好。

（四）理论教育与竞赛生产并重

理论为行动之先导。毛泽东曾在延安在职干部教育大会上强调“生产运动和学习运动具有永久意义和普遍意义”[①]，并以古人所说的“人不通古今，马牛而襟裾”进一步阐述了学习的重要性和永久性。毛泽东之所以重视理论知识的学习，主要原因一是丰富的理论知识是革命中的先进分子发挥典型示范作用的重要基础。毛泽东旗帜鲜明地强调，“无论党、政、军、民、学的干部，都要增加知识，才能把工作做得更好”。他还指出，“过去学的本领只有一点点，今天用一些，明天用一些，渐渐告罄了”[②]，旨在告诫党员干部要时常“进货”、及时“补货”，否则空空如也。正如毛泽东在致徐特立的信中称赞其“懂得很多而时刻以为不足”[③]。他指出：“学习的敌人，是自己的满足。”[④]而经常性地开展理论教育可以使榜样人物、典型分子克服自满，保持积极进取的学习态度。二是普通群众需要一定理论知识为导向。的确，随着大生产运动的开展，一时英雄辈出、模范群起，英模们以丰硕的劳动成果使“庄稼汉里出状元”，变“劳动下贱”为“劳动光荣”。在劳模大会上，毛泽东鼓励他们要将先进的生产经验在群众中广泛宣传，随后，各地掀起了学习“吴满有运动”“赵占魁运动”等，激发了群众的劳动热情与积极性，更为各地群众进行劳动生产指明了方向。

与此同时，毛泽东更主张通过发动生产竞赛，激励群众创造更多的奇迹。因为，若只是单纯学习理论知识，而不运用于实践中，看似牢不可摧的理论，也只是“海市蜃楼”而已。事实上，生产竞赛原本只是劳动模范个人之间的竞赛，因其在实践中的成果与影响力，后被推广至群众中，成为组织群众、动员群众、教育群众的重要方式。通过“比赶超”这一竞赛方式，一方面，将有助于增强英雄模范自身的精神动力和实践热情，激发他们不断创新生产方式、更

① 《毛泽东文集》第二卷，北京：人民出版社，1993 年，第 176 页。
② 《毛泽东文集》第二卷，北京：人民出版社，1993 年，第 178 页。
③ 《毛泽东文集》第一卷，北京：人民出版社，1993 年，第 477 页。
④ 《毛泽东选集》第二卷，北京：人民出版社，1991 年，第 535 页。

新生产经验。另一方面，有助于在群众中宣传榜样精神，使越来越多的群众加入生产队伍中，齐心协力，发展生产；亦使得群众中的“诸葛亮”在生产竞赛中脱颖而出；更使一些二流子受到改造，积极参加生产，变成好人，乃至成为劳模。毛泽东还强调，生产竞赛结束后，不是只进行总结报告而已，而是要及时检查与奖惩，不断使理论经验与客观实践相契合，切实推进生产运动一浪更比一浪高。

四、延安时期毛泽东榜样教育思想的当代价值

毛泽东榜样教育思想是融合民族传统美德、社会进步潮流和党的先进本色于一体的“精神范本”，贯穿于党的革命、建设与改革的伟大实践中，在新的时代征程中仍焕发出璀璨的光芒。延安时期毛泽东榜样教育思想更是一笔宝贵的精神财富，对于当下榜样教育的开展、社会主义核心价值观的践行及中华民族伟大复兴中国梦的实现具有重要的理论意义和实践价值。

（一）新时代榜样选树要坚持时代性、群众性

延安时期，毛泽东树立的榜样之所以被人们认同、敬仰和推崇，并自觉自愿地学习与仿效，首先在于他选树榜样时能突出时代导向，注重榜样精神内涵的时代化。其中有张思德“全心全意为人民服务精神”、白求恩“共产主义精神”、鲁迅“斗争精神”及三五九旅“南泥湾精神”等，都成为革命年代的精神财富。当今时代是一个大发展大变革的时代，亦是实现中华民族伟大复兴中国梦的关键时期。在追梦的奋斗征途中，我们要不断发现新的榜样，使新时代张思德、吴满有等榜样精神的正能量在全党和全国人民中继承和发扬。其次，选树榜样要引领时代价值。榜样教育本质是以榜样的精神品质来进行价值观教育，有什么样的价值观，就要树立什么样的榜样。现今，社会主义核心价值是全社会的共同价值遵循，因此必须选树积极践行社会主义核心价值观的模范工

作者，使其崇高精神和高尚品格能够鞭策更多的人，推动更多榜样人物竞相涌现。最后，选树榜样要体现群众性。毛泽东选树榜样坚持从群众中来、到群众中去的做法，使选树的榜样贴近生活、贴近群众，让群众更有方向和目标去学习。“社会主义是干出来的，新时代是奋斗出来的。”① 我们要善于发掘那些平凡岗位上创造出不平凡成绩的“最美奋斗者”，同时也要发动广大群众参与到榜样选树的过程中，这样树立起来的榜样才更易被群众接受，更好地发挥榜样教育的作用。

（二）新时代榜样培育要坚持党员干部以身作则

延安时期毛泽东所树立的各领域榜样，其中大多数为共产党员。毛泽东也曾多次强调共产党人要当好革命先锋，发挥模范作用，发扬共产主义精神。新的历史时期，榜样培育更要注重发挥共产党员的示范作用。一方面，这是由我们党坚持全心全意为人民服务的宗旨决定的，而榜样的光辉之处在于积极践行全心全意为人民服务这一宗旨。换言之，共产党员就要做时时处处事事服务人民的榜样。党的十八大以来，习近平总书记已经对多条战线涌现出的共产党员榜样人物和群体作出重要批示，号召全党、全国人民向榜样看齐、学习。他们中有坚守初心、不改本色的老党员张富清，在脱贫攻坚一线用青春诠释共产党人初心的黄文秀，更有默默奋战在抗疫一线的党员干部及白衣战士，他们平凡而伟大，是新时代的功臣。另一方面，党员干部是推进榜样教育的重要力量。在推进榜样教育的过程中，要重视教育者，尤其是党员干部的率先垂范。党员干部作为党各个时期的少数先锋分子，要自觉发挥“少数带动多数”的作用，不仅要提高领导能力，更要注重提高个人道德修养。同时，既要带头学榜样，不断加强党性修养，更要严于律已，以自己的思想观念、行为准则及道德标准

① 习近平：《在全国劳动模范和先进工作者表彰大会上的讲话》，《人民日报》2020年11月25日。

影响更多的人民群众，推进良好社会风尚的形成。

（三）新时代榜样宣传要注重创新性、多样性

榜样宣传是毛泽东推进榜样教育的重要途径之一。延安时期，毛泽东对张思德、白求恩及吴满有先进事迹及精神品质的全方位宣传得到了广泛的社会反响。在新的历史时期，人们的思想观念、价值取向、行为模式、生活方式都发生了巨大的变化，所以更应重视榜样宣传方式方法的开拓创新。一方面，依托各类实践活动，提高群众的参与感与获得感。如通过组织“感动中国人物”“最美中国人”“全国道德模范”“全国劳动模范及先进工作者”等人物的评选活动，使人们在参与过程中，更真切地感受到榜样人物爱岗敬业、见义勇为、无私奉献等精神品质；开展“雷锋月”活动，通过体验模范人物的“服务”过程，体会“奉献”的快乐，强化人们的服务意识和奉献精神；通过各类表彰大会及演讲、征文比赛学习活动，使人民更深入理解榜样人物的精神价值，规范自己的言行。另一方面，搭建网络榜样教育阵地。借助微信、微博、论坛、网站等平台对榜样人物的感人事迹进行专题宣传。同时，为榜样与民众搭建网络互动平台，通过与榜样“面对面”“心与心”的思想交流，形成积极向上、创先争优的社会风尚。

中国共产党百年思想政治工作的内在逻辑初探

毛玉娟[①]

摘要：思想政治工作是中国共产党一切工作的生命线。从“两个向度”和“四个维度”去研究党的思想政治工作，可以深切地感知，百年来党的思想政治工作在不断地摸索和实践中形成了科学、严密的历史逻辑、体系逻辑、理论逻辑和实践逻辑。历史逻辑即与党的成长发展相生相伴、同向同行、立足现实、与时俱进，在每一个重要历史时期和空间场域不失时机地为党的中心工作呐喊助威，及时为我党抢占了意识形态领域的高地。体系逻辑即组织领导、教育引导、精神激励、舆论宣传、文化支撑“五位一体”，全方位化解人们在思想政治和道德灵魂层面的矛盾和困局。理论逻辑即用发展着的马克思主义和多元化的理论渊源指导实践、武装头脑，实现了思想政治工作理论党性与科学性、真理性与开放性、创新性与时代性的有机统一。实践逻辑即尊重人民主体地位，抓主要矛盾和重点人群，理论教育和社会实践深度融合，精神激励与物质利益双管齐下，方法创新和路径延伸同步推进，持之以恒地提升思想政治工作的科学性和有效性。百年来党的思想政治工作的内在逻辑启发我们，未来思想政治工作一要固本培元，即旗帜鲜明地坚持党的全面领导和马克思主义在思想政治工作中的指导地位；二要观照现实，即关注各条战线人们在思想政治、

① 毛玉娟，北京师范大学马克思主义学院2020级博士研究生，主要研究方向为思想政治教育理论与实践。

道德情操、价值观念等方面存在的现实问题；三要守正创新，即持续提升思想政治工作的渗透力、感召力、亲和力、覆盖力、塑造力和持久力。

关键词： 百年；思想政治工作；历史逻辑；体系逻辑；理论逻辑；实践逻辑

重视思想政治工作是中国共产党的政治优势和传家宝。早在 1955 年，毛泽东同志就提出了“政治工作是一切经济工作的生命线”①的著名论断。自建党以来，思想政治工作始终坚持“围绕大局、服务中心”，经历了从萌芽到形成、从发展到成熟、从继承到创新的成长与蜕变，在各个重要历史阶段发挥了独特的不可替代的重要功能。回眸历史，可以清楚地感知，中国共产党百年来开展思想政治工作绝不是随意而为、杂乱无章的，而是在理论与实践等诸多方面自成体系、日趋完善，生成了清晰、科学、严密的内在逻辑。当下，研究中国共产党百年思想政治工作的内在逻辑，有利于我们通过回顾百年来党的思想政治工作，更加坚定地恪守思想政治工作的宗旨，更加深刻地认识思想政治工作的本质，更加客观地掌握思想政治工作的规律，更加准确地把握思想政治工作的方向，更加理性地看待思想政治工作的功能，从而持续提升思想政治工作的渗透力、感召力、亲和力、覆盖力、塑造力和持久力。

一、视角方向：研究百年思想政治工作内在逻辑的“两个向度”和“四个维度”

“工欲善其事，必先利其器”，善于研究和创新思想政治工作是中国共产党作为马克思主义政党的鲜明特征。审视和研究中国共产党百年思想政治工作的

① 《毛泽东文集》第六卷，北京：人民出版社，1999 年，第 449 页。

内在逻辑可以从“两个向度”和“四个维度”去把握。

（一）审视中国共产党百年思想政治工作内在逻辑的“两个向度”

1. 从纵向的时间轨迹和发展历程审视百年思想政治工作的内在逻辑

百年来，党的思想政治工作主要经历了七个发展阶段，每一个阶段都具有重要的里程碑意义。

（1）1921 年 7 月至 1927 年 7 月：思想政治工作的萌芽与开端。1917 年的俄国十月革命和 1919 年的五四运动，催生了早期中国共产党组织的创立和 1921 年 7 月中国共产党的正式成立，自那时起，党的思想政治工作便开始萌芽并创立。

（2）1927 年 8 月至 1936 年 10 月：思想政治工作制度化初见端倪，“生命线”地位初次确立。大革命和南昌起义相继失败后，党在及时反思和总结失败教训的基础上，相继进行了著名的“赣南四整”和“三湾改编”，确立了党对军队政治工作的绝对领导。1929 年 12 月《古田会议决议》的诞生标志着“党的思想政治工作正式形成”。之后，为了革命的需要，思想政治工作开始向制度化方向发展。在长征途中，红军思想政治工作“生命线”的地位初次得到确立。

（3）1936 年 11 月至 1945 年 8 月：思想政治工作从理论和实践两个方面日趋成熟。抗战前后，党中央陆续发表了一系列关于军队思想政治工作的重要论述，并组织开展了多种形式的思想政治社会实践活动。其中，“延安整风运动”前后的一些重要文献和实践活动为日后开展思想政治工作提供了重要参考。1944 年由时任东北民主联军政治部主任谭政所作的《关于军队政治工作问题》的报告，成为中国共产党思想政治工作理论系统化的重要标志。至此，中国共产党思想政治工作从理论和实践两个方面都日渐走向成熟。

（4）1945 年 8 月至 1956 年 12 月：思想政治工作全面推进。随着抗日战争胜利、中华人民共和国成立、社会主义改造基本完成。党的思想政治工作重心也做了适当调整，逐步形成了系统、科学的思想政治工作体系，在工作体系的支撑下，各条战线的思想政治工作得到全面推进。

（5）1957年1月至1978年11月：思想政治工作在劫难中曲折前行。这一时期党的思想政治工作遭遇了“文化大革命”的十年浩劫，受到了极大的阻碍，留下了正、反两个方面的经验和教训。

经验是“要做好思想政治工作，正确估计形势是重要前提，开展调查研究、发扬民主是优良作风，榜样教育是有效形式，加强理论学习、繁荣文学艺术是重要途径”①；教训是无产阶级专政下继续革命的理论是对思想政治工作的误导，林彪、江青反革命集团的做法是对思想政治工作的全面破坏。

（6）1978年改革开放至2012年10月：思想政治工作拨乱反正进入新阶段。伴随着1978年真理标准问题大讨论和十一届三中全会的胜利召开，党的思想政治工作步入了具有历史性转折意义的新阶段。借着改革的东风，党及时拨乱反正，纠正了“以阶级斗争为纲”的严重错误，为思想政治工作重新找到了方向。在邓小平同志建设中国特色社会主义理论体系科学论断的指引下，思想政治工作的指导思想更加明确，理论渊源日益丰富。这使得各条战线的思想政治工作开始解放思想、与时俱进、大胆改革、勇于实践，工作方式方法不断创新，呈现出一片生机和活力。

（7）2012年党的十八大至今：思想政治工作从继承中走向创新。十八大召开之后，以习近平同志为核心的党中央，把握时代脉搏，回应现实诉求，高度重视思想政治工作理论研究和实践创新。习近平总书记还特别围绕“如何培养能担当民族复兴大任的时代新人”发表了一系列重要论述，提出了很多原创性

---

① 王树荫主编：《中国共产党思想政治教育史》，北京：高等教育出版社，2018年。

的思想和观点，促使思想政治工作从继承中走向创新。

2. 从横向的空间场域和主要任务研究百年思想政治工作的内在逻辑

建党百年来，党的思想政治工作始终坚持“为党的中心工作而服务”的根本宗旨，在不同的空间场域，承担了极其重要的任务。

场域一：苦难中脱颖而出，站稳脚跟，得到群众的认可和拥护。

在世界历史发展的长河中，“中华民族有五千多年的文明历史，创造了灿烂的中华文明”①。然而，从1840年鸦片战争以后，中国逐步沦为半殖民地半封建社会，中国人民从此长期煎熬在水深火热之中。从那时起，各个社会阶层和无数仁人志士为了解救劳苦大众，开始了前仆后继的探索与斗争。然而，却都因为缺乏科学的理论指导和先进的政党领导，以失败而告终。直到中国共产党的诞生，才彻底改变了中国的命运。作为一股新生的政治势力，中国共产党究竟是如何在那个风云多变的特殊场域脱颖而出，站稳脚跟，得到群众的认可和拥护，并领导中国民众走上革命道路的呢？历史告诉我们，这个答案就是仰仗扎实有效的思想政治工作。这一场域中的思想政治工作主要承担了“播撒马克思主义真理的种子，启蒙民众思想，点燃革命火炬。同时，向民众证明中国共产党这一组织的先进性、合法性和合理性，保证党组织能够站稳脚跟，动员工农运动，并促进马克思主义与工人运动紧密结合，开始新民主主义革命”等重要任务。

场域二：夹缝中求生存，生死关头化险为夷，勇当革命的“急先锋”。

中国共产党在苦难中降生，在磨难中成长，在困难中前行并走向成功。在党的百年发展史中，曾经历过无数次夹缝中求生存的危急时刻。其中，1927年大革命的失败给党组织的发展壮大造成了沉重的打击，党的前途命运岌岌可

① 习近平：《论中国共产党历史》，北京：中央文献出版社，2021年，第179页。

危。然而，中国共产党并没有气馁和认输，而是凭借着思想政治工作这一法宝绝处逢生，化险为夷，成为革命的急先锋。这一场域中，思想政治工作的主要任务有三个：第一，加强党内教育，坚定理想信念，恢复党组织的生命力、凝聚力和战斗力。第二，继续传播马克思主义真理，密切与百姓的血肉联系，鼓舞人心，组织革命。第三，揭露国民党反动派的暴虐行径，激发民众的公愤，树立明确的舆论风向标，在舆论宣传上战胜敌人，建立广泛的革命统一战线，继续革命。

场域三：乱世中开太平，打破一个旧世界，建设一个新世界。

毛泽东同志曾经指出“我们不但善于破坏一个旧世界，我们还将善于建设一个新世界”①。这不仅是毛泽东同志对中国共产党过去几十年光荣奋斗历程的客观总结与回顾，更是他代表党在新阶段顺应民意，担当使命，向全国人民立下的一份宣言书。百年来，中国共产党人始终用实际行动践行着对人民的这一庄严承诺。在“打破旧世界，建设新世界”的整个场域中，思想政治工作承担着两个方面极其重要的任务。

一方面，围绕“夺取新民主主义革命彻底胜利”的中心工作，思想政治工作主要承担：第一，在土地革命场域中宣传革命思想，组织和发动广大农民“打土豪、分田地”，积极投身革命的任务；第二，在抗日战争场域中激发民众爱国热情，掀起全民族抗日浪潮，宣传党的抗日救国战略方针，建立最广泛的抗日民族统一战线，为夺取抗战胜利做好思想和舆论准备的任务；第三，在解放战争场域中做好连队政治工作，对解放区农民进行思想教育，瓦解敌军，以及完成党内思想政治工作等任务。

另一方面，围绕“完成社会主义革命和建设”的中心工作，思想政治工作

---

① 《毛泽东选集》第四卷，北京：人民出版社，1991 年，第 1439 页。

的主要任务有四个。其一，团结群众，巩固新生政权。其二，统一思想认识，为社会主义三大改造扫清障碍，正确处理人民内部矛盾。其三，及时纠正“文化大革命”期间无产阶级专政下继续革命的理论对思想政治工作的误导，以及林彪、江青反革命集团对思想政治工作的全面破坏。其四，充分发扬民主，总结经验教训，提高全党理论水平。

场域四：改革中求发展，“长风破浪会有时，直挂云帆济沧海”。

1976年，“文化大革命”结束。经过近两年的准备，党的十一届三中全会之后，中国迅速步入改革开放的新场域。此时，思想政治工作肩负着更加光荣而艰巨的任务：第一，围绕改革开放的总路线和总任务，加强党员和群众教育，改革各条战线的思想政治工作，积极探索工作的新路径、新载体、新方法。第二，帮助人们逐步从“文化大革命”期间个人崇拜和教条主义的精神枷锁中解脱出来，开阔眼界、与世界接轨。第三，确保人们立场坚定、头脑清醒，坚持正确的价值导向，保障政治稳定、社会安定，采用各种手段充分调动人民的积极性、主动性和创造性，推动改革开放的航船全速前进。第四，理直气壮地开展反对各种邪教的斗争，倡导和弘扬科学精神、时代精神、民族精神，为社会主义物质文明和精神文明建设加油鼓劲。

场域五：百年未有之大变局下谋复兴，“举旗帜、聚民心、育新人、兴文化、展形象”。

习近平在2018年9月中非合作论坛北京峰会上提出：“放眼世界，我们面对的是百年未有之大变局。”① 这是习近平总书记“立足当代中国发展实践，展

---

① 张新宁：《把握百年大变局中“变”与“不变”需要深入研究的几个问题——学术界对百年未有之大变局研究成果述评》，《毛泽东邓小平理论研究》2020年第1期。

望世界前进大势，着眼人类共同命运所得出的重大判断”[①]，是我们认知和把握世界局势的根本遵循。在大变局的特殊场域中，中国该如何认清自身的优势和不足，明确肩上的责任和使命，把握机遇、迎接挑战、主动作为，通过高质量发展提升综合国力，努力实现中华民族伟大复兴，促使大变局朝着符合全世界人民意愿的方向发展？这是大变局为中国共产党新出的一道考题，也是当下开展思想政治工作的目标导向和价值旨归。显而易见，在“百年未有之大变局”场域下，党的思想政治工作要主动承担起“举旗帜、聚民心、育新人、兴文化、展形象”的使命任务。

（二）把握中国共产党百年思想政治工作内在逻辑的“四个维度”

1. 从工作本质上感知百年思想政治工作的内在逻辑

“加强思想政治工作，就要用马克思主义的方法，透过现象，抓住思想政治工作最基本、最本质的东西。”[②] 思想政治工作本质上是做人的工作。百年来，党始终牢牢抓住了这一本质，带着满满的情感和暖心的温度针对不同的对象和群体，“因人制宜”地开展思想政治工作。以土地革命时期为例：当时社会动荡不安，百姓流离失所，农民长期遭受地主恶霸、土豪劣绅的剥削和压迫，苦不堪言。饱含着对劳苦大众深切的同情和关爱，一方面，党通过思想政治工作对广大农民晓之以理、动之以情，组织农民武装起来闹革命；另一方面，党积极回应农民阶级对土地的迫切需要，充分利用物质利益原则打出“打土豪、分田地”的口号，全力激发农民的革命热情。

2. 从内容设置上把握百年思想政治工作的内在逻辑

内容载体是思想政治工作取得实效的重要依据。百年来，党的思想政治

① 朱雪微：《“百年未有之大变局”下的中国方略》，《思想理论教育导刊》2020 年第 12 期。

② 《胡耀邦文选》，北京：人民出版社，2015 年，第 404 页。

工作在内容设置方面，始终秉持了“因人制宜、因时制宜、因事制宜、对症抓药”的基本原则。首先，针对未成年人以及高校学生，党的思想政治工作侧重于“世界观、人生观、价值观”的教育和引导。其次，针对广大党员干部，主要倾向于强化“理想信念和党性修养”。再者，针对广大军人，偏向于“组织纪律观念”的培养。最后，针对普通群众，主要安排了“思想道德建设”和“社会主义核心价值观教育”等内容。

3. 从实施主体上认知百年思想政治工作的内在逻辑

百年来，党对思想政治工作的实施主体有非常周详的安排部署。第一类实施主体是各级党委第一书记。对此，毛泽东同志曾经有过明确指示，他强调：“各级党委，特别是省、市和自治区一级的第一书记，对于了解工厂、学校以及报纸、刊物的思想政治动向、加强思想政治工作，解决这些方面的具体问题等项任务，应该立即抓起来，并且教会地、县两级和城市区级第一书记抓起这些工作。”① 第二类实施主体是专业的政工人员。为此，党中央也作出了明确的指示：“要按照提高素质、优化结构、相对稳定的要求，建设一支政治强、业务精、作风正的思想政治工作队伍。”② 第三类实施主体是各级学校思政课教师以及高校辅导员。他们是灵魂的塑造师，负责帮助青年一代系好人生的第一粒扣子。第四类实施主体是基层群众自治组织的干部。他们是党的思想政治工作的第一道“阀门”，负责“过滤”损害党和人民利益的社会“杂音”。通过以上四类实施主体的共同努力，党的思想政治工作基本实现了全覆盖、无死角。

4. 从理论渊源中探寻百年思想政治工作的内在逻辑

理论是实践的先导，既来源于实践，又指导实践。思想政治工作的有效开展离不开先进、科学、丰富的理论渊源。百年来，党的思想政治工作理论渊源

① 《建国以来毛泽东文稿》第六册，北京：中央文献出版社，1992 年，第 371 页。
② 《十五大以来重要文献选编》(中)，北京：中央文献出版社，2011 年，第 204 页。

主要包含五个方面：第一，马克思列宁主义及中国化马克思主义理论。第二，党在各时期的思想路线、基本路线、基本纲领、基本方略以及大政方针。第三，中国人民普遍认同，能够引导人们积极乐观、向善向上，与社会主义方向一致的各种精神。第四，社会主义核心价值观。第五，“四史教育”相关内容（中共党史、新中国史、改革开放史、社会主义发展史）。

总之，通过从以上“两个向度”和“四个维度”分别审视和研究百年来党的思想政治工作理论与实践，其“内在逻辑”便跃然纸上。

二、归纳表达：百年思想政治工作在摸索与实践中形成了科学、严密的“四重逻辑”

（一）历史逻辑：与党的成长发展相生相伴、同向同行、立足现实、与时俱进，在每一个重要历史时期和空间场域不失时机地为党的中心工作呐喊助威，及时为我党抢占了意识形态领域的高地

从时间轨迹来看，回首中国共产党百年走过的伟大征程，可以确定，党的思想政治工作与党的成长发展相生相伴、同向同行。百年来党的思想政治工作发展前后经历了“萌芽与开端—工作制度化—实践创新和理论成熟—全面推进—在劫难中曲折前行—拨乱反正—从继承走向创新”七个阶段，每个阶段的探索与发展都与党的前途命运休戚相关，什么时候党的思想政治工作开展得好，党的各项事业就发展得好，什么时候思想政治工作偏离了正确的方向，党的各项事业就必定严重受挫。

从空间场域来看，百年来党的思想政治工作一以贯之地秉持着“把围绕中心、服务大局作为基本职责”[①]的根本宗旨，坚持立足现实、与时俱进，在不

① 《习近平谈治国理政》，北京：外文出版社，2014年，第153页。

同场域中为党的中心工作鸣锣造势、加油鼓劲。首先，在党从“苦难中站稳脚跟”“夹缝中求生存”到“打破旧世界建设新世界”的特殊场域中，思想政治工作根据党的中心工作安排，立足现实条件，顺应时代要求，灵活机动地为革命取得最终胜利和建设社会主义鼓舞士气、争取群众、教育党员、瓦解敌人。其次，在“改革中求发展”的场域中，思想政治工作面对世情、国情、党情的深刻变化，紧扣“和平与发展”的时代主题，按照党中央“在新的时期，党的思想工作必须坚定地贯彻执行为实现党的总任务、总目标服务”[①]的顶层设计，围绕“两个文明一起抓”的中心工作，及时解决了人们在思想觉悟、精神意志、道德修养、价值观念等方面的困惑和问题。在“百年未有之大变局下谋复兴”的场域中，思想政治工作紧扣国家“实现高质量发展，走近世界舞台中央”的战略目标，转变观念、改革方法、拓宽路径，不失时机地为党的中心工作摇旗呐喊，及时为我党抢占了意识形态领域的高地。

（二）体系逻辑：“组织领导、教育引导、精神激励、舆论宣传、文化支撑”五位一体，全方位化解人们在思想政治和道德灵魂层面的矛盾和困局

如果说重视并善于研究思想政治工作是中国共产党与生俱来的一种品格和能力，那么，百年来的实践已经将这种品格和能力渗透进党组织的肌体和血液，再也无法剥离。中国共产党自诞生之初，就已经开始探究和创建具有中国特色的思想政治工作体系。百年来，经过了不同历史时期和不同空间场域的实践，党已经逐步形成了“五位一体”的思想政治工作体系，即“组织领导、教育引导、精神激励、舆论宣传、文化支撑”。其中，党组织的全面领导是思想政治工作顺利开展的关键和前提，把握着思想政治工作的总体方向和价值旨归。教育引导是思想政治工作能否取得预期效果的中心环节。对此，

① 《十二大以来重要文献选编》（中），北京：中央文献出版社，2011年，第70页。

毛泽东同志曾特别强调“掌握思想教育，是团结全党进行伟大政治斗争的中心环节。如果这个问题不解决，党的一切政治任务是不能完成的”[①]。精神激励是重要的实施策略，是思想政治工作能够触及工作对象灵魂深处的有效路径。强有力的舆论宣传是基本保障，是思想政治工作持续有效的必要条件。深沉厚重的文化支撑是重要基石，是思想政治工作向纵深推进的重要载体。“五位一体”相辅相成，相得益彰，缺一不可，全方位化解人们在思想政治和道德灵魂层面的矛盾和困局。

（三）理论逻辑：用发展着的马克思主义和多元化的理论渊源指导实践、武装头脑，实现了思想政治工作理论党性与科学性、真理性与开放性、创新性与时代性的有机统一

百年来，党的思想政治工作始终坚持“言之有理，言之有物”的工作思路，用马克思列宁主义普遍真理、中国特色社会主义理论体系等五个方面的理论渊源指导并开展思想政治工作，充分彰显了党的理论优势，实现了党性与科学性、真理性与开放性、创新性与时代性的有机统一。

1. 党性与科学性的有机统一

思想政治工作与生俱来就是为党和人民的根本利益而服务的，这是由其阶级属性决定的。因此，百年来党的思想政治工作始终本着“围绕中心、服务大局”的宗旨而开展理论研究，形成了一套旗帜鲜明、内容丰富的理论体系。其中，马克思主义理论占据主导地位，是核心理论，确保了思想政治工作理论的“党性特征”。与此同时，这套理论体系又是一个科学严谨的理论体系。既有针对广大党员干部的“理想信念和党性修养”理论，又有针对未成年人以及高校学生的“三观教育”理论；既有针对军人的“组织纪律”培养理论，又有

---

① 《毛泽东选集》第三卷，北京：人民出版社，1991 年，第 1094 页。

针对普通群众的“思想道德建设”和“社会主义核心价值观教育”理论；既有对中华民族传统道德伦理中“仁义礼智信”等内容的批判继承，又有对现代社会“时代精神、民族精神”等内容的发扬光大。理论与理论之间相互补充、相得益彰、自成体系，充分体现了思想政治工作理论党性和科学性的有机统一。

2. 真理性与开放性的统一

马克思主义是放之四海而皆准的真理，蕴含着解决人类社会发展基本问题的科学方法论。然而，马克思主义理论又并非一成不变的教条主义，它本身就是一个开放的理论体系，需要与各国具体实践相结合才能正确地指导实践。党的思想政治工作理论亦是如此，不可能一劳永逸。百年来，在不同的历史阶段和空间场域，党的思想政治工作理论研究始终与时俱进，走在实践的前面，指导实践。始终根据世情、国情、社情、党情的发展变化，用发展的、开放的视角进行马克思主义理论中国化的探索和研究，并用最新的理论研究成果指导各条战线的思想政治工作。如“夹缝中求生存”场域中的《中国社会各阶级的分析》《湖南农民运动考察报告》；“打破旧世界建设新世界”场域中的《反对本本主义》《实践论》《矛盾论》；“改革中求发展”和“百年未有之大变局”场域中的《解放思想，实事求是，团结一致向前看》《在中央思想政治工作会议上的讲话》《在纪念马克思诞辰200周年大会上的讲话》等理论成果成功地指导了各个场域中的思想政治工作实践，充分彰显了思想政治工作理论真理性和开放性的有机统一。

3. 创新性与时代性的统一

只有先进的理念才能指导先进的实践。“我们的思想政治工作，就是用人类历史上最先进、最科学的世界观、方法论去教育人、启发人、解决人的立场和思想问题。”[①] 百年来，党的思想政治工作扣时代脉搏，不断地发展与创新，用最先进的理论武装头脑、启迪思想、团结群众、凝聚人心。首先，指导思想上，百年来党实现了两次马克思主义重大理论创新飞跃，先后产生了“毛泽东思想”和“中国特色社会主义理论体系”。其次，理论渊源上，在革命战争场域中，为了动员工农群众参加革命，党通过各种途径传播马克思主义信仰、革命理想。在改革建设场域中，为了引导群众积极投身“两个文明建设”，党及时向民众宣传“开拓进取、大胆创新、摸着石头过河”的改革精神。在新时代，为了统筹推进“五位一体”总体布局，党号召人民群众“不负韶华只争朝夕，撸起袖子加油干”。在百年未有之大变局的场域中，为了提升中国的国际地位，党对思想政治工作提出了“举旗帜、聚民心、育新人、兴文化、展形象”的时代要求，并有相应的具体内容作为支撑，充分凸显了思想政治工作理论创新性和时代性的有机统一。

（四）实践逻辑：尊重人民主体地位，抓主要矛盾和重点人群，理论教育和社会实践深度融合，精神激励与物质利益双管齐下，方法创新和路径延伸同步推进，持之以恒地提升思想政治工作的科学性和有效性

1. 坚持人民性，走群众路线

“承认人民群众的历史创造者地位，是马克思主义唯物史观与以往社会历史观的根本区别。”[②] 马克思主义政党的一切工作都应尊重人民的主体地位，充分彰显人民性。因此，人民性是思想政治工作最重要的本质属性。百年来，中国共产党始终坚持从人民的利益出发，将“以人为本”贯穿于思想政治工作的全过程。审视各个历史时期和空间场域党的思想政治工作留下的足迹，可以

① 《十三大以来重要文献选编》（中），北京：中央文献出版社，2011 年，第 455 页。

② 杨谦、张婷婷：《对“人民群众是历史的创造者”原理的再理解》，《思想理论教育导刊》2020 年第 1 期。

深切地感受到时刻把“人文关怀”放在首位，坚持走“群众路线”，为了群众、依靠群众是中国共产党开展思想政治工作一贯的原则和作风。

2. 抓住主要矛盾、抓好重点人群，注重思想政治工作的针对性

百年来，党的思想政治工作始终遵循“解决问题要从主要矛盾抓起”的哲学方法论，深入研究各条战线、各个领域的思想政治工作，确定了“重点突破、兼顾全局”的工作策略。一方面，在顶层设计上，党中央将高校思想政治教育作为工作的着力点和突破口，进行了深入、系统的研究，近年来涌现出一大批优秀的高校思想政治教育理论研究成果。另一方面，紧扣思想政治工作“本质是做人的工作”这一属性，党中央高度重视党员干部、军人、农民、知识分子、高校学生、未成年人等重点人群的思想政治工作，百年来在各条战线积累了丰富的思想政治工作实践经验和理论成果。尤其是进入新时代以来，作为党的总书记和最高国家领导人，习近平同志围绕如何做好思想政治工作发表了一系列重要论述，特别强调“提升思想政治教育亲和力和针对性”①。

3. 理论教育与社会实践深度融合，精神激励与物质利益双管齐下

百年来党的思想中政治工作之所以能够取得预期效果，其中最重要的一条就是无论在任何场域都始终坚持理论教育与社会实践深度融合，精神激励与物质利益双管齐下。在革命战争的场域中，党一边深入社会最底层，传播马克思主义，挨家挨户做思想动员，宣传革命；一边为劳苦大众开办工人夜校和劳动补习学校，教会工人文化知识和劳动技能，竭尽所能在物质上对穷苦百姓给予帮助，争取群众的绝对信任和拥护；同时，党通过解决百姓最关注的土地问题、工资待遇问题调动农民和工人的革命积极性；通过整风整党运动、生产劳动等社会实践活动统一思想、凝聚人心。在改革建设的场域中，党一方面通过

① 《习近平谈治国理政》第二卷，北京：外文出版社，2017年，第378页。

形式多样、内容丰富的思想政治教育，引导民众解放思想、改革创新；另一方面，通过行政手段和经济手段帮助百姓实现了“腰包鼓起来，好日子过起来”的现实目标，从而更加笃信党作出“改革开放”这一伟大决策的正确性和先进性。

4. 方法创新和路径延伸同步推进

创新是思想政治工作的诀窍和灵魂。建党百年来，思想政治工作始终担负着“引导人、教育人、塑造人、培养人”的重大历史使命，始终高度重视方法创新和路径延伸。在不同历史时期和不同空间场域，准确把握社会思潮的纷繁变幻以及人们思想认识的多样性、多元化特征，综合运用教育、行政、经济、网络等多种手段和载体，一以贯之地创新工作方法，延伸实施路径，实现了思想政治工作“管人、管事、管思想”的紧密结合、有效互动。一方面依赖生动活泼的思想政治工作方法加强党的自身建设，刀刃向内，自我革命，及时纠正了党内部分同志的错误和失误，永葆了党组织的先进性和纯洁性；另一方面，借助多维度、立体式的思想政治工作实践路径将全体中华儿女紧紧团结在党中央周围，确保了人民群众无论在任何情况下都充分相信党的决策、坚决拥护党的领导、不遗余力支持党的行动，在党的领导下勠力同心、同舟共济，取得了长久的胜利。

总之，在百年的探索和实践中，党的思想政治工作生成了科学、严密的历史逻辑、体系逻辑、理论逻辑和实践逻辑，为未来更好地开展思想政治工作提供了一些启发。

三、思考启发：未来思想政治工作要固本培元、观照现实、守正创新

（一）固本培元：旗帜鲜明地坚持党的全面领导和马克思主义在思想政治工作中的指导地位

中国共产党百年思想政治工作的内在逻辑启示我们，思想政治工作与党的成长相生相伴、同向同行。因此，未来思想政治工作要着重固本培元，旗帜鲜明地坚持党的全面领导和马克思主义的指导地位，坚持用发展着的马克思主义指导实践、武装头脑，通过各种有效途径和方法唱响主旋律，打好主动仗，理直气壮地与一切反马克思主义、反中国特色社会主义的思潮、邪教以及言论做斗争，始终坚持思想政治工作的红色属性，传承红色基因，用红色的思想政治工作为党的伟大事业顺利推进凝聚人心。

（二）观照现实：关注各条战线人们在思想政治、道德情操、价值观念等方面存在的现实问题

中国共产党百年思想政治工作的内在逻辑启示我们，未来思想政治工作要观照现实，着力解决新时代各条战线的人们在思想政治、道德情操、价值观念等方面存在的现实问题。首先，应以公共精神强化社会责任，号召人民群众“共建、共治、共享”幸福美好家园。其次，应以“四德教育”浸润道德情操，引导人人争做奉公守法、诚实守信的良好公民。再次，应以社会主义核心价值观涵养家国情怀，倡导人们爱国奉献、爱岗敬业、诚实守信、文明友善。最后，应以“四史教育”唤醒人们的历史归属感和民族自信心，呼吁每一个社会成员“不负韶华、只争朝夕”，为建设现代化强国、实现中华民族伟大复兴中国梦而不懈努力。

（三）守正创新：持续提升思想政治工作的渗透力、感召力、亲和力、覆盖力、塑造力和持久力

中国共产党百年思想政治工作的内在逻辑启示我们，“守正是思想政治工作发展的基础，创新是思想政治工作发展的关键”①，未来思想政治工作应高举中国特色社会主义伟大旗帜，永不止步地进行改革和创新，不断增强思想政治工作的感召力、渗透力、覆盖力、塑造力和持久力。一方面，要更加注重理论研究和创新，坚持用最新的马克思主义理论成果指导工作。另一方面，要力求在实践路径上开拓创新。首先，应理性地把握新时代思想政治工作面临的新局面和新矛盾，尤其要清醒地认识和分析“百年未有之大变局”带来的一系列复杂的社会问题和社会心理对思想政治工作带来的压力及挑战。同时，要充分认识新时代思想政治工作本身出现的“分众化、综合化、生活化、信息化”等新趋势给开展思想政治工作带来的考验。有的放矢地明确工作思路，运用恰当的实施路径，做到对症抓药、解决问题。其次，要坚定不移地继承和发扬百年来党的思想政治工作积淀下来的“整风整党、理论武装、党性修养、主题教育、专题学习、阅读经典、实践锻炼”等优良传统和宝贵经验。同时，注重思想政治工作策略和方法的持续创新，实现工作模式上传统与现代、多维与立体的融会贯通、相互促进。再次，应注重将思想政治工作融入生活的大场域，在“落细落小、日用不觉”② 中潜移默化地提升思想政治工作的渗透力、感召力、亲和力。最后，要设法将网络技术和信息化手段运用于思想政治工作的全过程，以生动、活泼、广泛的形式和内容，着力提高思想政治工作的覆盖力、塑造力和持久力，为党的事业摇旗呐喊、加油助威。

---

① 韩宪洲、孙瑞婷：《高校贯彻落实习近平总书记关于思想政治工作的重要论述探析》，《北京联合大学学报（人文社会科学版）》2020 年第 19 期。

② 赵政：《利益共同体视域下思想政治工作的着力点》，《领导科学》2020 年第 10 期。

一言以蔽之，在过去一百年的伟大征程中，中国共产党始终依靠科学有效的思想政治工作统一思想、凝心聚力，带领中国人民克服千难万险，从胜利走向辉煌。未来，就让我们更加深刻地认识“思想政治工作既是中国共产党一切工作的生命线，又是党的制胜法宝，更是党治国理政的传家宝”[①]的重要地位；时刻谨记思想政治工作要“围绕中心、服务大局”这一根本宗旨；牢牢把握思想政治工作的历史逻辑、体系逻辑、理论逻辑和实践逻辑；解放思想、与时俱进，努力开创思想政治工作新局面，为党的各项事业稳步推进筑牢思想之基。

① 陈文斌、袁承蔚：《思想政治工作是党的生命线——习近平对党的思想政治工作优良传统的继承与创新》，《毛泽东邓小平理论研究》2020 年第 12 期。

中国共产党百年思想政治教育的基本经验研究

徐秦法[①] 许梦宇[②]

摘要：中国共产党百年思想政治教育的基本经验表明，思想政治教育的发展逐步跳出单向传统的思维方式的束缚，不断确证其科学性特性。不是片面以政治性或文化性去认识和界定思想政治教育，而是从政治形态、文化形态与思想性角度去研究，实现意识形态教育、文化性教育和思想性教育的有机融合；不是单纯以生硬的灌输进行理论教育，而是充分契合教育对象主体性，实现渗透性教育配合灌输性教育激发自主性教育；不是固定特定主体的重点性教育，而是兼顾不同群体，扩大教育范畴，实现先进性教育与广泛性教育和层次性教育的协调发展。

关键词：中国共产党；思想政治教育；基本经验

2021年，随着中国共产党迎来百年华诞，思想政治教育也将走过百年的发展历程。站在这一历史节点上，习近平总书记提出："探索建设新时代思想政治教育体系。"[③] 探索一系列完备的思想政治教育的内容体系、方法体系和保障

---

① 徐秦法，广西大学马克思主义学院院长、教授、博士生导师。

② 许梦宇，广西大学马克思主义学院马克思主义理论专业硕士研究生，主要研究方向为思想政治教育。

③ 习近平：《在中央军委基层建设会议上的重要讲话》，《新华网》2019年11月10日。

体系，以百年思想政治教育的科学经验阐明新时代思想政治教育体系的努力方向是中国共产党思想政治教育发展的关键性问题。因此，本文尝试把基本经验作为研究客体，总结中国共产党百年思想政治教育的基本经验，阐释中国共产党百年思想政治教育的科学性。

一、坚持意识形态教育、文化性教育和思想性教育的有机统一

思想政治教育百年发展历程中，大致经历了以政治意识形态的建构与完善方式展开的意识形态教育，实现文化形态与意识形态有机融合的文化性教育和以“知、情、意、信、行”教育的内在统筹方式展开的思想性教育。这个历程逐渐摆脱了单纯强调意识形态或文化形态的传统模式，逐步向思想性教育扩展，体现了意识形态性、文化性和思想性教育的有机统一。

（一）意识形态教育是思想政治教育的发展之本

意识形态教育是中国共产党思想政治教育的发展之本，通过意识形态教育推进政治意识形态在社会成员思想中的建构与完善，这是思想政治教育的题中之义。其一，推进政治意识形态在社会成员思想中的建构与完善是由思想政治教育的本质决定的。“任何一个时代的统治思想始终都不过是统治阶级的思想”①，把统治阶级的思想转变成统治思想，最直接的就是以教育为手段实现意识形态观念在被统治阶级头脑中的建构，深度掌握他们的主观世界，达到思想、政治教育的效果，本质上是为统治服务，具有鲜明的政治形态。其二，不同于一般意义上的“政治”，中国共产党思想政治教育的“政治意识形态”主要指主流意识形态所要求的政治目标、纲领规范等，促使教育对象形成的坚定政治信仰，坚持马克思主义信仰、共产主义信仰，通过强化政治认知和情感，

① 《马克思恩格斯选集》第一卷，北京：人民出版社，2012年，第419～420页。

坚定信念信仰和价值观念，培养新时代社会主义新人。其三，政治意识形态是意识形态教育与一般教育相区别的直观表现。一般教育在教育的过程中附带巩固政治统治、维护社会秩序的使命，而意识形态教育将其作为直接使命，即通过思想教育的途径和手段保证政治意识形态在社会成员思想中的建构与完善，实现全体社会成员的政治立场、情感和态度向主流意识形态转化。

中国共产党高度重视和发挥思想政治教育的政治教化功能，努力实现政治意识形态在社会成员思想中的建构与完善，维护我国意识形态领域的安全稳定。首先，从思想政治教育的本质来看，“思想政治教育”这一概念最初以党的“思想工作”“政治工作”等来概括，后来以“思想政治工作”“政治思想工作”“思想教育”“道德教育”“思想理论教育”等代指。2006年《现代思想政治教育》提出的概念成为普遍共识，即“思想政治教育是一定的阶级、政党、社会群体遵循人们思想品德形成发展规律，用一定的思想观念、政治观点、道德规范，对其成员施加有目的、有计划、有组织的影响，使他们形成符合一定社会、一定阶级所需要的思想品德的社会实践活动”[①]。可以看到，“政治性”是众多术语阐释中共有的、最稳定的属性，清晰地表明了推进政治意识形态在社会成员思想中的建构与完善是中国共产党思想政治教育的题中之义。其次，从思想政治教育的表现形式来看：一是中国共产党思想政治教育的知识体系和理论基础等围绕党和国家的大政方针，其实践活动的领导、组织、开展、总结等实施环节也离不开党和政府的支持，具有鲜明的政治形态。二是思想政治教育要求社会成员的思想道德素质与党和国家发展相契合，与社会发展同频共振。而要实现这一要求，落实到具体的教育活动中具体体现在教育对象的政治意识形态方面。三是意识形态教育是思想政治教育的发展之本，强调其他教育时必

① 张耀灿等：《现代思想政治教育》，北京：人民出版社，2006年。

须以正确的政治意识形态为前提。思想政治教育百年历程中，政治意识形态的建构与完善不能省略，离开意识形态教育，思想政治教育就失去存在的根基。

（二）文化性教育实现文化形态与意识形态的有机融合

"思想政治教育是一种政治现象，也是一种文化现象，它以政治取向来汲取文化资源，以政治需要来规导育人规格，以文化教化来实现政治目的，同时兼具政治性和文化性。"[①] 思想政治教育不但表现为理论化，还表现为文化化、生活化等不同的形态。仅仅依靠抽象的意识形态观念灌输实现思想政治教育效果，是不现实的。原因在于意识形态观念作为一种价值体系，根植于实践基础之上，是对人的现实生活的反映和表征。思想政治教育的关键在于使理论化、抽象化的思想观点、政治观念逐渐转化为看得见、感受得到的制度化、文化化、生活化的具体的形态，实现理论与实践之间的跨越。一定意义上来说，思想政治教育要获得实效性，离不开文化形态与意识形态的有机融合，即文化性教育。

首先，文化性教育以意识形态教育为前提。这是因为"意识形态决定文化前进方向和发展道路"[②]，只有符合主流意识形态，服务党和国家目标和任务的文化才可以纳入思想政治教育领域。中国共产党思想政治教育百年历程中，积极开发服务于中国共产党执政目标和任务的文化资源，统筹推进"文化形态"建设与"意识形态"建构，以意识形态统领文化形态，发展符合主流意识形态的文化，引导各类文化契合主流意识形态，保持政治警觉性和分辨力，慎重地对待外来文化，警惕西方国家利用文化进行意识形态渗透，尤其在创新思想政治教育研究中谨慎遴选，严防淡化主流意识形态性的思想和观点被当作权威理念引入思想政治教育中。其次，文化性教育激发思想政治教育的文化底蕴。从

---

① 沈壮海：《关注思想政治教育的文化性》，《思想理论教育》2008 年第 3 期。
② 《十九大以来重要文献选编》（上），北京：中央文献出版社，2019 年，第 1 ~ 50 页。

文化的视角来看，思想政治教育也是一个文化育人的过程，通过发挥中华文化的“软”力量来实现凝聚人心，维护社会稳定的“硬”意识形态功能。运用中华文化天然的辐射性和渗透性，融入意识形态教育，增添意识形态教育的感染力，以文化形态凸显意识形态，使传承中华文化活动承载一定的思政功能，达到“潜移默化、自然适之”的效果。最后，文化性教育实现文化形态与意识形态的有机融合。“意识形态”和“文化形态”是对思想政治教育不同角度的阐释，文化性教育把对意识形态的坚守贯穿渗透于文化形态中，“坚定文化自信的本质是牢牢掌握意识形态工作领导权”①，统筹推进思想政治教育“文化形态”建设与“意识形态”建构。

（三）思想性教育是意识形态教育和文化性教育的必要转化环节

思想性教育关键在于使教育对象的思想产生影响，实现“知、情、意、信、行”教育的内在统筹。从这一方面来说，思想政治教育的实现是一个由“知”转化为“行”的教育过程。一是建立在充分把握教育对象的认知、情感、意志、信念、行为等主体特质的前提下，切实从教育对象自身出发，以“提升普遍认知、强化家国情感、砥砺坚定意志、坚定理想信念、积极躬身践行”为宗旨，增强教育的可行性和实效性。二是建立在教育对象自身思想的觉醒、认同和转化的基础之上，追求有思想可教育，用思想去教育，给思想政治教育赋予思想性，对接教育对象精神世界的塑造与建构，实现思想政治教育“认知性—实践性”的转化。在这个转化过程中，教育对象在接受教育后理解并领悟一定的处理思想、道德、生活等关系的原则和规范是前提，将外在的认知转化为内心自发的信仰是核心，坚定顽强的意志和持之以恒的精神力量是关键，在实践活动中自觉规范行为，自觉做到个人致知、修身、践履，与社会发展要求

---

① 本刊记者、侯惠勤：《坚定文化自信的理论自觉——访中国社会科学院大学特聘教授侯惠勤》，《马克思主义研究》2017 年第 11 期。

同频共振。

“知、情、意、信、行”教育的践行不是各行其是的，而是统筹于思想政治教育的过程中。首先，“认知教育”除课堂教育外，还普遍存在日常思想政治教育氛围中。氛围建设以日常接触环境为重点，优化设施与建设，遵循普遍审美要求适当增添一定的主流价值理念和意识形态信息，使这些观念信息在无意间渗透到接触者的意识底层，对他们的认知和行为发生影响。最常见的是建设“爱国”“节约用水用粮”“普法”等主题教育墙报，鼓励产出思想教育内容相关的艺术作品、视频广告等，实现认知教育。其次，情感教育以满足需求服务的形式，达成必要的思想引导。情感教育围绕创设良好的心境条件开展，满足教育对象的合理需要，如在文化娱乐活动中宣扬正向价值，渗透德育内容，使教育对象在满足休闲娱乐的同时不自觉地接受教育；在日常心理咨询或法律服务中加强心理疏导，解决教育对象面临的现实问题等。再次，强化意志教育，加强行为反馈的正向作用。思想政治教育的实现过程中无时无刻不考验人的意志，同样其实现过程中也无处不存在着意志教育。一是通过理想确立、积极情感引导和榜样激励等方式，有意识地培养人的积极意志。二是增设挫折教育、竞争教育和逆境教育等内容，磨炼人的坚强意志。三是通过劳动锻炼、体育训练、军训等方式，使人的意志得到极大的磨砺，实现意志教育引导行为正向反馈的作用，确保理想信念的巩固和落实。最后，构造积极的舆论引导氛围，统筹“知、情、意、信、行”教育，实现人的深层认识转化为外在行为。端正广大人民群众对主流理论体系和价值体系的态度，使马克思主义理论成为社会成员分析、解决思想问题的精神动力，认识、改造现实世界的行动指南。

二、坚持灌输教育、渗透教育和自我教育的协调发展

显性教育与隐性教育在思想政治教育百年历程中是相伴而生的，目的性强

的显性教育，以理论、认知的传授灌输为主要内容，即灌输教育；隐性教育则以隐晦正向的渗透为特征，即渗透教育。普及社会主流思想在于正面灌输，有利于将社会主流价值观转化为教育对象的指导性价值观；隐性渗透教育蕴于显性灌输教育中，有利于强化教育对象认知的内化与外化教育的现实性，契合教育对象的心理特征；在灌输教育和渗透教育有机融合过程中激发自我教育，有利于提升教育对象的教育自觉性，真正达到教育实效。在实际思想政治教育过程中，片面关注一方或片面否定一方无异于方枘圆凿。因此，在百年历程中实现三者的协调发展，从以灌输为主体转变为灌输与渗透教育相统一，激发自我教育的模式，是中国共产党百年思想政治教育的宝贵经验。

（一）灌输教育意在普及社会主流思想

“马克思主义灌输论”为我们党开展灌输教育提供了重要的理论依据，但其发挥作用的同时，也遭受到一些批评甚至责难。厘清灌输和灌输教育一直是思政领域密切关注和思考的重要问题。譬如，理论依据说①、动态过程说②、方法手段说③。上述三种理解，无论把“灌输”看作思想政治教育的普遍理论、动态过程还是方法手段，在本质上是不矛盾的。灌输作为思想政治教育抽象存在的一个理论原则，其中蕴含的灌输理念对于思想政治教育的理论教育具有一定的

① 孙来斌：《“灌输论”是指导思想理论教育的科学理论》，《马克思主义研究》2004年第3期。侯爽：《关于灌输理论与思想政治教育本质的再研究》，《思想理论教育导刊》2009年第10期。王文：《灌输理论在新时期思想政治教育中的科学运用》，《学术论坛》2010年第4期。刘书林：《论思想政治教育的本质——坚守“灌输论”的缘由》，《思想理论教育导刊》2012年第10期。郑永廷：《论社会意识形态与思想政治教育的内在联系》，《中国高校社会科学》2015年第6期。

② 白显良：《论灌输在思想政治教育中的认识定位》，《学校党建与思想教育》2003年第6期。金鑫、张耀灿：《对马克思主义灌输理论的再认识》，《学校党建与思想教育（上半月）》2008年第6期。舒新：《马克思主义灌输论的理路与践行——对历史文本的现实解读》，《社会主义研究》2014年第6期。

③ 孙来斌、高岳峰：《“灌输”的双重视界——马克思主义“灌输论”与当代西方灌输批判理论的话语差异》，《马克思主义研究》2014年第5期。

借鉴意义，应持之以恒推进灌输教育。灌输作为思想政治教育具体践行的一个实践过程，应坚持灌输原则与方法的灵活统一，实现灌输教育与灌输手段的驾轻就熟。在实践的过程中坚持以正面灌输的方式指导实践，实现灌输主客体双向的互动过程，达到普及社会主流思想的目的。

中国共产党思想政治教育以客观务实的态度和辩证开放的视野审视灌输教育，在深刻总结不同时期灌输理论运用的经验和教训的基础上，正确对待灌输教育的多样性，统筹理论灌输与实际问题，夯实灌输教育的现实基础，助力思想政治教育的说服力和战斗力。灌输教育无论从理论到实践，还是从传统阵地到新兴阵地始终不断发展创新，形成了立体的灌输体系。一方面，灌输教育指向理论教育与理论宣传活动，以灌输论为根基，汲取其中的基本原理和方法论，实现直接、明确的意识形态、思想政治、道德法治教育。坚定灌输教育是打赢意识形态领域斗争的急先锋，是党和社会主义制度前途命运的守卫者，开展学习“重要讲话精神”“两学一做”“三全育人”等灌输教育的理论拓展专题活动。另一方面，在实践中坚持与时俱进发展灌输教育，以“灌输”为方法和载体实现灌输教育与主客体相结合，指导意识形态建设，促使灌输教育不断拓展新的领域。譬如，在固守传统灌输阵地的同时，我国也重视抢占意识形态领域新阵地，即网络阵地的研究和建设等。

（二）隐性渗透教育蕴于显性灌输教育

显性教育以其明确直观的特点能够快速达到教育的目的，但思想政治教育不是一个木雕泥塑的过程，随着教育的不断开展，譬如单一性、抽象性等弊端逐渐暴露出来。从这一方面来看，隐性教育更能发挥教育的感染性、持久性和实效性。所谓隐性教育即教育场所不局限、教育内容不框定，通过渗透的方式隐晦地达到预期教育目的。譬如，在自然环境、人文环境和文化环境的创设中巧妙融入思想政治教育因素，让教育对象置身于波澜壮阔的自然环境，振奋人心的人文风情以及积极向上的接触环境中，有效提升教育对象的思想眼界。这是因为渗透教育存在于教育的全过程，教育的内容和形式更加面面俱到，载体和手段更加通时合变，作用域更加包罗万象，能够适应不同层次的教育对象、教育阶段和教育过程，通过长期的不间断的连续作用实现教育目的，具有广泛性和持久性。再者，渗透教育是在教育对象无意识中，通过策划特定的内容，创设特定的环境、载体，实现了思想提升和价值影响，具有无意识性。

渗透教育不是存在于中国共产党思想政治教育之外，而是将其已有的内容与隐性教育的理念相结合。其一，以运行有序、弊绝风清的良好环境氛围影响教育对象的行为方式。譬如，以“正能量”“爱岗敬业”“精益求精”等品质引导评选劳动楷模、行业标兵等各类职业活动，同时制定团体约定、纪律措施等来约束、规劝、修正教育对象的言行，提升各行各业工作者的思想认识和思想觉悟，促使教育对象在环境氛围的熏陶感染下，在纪律规章的约束下逐渐养成良好的思想品德、职业行为和价值归属，实现行为引导和行为约束有机结合，不通过直接的教育活动达成渗透效果。其二，以素质教育推动思想政治教育的拓展和深化。在素质教育的进行过程中激发和提升教育对象的潜能、智力、审美、心理和素质等各个方面，使教育对象的自觉性、创造性等深层次潜在素质得以强化和激活，在提升国民素质的内在驱动下深化思想政治教育，提高效果。其三，渗透教育与良好社会风气相辅相成。社会成员在思想政治教育的不间断渗透和思想教育环境的长期熏陶感染下，不自觉地提升自身的道德素质，促进“四风”建设、中央八项规定等的落实，形成良好社会风气。同时良好的社会风气又使得社会成员的积极社会行为得到及时的确认，反过来进一步作用于社会成员的审美能力、精神风貌和道德素质等，巩固良好的社会风气。

（三）灌输教育和渗透教育过程中激发自我教育

“促进自我教育的教育才是真正的教育”，自我教育是实现教育的最高境界。自我教育就是自己对自己进行教育，在灌输和渗透教育过程中激发个体自觉性，最大特点就是自觉性。这是因为在自我教育的过程中：首先，教育对象的主体性得到最大程度的发挥，即教育对象在接受教育的过程中，以高度的自觉性面对自己，以高度的主动性提升自己，鞭策自己形成符合党和国家所要求的思想道德品质。其次，教育对象逐渐形成和发展了社会化的自我意识和自我能力，不断提升适应党和国家发展的社会能力，自觉实现自身的社会化程度。最后，自我教育通过丰富的教育实践活动和方式激发教育对象的好学精神和探索精神，并由此作出相应于灌输教育和渗透教育所需要的价值评价和价值选择，转化为他们的自我价值和自我判断，不断激发自身的创造性。

中国共产党思想政治教育充分重视自我教育的方式和方法，出台的各类思政意见、通知中多次提及自我教育。譬如，坚持“教育和自我教育相结合的原则，不断提高学生自我教育的能力”“教育与自我教育相结合，充分调动大学生的积极性和主动性，引导他们自我教育、自我管理、自我服务”等①。灌输教育和渗透教育过程中激发自我教育，具体来说包括：一是在善于激励的前提下，引导广大人民群众形成以自觉性为指向的动力支撑。最常见的是整合各类激励措施，特别是借助媒介环境，传递正能量和主流价值观，给人民群众以后盾支持，激励他们自我提高，自我调适，塑造个人健康心理和良好品质，保证各项积极社会行为得到及时的确认。二是统筹个体和集体的自我教育，创设自我教育的良好氛围。强化广大人民群众对政治理论的学习，对祖国的热爱，对社会的了解，组织一系列“爱国”“爱党”“节约”等专题报告会、知识辩论竞赛以及一系列“扶贫”“助残”等志愿服务实践活动，促使广大人民群众在集体活动中有所感悟和收获，以正确的“三观”参与集体实践活动，促进优良教

① 《加强和改进大学生思想政治教育重要文献选编（1978—2014）》，北京：知识产权出版社，2015 年，第 157、266 页。

育氛围的形成，发挥集体的教育作用，逐步形成良好的思想品德与行为习惯。

三、坚持广泛性教育、先进性教育和层次性教育的融合发展

中国共产党思想政治教育百年发展始终从教育对象的思想现状出发，实现广泛性教育，扩大教育的覆盖域；根据教育对象的不同水平和同一水平的不同需求，有机统筹先进性教育和层次性教育，增强教育的正当性和针对性。与此同时努力做到兼顾广泛性、明确先进性、突出层次性，统筹协调三者之间的关系，确证思想政治教育的科学发展。

（一）广泛性教育是增强教育覆盖面的方法

广泛性教育处于思想政治教育的基础性地位，强调的是照顾多数，旨在形成全社会教育的巨大合力，致力于国民素质和道德水平的提升。由于教育对象社会地位的偏差，尤其是教育程度的偏差，使得广泛性教育实现思想政治教育广泛辐射全民具有一定的复杂性。总体来看，一方面，广泛性教育最大限度地扩大主流价值观念的普及，向全体社会成员宣传，努力使马克思主义信仰和共产主义理想深深扎根于人民大众头脑之中，成为社会不同阶层和不同群体普遍认同的价值信仰和行为准则，形成思想政治教育强大合力。另一方面，广泛性教育采用最常见、最基本的道德水准来规范和要求广大人民群众，使思想政治教育的内容与原则都被广大人民群众所理解、掌握和运用，形成广泛的群众基础，有利于增强教育覆盖面，易于达到教育的目的。

中国共产党思想政治教育，一方面从拓宽教育覆盖面的角度实现广泛性教育。“开展中国特色社会主义理论体系宣传普及活动，推动当代中国马克思主义大众化”[①] 的战略任务等，明确要求把学生、企事业职工、新生代农民、军

① 《十七大以来重要文献选编》（上），北京：中央文献出版社，2009 年，第 26 页。

队、农村、企业、社区居民、军队等不同群体广泛纳入教育对象的范畴，不断扩大教育的覆盖面。另一方面，从全面提升教育实效性的角度夯实广泛性教育。切实提升教育实效性，教育对象能否接收教育讯息是首要考虑的问题。广泛性教育不仅仅停留于扩大教育覆盖面，更重要的是如何使教育内容和方式广泛适应于不同群体的接受能力，真正收到实效。譬如，荣辱观教育，学雷锋活动等，明确道德审美的荣与耻，明确行为界限的应当与禁止，把道德荣辱与宣传教育结合起来，更能契合不同社会成员的道德实际情况，更能扩展思想政治教育的覆盖面，提升社会成员的思想品德素质的同时提高社会的文明水平。

（二）先进性教育是夯实教育正当性的基础

先进性教育不仅停留在教育理论先进的问题上，而且进一步追问如何实现先进性教育的问题，也就是说先进性教育，一方面指理论的先进性，即不断更新思想政治教育的知识体系和理论基础，以先进的思想价值观念开展思想政治教育。另一方面指群体的先进性，即首先使先进的教育理论抵达广大党员和党的领导干部等先进群体，在教育过程中实现先进带动一般、少数影响多数，充分发挥先进群体的价值引导和信念引领作用。先进性教育既是提高社会成员价值观念和政治素质的实践保障，也是避免社会成员思想认知滞后、价值断层和意识形态风险规避的思想保障，先进性教育是最新价值理论观念的认知与践行第一时间到达实践层面的重要方式，也是夯实思想政治教育正当性的重要方式。先进价值理论观念的认知与践行第一时间到达实践层面，必须关注社会群体中的先进层次、先进人物尤其是广大党员和党的领导干部对主流价值原则的认同和践行，采用较高的道德水准去规范和要求。这是因为他们是社会的中坚力量，社会需要这些人对思想政治教育的实效性起率先垂范的带头作用。

面对社会思潮混乱与价值越轨风险，我国先进性教育对社会成员的思想观念和价值观念进行引领与整合，成为维护意识形态的思想保证。实现思想政治教育的正当性，一是通过树立先进模范典型，给社会成员树立标杆和正向行为引导，不断推进社会主流思想深入人心。最常见的就是选取个人或集体的先进事迹，树立学习的样板和榜样，以他们的先进事迹或贡献为例，达到引领风尚，提高思想觉悟的目的。“思想需要先导，实践需要榜样。”① 先进性教育通过先进典型的示范引领，为教育对象树立学习的标杆，使其成为社会主流思想行走的广告，形成一种具有现实带动性的引领方式。二是旨在充分发挥社会群体中的先进群体在全社会的价值引导和信念引领作用，为社会成员的思想和行为划定价值标准，从而真正实现先进带动一般、少数影响多数，实现价值整合，提高我国“软实力”。

（三）层次性教育是增强教育针对性的原则

层次性教育即有层次的教育，具体来说就是划分教育对象的不同层次，细化同一层次教育对象的不同接受能力，区分同一接受能力教育对象的不同教育诉求等，采用不同的教育内容和教育方式开展教育，从而也就达到了内容、方式等方面的层次性。层次性教育遵循教育对象的思想形成和发展的规律，既鼓励先进又兼顾多数，实现不同层次的教育对象与社会主流价值同频共振。这是因为教育对象的个人教育、生活条件参差不齐，个人的自觉性程度不尽相同，必然在接受思想政治教育中存在较大的差异。尤其是随着社会不断向前发展、社会成员普遍教育水平提高，生活水平提升，教育对象的思想道德素质也随之出现相当大的差异。思想政治教育要想使每一个社会成员接受相应的教育，必须增强针对性，注重层次性。

我国层次性教育打破传统“一对一”教育模式的桎梏，以因材施教、全面发展为教育理念，制定与之相适应的教育内容和方式，使教育对象置身于春风

① 孟轲：《论社会主义核心价值体系的国民普及路径》，《马克思主义与现实》2010年第5期。

化雨的教育环境中，在各自原有基础上得到全面的提升发展，努力寻求“教”与“受”之间的平衡。一是分析教育对象的思想现状和接受程度，推进大中小学思想政治教育，企业职工、农民、党政、军队思想政治教育，使“教”与“受”相协调，实现层次性教育。二是切实关注教育对象“需要什么”，根据社会成员的思想现状研究符合其需要的教育，注意区分其需要与期望的差距，真正实现社会成员需要的教育。同时分析教育需要的正当性，区别是个体的个别需要，还是群体需要，审视需要的动机，有的放矢地推进教育符合广大社会成员的共同需要。

（四）广泛性教育中蕴含先进性、层次性教育

广泛性教育旨在增强教育覆盖面，从教育对象方面来说，层次性教育预先划分教育对象的不同层次，先进性教育针对教育对象中的先进群体，层次性教育涵盖不同层次的教育对象的不同教育，这就使得思想政治教育能够抵达社会成员中的大多数，从而扩大教育覆盖面。从教育内容方面来说，先进性教育针对先进性理论，层次性教育旨在确保先进性理论覆盖全体社会成员，这就需要将先进理论转化为最常见、最基本的道德水准来规范和要求，进一步增强教育覆盖面。

伴随着中国共产党百年发展历程，中国共产党思想政治教育不仅在理论上“注意区分层次，针对不同特点，把先进性的要求同广泛性的要求结合起来”[①]，而且在实践中深入调查研究不同群体现实思想状况，针对他们的教育作出周密的安排与部署。譬如，一是着力提高先进群体思想和行动中的先进性，实现先进群体带动辐射一般的作用。我们党的思想政治教育历来将“广大党员尤其是党的领导干部”视为先进性教育的实施主体，主要通过党校对其进行系统的先

① 《加强和改进大学生思想政治教育重要文献选编（1978—2014）》，北京：知识产权出版社，2015 年，第 197 页。

进理论教育，贯之整党整风实践，确保群体的先进性。二是根据社会成员中的绝大多数的知识水平和思想觉悟采用有针对性的思想政治教育。譬如，针对青年学生群体，重点通过教育教学改革推动思想政治教育科学化，使青年学生成为主流价值观念建设的中坚力量；针对农民群众，充分考虑农村地区现有条件和思想政治教育的可实现性，坚持大众化的教育原则，改善经济的前提下引导农民群众对党和国家的热爱以及各项方针政策的认同，消除封建迷信思想的前提下引导新农村建设，树立农村新风；针对企事业职工群体，结合企事业单位的改革和发展引导职工的职业活动，使职工树立正确的职业观念和价值观念，为强国梦筑基。正是在广泛性教育中蕴含先进性、层次性教育，中国共产党百年思想政治教育赢得全体社会成员的大力拥护与鼎力支持。

新中国成立初期党史教育融入思政课的途径及其历史意义

马　寒[①]　胡梦琪[②]

摘要： 中国共产党自成立以来就重视党史教育融入思政课，这是中国共产党思想政治工作的一大特色和优良传统。新中国成立初期，党就对思政课的性质进行界定并提出了任务要求，划定了“为”与“不为”的界限。1949年至1966年的十余年间，通过试办阶段和有针对性的调整两个阶段，结合形势与具体专业调整课程，实现了党史教育融入思政课从无到有的历程，并探索出党史教育融入思政课应从坚持党对思政课的领导、加强师资队伍建设、明确教学重点、坚持循序渐进和坚持正反教育五个方面来推进。结合历史与现实，新中国成立初期党史教育融入思政课，对新中国成立之初国民思想政治教育起到了重要支撑作用，为此后的思政课建设进行了有益的探索并积累了大量的有效经验，巩固了马克思主义在高校的指导地位，为培养社会主义新人作出了贡献。

关键词： 党史教育；新中国；历史意义；途径

---

① 马寒，法学博士，郑州轻工业大学马克思主义学院党总支副书记、副教授、硕士生导师，郑州轻工业大学廉政文化研究中心研究员，主要研究方向为思想政治教育。

② 胡梦琪，郑州轻工业大学马克思主义学院2020级硕士研究生，主要研究方向为思想政治教育。

我们党是用马克思主义理论武装起来的现代政党，在推进马克思主义中国化的百年进程中形成的发展奋斗史、理论探索史、自身建设史，必然要成为思政课党史教育的主题主线和主流本质。习近平总书记在全国学校思想政治理论课（以下简称思政课）教师座谈会上，从大历史观的宏阔视野对建党以来四个历史阶段思政课的发展过程进行了概要性的回顾和总结，并从“纵”“横”两个维度对思政课建设的重要性进行了界定。他强调，历史是最好的老师，“思政课教师的历史视野中，要有5000多年中华文明史，要有500多年世界社会主义史，要有中国人民近代以来170多年斗争史，要有中国共产党近100年的奋斗史，要有中华人民共和国70年的发展史，要有改革开放40多年的实践史，要有新时代中国特色社会主义取得的历史性成就、发生的历史性变革，通过生动、深入、具体的纵横比较，把一些道理讲明白、讲清楚”[①]。新中国成立之初，思政课虽然处于奠基阶段，但也积累了丰富的建设经验。加强这一时期思政课党史教育的历程与基本经验研究，对于我们贯彻总书记提出的“纵横比较”要求、深化新时代思政课党史教育具有重要意义。

一、新中国成立初期党对思政课的性质界定与任务要求

新中国成立初期，党和国家面临着复杂严峻的国内国际形势：从国际上看，以美国为首的资本主义阵营和以苏联为首的社会主义阵营两大对抗性国家集团基本形成，一方面以美国为首的西方国家对我国进行政治、经济和军事封锁，深刻揭示发达资本主义国家的殖民史、侵略史，以及中国共产党和中国人民的抗争史成为新中国历史教育的重点。另一方面苏共二十大后，中苏关系逐步恶化，对苏共发展史、苏联建设史的批判性反思逐渐成为政界、学界、教育

① 习近平：《思政课是落实立德树人根本任务的关键课程》，《求是》2020年第17期。

界的关注焦点；从国内来看，为了迅速肃清“封建的、买办的、法西斯主义的”旧思想，建立“民族的、科学的、大众的”新文化教育制度，发展为人民服务的新思想，鼓舞全党和全党人民顺利完成“三大改造”“五年计划”等重大任务，巩固新生的社会主义国家政权、改变旧中国一穷二白落后面貌，必须开展党的光辉历史和光荣传统教育。思想政治理论课正是在这样一个历史背景下产生并发展起来的。其间，虽然由于建设经验不足而经历了多次反复更迭，但思政课在进行马克思列宁主义教育、党和国家路线方针政策教育、爱国主义和共产主义道德教育，帮助青年学生树立和巩固革命的人生观，为其积极自觉地参加国家建设发挥了极为重要的作用。

（一）对思政课的性质界定

新中国成立之初，我们党就把思政课作为体现社会主义本质特征、区别新社会大学和旧社会大学的重要标志，从而确立了思政课不同于其他专业课程的独特性质和任务。

1949 年 9 月 29 日颁布的《中国人民政治协商会议共同纲领》明确提出“人民政府应有计划有步骤地改革旧的教育制度、教育内容和教学法……给青年知识分子以革命的政治教育”“人民政府的文化教育工作，应以提高人民文化水平，培养国家建设人才，肃清封建的、买办的、法西斯主义的思想，发展为人民服务的思想为主要任务”。① 为了实现完成这个任务，高等学校应“废除（国民党党义、六法全书等），添设马列主义的课程，逐步地改造其他课程”②。

在《中国人民政治协商会议共同纲领》关于高等教育方针的指引下，1949

① 教育部社会科学司组编：《普通高校思想政治理论课文献选编（1949—2008）》，北京：中国人民大学出版社，2008 年，第 1 页。

② 教育部社会科学司组编：《普通高校思想政治理论课文献选编（1949—2006）》，北京：中国人民大学出版社，2007 年，第 1 页。

年12月、1950年6月，中央分两次召开了全国教育工作会议和全国高等教育会议，对思政课的性质和任务进行了进一步明确。全国高等教育会议通过的《关于实施高等学校课程改革的决定》共11条，具体规定了中国高等教育的办学宗旨、课程改革的目标与方向、课程改革的方法与途径、高等教育的修业年限与时间、师资培养与提高的渠道与方法、高等学校教材编写的原则与方法等内容。明确规定要“废除政治上的反动课程，开设新民主主义的革命的政治课程，借以肃清封建的、买办的、法西斯主义的思想，发展为人民服务的思想”①。同时出台的《高等学校暂行规程》对这一指导思想进行了再次重申。

（二）对思政课的任务要求

从1949年至1966年，新中国经历了抗美援朝、三大改造、社会主义建设等几个重要阶段，逐步建立并巩固了社会主义基本制度。在不同阶段，党和国家面临着不同任务，这就决定了思政课也必须随着党和国家任务的转变而转变。

1950年，教育部在《关于全国高等学校暑期政治课教学研讨会情况及下学期政治课应注意事项的通报》中，明确了全国推动政治思想教育的三个重点和三项规定。开展反帝教育、培养并发扬与国际主义结合的新爱国主义精神，贯彻土改教育、说明废除封建的土地所有制是中国革命的基本问题，开展“五爱”（爱祖国、爱人民、爱劳动、爱科学、爱护公物）教育，提升国民公德意识等三个重点任务。同时还明确着重用系统的理论知识联系思想实际、教职员工自愿参加政治课、教会学校不要刺激宗教感情三项政治思想教育原则。

抗美援朝期间，为避免分散领导机关和群众的注意力，中央决定理论教育暂时不宜过分强调，但一般性的政治理论教育还要分级进行：第一级学习政

---

① 张健等:《中国教育年鉴（1949—1981）》，北京：中国大百科全书出版社，1984年，第810页。

治常识，即关于中华人民共和国的常识和中国共产党的常识。第二级学习理论常识，即关于社会发展史常识（包括历史唯物论和政治经济学），中国共产党历史和毛泽东生平的事迹，关于马克思、恩格斯、列宁、斯大林的生平常识。第三级学习马克思、恩格斯、列宁、斯大林的理论著作和毛泽东的理论著作，“努力领会马克思列宁主义—毛泽东思想的精神实质，以便用以正确地解决中国人民事业中的各项实际问题”①。

1956年前后，随着三大改造的基本完成，我国进入了社会主义建设新时期。大规模的社会改造运动，一方面有力提升了高校学生政治意识和思想水平，另一方面学习观点不正确和轻视劳动、只讲专业轻视政治、纪律松弛甚至道德败坏的现象还比较严重。为了扭转这一不良倾向，中央提出了“必须改进和加强对学生的政治思想教育工作，贯彻全面发展的教育方针”的要求，进一步明确“向学生进行政治思想工作的目的，就是不断提高学生的社会主义觉悟，培养学生的马克思列宁主义世界观和共产主义道德品质……也就是，要把学生培养成为懂得马克思列宁主义理论基础，掌握现代最新的科学技术知识，身体健康并全心全意为社会主义建设事业服务的各种高级专门建设人才”②。1958年，中共中央、国务院在《关于教育工作的指示》中更加鲜明地指出了社会主义教育的性质和方针：“教育是改造旧社会和建设新社会的强有力的工具之一”“党的教育方针是教育为无产阶级的政治服务，教育与生产劳动相结合。为了实现这个方针，教育工作必须由党来领导”。③教育的任务和目标就是培养

① 李德芳等：《中国共产党思想政治教育史料选编》，武汉：武汉大学出版社，2009年，第192～193页。

② 教育部社会科学司组编：《普通高校思想政治理论课文献选编（1949—2008）》，北京：中国人民大学出版社，2008年，第20页。

③ 教育部社会科学司组编：《普通高校思想政治理论课文献选编（1949—2008）》，北京：中国人民大学出版社，2008年，第38页。

共产主义社会的全面发展的新人，即“既有政治觉悟又有文化的、既能从事脑力劳动又能从事体力劳动的人”，而不是旧社会“只专不红、脱离生产劳动的资产阶级知识分子”[①]。为了保障教育任务的完成，《关于教育工作的指示》强调必须从五个方面加强马克思列宁主义的政治教育和思想教育，即工人阶级的阶级观点教育、历史观点教育、群众观点和集体观点教育、劳动观点教育、辩证唯物主义观点教育。1960年前后，国内外局势发生了重大变化。一方面美苏两大阵营间的冷战不断加剧，并处在相互制衡阶段。世界整体进入相对的和平发展期。另一方面中苏关系破裂，社会主义阵营出现分化迹象。在此背景下，中央重新明确了思政课的根本任务：“高等学校、中等学校政治理论课的根本任务，是用马克思列宁主义、毛泽东思想武装青年，向他们进行无产阶级的阶级教育，培养坚强的革命接班人；是配合学校中各项思想政治工作，反对修正主义，同资产阶级争夺青年一代。”[②]

综合而言，虽然在新中国成立之初思政课处在奠基和探索阶段，出现了思政课性质和任务在具体表述上的差异，但核心精神并没有动摇，那就是思政课必须以马克思列宁主义、毛泽东思想为指导，用科学的理论、正确的历史教育引导学生为新中国建设发展服务、为无产阶级政治服务，这就为思政课建设划定了“为”与“不为”的界限。

二、新中国成立初期党史教育在思政课课程设置中的变化

由于新中国刚刚成立，我们党对高等教育发展规律、高校思想政治工作规

① 教育部社会科学司组编：《普通高校思想政治理论课文献选编（1949—2008）》，北京：中国人民大学出版社，2008年，第38页。

② 教育部社会科学司组编：《普通高校思想政治理论课文献选编（1949—2008）》，北京：中国人民大学出版社，2008年，第50页。

律、思政课建设规律等都处在摸索阶段，因而对思政课的科学化、规范化设置把握得不够精准，导致了从1949年至1966年的十余年间，思政课经过了数次变更。其间，毋庸置疑存在诸多问题，但也积累了大量有益的建设经验。

（一）试办阶段（1949—1954年）

在新中国成立之初已经解放的华北地区部分高校就试办了思政课，为新中国高校普遍设置思政课开辟了道路。1949年10月8日，华北人民政府高等教育委员会率先制订了《华北专科以上学校一九四九年度公共必修课过渡时期实施暂行办法》，规定辩证唯物论与历史唯物论（包括社会发展史）、新民主主义论（包括近代中国革命运动史）各年级必修课。虽然这只是区域性的课程设置，但标志着高校党史教育的开端。

根据第一次全国教育工作会议和高等教育会议精神，及时调整高校思政课课程设置，最显著的就是将“新民主主义论”改为“中国革命史”。1953年6月教育部下发《关于改“新民主主义论”为“中国革命史”及“中国革命史”的教育目的和重点的通知》，明确了“中国革命史”的教学目的为“通过五四以来的基本史实，结合列宁、斯大林有关中国革命问题的主要著作，特别是毛泽东主席各个时期的重要著作，阐明马克思列宁主义在中国的新的胜利，系统地讲授毛泽东思想的基础知识，使学生认识中国政治的发展规律，了解中国革命的基本问题和中国共产党的总路线总政策……借以加强爱国主义与国际主义教育，从而提高思想与政治水平，树立和巩固革命的人生观，为自觉地积极地参加祖国建设做好思想准备”[①]。同时，还提出了8个方面的教学重点。

（二）有针对性的调整阶段（1954—1966年）

1954年以后，尤其是“三大改造”完成后，随着国内外形势的变化以及党

① 教育部社会科学司组编：《普通高校思想政治理论课文献选编（1949—2008）》，北京：中国人民大学出版社，2008年，第16页。

和国家工作重点的转移，思政课进入了有针对性的调整阶段。主要表现在两个方面：

第一，针对形势变化调整课程。1954年，高等教育部针对“一五”计划提出的经济建设任务，要求工、农、医科的专修科从1954年至1955年起停开“马列主义基础”，改设“社会主义经济建设”，并以《联共（布）党史简明教程》第9～12章为中心内容。目的是使学生了解苏联社会主义建设规律和我国在过渡时期的总路线总任务，“为动员一切力量把我国建设成为一个伟大的社会主义国家而斗争”。1957年2月，最高国务会议第十一次（扩大）会议召开，毛泽东在会上作了《关于正确处理人民内部矛盾的问题》的重要讲话。为学习讲话精神，“以便改造知识分子的旧思想”，1957年10月21日，中央宣传部就关于设立社会主义教育课程向中央作出报告，并得到了中央同意和支持。根据中央精神，同年12月10日，高等教育部、教育部下发了《关于在全国高等学校开设社会主义教育课程的指示》，要求各类高校、全体学生和研究生必须无一例外地参加“社会主义教育”课程学习，且每周须学8小时（课内不少于4小时）。同时规定，除作为专业课的政治理论课外，其他专业“在学习社会主义教育课程期间，原应开的四门政治课一律停开”①。

第二，针对思政课适当与专业结合的要求调整课程。1956年，高等教育部制订了《关于高等学校政治理论课程的规定》并作为试行方案，对思政课进行了系统性的规范化调整。此次调整的出发点就是“培养学生的独立思考能力，并使政治理论课能与专业相结合”。方案将“马列主义基础”“中国革命史”“政治经济学”“辩证唯物主义与历史唯物主义”四门课作为除有特殊要求以外的各专业的必修课，并详细规定了开课顺序、讲授与课堂讨论的学时比

① 教育部社会科学司组编：《普通高校思想政治理论课文献选编（1949—2008）》，北京：中国人民大学出版社，2008年，第32页。

例、考试与考查的要求等。1958 年，为反对苏联的“修正主义”，教育部又对思政课进行了调整，规定除二年制专修科外，任何类型高校一律开设“马列主义基础”“政治经济学”和“辩证唯物主义与历史唯物主义”，取消“苏共党史”和“中国革命史”。1961—1964 年，为了解决当时普遍存在的课程和教学内容不稳定，思政课教师数量和质量不能满足需要，学生的马列主义基础理论知识比较贫乏等现实问题，中央又多次对思政课进行了调整。1961 年，教育部在《改进高等学校共同政治理论课程教学的意见》中将原来的高校思政课进行了大幅度调整，最显著的特征就是划分了共同政治课和选择性政治课。共同政治课包括两门：“马克思主义列宁主义基础理论”“形势与任务”。除共同政治课外，文科专业增开三门，分别为“中共党史”“政治经济学”“哲学”；理工农医各专业和艺术、体育院校增开一门“中共党史”。1964 年，根据当时的斗争形势需要，中央宣传部、高等教育部党组、教育部临时党组联合下发了《关于改进高等学校、中等学校政治理论课的意见》，按照课程和教材“少而精”的原则，对思政课进行了再调整。《关于改进高等学校、中等学校政治理论课的意见》亮点有三个：一是将“中共党史”“哲学”“政治经济学”增列为共同政治理论课，并明确了各门课的具体讲授内容。二是各年级开设“时事政策教育”，占政治课总学时的四分之一。三是在各门政治理论课中适当增加了反面教材，形成了正向教育与反面教育的结合。

三、新中国成立初期党史教育融入思政课的途径

（一）坚持党对思政课的领导

新中国成立初期，我们党就已经认识到思政课建设是党在高校的一项重要工作，必须纳入党的统一领导之下，由党自上而下地指导开展。这里有几个关键点：第一，明确领导职责。1952 年中共中央在《关于培养高等、中等

学校马克思列宁主义理论师资的指示》中就明确要求："各中央局、分局及有关地方党委应加强对各地区培养政治理论师资和学校政治教育的领导，指定各级党委的宣传部部长或副部长经常亲自领导这一方面的工作。"[①]1955年，教育部在高等工业学校、综合大学校院长座谈会上进一步指出："学校行政领导和学校的党、团组织对学生的共产主义道德和学生的全面发展都负有重大的责任。"[②]1958年，中共中央、国务院在《关于教育工作的指示》中明确指出："一切教育行政机关和一切学校，应该受党委的领导……中央人民政府各部门所属的学校，在政治上应该受当地党委的领导。在一切高等学校中，应当实行党委领导下的校务委员会负责制。"[③]第二，明确教学方针。1950年，针对全国各高校思政课教育教学过程中出现的对党的历史和现阶段党的任务模糊甚至错误认识，教育部规定："高等学校革命的政治思想教育……首先是肃清历史形成的封建的、买办的、法西斯主义的思想，树立正确的马克思主义历史观点和方法，发展为人民服务的思想。"1955年，刘子载代表教育部在高等工业学校、综合大学校院长座谈会上作了报告，明确指出，对学生进行中国革命历史的教育，就是不断提高学生的社会主义觉悟，培养学生的马克思列宁主义世界观和共产主义道德品质，"这是高等教育在过渡时期的严重任务"。1958年，《关于教育工作的指示》再次明确："党的教育方针是教育为无产阶级的政治服务，教育与生产劳动结合。为了实现这个方针，教育工作必须由党来领导。没有党

---

① 教育部社会科学司组编：《普通高校思想政治理论课文献选编（1949—2008）》，北京：中国人民大学出版社，2008年，第11页。

② 教育部社会科学司组编：《普通高校思想政治理论课文献选编（1949—2008）》，北京：中国人民大学出版社，2008年，第26页。

③ 教育部社会科学司组编：《普通高校思想政治理论课文献选编（1949—2008）》，北京：中国人民大学出版社，2008年，第38～39页。

的领导，社会主义的教育是不能设想的。”①

（二）加强师资队伍建设

提高师资水平是增强思政课教育效能的关键。据统计，截至 1958 年，全国 227 所高校仅有思想课教师 4600 人左右，其中约 1300 人不能胜任而必须加以调整。仅以中国人民大学为例，“中国革命史”“马列主义基础”两门课教师无一人是从大学本专业毕业。思政课尤其是党史课教师不仅数量上严重不足，而且还存在专业水平较低、理论基础不扎实、后继乏力等问题。这一时期，中央通过建立专门培养高校思政课教师的学校，委托专业类高校开展思政课教师短期速成班和教学骨干研修班，高校党校院长、党委书记、党委委员承担思政课，吸收校外党员骨干参与思政课等形式，以弥补思政课师资队伍不足。具体做法有五个方面：第一，增加综合大学文、史、哲系科的招生名额，以增加培养对象的来源；第二，扩大中国人民大学等主要大学的马列主义研究班；第三，选拔比较优秀的教师进入中国人民大学马列主义研究班或其他有苏联专家的学校进修；第四，举办假期讲习班或组织苏联专家和有经验的教师到各地讲学，以及组织教学经验座谈会；第五，根据实际情况组织马列主义夜晚大学。这些做法对此后的思政课师资队伍建设提供了很好的借鉴。

（三）明确教学重点

1950 年，教育部《关于全国高等学校暑期政治课教学讨论会情况及下学期政治课应注意事项的通报》对社会发展史和新民主主义论（近代中国革命运动史）的教育学内容进行明确规定。其中，社会发展史 5 大方面，新民主主义论 7 大方面：中国革命的历史特点、中国新民主主义革命史、中国革命的主要经验、中国革命的前途，以及新民主主义政治、经济、文化。1953 年，高等教

① 教育部社会科学司组编：《普通高校思想政治理论课文献选编（1949—2008）》，北京：中国人民大学出版社，2008 年，第 38 页。

育部门改“新民主主义论”为“中国革命史”，在下发的该课程教学通知中明确了7条教学重点内容，并责令中国人民大学负责起草“中国革命史”教学提纲。这7条教学重点内容大意：通过中国人民反帝、反封建、反官僚资本主义的革命斗争的历史实际，充分揭发敌人的残暴、阴险和卑鄙，以加强学生的反帝爱国主义思想；通过历史说明俄国十月革命对中国革命的巨大影响、苏联对中国革命的鼓舞和援助、世界革命和中国革命的相互支持、中国革命的世界意义；通过历史上革命先烈的英雄事迹和中国共产党人艰苦奋斗作风的事例，培养学生的工人阶级感情和革命作风；通过历史说明毛主席如何结合中国革命实际发展了“马恩列斯”的学说；通过历史说明革命统一战线问题为什么是中国革命成败的关键问题；通过历史说明中国革命的发展规律尤其是目前国家走向工业化、农业合作化的具体道路；通过历史说明人民民主制度的优势性、新民主主义社会的过渡性和最终前途等。这就为新中国成立初期如何开展党史教育、党史教育重点讲授什么内容作了方向指引。随后虽然中央对“中国革命史”不断作出调整，但基本内容始终没有越出这个范围。

（四）坚持循序渐进

新中国成立初期，我们党就认识到加强党史教育不能用运动的方式和激烈革命的方式，而应根据学生特点进行缓慢的思想改造。1950年，全国高校暑期政治课教学讨论会上提出了包括党史教育在内的思政课教育原则：“只有改造过的知识分子才能适应革命与建设工作的广泛需要，但这是要用系统理论长期性说服的工作，经过实际工作与斗争的锻炼，而绝不是短期内急躁地粗暴地可以完成任务的。”[①] 为了达到了这个目的，教育部和各高校主要采取了以下措施：第一，分类开设课程。以“中国革命史”为例，1956年《中华人民共和国高

---

① 教育部社会科学司组编：《普通高校思想政治理论课文献选编（1949—2008）》，北京：中国人民大学出版社，2008年，第6页。

等教育部关于高等学校政治理论课程的规定（试行方案）》明确要求，“中国革命史”作为历史系的业务课，学时由主管单位制订，其它系科一律都开，学时分为 136 和 102 两种。时阶上，大学放在二级开设、学一年，二级制专科只开“中国革命史”、三年制专科按 102 学时开设“中国革命史”。1960 年以后，又按文理科、本专科不同对课程开展进行了调整，但总体上都是在二年级开设。之所以这样安排，主要原因是只有用一年时间打好马列主义基本理论的基础，才能更好地理解和掌握革命史。

（五）坚持正反教育

新中国成立初期，我们党就充分认识到，对学生进行思想政治教育，抵制资产阶级思想侵蚀，培育共产主义理想，是一项长期的工作，在方法上必须坚持正反教育，但以正面教育为主。在正面教育方面，主要做法有以下几个方面。第一，选树新民主主义革命、社会主义革命尤其是社会主义建设各个时期的英雄人物和先进典型，尤其是抗美援朝、“三反”“五反”运动、三大改造、“一五”计划等涌现出来的大量模范人物都成了学习教育的榜样。第二，建立经常性的时事教育制度，把历史教育与时事教育结合起来，通过成立学习小组、班级读书会、开展专题演讲报告，让学生了解党的历史和国际国内重大事件以及国家重大方针政策。第三，让学生与英雄、模范、作家、科学家等直接见面。高年级学生在老师指导下参加历史研究。第四，将历史学习教育融入文娱活动，通过歌咏团、舞台剧、墙报、电影广播等形式加强教育。第五，在生产劳动、社会活动中加入党史学习内容。第六，用正面教育内容丰富教材。由于长期没有统一的教材，1961 年，中央提出“中共党史”“中国现代革命史”可选读毛泽东有关著作、刘少奇“马克思列宁主义在中国的胜利”“在庆祝中国共产党成立四十周年大会上的讲话”，胡乔木“中国共产党的三十年”等作为参考读物。反面教育是对正面教育的有益补充，可以让学生从另外视角了解党的历史。这一时期的反面教育十分普遍，主要做法：第一，教材内容增加反革命分子、右派分子、叛徒特务等反面案例；第二，将社会批斗引入学校，例如，刘青山、张子善事件发生后，各高校都掀起了揭批类似罪行的集会批斗活动。

四、新中国成立初期党史教育融入思政课的历史作用

奠基时期的思政课建设虽然经历了多次变化，教学内容、课程体系、师资队伍等都极不稳定，良好的教育教学方法还没有形成，但毕竟还是取得一定的成绩，其在整个思政课建设历史中的奠基作用不容抹杀。

（一）对新中国成立之初国民思想政治教育起到了重要支撑作用

我们党在新中国成立初期对国民思想政治教育是从两个方面进行的：一方面是批判封建的、资本主义的、帝国主义的思想体系尤其是以国民党党义为核心的反动的思想体系。另一方面是用马克思列宁主义、毛泽东思想和党在过渡时期、社会主义建设时期的路线方针政策来教育国民。正反两面的教育具有全方位、全员性质，包括党风教育、知识分子的思想政治教育、共青团的思想政治教育、工人阶级的思想政治教育、农民的思想政治教育、军队的思想政治教育等。高校思想政治教育的根本抓手正是思政课。通过思政课的开设，广大师生初步掌握了马克思列宁主义基本理论，理解并认同了党的理论和政策，收到了较好的教育效果，“基本清除了知识分子中的帝国主义、封建主义和资本主义的影响，划清了敌我界限，从而端正了为人民服务的思想”[①]。从这一时期思政课整体建设成效来看，它有力地支撑了新中国成立初期的整个国民思想政治教育，成为国民思想政治教育不可或缺的重要组成部分。

---

① 许启贤：《中国共产党思想政治教育史》，北京：中国人民大学出版社，2004 年，第 224 页。

（二）为此后的思政课建设进行了有益的探索并积累了大量的有效经验

具体包括动态调整思政课的教育教学内容。思政课是高校思想政治教育一类课程的总称，它依托并服从于党的思想政治教育要求和变化。从前面的历程梳理来看，这一时期的思政课在教学内容和教学形式上的多次变更充分说明了党对过渡时期和社会主义建设时期“如何开展社会主义革命和社会主义建设”的理论和实践探索。因时而变、因事而化、因势而新，正是思政课动态调整的总体要求和具体体现。

（三）为巩固马克思主义在高校的指导地位和培养社会主义新人作出了贡献

新中国成立初期，开设思政课的出发点和落脚点就是不断提高学生的社会主义觉悟，培养学生马克思列宁主义世界观和共产主义道德。围绕这一目的，思政课在批判旧思想的基础上，结合抗美援朝、三大改造、“三反”“五反”运动等，大力开展马克思列宁主义教育、党的总路线和政策决策教育、社会主义思想教育、国际形势教育等①，极大地提升了马克思列宁主义在高校的影响力和党在高校的凝聚力，为巩固新生的无产阶级政权和推进社会主义革命与建设奠定了良好的思想基础，提供了人才保障。

① 中共中央党史研究室：《中国共产党历史》第二卷，北京：中共党史出版社，2011年，第276页。

新时代构建高校“四史”教育和思想政治理论课教学互动机制的思考*

黄广友[①] 孔令玮[②]

摘要： 推进“四史”教育融入思政课建设意义重大，同时它既是当前高校开展“四史”教育面临的重大课题，也是高校思政课亟待解决的难题。这在客观上呼唤并推进着全面提升思政课“四史”教育实效性的研究，即新时代构建高校“四史”教育和思想政治理论课教学互动机制。一方面，加强“四史”教育要通过构建“脉络体系 精神图谱 经验教训 四观洗礼 现实关照”的“四史”教学体系来用好思政课程主阵地和疏浚课堂教学主渠道。另一方面，要通过“脉络体系 精神图谱 经验教训 四观洗礼 现实关照”的“四史”教学体系全面推动思政课改革创新。要构建“四史”教育融入思政课建设常态化机制，把“四史”教育融入思政课教学各环节。

关键词：“四史”；“四史”教学体系；高校思想政治理论课；“四史”教育

---

* 本文系山东大学人文社科 2016 年重大项目“中共开国一代革命家治国理政思想与实践研究”和 2020 年度山东大学“研究生课程思政”专项计划“研究生‘思政课程’与‘课程思政’对接与融合机制研究”的阶段性成果。

① 黄广友，历史学博士，山东大学马克思主义学院副院长、教授、博士生导师，主要研究方向为中共党史与党建、马克思主义史学史及史学理论、中国近现代史基本问题等。

② 孔令玮，山东大学马克思主义学院 2019 级硕士研究生，主要研究方向为中国近现代史基本问题。

融入思政课建设

深入考察研究当前我国高校思政课教学过程“四史”教育的现状及存在问题，分析和探索基本内容与特点、教学原则和方法，对于进一步激发学生的学习兴趣，全面提升思政课“四史”教育教学实效性具有重要意义。思政课是高校思想政治教育的主阵地，课堂教学是思政课中进行“四史”教育的主渠道。课堂讲授对实施“四史”教育尤为重要，而当前高校进行“四史”教育最大的困境就是课堂教学主渠道作用发挥不到位、师生互动不足、实践教学形式化、教学内容重论轻史等问题影响着教育效果。本文重点针对这一问题进行探讨，以期有益于“四史”教学实践工作。

一、高校推进“四史”教育融入思政课建设任务艰巨、责任重大、使命光荣

2020年1月8日，习近平总书记在“不忘初心、牢记使命”主题教育总结大会上指出：“要把学习贯彻党的创新理论作为思想武装的重中之重，同学习马克思主义基本原理贯通起来，同学习党史、新中国史、改革开放史、社会主义发展史结合起来”。[①] 为深入贯彻落实习近平总书记关于深入开展党史、新中国史、改革开放史、社会主义发展史（以下简称“四史”）教育的重要讲话和重要指示批示精神，加强新时代“四史”教育，培育时代新人，教育部相继出台印发《深化新时代学校思想政治理论课改革创新先行试点工作方案》和《关于在全国高校师生中开展党史、新中国史、改革开放史、社会主义发展史学习教育及新冠疫情防控知识竞答讲述活动的通知》，要求高校切实加强“四史”

---

① 习近平：《在“不忘初心、牢记使命”主题教育总结大会上的讲话》，《人民日报》2020年1月9日。

教学工作。2020 年 9 月，中央“不忘初心、牢记使命”主题教育领导小组印发《关于在“不忘初心、牢记使命”主题教育中认真学习党史、新中国史的通知》（以下简称《通知》)。《通知》深刻阐述了新时代开展“四史”教育的重要意义并明确提出要求,《通知》的下发充分体现了党中央对“四史”教育工作的高度重视和殷切期望。

坚持正确办学方向，更好为党育才、为国育贤。加强“四史”教育是新时代高校思政课建设的迫切需要。“四史”教学在新时代高校思政课建设中具有全局性意义，加强“四史”教学有利于创新高校思政课课程体系、深化思政课教学内容改革、明确思政课教学重点和解决教学实际问题，以进一步推动习近平新时代中国特色社会主义思想“进教材、进课堂、进学生头脑”，最终增强思想政治教育实效性、提高学生思想政治素质、服务学生现实需求。加强“四史”教育也是新时代中国特色社会主义事业发展的迫切需要。开展“四史”教育是高校全面落实立德树人根本任务、深化“三全育人”综合改革、培养德智体美劳全面发展的社会主义合格建设者和可靠接班人的实践需求，是加强党的领导、巩固马克思主义在意识形态领域指导地位的有效途径，是加快推进中国特色世界一流大学建设的重要方式。

目前“四史”教育融入思政课教学面临挑战、存在问题。当前中国特色社会主义进入新时代，世界范围内各种思想文化交流交融交锋更加频繁激烈，社会思想意识多元多样多变的特征更加明显，仍处于价值观成型阶段的高校学生易受历史虚无主义、新自由主义等不良思想影响，对一些社会热点问题产生激进思想，甚至在互相激荡的不良思潮中迷失自我。新时代高校的“四史”教育面临着新课题和新要求，承载着维护国家政治稳定和意识形态安全的新使命和新任务，只能加强，不能削弱。一段时间以来，高校“四史”教育取得了显著成绩，但也存在一些问题。例如教学形式过于单一、开展范围不广、内容不够丰富等使得部分学生对“四史”不重视不熟知。特别是在思政课建设中“四史”教育存在着诸多短板与弱项。拓宽“四史”教育路径，推进“四史”教育的科学化与系统化，将“四史”教育有机融入思政课建设，扎实有效地推进新时代“四史”教育的“三进”工作，以培育学生马克思主义信仰与增强他们的民族认同感，既是当前高校开展“四史”教育的难题，也是高校思政课亟待解决的课题。

高校要善于担当作为。高校要明确方向、主动作为、先试先行，落实“四史”学习教育有关部署要求，将“四史”学习教育融入学校思政课建设的整体规划中；高校思政课教师必须深刻认识加强“四史”教学工作的重要意义，深刻学习领会习近平总书记的重要讲话和重要指示批示精神，把“四史”教学贯穿思政课教学全过程，引导学生坚定理想信念。

二、“脉络体系 精神图谱 经验教训 四观洗礼 现实关照”教学思路构建新时代高校思政课“四史”教学体系

（一）梳理“四史”的脉络体系要用好《中国近现代史纲要》课程主阵地

“四史”中厚实的事实和精神蕴含着丰富的内容源泉和教育价值。“四史”是高校开展思想政治教育的生动教材。但在思政课教学体系中仍存在诸如社会主义发展史教学内容薄弱、改革开放史教学内容笼统等问题，由此导致学生普遍对“四史”脉络体系掌握不足。在这种情况下，颠覆歪曲戏说历史、嘲笑英雄、解构主流的各种错误思潮、落后文化极易迷惑危害高校学子的思想观念和价值取向。

历史是连续和发展的。要把“四史”贯通起来，就要首先把科学社会主义理论逻辑和中国社会发展历史逻辑统一起来，深化对中国特色社会主义与科学社会主义的思想来源、理论来源、内在逻辑的认识。社会主义发展史是人类文明发展史中最重要的篇章。500 年的社会主义发展相继实现了三次历史性飞跃。

第一次飞跃是指从空想社会主义的产生和发展到科学社会主义的创立。第二次飞跃是指社会主义由理论形态、运动形态到制度形态，一国到多国。第三次飞跃是指从一国模式到多国实践、本国特色。

中国共产党近100年历史是书写了人类发展史上壮丽史诗，为中华民族伟大复兴作出了历史贡献的历史；是我们党紧紧依靠人民完成了新民主主义革命，实现了民族独立、人民解放，完成了社会主义革命，确立了社会主义基本制度，进行了改革开放新的伟大革命，开创坚持发展了中国特色社会主义的历史；是为民族复兴而不懈奋斗，探索共产党执政规律、社会主义建设规律和人类发展规律而不断进行理论创新、开创和发展党建伟大工程的历史。

新中国70多年历史是包括社会主义革命和建设时期、改革开放和社会主义现代化建设新时期和中国特色社会主义新时代三个阶段的历史。

改革开放40多年历史，是形成社会主义现代化建设的伟大成就、书写坚持和发展中国特色社会主义的生动实践、体现中国特色社会主义制度优势的符合社会主义发展规律的辉煌篇章。高校思政课教师特别是《中国近现代史纲要》（以下简称《纲要》）课教师要讲清楚上述历程中的重大历史节点、历史环境、历史人物、历史关系、历史过程、历史事件、历史思想、历史影响等。

“四史”入思政课堂，既要考虑各阶段学生发展特点来安排更新教学内容，也要注意增添新时代的新元素。最重要的是要坚持政治性与学术性相统一，既要把握政治性，唱响主旋律，还要用学术的逻辑来阐释“四史”。教师要紧紧围绕“三个选择”进行教学，抓住“举什么旗”“走什么路”“由谁来领导”这些基本问题。

思政课教师特别是《纲要》课教师要讲出马克思主义“行”，是因为马克思主义是科学性、人民性、实践性、发展开放性的统一。即引导学生更加深刻感悟马克思主义的真理力量和道义力量，更加深刻地感受到中国共产党人以高度的历史责任感和政治智慧，创造性地回答和解决了不同时期、不同阶段遇到的矛盾和重大时代问题，不断开辟马克思主义中国化的新境界。以毛泽东同志为主要代表的中国共产党人，把马克思列宁主义的基本原理同中国革命的具体实践结合起来，创立了毛泽东思想。在毛泽东思想指引下，中国共产党领导全国各族人民，取得了新民主主义革命的胜利，建立了人民民主专政的中华人民共和国，在一个经济文化落后国家取得了社会主义革命胜利，发展了社会主义的经济、政治和文化。党的十一届三中全会以来，以邓小平同志为主要代表的中国共产党人，实现全党工作中心向经济建设的转移，实行改革开放，开辟了社会主义事业发展的新时期，逐步形成了建设中国特色社会主义的路线、方针、政策，阐明了在中国建设社会主义、巩固和发展社会主义的基本问题，创立了邓小平理论。党的十三届四中全会以来，以江泽民同志为主要代表的中国共产党人，在建设中国特色社会主义的实践中，加深了对什么是社会主义、怎样建设社会主义和长期执政条件下建设什么样的党、怎样建设党的认识，形成了“三个代表”重要思想。十六大以来，以胡锦涛同志为主要代表的中国共产党人，深刻认识和回答了新形势下实现什么样的发展、怎样发展等重大问题，形成了以人为本、全面协调可持续发展的科学发展观。十八大以来，以习近平同志为主要代表的中国共产党人，从理论和实践结合上系统回答了新时代坚持和发展什么样的中国特色社会主义、怎样坚持和发展中国特色社会主义这个重大时代课题，创立了习近平新时代中国特色社会主义思想。

思政课教师特别是《纲要》课教师要讲出中国共产党“能”，是因为中国共产党始终保持远大理想追求，全心全意为人民服务，勇于自我革命，不断攻坚克难，带领中国人民从站起来到富起来到强起来。即引导学生更加深刻地感受到中国共产党团结人民完成新民主主义革命、建立中华人民共和国站起来的艰辛和自豪，完成社会主义革命、建立社会主义基本制度、进行改革开放新的伟大革命富起来的不易和荣光，开创坚持和发展中国特色社会主义强起来的光荣和飞跃。引导学生深刻洞察我们党在面临重大选择、重大转折、重大挫折、重大斗争过程中展现出的坚守执着、历史清醒、科学态度和胸襟视野。

思政课教师特别是《纲要》课教师要讲出中国特色社会主义“好”，是因为它创造性地满足了人民对美好生活的需要，显著增强了综合国力；是因为它既坚持了科学社会主义的基本原则，又开辟了科学社会主义发展的新境界；是因为它为发展中国家实现现代化贡献了中国智慧和中国方案。从而使高校学子更加明晰和坚定只有中国特色社会主义才能发展中国的真理，既不走封闭僵化的老路，也不走改旗易帜的邪路。

最终使学生从500年世界社会主义史中坚定理论自信，从近100年党的光荣历史中锚定理想信念的精神航标，从70多年新中国史中滋养深沉绵长的爱国主义情怀，从40多年改革开放史中获取砥砺、开拓、创新的进取精神。

现实中如何正确认识和评价中国共产党的问题并没有得到很好解决。一方面国际上敌对势力肆意攻击、丑化、污蔑、抹黑中国共产党，另一方面当代中国遇到一系列发展中的问题以及党内存在不良作风等客观事实也影响着人们对中国共产党的认知和评价。近些年来，有些人别有用心地夸张放大党的失误，传播历史虚无主义思想，全盘否定中国共产党。与此同时，部分思政课教师特别是《纲要》课教师对“四史”教育的重要性认识不足而使得他们对教学重点把握不够。

要讲出“四史”在内容上分别的侧重点。党史侧重的是政党层面的发展史，即突出中国共产党的成熟、发展与辉煌。党史教学要着重讲清中国共产党是永葆先进性的党，是久经考验、不惧艰险的党，是勇于自我革命的党，是与时俱进、始终引领国家发展和社会进步的党。要注意讲清中国共产党完成和推进的三件大事实现的三个伟大飞跃。新中国史侧重的是国家层面的发展史，即要突出国家的奠基和发展。改革开放史侧重的是党的事业发展的创新史，要特别讲出改革开放进程中遇到的新问题、取得的伟大成就、积累的宝贵经验。

要清楚“四史”之间的区别，更要明白它们的关联。追本溯源，把近代中国放到古代中国的辉煌昌盛与世界资本主义发展与殖民扩张进程中考察，清政府的腐朽无能使中国开始落后，帝国主义用武力把中国卷入资本主义世界体系中，在中国由世界领先变为面临生存危机，并逐渐走向沉沦的背景中认识，中国人民不懈争取民族独立和摆脱经济落后根本上是为了实现民族复兴、为了重新屹立世界优秀民族之林。所以近代中国的社会主要矛盾是帝国主义、封建主义、官僚资本主义同盟体造成中华民族衰亡，阻挠中华民族复兴和中国人民要求实现民族复兴的矛盾。现代中国的主要矛盾是人民对自由全面发展的需要同社会生产力始终不完全发达之间的矛盾。两个矛盾都鲜明指向民族复兴这个总趋势，民族复兴是“四史”的主题。波澜壮阔的百年革命建设改革史中，各种力量中只有中国共产党成功担负起历史使命，完成了两大历史任务，为实现中华民族复兴形成理论成就和开创实践历程。中国共产党是社会主义发展史中最重要的参与者和最强大的引领者。所以中国共产党的领导是“四史”的主线。思政课教师要在认识党为初心使命而诞生、为初心使命而奋斗、为初心使命而接续探索中把握中国共产党的领导这条主线，在分析党始终站在时代前列，制定正确的路线方针政策，引领国家发展和社会进步并勇于自我革命而永葆先进性中把握中国共产党的领导这条主线，在理解党领导中华民族寻找社会主义、探索社会主义、建设社会主义、完善社会主义中把握中国共产党的领导这条主线，在考察党在各个历史时期领导人民所取得的辉煌成就、积累的宝贵经验、形成的光荣传统和优良作风中把握中国共产党的领导这条主线。思政课教师特别是《纲要》课教师要以上述主题主线整合教学内容。

（二）弘扬“四史”的精神图谱要抓住《思想道德修养与法律基础》课程主渠道

“四史”既是斗争史也是发展史，伟大的历史沉淀着为争取民族独立、人民解放的民族精神和为实现国家富强、人民富裕的时代精神。中国共产党成立以来在革命时期锻造出的红船精神、二七精神、韶山精神、井冈山精神、古田精神、长征精神、遵义会议精神、抗联精神、新四军精神、南泥湾精神、延安精神、抗战精神、抗大精神、地道战精神、吕梁精神、太行精神、沂蒙精神、北大荒精神、刘胡兰精神、西柏坡精神、愚公移山精神、红岩精神等，在社会主义建设时期涌现出的抗美援朝精神、新疆生产建设兵团精神、“两路”精神、“两弹一星”精神、红旗渠精神、雷锋精神、大寨精神、大庆精神、焦裕禄精神等，在改革开放时期孕育出的抗洪精神、抗击“非典”精神、载人航天精神、青藏铁路精神、抗震救灾精神、北京奥运精神、抗疫精神等共同构成了中国精神谱系。“实现中华民族伟大复兴离不开中国精神，离不开以爱国主义为核心的民族精神和以改革创新为核心的时代精神。”① 思政课教师特别是《思想道德修养与法律基础》课教师要重点以历史人物为主线，尤其要突出英雄烈士、模范人物所展示出的中国精神风貌。要梳理和回顾各个时期的中国精神并进行阐释，让学生了解爱国人士特别是优秀共产党员的真实事迹，产生对他们的敬佩，最终引导学生把敬仰和感动转化为拼搏奋斗的实际行动。

“四史”教学应根据内容采取不同的教学方法。中国精神教育要入耳、入脑、入心尤其要加强教学方式方法创新，必须注重实践教育、体验教育、养成教育。加强实践课教学，搭建虚拟仿真平台锻造金课；邀请时代楷模、身边好人走进思想政治理论课堂。建立“模范人物进校园”长效工作机制，把老红

---

① 王树茵、耿鹏丽：《新时代学习党史、新中国史、改革开放史、社会主义发展史的若干思考》，《思想理论教育》2020 年第 5 期。

军、改革先锋、身边好人等纳入“四史”教学师资库。

做好高校“四史”教育工作，既要管好课堂，也要管好课外。高校要坚持从实际出发，在平时组织学生参加读书活动、情景剧排演、答题竞赛、微电影大赛、校史讲述、“四史”党日团日班会、征文比赛、讲座等活动，在“四史”重大节点举办“四史”报告会、演讲会、故事会、文艺演出、档案文物展、书画摄影作品展等，凸显特色，务求实效。在疫情防控特殊时期，高校要灵活运用多种载体方法，开发云端党课和“四史”系列微党课视频，充分利用电子资源，用微信推送“四史”学习内容，开展“云+”学习活动。

做好高校“四史”教育工作，既要管好校内，也要管好校外。高校要探索校地合作的路径，开展体验式教学。思政课教师首先要积极挖掘区域“四史”资源，挂牌建立“四史”课程实践教学基地，进行现场教学，讲好身边的“四史”故事。高校要全面激活遍布全城的红色资源，组织学生瞻仰革命纪念馆，深入革命老区和贫困地区，走访革命前辈。考察企业或赴展示馆感受改革开放的成功实践，增强“四史”教学的生动性和感染力。

（三）分析“四史”的经验教训要开动《毛泽东思想与中国特色社会主义理论体系概论》课程主引擎

“‘四史’教育是以‘四史’史实为基础的思想政治教育。”[①]“学史可以看成败、鉴得失、知兴替。”思政课教师特别是《毛泽东思想与中国特色社会主义理论体系概论》课教师要讲明“四史”中的经验和教训，深化学生对共产党执政规律、现代国家治理规律、社会主义建设规律、人类社会发展规律的认识。

具体而言，要讲出在新民主主义革命时期，中国人民接受中国共产党的领导归根结底是由它的先进性所决定的。中国共产党从一开始就以马克思主义

---

① 孙艳美：《“中国近现代史纲要”课加强“四史”教育探析》，《思想理论教育导刊》2020 年第 9 期。

这个最先进、最科学的思想武器为指导，并将它与中国革命的实际相结合，坚持解放思想、实事求是的思想路线，始终坚持全心全意为人民服务的根本宗旨。不断加强党的自身建设，克服主观主义、宗派主义以及“左”倾和右倾错误；以武装的革命反对武装的反革命，逐步克服以城市斗争为中心、企求速胜的“左”倾错误；克服“左”倾关门主义、右倾机会主义，建立最广泛的革命统一战线。中国共产党依靠这三大法宝取得了革命胜利。

要讲出在社会主义革命和建设时期，我国总体上取得了巨大的成就，在1957年下半年以来经历了严重的曲折，提供的教训是极为沉痛和深刻的，在实践中积累了正反两方面经验。始终坚持以经济建设为中心，大力发展生产力。正确判断把握我国所处的历史阶段，充分认识社会主义建设的长期性、复杂性、艰巨性，正确认识和处理我国社会内部不属于阶级斗争范围的各种社会矛盾。坚持集体领导和民主集中制原则，发展社会主义民主政治。

引导学生从正确的立场和积极的态度出发，正视失误和曲折，认真考察当时所处的社会环境，深入分析产生问题的社会根源、历史根源和思想根源，从中探索出防止重犯错误再走弯路的正确办法和对策。在总结历史经验、汲取历史教训基础上认识历史规律、理解现实、把握未来。

（四）完成“四史”的四观洗礼要建好《马克思主义基本原理概论》课程主干道

目前学生绝大多数是“90后”，对“四史”缺乏系统深入了解，部分学生不同程度地存在对价值观选择的迷茫和困惑。但与此同时部分教师特别是《马克思主义基本原理概论》课教师知识结构不完整而史论不得兼，由此难以引导学生树立正确的历史观、世界观、人生观、价值观。

科学的历史思维与历史方法对良好世界观、人生观、价值观形成十分关键。因此首先也是最重要的是要引导学生树立科学的史观。马克思主义是人类精神的精华，是对人类产生最广泛深刻影响的思想。历史唯物主义是马克思主义在历史领域里的运用，是马克思主义哲学的重要组成部分，是“唯一科学的历史观”。唯物史观是马克思和恩格斯以资本主义高度发展为物质前提、以无产阶级反对资产阶级的斗争实践为阶级基础、以 19 世纪三大先进思潮为直接理论来源、以 19 世纪三大发现为自然科学根据，在充分占有史料、批判、审查、总结后创立并在之后不断被丰富完善的理论。它发现了历史深处的“动力的动力”，在批判继承以往史观、不断完善中，从根本上“全面而周密”地解释了历史发展规律。实践证明，它是对人类历史发展规律的正确认识。思政课教师要结合课程内容活学活用马克思主义，让学生理解唯物史观的关键要点，帮助学生以辩证的观点看待历史人物、审视历史失误，以系统的观点正确认识中国与世界、社会主义与资本主义的关系，以连续的观点分析中国社会运动及其发展规律，再用科学的认识论、方法论、价值论去分析和研究历史后正确把握历史发展的主题和主线、主流和支流、经验和教训、趋势和规律。

最终以历史知识讲述与政治理论阐释相结合的方式，让高校学子在中华民族从站起来、富起来到强起来的生动鲜活的历史中增强历史责任感和使命感，在明晰“马克思主义为什么行”“中国共产党为什么能”“中国特色社会主义为什么好”层层推进互为因果的严密逻辑中，把握两大历史任务的辩证关系，在把对“四史”学习的厚度转化为对习近平新时代中国特色社会主义思想丰富内涵、核心要义与精神实质理解的深度中，树立科学的历史观、世界观、人生观和价值观。

（五）体现“四史”的现实关照要打造《形势与政策》课程主力军

受西方实用主义价值观和市场经济负面效应的影响，有的学生认为“四史”教育不是专业课，对他们的学业和就业没有多大帮助，存在上课不认真、逃课等不良现象。

思政课教师特别是《形势与政策》课教师必须首先充分了解学生对“四史”教育的需求才能增强教学针对性，更好使红色故事从历史深处走入学生现实生活。其次要坚持理论和情感结合。重视学生情感体验，获得学生情感认同。再次要充分考虑学生的专业背景，密切联系学生面对的国内外形势，联系社会热点问题，选择学生感兴趣的“四史”话题。最后，要充分体现现实观照，着力于回答学生普遍关注和切身相关的问题，通过解疑释惑触动学生内心，增强“四史”教学的实效。

思政课教师特别是《形势与政策》课教师要以生动的案例打动人，以多彩的形式亲近人，以深刻的教训教育人，以巨大的成就鼓舞人，充分发挥“四史”育人重要作用，使青少年学子在心悦诚服的基础上掌握国家和人生方向，坚定对马克思主义的政治信仰，对社会主义和共产主义的信念，真正将自己的命运和国家的发展前景结合在一起，在身处逆境遇到困难时拥有强大精神支柱和力量源泉。

回望来时的路根本上是为了看清脚下的路、坚定前行的路。学生听得进，记得住，根本上是为了用得上。学习“四史”首先是要帮助学生更好地解决今天的问题。因此要引导学生把自己摆进去，结合学习学，联系生活学，更好地解决自己遇到的问题和当下的社会问题。长远来看，是要让学生更好书写明天。所以要注重将“四史”教学与提高学生的专业学习能力相结合，引导高校学子学以致用，把学习成果转化为爱国报国实际行动。

三、新时代要不断把“四史”教育融入思政课教学向纵深推进

（一）在“四史”的四观洗礼中讲好《马克思主义基本原理概论》课程

以《马克思主义基本原理概论》课为例，教师应该认识到“四史”是贯穿《马克思主义基本原理概论》课教学的重要内容，因而应该以史带论使学生掌

握马克思主义的基本立场、观点和方法，并自觉把马克思主义作为行动指南。

让学生在深刻认识社会存在特别是生产方式是“四史”发展的决定力量中，理解世界的物质统一性原理；在深刻认识低级的半殖民地半封建社会、新民主主义社会等社会形态经过生产方式长时间发展转化为更高级的资本主义社会、社会主义社会等社会形态，旧的农民阶级、地主阶级等力量经过不同阶段和程度的矛盾运动被新的资产阶级、无产阶级等力量所代替中，理解唯物辩证法体系；在深刻认识主体选择如何顺应“四史”、创造“四史”中，掌握辩证唯物主义认识论的基本原理；“四史”的基础理论是社会存在决定社会意识、社会意识反作用于社会存在。具体来说就是生产力决定生产关系、经济基础决定上层建筑、上层建筑反作用于经济基础、生产关系反作用于生产力同时阶级斗争和改革发挥重要作用而导致社会形态更替不断发展的历史，所以思政课教师要引导学生以上述规律评价历史人物、历史事件、历史思想，把握历史唯物主义基本原理；让学生在学习资本主义发展史中把握商品经济和社会化大生产规律，认识当代资本主义新变化，理解资本主义的本质及规律、发展及趋势；在学习社会主义发展史中把握社会主义建设和共产主义实现的必然性、长期性、艰巨性。

（二）在“四史”的经验教训中讲好《毛泽东思想与中国特色社会主义理论体系概论》课程

马克思主义中国化理论成果和“四史”是什么关系？这个问题是“四史”教育融入概论课教学的首要问题。马克思主义中国化两大理论成果是在总结“四史”中的经验教训和发展规律中形成的，因而“四史”是马克思主义中国化理论成果的源泉；同时“四史”是马克思主义基本原理之实践，因而“四史”也是马克思主义中国化理论成果的诠释。所以马克思主义中国化理论成果和“四史”是有机统一不可分割的辩证关系。

由此，《毛泽东思想与中国特色社会主义理论体系概论》课教学应该努力实现“四史”与马克思主义理论成果的有机统一。这并不是在否定掌握马克思主义中国化两大理论成果在概论课教学要求中这一核心地位，恰恰相反，只有寓论于史、史论结合，学生才能在每一个理论成果的历史背景和形成发展贯彻史中，更容易理解基本理论，论才能成为真正的核心。

史料在史论结合中举足轻重，因此概论课教师首先要精心挑选出真实、典型、新颖、生动、充裕的史料，只有这样才能在援用“四史”分析理论时增进理论的吸引力、依托“四史”证实理论时加强理论的说服力，最终提升概论课的教学效果。

引导学生在漫长和严酷的革命史与艰辛和曲折的过渡史、建设史中周密了解毛泽东思想，在中国特色社会主义这个改革开放以来党的全部理论和实践的主题下深刻体会中国特色社会主义理论体系，尤其是在党的十八大以来取得的历史性成就发生的历史性变革中，紧紧把握习近平新时代中国特色社会主义思想。

在历史方位中的历史问题解决的基础上，说清马克思主义中国化理论成果的形成条件和发展过程，在一代又一代中国共产党人的伟大历史贡献中，阐释马克思主义中国化理论成果的精神实质和主要内容，在讲明改革开放前后两个时期一脉相承与时俱进的历史根据下，科学看待马克思主义中国化理论成果的历史地位和指导意义。

最终通过“四史”带动学生更主动和更透彻理解理论成果发展逻辑的创新性和必然性。

（三）在“四史”的精神图谱中讲好《思想道德修养与法律基础》课程

伴随中国特色社会主义进入新时代，大学生将在成长过程中面临更多更难思想道德和法律问题，因此通过讲“四史”来进行道德观、法律观教育以提高他们的思想道德素质和法律素质已经成为时代要求。

伴随中国特色社会主义进入新时代，中华民族伟大复兴的中国梦也逐渐将在一代代大学生的接力奋斗中变为现实，漫漫“四史”长河中虽然时代主题由“战争与革命”变为了“和平与发展”，但中国号巨轮始终高扬中国精神的风帆，所以才能在革命建设改革浪潮中，中流击楫驶向梦想的彼岸，所以在学习一代代中国人弘扬民族精神和时代精神过程中，获得丰富的思想道德和法律知识，并做忠诚的爱国者和勇于创新的实践者。

引导学生在学习共产主义崇高理想、战胜反动者迎来光明未来、践行为人民服务根本宗旨的坚定信念精神中，树立中国特色社会主义共同理想和共产主义远大理想、坚定崇高信念；在学习和战场上冲锋陷阵敢于胜利、在屠刀下慷慨就义视死如归的不怕牺牲战斗精神中，感悟高尚纯粹、汲取精神力量、传承红色基因、领悟人生真谛、创造人生价值；在学习一切从实际出发、理论联系实际、实事求是精神中，正确认识社会、他人和自己，加强道德修养，锤炼良好的道德品质和法律素养，提高精神境界；在学习扎根人民奉献人民、干群一致合力攻坚、不畏困苦自力更生的艰苦奋斗精神中，积极涵养社会公德、职业道德、家庭美德、个人品德，遵守道德规范，促进德智体美全面发展；在学习对理想忠诚而开拓进取顽强拼搏、对事业热爱而恪尽职守无私奉献、对科研执着而求真务实大胆创新的创业担当精神中，端正思想观念、坚定政治立场、培养良好习惯；在学习热爱祖国为党分忧、热爱集体团结一致、热爱社会主义勤俭节约鞠躬尽瘁的共产主义精神中，陶冶高尚的道德情操，自觉弘扬爱国主义、集体主义、社会主义原则；在学习万众一心、众志成城、听从党的指挥、同心同德、和衷共济抗击灾难疫病的团结互助精神中，弘扬中华传统美德、中国革命道德、社会主义道德，锤炼爱国主义与集体主义情操；在学习挑战跟前坚韧不拔百折不挠、难题眼前攻无不克敢于胜利、极限面前忘我牺牲争创一流的自强不息探索创新精神中，提高道德实践能力、积极培育和践行社会主义核心价值观。

在教育学生修身律己、崇德向善的同时，也要使他们在学习中国精神中尊重维护社会主义法律权威、学习法律知识、增强法律意识、树立法治观念、培养法治思维、行使法律权利、履行法律义务，最终积极投身于社会主义法治建设的伟大实践中。

（四）在“四史”的现实关照中讲好《形势与政策》课程

《形势与政策》课对体现“四史”教育的现实关照意义重大，所以我们要通过其来发挥“四史”教育的实用性。反过来，《形势与政策》课本身具有很强的现实性，恰恰“四史”教育的出发点和落脚点是学生的成长需要。所以我们应该借助“四史”讲清学生关心的问题，让“四史”和形势政策结合起来，从而让学生更好理解形势与政策，让“四史”走入学生现实。

但是，目前“四史”教育融入《形势与政策》课教学存在诸多问题，如部分高校对该课程缺乏重视、一些教师对形势与政策的动态不能时刻关注和仔细钻研等，在一定程度上，学生将形势与政策教育内化于心、外化于行还存在不足。因此在国际国内形势发生深刻变化、各种社会思潮涌动的当下，在体现“四史”教育现实关照中，来使学生掌握认识形势与政策的基本理论和基础知识，以及运用马克思主义形势与政策观及其方法论来更好把握形势、理解政策，以加强大学生形势与政策教育是十分必要的。

思政课教师要引导学生把世界百年未有之大变局放在社会主义发展史中来思考。通过社会主义发展史准确掌握当前国际形势的特点和发展趋势，学生在资本主义和社会主义两大阵营的形成和对峙中，认清时代潮流和正确判断我国所处的时代背景，在发展中的社会主义国家群体性崛起、推动全球治理体系变革中，认识国际力量的对比变化，在主要发达资本主义国家经济增长乏力、民族主义保护主义势力上升中，认识经济全球化和政治多极化的发展趋势。

思政课教师要引导学生把国内形势和社会热点放在新中国史中来思考。通过新中国史培养学生对中国社会形势的敏锐洞察力和处理问题能力，学生从物价就业形势总体稳定、基本民生保障有力的社会运行发展总体状况中，从厘清中华人民共和国成立以来的应急管理工作来认识新冠疫情防控取得重大阶段性成果的伟大成就中，从梳理中华人民共和国成立以来的扶贫脱贫历程来理解全面脱贫攻坚战取得完胜的重大意义中，来了解当前社会形势。从明了中华人民共和国成立以来经济、科技、教育、文化、体育等各领域的历史跨越中，了解经济社会发展的动态、成就和任务。从收入差距较大、人口老龄化等社会问题中，培养自己主动关注、正确分析和科学应对社会热点、难点、疑点问题的能力。

思政课教师要引导学生把党的基本路线、重大方针和政策放在党史中来领会。通过党史提高学生的政治敏锐性和政策判别力，学生通过党史中党的思想路线、政治路线、组织路线、群众路线不断丰富完善和发展的过程来领会党的路线的主要内容，通过党史中一个个优秀共产党员贯彻执行党的方针的先进事迹中来知晓党的方针政策并坚决拥护积极宣传。

思政课教师要引导学生把我国的对外政策放在改革开放史中来领会。通过改革开放史使他们熟知我国政府外交政策和对外关系，使学生在改革开放以来对内维护我国的独立和主权的成就和对外促进世界和平与发展的贡献中体会外交政策的宗旨、基本目标、基本立场、基本原则。

通过“四史”教育融入《形势与政策》课教学，最终能使学生明确肩负的历史使命和社会责任，将中国梦融入职业生涯规划中，提高他们的理性思维能力和社会适应能力。

四、构建“四史”教育融入思政课建设常态化机制

高校要把“四史”学习教育引向深入，把“四史”学习教育融入教育教学各环节，就必须从课程建设、教材改革、教师队伍建设、科学研究、考核评价等多方面着力推动“四史”教育内涵式发展，构建“四史”教育融入思政课建设常态化机制。

（一）加快推进课程建设

“四史”教学是一个有机的体系，高校要构建多层次、多途径的思想政治教育“四史”课程体系，建设课程设置相互补充、各有侧重的“四史”学习资源库，带领学生学好“四史”。

首先要开好公共必修课。目前，高校“四史”教学的精品公共课程还不够丰富。必须进一步把“四史”的思想内涵和实践意义渗入现有的“毛概”“思修”“马原”等公共课程中，开好公共必修课，力争打磨推出多门有影响力的“四史”精品公共必修课程，培养出一批能叫得响的品牌师资力量。

其次要增设通识必修课。虽然“四史”教育的内容比较全面融入了现有的思政课教学体系，在各门课程中都具有重要地位，但是“在目前的高校思政课课程体系中并没有开设专门的‘四史’教育课程”[①]。高校要尽快构建形成公共必修课加通识必修课的“四史”必修课课程体系，开设党在新民主主义革命时期的探索与经验、党的十一届三中全会与中国特色社会主义道路的开辟、世界社会主义500年的历程与启示等选择性必修课程，拓展、细化选择性必修课程学习菜单内容。确保“四史”通识课成为必修课，实现“四史”通识教学在全校所有本科生中全覆盖。

最后要增设通识选修课。将“四史”课程全面纳入思政通识选修课教学

---

① 宋俭、廖玉洁：《将“四史”教育融入高校思想政治理论课教学体系的思考》，《思想理论教育》2020年第7期。

体系，加大“四史”课程的开发力度，可将“四史”类思政课选修课与人文素质类选修课、专题讲座融合开设。扩大思政通识选修课程群。进一步增强“四史”教学课程设置的科学性、系统性。系统开设反映中国共产党的奋斗历程、中国共产党在新民主主义革命时期的奋斗历程、中国共产党在社会主义革命和建设时期的奋斗历程、中国共产党在改革开放和社会主义现代化建设新时期的奋斗历程、中国共产党在中国特色社会主义新时代的奋斗历程、中华人民共和国的光辉历程、世界社会主义五百年发展的课程。打造一批具有引领性的课程。

除此之外，高校要开发“四史”教学指南，编写专门的“四史”配套资料、示范教案，开列“四史”书单。马克思主义学院要制定《思想政治教育“四史”教学课程设置纲要》，要定期开展集体备课会，适时组织开展“四史”精品课的评审活动。通过立标杆充分调动教师的积极性、创造性，提升高校“四史”教学水平。

（二）大力深化教材改革

高校要加强教材建设。要组织编写“四史”相关教材。将“四史”教育内容融入思政课教材编写中。把学术最新成果融入教材。要组织编写富有地方特色的党史读本作为辅助教材。条件有限的高校要做好“四史”教学教材审定使用工作，确保政治性、时代性、科学性、有效性。

（三）抓好师资队伍建设

马克思主义学院要以加强“四史”教学为契机，做好学院师资队伍建设工作。

高校思政课教师要学思践悟习近平总书记关于教育的重要论述，定期参加“四史”专业师资培训班，增强专业意识。

高校“四史”教学队伍分布于马克思主义学院、历史学院、政治与公共管理学院，教学专题和内容存在交叉重复，缺乏统筹协调。要通过共建共享让师资动起来，通过建立完善校“四史”教学队伍集体备课制度，加强“四史”教学队伍的统筹协调工作。高校还要继续完善马克思主义学院思政课教师、专业学院任课教师、辅导员结对机制，让思政课和课程思政建设相互协同，进一步做好课程思政和“三全育人”大文章。

现有教师队伍的专业、年龄、职称结构不合理，人才数量少，高校要加大教师引进力度，形成稳定从事“四史”教学的数量足、专业化、政治强、视野广的教师队伍。

最终建设一支思想政治理论素养高，坚守马克思主义立场、观点、方法，能运用新颖的教学手段，具备良好的职业素养的真信、真懂、真爱“四史”教育的教师队伍。

（四）不断强化科研支撑

高校专门从事“四史”教学的相关学院既要加强“四史”史料挖掘征集、整理研究工作，也要加强对唯物史观的研究，形成一批阶段性、标志性成果。马克思主义学院要以教研室（组）为单位开展教师学术交流、实践研修，不断利用学术最新成果，丰富教学内容。

其次要深度参与“四史”研究项目，为当地打造红色文化资源高地、研究高地、活动高地提供学理支撑，并着力加强对高校地方党史的研究。

最后要深入建构中国特色哲学社会科学理论体系和话语体系，牢牢掌握“四史”学习研究的领导权、管理权、话语权，努力提升中国哲学社会科学的国际话语权。

高校学生是建设中国特色社会主义的重要后备力量，承担着民族复兴历史重任。其思想政治素质事关实现全面建设社会主义现代化国家的宏伟目标，事关中华民族的伟大复兴。故而“四史”教育融入思政课教学是促进学生形成正确历史观、健康成长、全面发展的需要，是深化思政课教学改革、实现高校思想稳定的需要，是巩固党的执政地位、强化意识形态建设、保证中国特色社会主义事业稳定快速发展的需要。在即将实现第一个百年奋斗目标，迎来党的百年诞辰而向第二个百年奋斗目标进军之际，高校彰显新担当、体现新作为就必须发挥“四史”教育主阵地作用，坚持政治站位，精细谋篇布局，进一步帮助高校学子培养科学的思维方法来客观认识“四史”，以培养高校学生的爱国之情、强国之志、报国之行，凝聚他们从历史经验中汲取开拓前进的强大勇气和在历史自觉基础上实现民族复兴的磅礴伟力。

中国共产党精神谱系之雷锋精神探究

焦立涛[①]

摘要：雷锋精神是中国共产党精神谱系中一类以英雄模范人物命名的精神，根据马克思主义唯物史观，雷锋作为马克思所讲的“现实的个人”，本质上是社会关系的总和，其在社会属性、精神属性和实践属性上实现了永生，是历史性与社会性的统一，实现了时代“穿越”，千千万万“雷锋”在党的百年奋斗历程中创造了内涵丰富的“雷锋精神”。坚持历史分析法，从历史实践和文化渊源两个方面挖掘梳理“雷锋精神”的发展和脉络，新时代“雷锋精神”可诠释成为民服务的“孺子牛”精神、艰苦奋斗的“老黄牛”精神、创新发展的“拓荒牛”精神。

关键词：百年；雷锋精神；建构；诠释；“三牛”精神

“雷锋精神”作为中国共产党百年精神谱系的重要组成部分，在现实生活中也受到了历史虚无主义的诋毁，出现了雷锋精神过时论、雷锋精神虚假论等错误思潮，在新的历史条件下，以马克思主义的立场、观点和方法诠释“雷锋精神”的丰富内涵和历史生成，对于反对历史虚无主义，树立正确的历史观，深刻理解中国共产党百年精神谱系具有重要意义。习近平总书记指出“雷锋是

---

① 焦立涛，山东师范大学马克思主义学院博士生，副教授，主要研究方向为思想政治教育理论与实践。

时代的楷模，雷锋精神是永恒的”①。在马克思主义人学视域下，雷锋作为“现实的个人”，具有自然属性、社会属性、精神属性和实践属性，其自然生命是有限的，但是他的社会、精神生命可以在实践中实现永生，没有“雷锋”的时代，只有时代的“雷锋”。“雷锋精神”不仅属于雷锋个人，属于雷锋所生活的时代；而是千千万万个像雷锋那样“时代雷锋”共同演绎形成的，是人民群众在中国共产党的领导下在为实现中华民族伟大复兴而奋斗的伟大实践中创造的，属于过去、现在和将来。“雷锋精神”孕育在新民主主义革命时期，继承了建党初期优秀红色基因；形成在社会主义革命和建设时期，汲取了新中国成立初期建设的实践精华；发展在改革开放和社会主义现代化建设新时期，丰富了中国特色社会主义建设的伟大实践；在中国特色社会主义的新时代，雷锋精神必将融入全面建设社会主义现代化国家的新发展阶段，在中华民族伟大复兴的伟大征程中实现永恒。

一、“雷锋精神”的丰富内涵

“学党史、悟思想、办实事、开新局”的伟大号召为弘扬“雷锋精神”赋予了新的实践内涵。对于雷锋精神的科学内涵诠释有很多争议，中国雷锋工程委员会、雷锋精神学校、雷锋资料展览馆三家单位联合研究梳理，概括了包括民族精神、爱国主义精神、集体主义精神、一心向党的忠贞精神、为人民服务的无私奉献精神、开拓创新的精神、共产主义精神、谦虚谨慎的精神、艰苦奋斗的精神在内的22种精神。②“雷锋精神”属于认识论的范畴，指向价值判断，而价值判断是实践中的一对关系，所以他是一种价值观念、一种实践观念。价

① 《学习雷锋精神　听听习近平总书记的10句嘱托》，人民网，2019年3月5日。

② 黄力、姚选民：《雷锋精神与中华优秀传统文化传承：文化自信的当代理论建构》，北京：九州出版社，2017年，第6～7页。

值作为一个关系范畴，包括价值主体、价值客体和价值中介三个基本要素。[①]价值观念是评价标准的体系，价值评价是客体对主体需要满足关系，价值主体可以是个人也可以是群体。[②]建构实践观念，本质上是观念实现主体的内在尺度与客体的外在尺度之间的交织融汇和能动转换，实现两种尺度在人的活动及其结果中的内在统一和有机结合。[③]诠释雷锋精神的基本内涵要从哲学上明确一定的层次标准，从一个逻辑层面进行归纳，以马克思主义基本立场、观点和方法为指导：首先，必须具有鲜明的价值立场；其次，从观点上贯彻唯物史观反映所生活时代的精神风貌；再次，从方法上坚持唯物辩证法统一于当今时代的需要。从价值立场维度来讲，“雷锋精神”具有鲜明的人民立场，倡导以人民为主体，为人民服务；从观点维度来讲，“雷锋精神”贯穿着艰苦奋斗这样一条主线，倡导人们在社会实践中发扬艰苦奋斗的精神；从时代维度来讲，“雷锋精神”蕴含着辩证唯物主义观点，在当今时代创新和发展是时代的主旋律，体现为创新发展。在2021年春节团拜会上，习近平总书记掷地有声地提出要发扬为民服务孺子牛、创新发展拓荒牛、艰苦奋斗老黄牛的“三牛”精神。因此，“三牛”精神就是对“雷锋精神”的时代诠释。

2012年中共中央办公厅印发的《关于深入开展学雷锋活动的意见》提出学习雷锋如下精神：热爱党、热爱祖国、热爱社会主义的崇高理想和坚定信念；服务人民、助人为乐的奉献精神；干一行爱一行、专一行精一行的敬业精神；锐意进取、自强不息的创新精神；艰苦奋斗、勤俭节约的创业精神。[④]我们将

---

① 万光侠等：《思想政治教育的人学基础》，北京：人民出版社，2006年，第412页。

② 马俊峰：《马克思主义价值理论研究》，北京：北京师范大学出版社，2012年，第213页。

③ 欧阳康：《马克思主义认识论研究》，北京：北京师范大学出版社，2012年，第189页。

④《中共中央办公厅关于深入开展学雷锋活动的意见》，北京：人民出版社，2012年，第11页。

“雷锋精神”与“三牛”精神对照，在社会主义的中国，党的利益、国家的利益和人民的利益是高度统一的，因此，崇高理想和坚定信念、奉献精神正是为民服务的“孺子牛”精神；敬业精神和创新精神正是创新发展的“拓荒牛”精神；创业精神正是艰苦奋斗的“老黄牛”精神。习近平总书记在党的十九大报告中指出“青年一代有理想、有本领、有担当，国家就有前途，民族就有希望”[①]。从某种意义上讲，“为民服务”指向人的理想和信念，就是崇高理想；“艰苦奋斗”指向人的素质提升，就是责任担当；“创新发展”指向人的价值实现，就是时代本领，“雷锋精神”“‘三牛’精神”也是“三有”时代新人的精神诠释，为民服务、艰苦奋斗、创新发展是一个密切联系、融合互动、相互转化的统一体，统一于培养担当民族复兴大任的“三有”时代新人的实践中，统一于党领导人民全面建设社会主义现代化伟大实践中。“雷锋精神”是一个统一整体，三维建构主要是从不同维度诠释其丰富内涵。“雷锋精神”作为一种典型的中国特色社会主义文化形态，经过半个世纪常态化学习雷锋活动，人民群众以雷锋为榜样，不断丰富“雷锋精神”的科学内涵，使其具有鲜明的时代特征。[②]从属性上讲，“雷锋精神”属于社会意识的范畴，社会意识具有基础性和继承性。基础性是指以社会存在为基础而来源于实践，所以我们要到革命、建设和改革的伟大实践中去理解和把握；继承性是指其受到原有社会意识的影响，所以我们要到中华优秀传统文化、革命文化和社会主义先进文化脉络中理解和把握。

---

① 习近平：《决胜全面建成小康社会夺取新时代中国特色社会主义伟大胜利——在中国共产党第十九次全国代表大会上的报告》，《人民日报》2017年10月28日。

② 刘剑文等：《雷锋的人生观修养》，北京：电子工业出版社，2015年，第1页。

二、为民服务精神的历史生成与内涵

马克思主义认为，为民服务精神是革命实践经验的结晶。在新民主主义革命时期，世界历史的主题是革命和战争，中国社会的主要矛盾是帝国主义和中华民族的矛盾、封建主义和人民大众的矛盾。十月革命的一声炮响，给中国送来了马克思列宁主义，早期中国共产党人走上了救国救民道路。中国共产党自成立起，就将为“中华民族谋复兴，为中国人民谋幸福”作为自己的初心和使命，坚定为人民服务的共产主义信仰，领导中国人民进行了28年的浴血奋战，取得了新民主主义革命的胜利，建立了新中国，中华民族实现了“站起来”的伟大飞跃。中国共产党领导中国人民在艰苦卓绝的伟大革命实践中，锤炼形成了“红船精神”“长征精神”“延安精神”等系列“红色精神”一脉相承，其中贯穿着为民服务的这一永恒的主题。张思德就是“雷锋”式先进个人的典型代表，在他牺牲后，毛泽东主席发表了著名的《为人民服务》的讲话，他指出：“中国人民正在受难，我们有责任解救他们，我们要努力奋斗。”[①] 这一目标是实现马克思、恩格斯在《共产党宣言》中提到的“每个人的自由发展是一切人的自由发展的条件”的前提和基础，是适合中国国情的具体运用。历史是由人民群众创造的，人民群众创造了“为民服务”的红色基因，并在中国共产党团结带领全国各族人民为争取民族独立、人民解放和实现国家富强、人民幸福两大历史任务而进行的不懈奋斗中凝练升华，成为“雷锋精神”的精神基因和鲜明底色。

为民服务精神是马克思主义指导下中华优秀传统文化的传承。“民惟邦本，本固邦宁”，民本思想是中国历代思想家和政治家探讨的重要话题，世界上没有一个其他国家在这个问题上像中国研究这么深这么多。从“重民”“保

① 毛泽东：《为人民服务 纪念白求恩 愚公移山》，北京：人民出版社，2004年，第2页。

民”“爱民”“民贵君轻”“君舟民水”，到汉唐以后的形形色色的民本论，深刻诠释了民众是天下安定国家兴亡的根本、得民心者得天下的道理。社会本位和人本理念是雷锋精神的科学内涵，为社会主义祖国和为人民服务是雷锋精神的根本价值指向。马克思、恩格斯在《共产党宣言》中指出：“无产阶级的运动是绝大多数人的、为绝大多数人谋利益的独立的运动。”[①] 在社会历史发展过程中，人民群众处于主体地位，是促进社会变革的主力军，是推动社会变革的决定力量。马克思主义哲学实现了哲学史上的革命，体现在其实现了人生存的回归，哲学的核心是实现人的解放，因此，被海德格尔视为生存论哲学。为民服务的孺子牛精神是“雷锋精神”的核心，“为人民服务”恰恰是中国共产党的宗旨，这是“雷锋精神”的最高层次。为民服务是人民与服务的相结合。首先，人民是主体，是一切工作的出发点和落脚点，要突破狭隘的个人主义，有集体主义的精神；其次，服务是方式，是以服务的方式开展工作，要摒弃官僚作风，具有奉献精神。习近平总书记讲的“我将无我，不负人民”就是这一精神的深刻诠释。“为民服务”是一种理想和信念，与共产主义远大理想和信念高度切合，是爱党、爱国和爱社会主义的有机统一。在社会主义中国，人是现实的，具体的，个人与集体是高度统一的，马克思指出：“只有在集体中，个人才能获得全面发展其才能的手段。”[②] 雷锋在日记中写道：“人的生命是有限的，可是，为人民服务是无限的，我要把有限的生命，投入到无限的为人民服务中去”。“为民服务”是社会主义道德的生动诠释，是中国共产党革命精神的折射和映衬，在艰苦奋斗的历程中进一步深化和升华。

三、艰苦奋斗精神的历史生成与内涵

新中国成立以后，中国进入社会主义革命和建设时期，国际环境趋于相对

---

① 《马克思恩格斯选集》第一卷，北京：人民出版社，2012 年，第 411 页。
② 《马克思恩格斯选集》第一卷，北京：人民出版社，2012 年，第 82 页。

和平时期，但是敌对势力颠覆新中国的图谋暗流涌动。共和国百废待兴，恢复发展国民经济，实现由新民主主义向社会主义过渡是一项重要任务。社会主义建设的基础十分薄弱，面对繁重的建设任务，在完成社会主义改造之后，社会的主要矛盾已经是人民对于建立先进的工业国的要求同落后的农业国的现实之间的矛盾，对于经济文化迅速发展的需要同当前经济文化不能满足人民需要的状况之间的矛盾。中国共产党要解决这些主要矛盾，就必须团结一切可能团结的力量，调动一切可以调动的力量开展社会主义建设，亿万人民响应党的号召投身火热的社会主义建设实践，当时的条件十分艰苦，任务十分艰巨。[①]“雷锋精神”就是在这样的背景下孕育和成长的。雷锋出生在贫苦的旧社会，生长在红旗下，小的时候哥哥、弟弟都因旧社会的黑暗而夭折，他自己也走在死亡的边缘，深知生活的艰辛，苦难是童年为他种下了艰苦奋斗的精神。参加工作和参军入伍后，他省吃俭用，热爱劳动，无私奉献，一言一行都体现出中华民族勤俭节约、艰苦奋斗的传统美德。艰苦奋斗的精神不仅体现在他的艰苦工作上，还体现在艰苦学习上。作为一名共产党员，雷锋时刻牢记党的宗旨，不改自己劳动人民的本色，时时、处处、事事都以共产党员的标准严格要求自己，始终保持共产党人的先进性，努力学习马列主义、毛泽东思想，用科学的理论武装自己的头脑。在条件十分有限的情况下，雷锋从自己的切身感受中深刻认识到，要想成长进步，要为党做更多的工作，就必须认真读毛主席的书，要坚决做到边学、边想、边改、边运用。理论一旦被人们所掌握，就会变成巨大的物质力量。雷锋将所学用到了社会主义建设的实践中，乐于奉献，敬业工作，善于学习，在艰苦奋斗的伟大实践中，用平凡的人生铸就了不平凡的“雷锋精神”。

① 黄建国：《雷锋精神孕育的实践动力：社会主义建设火热实践》，《理论观察》2019年第10期。

艰苦奋斗是中华民族世代相传的美德，与自强不息密切相连。“艰难困苦，玉汝于成”，揭示了人们在艰苦奋斗中把握自己的命运。《周易》：“天行健，君子以自强不息。”由此可见，古人的艰苦奋斗是以遵循客观规律为前提的。“克勤于邦，克俭于家”“天将降大任于是人也，必先苦其心志，劳其筋骨，饿其体肤，空乏其身，行拂乱其所为，所以动心忍性，曾益其所不能”“士不可以不弘毅，任重而道远”，教育人们要有百折不挠的奋斗精神。马克思讲：“一旦享乐哲学开始妄图具有普遍意义并且宣布自己是整个社会的人生观，它就变成空话。”① 艰苦奋斗是共产主义远大理想和无产阶级革命意志的统一，是马克思主义科学人生观、价值观的具体体现。马克思一生穷困潦倒但是目标始终如一，坚持创作，马克思在给恩格斯的信中说：“苦干半个世纪了，可还是一个穷叫花子！”② 他将毕生献给了壮丽的无产阶级革命事业上，没有被压垮的根本原因就是有为人民谋幸福的坚定政治方向和奋斗目标。有了这一条，就能把个人的得失和生死置之度外，敢于压倒一切困难和敌人。因此，艰苦奋斗的老黄牛精神是主观与客观相统一，是在遵守客观必然的前提下充分发挥主观能动性，艰苦奋斗不是忽略目标的盲干，也不是忽视规律的冒进，而是主观与客观相统一、目标与方法相统一、理论与实践相统一的一种科学的精神样态。遇到困难不退缩，遇到问题不回避，锁定目标，发现规律，发扬吃苦耐劳的精神，困难和问题就一定能够迎刃而解。雷锋在艰苦奋斗中始终坚守初心，坚定共产主义远大理想，目标十分明确，他认识到自己是在党的培养教育下成长的，是无数革命先烈的艰苦奋斗、英勇牺牲才换来了和平生活，他在日记中指出“从我参加革命那天起，就时刻准备着为了党和阶级的最高利益牺牲个人的一切，直至最宝贵的生命”。

---

① 《马克思恩格斯全集》第三卷，北京：人民出版社，1960 年，第 489 页。

② 《马克思恩格斯全集》第三十二卷，北京：人民出版社，1974 年，第 76 页。

四、创新发展精神的历史生成与内涵

党的十一届三中全会以来，和平与发展成为世界的主题，中国进入改革开放新时期，社会的主要矛盾是人民日益增长的物质文化需要同落后的社会生产之间的矛盾。中国共产党带领中国人民拨乱反正，恢复国民经济和社会发展的正常秩序，作出把工作重心转移到经济建设上来的决定，发展成为第一要务，建立健全社会主义市场经济体制，不断加强党的建设，推进科学发展，中华民族实现了由“站起来”到“富起来”的伟大飞跃，创立了邓小平理论、“三个代表”重要思想和科学发展观，构成了中国特色社会主义理论体系，坚持发展了中国特色社会主义理论，科学的理论和伟大的实践促使“雷锋精神”与时代同呼吸，共命运，同发展，敬业和发展的内涵得到了深入的诠释和传承。党的十八大标志着中国特色社会主义进入了新时代，社会主要矛盾发生变化，已经转化为人民日益增长的美好生活需要和不平衡不充分的发展之间的矛盾，以习近平同志为核心的党中央牢牢把握社会基本矛盾的变化，立足“两个大局”，统筹推进“五位一体”总体布局，协调推进“四个全面”战略布局，抓住“创新”这一第一动力，将其摆在国家发展全局的核心位置，推进理论创新、实践创新、制度创新以及其他各方面创新，推动党和国家事业取得历史性成就、发生历史性变革，创立了习近平新时代中国特色社会主义思想，中华民族迎来了从“富起来”到“强起来”的伟大飞跃。刘建军认为，创新精神是时代精神的核心内容，是一种主体、自由、探索、改革、理想和求实的有机融合。[①] 在中国特色社会主义建设伟大事业中，“雷锋精神”展现出新的精神风貌，创新发展的时代内涵得到进一步挖掘和升华。时代“雷锋”郭明义、许振超、罗阳等用他们的感人事迹，深刻演绎了新时代“雷锋精神”创新发展的丰富内涵。

---

① 刘建军：《论马克思主义的创新精神》，《华南师范大学学报（社会科学版）》2018年第3期。

《礼记》中写道“苟日新，又日新，日日新”，深刻表达人们求变求新的理想追求。《左传》中多次提到“正德、利用、厚生”。所谓“正德”就是端正品德，提高人们的思想道德觉悟；所谓“利用”就是提高技术、创造器物以便于人们使用；所谓“厚生”就是通过发展生产，改善人们的物质生活条件。显然，以上三件事情是古人对道德、创新和发展的概括和认识。马克思哲学实现了哲学史上的革命，其革命性体现在由解释世界到改造世界的转变，其与形而上学根本的区别在于实现理论与实际相统一。马克思指出：“哲学家们只是用不同的方式解释世界，而问题在于改变世界。”① 马克思用毕生的经历投入为人类解放而奋斗的伟大实践中，不断推进理论创新，推进革命发展，用实际行动诠释了创新发展的丰富内涵。抓创新就是抓发展，谋创新就是谋未来，创新发展是创新与发展相结合统一体。创新发展要有突破常规的敢为人先的精神，要有攻坚克难的拼劲和持之以恒的韧劲。当今时代正处第四次科技革命时期，创新成为发展第一引擎，争当“创新发展拓荒牛”，不仅要弘扬实事求是、开拓创新、敢闯敢试、勇于实践的改革创新精神；还要保持昂扬斗志、锲而不舍的坚持、突破极限的奋战、不断钻研的匠心，准确识变、科学应变、主动求变。创新发展不仅体现在国家建设中，而且洒落在生活的方方面面，在每一个人的身边。因工作需要，雷锋换过几个工作岗位，但是不管在哪个岗位上，他都力争上游，把工作做到最好。他曾说：“钉子有两个长处，一个是挤劲，一个是钻劲。”雷锋到汽车连接手的车是连里面有名的“耗油大王”，他接手后，请教专家，翻阅书籍，想办法将油耗降到正常水平，总结出一套节油的窍门，“耗油大王”变成了“节油标兵”。创新发展是宏观与微观的统一，正如马克思所说，人发展的最终价值实现是人的全面而自由地发展。

---

① ［德］恩格斯：《路德维希·费尔巴哈和德国古典哲学的终结》，北京：人民出版社，2018 年，第 66 页。

“雷锋精神”根植于中华优秀传统文化，在马克思主义的旗帜下，在艰难困苦的革命斗争中孕育，在艰苦奋斗改变贫穷面貌中形成，在建设中国特色社会主义事业的伟大征程中发扬光大。同时，“为民服务”是马克思主义的基本立场，是社会主义核心价值观的本质；“艰苦奋斗”是马克思主义的基本方法，是共产党人“两个务必”的核心内容；“创新发展”是马克思主义的基本观点，是新发展理念的集中凝练。所以，“雷锋精神”穿越时代、承载历史，是社会主义核心价值观的深刻阐释，是民族精神和时代精神的具体体现，是实现中华民族伟大复兴的现实力量。在对抗新冠疫情肆虐的斗争中，中国共产党领导中国人民进一步发扬“雷锋精神”，向世界各国无私提供防控信息和技术物资援助，彰显了“雷锋精神”在人类命运共同体中的世界价值。在中国特色社会主义进入新时代、开启全面建设社会主义现代化国家的新征程、中国共产党即将迎来百年华诞之际，“雷锋精神”站在新的历史起点上，在新的伟大征程中进一步继承和发展，感召一代又一代“雷锋”为实现中华民族伟大复兴而努力奋斗。

中国共产党精神谱系百年发展历程及其价值意蕴论析

胡志远[①] 巩 秀[②]

摘要： 自成立以来，中国共产党在团结和带领中国人民进行革命、建设和改革100年的历史进程中，逐步培育了一系列彰显党的本质属性和根本宗旨、体现民族特色和时代要求、凝聚社会力量的伟大精神，形成了中国共产党人的革命精神谱系。中国共产党革命精神谱系具有丰富的科学内涵、鲜明的时代特征和深厚的价值意蕴，已经成为当代中国人民推进中国特色社会主义事业和实现中华民族伟大复兴的精神支柱和精神动力。

关键词： 中国共产党精神谱系；百年发展历程；价值意蕴

中国共产党自成立以来，在团结和带领中国人民进行革命、建设和改革100年的历史进程中，逐步培育和形成了一系列彰显党的性质和宗旨、体现民族特色和时代要求及凝聚社会力量的伟大精神，构筑起中国共产党人的精神谱系，成为维系党和国家团结奋进的重要思想支撑。中国精神是中国共产党传承

---

① 胡志远，法学博士，山西师范大学马克思主义学院概论教研室主任、副教授，研究方向为马克思主义基本原理、马克思主义中国化、中国哲学、中国传统文化等。

② 巩秀，法学硕士，山西师范大学教师、副教授，主要研究方向为马克思主义理论与思想政治教育等。

和弘扬中华优秀传统文化珍贵的思想结晶，是中华民族宝贵的精神财富，也是实现中华民族伟大复兴的强大精神动力和精神支柱，中国革命精神是凝心聚力的兴国之魂、强国之魂，中国共产党百年发展历史不仅是一部党团结带领全国各族人民的英勇奋斗史，而且是一部革命精神的发展史和传承史，正如习近平所指出：“我们党的历史，就是一部不断推进马克思主义中国化的历史，就是一部不断推进理论创新、进行理论创造的历史。”①

一、中国共产党精神谱系的内涵特征

作为图谱完善、特质鲜明的中国共产党革命精神谱系，在一百年成长进程中发展、形成了完整的精神体系、积淀了丰富的理论内涵，同时被赋予了鲜明的时代特征。

（一）中国共产党精神谱系的基本内涵

谱系的本义主要是指记述宗族衍脉或者同类事物的历代系统的书，也指家谱系统或事物变迁的系统，主要包括三个方面：一是记载宗族世系或同类事物历代系统的书；二是家谱系统；三是物种变化系统。中国共产党的精神谱系就是党的建设理论与实践精神系统，实质上是阐释中国共产党领导中国人民取得社会主义革命、建设和改革成就，创造更加美好生活的理论创新与思想积淀。在其本质上，党的精神谱系就是中国共产党在革命、建设和改革的不同历史阶段对价值理念、理论发展和实践创新等方面的精神文化系统，不仅是中华优秀传统文化与党的政治文化有机融合的精神成果，而且是马克思主义理论与中国具体实践的时代结晶，成为中国共产党红色文化的重要组成部分。

在一百年艰苦卓绝的努力奋斗中，中国共产党不断将马克思主义基本原理

① 习近平：《在党史学习教育动员大会上的讲话》，《求是》2021年第7期。

与中国的具体实际相结合，创造性地开启了党领导人民改造世界、建设社会主义的伟大探索。在这过程中，逐步形成了包括红船精神、井冈山精神、长征精神、延安精神、抗战精神、“两弹一星”精神、焦裕禄精神、红旗渠精神、航天传统精神等一系列宝贵思想财富。在党史学习教育动员大会上的讲话，习近平明确指出：“在一百年的非凡奋斗历程中，一代又一代中国共产党人顽强拼搏、不懈奋斗，涌现了一大批视死如归的革命烈士、一大批顽强奋斗的英雄人物、一大批忘我奉献的先进模范，形成了井冈山精神、长征精神、遵义会议精神、延安精神、西柏坡精神、红岩精神、抗美援朝精神、“两弹一星”精神、特区精神、抗洪精神、抗震救灾精神、抗疫精神等伟大精神，构筑起了中国共产党人的精神谱系。”①

中国共产党精神谱系是随着伟大事业发展积淀而来，彰显了党的主张和强大生命力和战斗力，打上了党的使命和担当的深刻烙印。革命精神谱系以独特的实践形态标明马克思主义在中国实践中的升华路径，生动体现了党对共产党执政规律、社会主义建设规律、人类社会发展规律的深刻把握和清醒认识。

（二）中国共产党精神谱系的基本特征

第一，科学性与先进性互为依托有机统一。先进性是指党的理念和理论的先进性、组织和制度的先进性，以及工作方法等的先进性，并能在严峻复杂环境里始终坚持党性、服务人民。科学性是指党的领导、党的建设必须遵循规律，按规律办事，同时创造条件推动事业发展。党在每一段历史进程中的每一次精神积淀，都是党性淬炼的结果，彰显着跨越时空的精神感召力。不论是“开天辟地、敢为人先”“坚定理想、百折不挠”“立党为公、忠诚为民”的红船精神，还是在极端困难条件下推进国防科技进步，形成的“两弹一星”精

① 习近平：《在党史学习教育动员大会上的讲话》，《求是》2021 年第 7 期。

神等，这些都是党领导人民进行伟大社会革命和自我革命中弥足珍贵的思想基因。党领导开创的中国特色社会主义是前人没有经历过的伟大事业，取得胜利不仅要依靠人民群众的衷心拥护，而且还要依赖指导思想的真理性、道路选择的科学性以及百折不挠、敢于胜利的奋斗精神。没有中国共产党铁一般信仰、铁一般信念、铁一般纪律、铁一般担当，没有中国共产党领导人民实现目标那种坚不可摧的坚定信仰，就没有党和国家事业取得成功，“我们党之所以历经百年而风华正茂、饱经磨难而生生不息，就是凭着那么一股革命加拼命的强大精神”①。

第二，斗争性与革命性有机统一。顽强的斗争性与坚定的革命性是无产阶级政党的基本属性，也是无产阶级政党能够赢得群众支持和拥护，推动生产发展，消灭剥削制度的根本特性；斗争性与革命性也是无产阶级政党自我净化、自我完善、自我革新、自我提高的重要体现，党员干部忠诚干净担当的内在动因，也是马克思主义政党推动新时代社会革命取得胜利的根本保证。革命性和斗争性体现在党以“刀口向内、壮士断腕”的精神，推进全面从严治党，取得了反腐败斗争压倒性态势并稳定发展，增强了党的凝聚力、向心力、生命力和战斗力。

第三，创造性和实践性彼此融通。中国共产党在物资匮乏、生产力不发达条件下取得各项事业胜利的过程中，接续形成了极具创新性和实践性的精神谱系。党的十九大对《中国共产党章程》作了修改，强调了新中国“新”在党领导人民推翻“三座大山”，消灭了剥削阶级和剥削制度，让人民当家做主人；“新”在党领导人民开创性地建设社会主义中国，形成和完善了中国特色社会主义理论体系、制度体系、文化体系和道路。随着中国逐步走向世界舞台

① 习近平：《在党史学习教育动员大会上的讲话》，《求是》2021年第7期。

中央，我们迈进了中国特色社会主义新时代。这可以说，没有伟大实践与科学创造就没有中国特色社会主义。精神谱系的生命力就在于维护并体现我们党坚持解放思想、实事求是、与时俱进、求真务实的时代要求；体现我们党深刻把握三大规律，创造条件推动生产发展，推动马克思主义中国化、时代化、大众化，实现党的建设现代化，保障改革成果惠及全体人民的实践路径。实践性决定了党的建设严格要求和创造性特质，是目前拥有九千多万党员的大党思想统一、行动有力的重要表征。

第四，一贯性与整体性高度契合。中国共产党精神谱系是党的整体意志的体现，反映的是党的思想价值中带有根本性、内核性的要求。精神谱系是党完成不同时期政治任务，实现最高纲领与最低纲领相统一的过程中形成的，推动着党的思想理论的与时俱进，构成了党的核心价值和思想理论体系的重要组成部分，体现着一贯性与整体性特征。任何忽视历史继承性，割裂党的精神一贯性与整体性的做法，都是违背历史唯物主义，也必然扭曲和阻碍党和国家的事业顺利发展。因此，在学习实践中，我们必须结合具体的历史与现实问题，把党在夺取事业胜利中形成的精神典范放在党的价值体系中整体把握，系统完整准确把握精神谱系内在逻辑的一致性、精神传承的继承性和一贯性，避免和防范教条式、碎片化的理解，坚决防止过时论。中国共产党精神谱系是我们党在中国革命、建设和改革的伟大实践中所形成的精神成果总和，决不可进行碎片化、庸俗化解读和粗放式宣传，必须在坚持中国共产党领导的基础上，系统完整准确地把握党的建设、党的事业发展的基本脉络。

二、中国共产党精神谱系的发展历程

中国共产党革命精神在百年发展历程中经历了从孕育形成到丰富发展，由丰富发展再到革命精神谱系的不断完善与进一步提升，鲜明展现出中国共产党革命精神谱系的生成逻辑与发展历程。

（一）新民主主义革命时期：中国共产党精神谱系孕育形成

在新民主主义革命时期，中国共产党高高举起马克思主义的鲜明旗帜，在经历了28年之久的浴血奋战中构筑了党的精神谱系的最初蓝图。

中国共产党始终以自身的初心和使命为根本出发点，以争取民族独立和人民解放的革命精神为中心轴和最强音，在长期的浴血奋战中，涌现出了无数可歌可泣的英雄人物、英模群体，谱写了一曲曲感天动地、气吞山河的英雄壮歌，培育了以爱国主义为核心，团结一心、众志成城、自强不息的伟大民族精神，铸就了值得历史和人民永远铭记的民族精神群谱。在建党时期形成了红船精神，这是中国共产党人“开天辟地、敢为人先的首创精神，坚定理想、百折不挠的奋斗精神，立党为公、忠诚为民的奉献精神”[①]，成为“中国革命精神之源”，是中国共产党革命精神谱系的发端。此后，在土地革命战争时期诞生了井冈山精神、长征精神、苏区精神；在抗日战争时期形成了延安精神和红岩精神等；在解放战争时期，形成了以西柏坡精神为主要代表的革命精神。新民主主义革命时期诞生的革命精神充满了流血牺牲和战争色彩，体现出了这一时期革命精神的鲜明特征。这一时期的革命精神中贯穿着崇高的革命理想与坚定的革命信念，在当时各方面条件都极为不利的情况下，仍能从黑暗走向光明、从失败走向胜利的关键，就在于中国共产党人顽强的意志品质和强大的精神支撑，就在于中国共产党革命精神的伟大力量。新民主主义革命时期为解决中国最为紧迫的民族危亡问题，这个时期的革命精神就展现出了浓厚的革命乐观主义色彩。

这一时期对中国精神进行了初步的探索和构筑，中国精神的种子开始孕

① 习近平：《弘扬“红船精神”走在时代前列》，《人民日报》2017年12月1日。

育、发芽并渐次生长，这是中国精神谱系之根、雏形和内核的创立时期。这一时期对中国精神进行了初步的探索和构筑，中国精神的种子开始孕育、发芽并渐次生长，这是中国精神谱系之根、雏形和内核的创立时期。

（二）社会主义革命和建设时期：中国共产党精神谱系丰富发展

社会主义革命和建设同样需要传承和创新革命精神，而且更加需要发扬革命精神，以实现马克思主义基本原理与中国具体实际的又一次结合，从而取得建设社会主义的伟大成就。

新中国成立之初，在社会主义革命和建设探索过程中，当时我国正处于物资极度匮乏的严峻形势之中而又面临着诸多自然灾害，中国人民是在一穷二白的基础上，白手起家搞社会主义革命和建设，人民群众以吃苦耐劳、艰苦奋斗、顽强拼搏的精神，在伟大的社会主义革命和建设探索的实践中，先后培育和形成大庆精神、焦裕禄精神、红旗渠精神、雷锋精神、时传祥精神、大寨精神和“两弹一星”精神等革命精神又一谱系。在这一时期所培育和诞生的革命精神充分展现出丰富内涵和鲜明的时代特征：一是以自力更生、艰苦奋斗为主要特征，中国人民勤劳肯干、战天斗地，逢山开路、遇水搭桥，社会主义制度才得以建立，社会主义建设才得以不断推进。二是以团结协作、无私奉献为主要内涵。任何事业的推进都需要大批兢兢业业、恪尽职守、默默奉献的人，在中国这样一个基础弱、底子薄、人口多、地域广又形势复杂的国家，必须依靠自力更生、团结协作、无私奉献的精神和万众一心、齐心协力、甘于奉献的品质，向着共同的目标迈进，我国经济建设、国防建设、科技研发等方面才取得了重大突破，充分显示出革命精神的伟大力量，“精神是一个民族赖以长久生存的灵魂，唯有精神上达到一定的高度，这个民族才能在历史的洪流中屹立不倒、奋勇向前”[①]。

这个时期所形成的革命精神成为时代丰碑和精神旗帜，既是党的革命精神在建设时期的精神展现与实践表达，也是我们党建设能力和执政水平的精神宣言。这些革命精神不仅使中国共产党革命精神在和平年代得以延展和深化，而且使党的革命精神谱系的进一步丰富和发展，为革命精神图谱增添了新的时代色彩。

（三）改革开放时期：中国共产党精神谱系不断完善

改革开放不仅是中国的第二次革命，更是一次新的长征，这场革命关系到中华民族从富起来到强起来的伟大飞跃，关乎中国共产党的长期执政，因此，“我们党必须以党的自我革命来推动党领导人民进行的伟大社会革命”[②]。

在改革开放和现代化建设的新时期，中国共产党在领导全国各族人民进行社会主义现代化建设的实践中，在面对自然灾难时，中国共产党人团结带领人民先后培育和铸就了诸如小岗精神、女排精神、张家港精神、特区精神、抗洪精神、载人航天精神、抗击“非典”精神、抗震救灾精神和北京奥运精神等一系列新时期的革命精神。改革开放新时期的革命精神显现出了改革的鲜明特色。首先，改革开放新时期的革命精神以敢想敢干、大胆探索为特点，展现出了新时期的新风貌。无论是家庭联产承包责任制，还是特区人民团结奋斗，书写出的“浦东奇迹”，都展现出了敢为天下先的精神品质。其次，改革开放新时期以来，对革命精神的解读更加科学。改革开放之后，在对革命精神内涵的解读与分析，我们始终坚持正确科学的态度，分析和梳理了党性与人民性、民族性与时代性、先进性与开放性等多对矛盾关系，在革命精神话语体系上体现

---

① 《十九大以来重要文献选编》（上），北京：中央文献出版社，2019 年，第 395 页。

② 习近平：《以时不我待只争朝夕的精神投入工作　开创新时代中国特色社会主义事业新局面》，《光明日报》2018 年 1 月 6 日。

出改革开放的话语特色。

这个时期的革命精神集中展现了改革开放以来中国共产党人的伟大创造精神、伟大奋斗精神、伟大团结精神、伟大梦想精神以及伟大改革开放精神，是中国共产党革命精神的时代延展与意涵深化，为中国共产党革命精神谱系增添了时代元素和崭新内涵，是中国共产党革命精神永续发展的生动体现。

（四）中国特色社会主义新时代：中国共产党精神谱系进一步提升

经过中国共产党领导中国人民进行的艰苦努力的奋斗，中国特色社会主义进入了新时代。在前行的道路上，不可避免地会遇到这样那样的困难，会遭受很多的艰辛与挫折，但是英勇顽强的中国人民从来没有软弱、没有低头，而是勇往直前地继续前行，在中国特色社会主义新时代又铸就了伟大的抗疫精神。

抗疫精神是新时代中国共产党人革命精神的代表，2020 年年初，一场史无前例的新冠疫情席卷全球，面对日益肆虐的疫情，中国人民并没有在这场灾难面前屈服，而是顽强奋起、积极防控，在中国共产党的集中统一领导下，全国各族人民团结一致、众志成城，在新冠疫情防控中形成和铸就了生命至上、举国同心、舍生忘死、尊重科学、命运与共的伟大抗疫精神。抗疫精神不仅是全党全国各族人民战胜疫情的强大精神力量和精神武器，也是伟大中国精神在新时代的集中反映；不仅是时代精神在抗击疫情中的生动演绎，也是民族精神在抗疫大战中的鲜明体现，习近平指出："伟大抗疫精神，同中华民族长期形成的特质禀赋和文化基因一脉相承，是爱国主义、集体主义、社会主义精神的传承和发展，是中国精神的生动诠释，丰富了民族精神和时代精神的内涵。"① 伟大抗疫精神集中展现了中国共产党以人民为中心的价值追求、全心全意为人民服务的根本宗旨、立党为公和执政为民的执政理念和历史担当，是集体主义、

① 《协同推进新冠肺炎防控科研攻关　为打赢疫情防控阻击战提供科技支撑》，《人民日报》2020 年 3 月 3 日。

社会主义和共产主义精神的继承和发展，生动诠释了中国精神，续写了党的精神谱系。

在新冠疫情应对与防控中所形成的伟大抗疫精神是中国共产党百年革命精神的重要组成部分，也是中国人民继往开来、推进中华民族伟大复兴历史进程的强大精神动力。抗疫精神的诞生，丰富了时代精神谱系，拓展了民族精神谱系，续写了党的精神谱系，再次彰显了新时代的中国精神。

三、中国共产党精神谱系的价值意蕴

中国共产党革命精神谱系具有跨越时空的永恒价值，在中国革命、建设和改革不同时期，为赢得新民主主义革命彻底胜利、取得改革开放和社会主义现代化伟大成就提供了强大的精神支撑。在新时代，革命精神谱系又以独特先进的思想和精神内涵，在推进中国特色社会主义事业和实现中华民族伟大复兴进程中，仍然发挥着重大的价值功用，“人无精神则不立，国无精神则不强。精神是一个民族赖以长久生存的灵魂，唯有精神上达到一定的高度，这个民族才能在历史的洪流中屹立不倒、奋勇向前”①。

（一）为培育当代中国精神提供重要精神本源

中国共产党革命精神就是全党和全国人民在思想上的“根”和“魂”，是当代中国精神的“本”和“源”。党的革命精神谱系对中华民族精神的继承、发展和新的升华，成为中国人民觉醒和中华民族凝聚力提升的显著标志，也是当代中国精神的直接源头。继承和弘扬中国革命精神，能够为新时代培育当代中国精神、增强中华民族自信，提供本源性的思想和精神动力源泉。革命精神谱系所包括的中国共产党人解放思想、实事求是，担当有为、革故鼎新，爱国

① 《习近平谈治国理政》第二卷，北京：外文出版社，2017 年，第 47 ~ 48 页。

爱民、为民服务，廉洁自律、一心为公，自力更生、艰苦奋斗，顽强拼搏、不怕牺牲的优秀品质，对中华民族爱国主义精神的优良传统进行创新性发展，把爱国主义推进到了一个崭新的境界。在中国特色社会主义新时代，实现中华民族伟大复兴的中国梦，必须弘扬中国精神，要以爱国主义为核心的民族精神和以改革创新为核心的时代精神振奋起全民族的精气神。

（二）为巩固党的领导地位提供重要精神保障

在当代中国，坚持党的领导是做好党和国家各项工作的根本前提，也是我国政治安全、经济发展、社会和谐、民族团结的重要保障，“党政军民学，东西南北中，党是领导一切的，是最高的政治领导力量”①。随着经济全球化的快速发展和我国改革开放的全面深化，世界上各种政治力量互相博弈，代表各自利益的各种社会思潮相互交锋，尤其是代表西方资本主义国家意志和立场的社会思潮正在对我国进行渗透侵蚀，造成一些党员干部精神和思想出现滑坡现象，严重威胁到党的领导地位和执政基础。在这种严峻形势下，为了确保党的执政地位和领导地位，必须以革命精神筑牢党员干部的思想根基，用革命精神培育党员干部的理想信念和坚定党员干部的政治立场，为党员干部的思想保驾护航，中国共产党革命精神谱系为巩固党的领导地位提供了重要保障，充分彰显了革命精神谱系的时代价值。

（三）为增强国家文化软实力提供基本精神资源

首先，中国共产党百年革命精神是坚定文化自信的重要资源。文化自信是人们对本民族文化生成的一种认同感、自豪感，是一种积极肯定的心理状态。中国共产党百年革命精神是中国特色社会主义文化的重要组成部分，也是让人们厚植文化自信的重要文化资源。人们可以在革命精神的感染和浸润下增进对

---

① 《习近平谈治国理政》，北京：外文出版社，2014 年，第 56 页。

中国特色社会主义文化的信任感、认同感，进而进一步厚植文化自信。其次，中国共产党百年革命精神是讲好中国故事的生动素材。中国共产党百年革命精神，就是好的中国故事，蕴藏着中国人民普遍高度认同的精神内涵，也是向世界展示中国良好国家形象的资源。每一种具体的革命精神形态背后都有着一段令人动容、可歌可泣的故事，都彰显出了中国人民高尚的精神品格。增强国家文化软实力，就要将国内国际两个维度相统筹。从国内角度讲，中国共产党百年革命精神是促进我国文化事业、文化产业发展的重要精神资源；从国际角度讲，中国共产党百年革命精神谱系是向世界广泛传递中国声音、讲述中国故事的生动素材，进而能够增强国家文化软实力。最后，中国共产党百年革命精神也有激励、凝聚等塑造人的作用，能够陶冶人的情操，浸润人的心灵，让人们受到优秀文化的浸润和熏陶，深切地感受到革命精神的魅力，达到教育人、塑造人的目的。国家文化软实力的进一步增强，也需要有力的人才保障。依据以上的逻辑，中国共产党百年革命精神是塑造人的重要价值资源，为文化强国的建设提供了一定的人才保障。

（四）为实现中华民族伟大复兴提供根本精神动力

中国共产党革命精神谱系充分体现出了崇高精神和优秀品质，展现了对理想信念的执着追求、对实现中华民族伟大复兴的坚定信心，不仅是党和人民在实现中华民族伟大复兴历史进程中的重大实践成果，而且是更加坚定走中国道路、坚定道路自信的重要精神动力。中国共产党革命精神的政治信仰、价值追求、思想本源和实践基础，是中国梦思想内涵的本质体现和精神成果的内在表达。实现中华民族伟大复兴，就是中华民族近代以来最伟大的梦想，无论是在革命时代、建设年代，还是今天的和平与发展年代，我们党始终目标坚定、理想坚定、立场坚定，不畏艰难困苦，艰苦奋斗，敢为人先，致力于实现中华民族伟大复兴，向世界展示出中华民族无尽的生机与活力，中国共产党“为了实现这一梦想，一代又一代中国人不畏艰难险阻，奋力拼搏，谱写了一首首催人奋进、英勇不屈的英雄赞歌”①。今天，我们站在中国特色社会主义新时代的新的历史方位，虽然没有革命战争年代的流血牺牲，但是我们面临着比过去任何时代都更为艰巨的任务、面临着比过去任何时期都更为复杂的环境。因此，全党和全国人民依旧要秉承和发扬革命精神，为实现中华民族伟大复兴而接续奋斗。

一个国家、一个民族乃至每一个人都必须具有一定精神，“精神是一个民族赖以长久生存的灵魂，唯有精神上达到一定的高度，这个民族才能在历史的洪流中屹立不倒、奋勇向前”②。当前，世界百年未有之大变局加速演进，国内改革发展稳定任务艰巨繁重，“两个一百年”奋斗目标处于历史交汇点，中国共产党即将迎来百年诞辰，新形势下，我们必须传承和弘扬中国共产党革命精神，为推进社会主义现代化建设和实现中华民族伟大复兴提供重要思想支撑和精神动力。

---

① 《习近平关于“不忘初心、牢记使命”论述摘编》，北京：中央文献出版社，2019年，第100页。

② 《十八大以来重要文献选编》（下），北京：中央文献出版社，2018年，第395～396页。

中央苏区时期中国共产党人对初心的生动诠释及其当代价值

杨宏祥[①]　王丽媛[②]

摘要：中央苏区时期是中国共产党在领导中国人民进行新民主主义革命征程中进行局部执政实践和砥砺初心的重要历史时期。中国共产党人的初心和使命，就是为中国人民谋幸福，为中华民族谋复兴。中央苏区时期中国共产党人在舍生取义中坚守初心、在胸怀全局中践行初心、在一心为民中彰显初心、在反腐肃贪中捍卫初心。进入新时代，在中央苏区时期得以不断砥砺而历久弥坚的中国共产党人的初心具有十分重要的当代价值：一是中央苏区时期中国共产党人的初心作为崇高的理想信念为中国共产党在新的历史时期的执政实践提供了强大的精神动力；二是中央苏区时期中国共产党人的初心所充分彰显出来的人民立场为中国共产党领导中国人民实现中华民族伟大复兴的中国梦提供了根本保证。

关键词：中央苏区；中国共产党人；初心；当代价值

① 杨宏祥，赣南师范大学马克思主义学院副教授、硕士生导师。
② 王丽媛，赣南师范大学马克思主义学院马克思主义理论专业硕士研究生。

中央苏区时期的历史，始于1927年大革命失败后赣南、闽西农民的武装暴动，结束于1937年抗日战争爆发后赣粤边、闽西等地红军三年游击战争的结束，历时十年之久。[①]虽然，在中华民族五千年悠久的文明史中，短短的十年时间似乎只不过是历史之一瞬，犹如沧海之一粟，然而，对近代以来中华民族救亡图存的历史来说，中央苏区十年的历史却对后世有着影响极为深远的重大历史意义和现实意义。中央苏区时期是中国共产党领导中国人民进行长达28年艰苦卓绝的新民主主义革命征程中的重要历史时期，是中国共产党人在革命斗争和局部执政实践中继承和弘扬红船精神、井冈山精神，进而形成苏区精神并开启长征精神的重要历史时期，因而更是中国共产党人通过具体的制度探索和局部治国理政尝试而实践初心的重要历史时期。

虽然中央苏区时期的历史距今已经过去80多年了，但至今，中国共产党人在那段异常艰苦的革命岁月中所孜孜以求并付诸实践的初心并未有丝毫改变，而且还在新时代中国特色社会主义建设和深化改革开放的伟大实践中继续为中国共产党人所坚定地秉承和忠实地践行。在中国共产党第十九次全国代表大会上的报告中，习近平指出："经过长期努力，中国特色社会主义进入了新时代，这是我国发展新的历史方位。"[②]抚今追昔，在中国特色社会主义建设进入新的历史时期的今天，尤需我们认真回顾和深入领会中国共产党人在中央苏区时期对中国共产党人初心的实践性诠释，尤需我们铭记中国共产党人踏上来时路的初衷，以便团结带领中国人民在中华民族的复兴之路和圆梦之路上更加稳健地阔步前行。

在中国共产党团结带领中国人民为建设新时代中国特色社会主义、实现

---

① 余伯流、凌步机：《中央苏区史》，南昌：江西人民出版社，2016年，第1～2页。

② 习近平：《决胜全面建成小康社会 夺取新时代中国特色社会主义伟大胜利》，北京：人民出版社，2017年，第10页。

“两个一百年”奋斗目标、全面建成小康社会和实现中华民族伟大复兴的中国梦而矢志奋斗的重要历史关头，对中央苏区时期中国共产党人的初心及其当代价值进行深入研究与探讨的活动本身，就是我们继承先辈遗志、不忘初心、继续前行的重要体现。正因如此，对中央苏区时期中国共产党人的初心及其当代价值进行深入研究与探讨，不仅具有重要的理论意义和实践意义，而且必将激发我们更为深入地理解中国共产党人的初心，更加坚定地秉承中国共产党人的初心，更加奋发有为地践行中国共产党人的初心。

一、何谓中国共产党人的初心

2016 年 7 月 1 日，在庆祝中国共产党成立 95 周年大会上的讲话中，习近平指出“我们要永远保持建党时中国共产党人的奋斗精神，永远保持对人民的赤子之心。一切向前走，都不能忘记走过的路；走得再远、走到再辉煌的未来，也不能忘记走过的过去，不能忘记为什么出发。面向未来，面对挑战，全党同志一定要不忘初心、继续前进”①，并从八个方面系统而深入地阐述了“坚持不忘初心，继续前进”的具体要求。2017 年 10 月 18 日，中国共产党第十九次全国代表大会更是空前明确地将大会的主题确定为“不忘初心、牢记使命，高举中国特色社会主义伟大旗帜，决胜全面建成小康社会，夺取新时代中国特色社会主义伟大胜利，为实现中华民族伟大复兴的中国梦不懈奋斗。”② 至此，“初心”一词正式上升为理论话语，并且引发了社会各界人士的空前关注和热烈讨论。

不忘初心，方得始终。初心，即本心和初衷。那么，中国共产党人初心

---

① 习近平：《在庆祝中国共产党成立 95 周年大会上的讲话》，北京：人民出版社，2016 年，第 7 ~ 8 页。

② 习近平：《决胜全面建成小康社会 夺取新时代中国特色社会主义伟大胜利》，北京：人民出版社，2017 年，第 1 页。

的内涵究竟是什么呢？习近平指出："中国共产党人的初心和使命，就是为中国人民谋幸福，为中华民族谋复兴。这个初心和使命是激励中国共产党人不断前进的根本动力。"① 习近平号召："全党同志一定要永远与人民同呼吸、共命运、心连心，永远把人民对美好生活的向往作为奋斗目标，以永不懈怠的精神状态和一往无前的奋斗姿态，继续朝着实现中华民族伟大复兴的宏伟目标奋勇前进。"② 值得我们注意的是，中国共产党人的初心并不是一个静态的历史范畴，而是一个从根本上坚持人民立场，并在不同历史时期、根据不同历史任务而在中国共产党团结带领中国人民进行革命、建设和改革的实践中不断得以丰富和发展的理想和信念体系。这个体系的核心是人民立场，这一点在任何历史时空下都是不会改变的。人民立场是中国共产党初心的精髓和灵魂所在。回顾中国共产党从建党到成为执政党直至今天的历史，我们不难看出，对中国共产党人而言，其初心就是为了从根本上改变中华民族和中国人民自近代以来受压迫、受奴役之悲惨命运而树立起来的坚定不移的理想信念，就是为了实现国家富强、民族复兴和人民幸福而对社会主义和共产主义的崇高信仰，就是为了建立人民当家作主的新型国家而全心全意为人民服务的家国情怀，就是为了这种家国情怀而自觉肩负起建设中国特色社会主义伟大事业的使命担当。当今，中国共产党人正是本着历久弥坚的"为中国人民谋幸福，为中华民族谋复兴"的初心，才将"坚定理想信念"作为党的思想建设的首要任务。

"君子务本，本立而道生"③，中国共产党人始终以实现中国人民幸福和中华民族复兴为己任，将实践初心、全心全意为人民服务看作是共产党人的"本"。

---

① 习近平：《决胜全面建成小康社会 夺取新时代中国特色社会主义伟大胜利》，北京：人民出版社，2017 年，第 1 页。

② 习近平：《决胜全面建成小康社会 夺取新时代中国特色社会主义伟大胜利》，北京：人民出版社，2017 年，第 1 页。

③〔战国〕孟子等：《四书五经》，北京：中华书局，2009 年，第 5 页。

2016年7月1日，在庆祝中国共产党成立95周年大会上的讲话中，习近平郑重强调“人民立场是中国共产党的根本政治立场，是马克思主义政党区别于其他政党的显著标志。党与人民风雨同舟、生死与共，始终保持血肉联系，是党战胜一切困难和风险的根本保证”，是党“不竭的力量源泉”，“坚持不忘初心、继续前进，就要坚信党的根基在人民、党的力量在人民，坚持一切为了人民、一切依靠人民，充分发挥广大人民群众积极性、主动性、创造性，不断把为人民造福事业推向前进”[①]。在党的十九大报告中，习近平再次强调：“人民是历史的创造者，是决定党和国家前途命运的根本力量。”[②]就此，我们可以说，中国共产党人“为中国人民谋幸福，为中华民族谋复兴”的初心就是中国共产党的立党之本、执政之基、力量之源。习近平同志曾多次告诫全党同志，中国共产党要始终保持同人民群众的血肉联系。2018年3月20日，在第十三届全国人民代表大会第一次会议上的讲话中，习近平总书记指出“人民是历史的创造者，人民是真正的英雄”[③]，“有这样伟大的人民，有这样伟大的民族，有这样的伟大民族精神，是我们的骄傲，是我们坚定中国特色社会主义道路自信、理论自信、制度自信、文化自信的底气，也是我们风雨无阻、高歌行进的根本力量”[④]。

从1921年中国共产党成立的那一刻起，中国共产党就选择和人民站在一起，始终以全心全意为人民服务为根本宗旨，始终坚持人民立场，依靠人民力

① 习近平：《在庆祝中国共产党成立95周年大会上的讲话》，北京：人民出版社，2016年，第18页。

② 习近平：《决胜全面建成小康社会 夺取新时代中国特色社会主义伟大胜利》，北京：人民出版社，2017年，第21页。

③ 习近平：《在第十三届全国人民代表大会第一次会议上的讲话》，北京：人民出版社，2018年，第2页。

④ 习近平：《在第十三届全国人民代表大会第一次会议上的讲话》，北京：人民出版社，2018年，第6页。

量，为中国人民谋幸福，为中华民族谋复兴。就此而言，中国共产党人的初心作为一种体现和实现党的本质和宗旨的力量，其实质乃是人民力量，而中国共产党对共产主义远大理想和中国特色社会主义共同理想的坚定信仰，究其本质，乃是中国共产党人对人民和人民力量的信仰。正是由于中国共产党人始终不忘初心，自觉做人民力量的坚定信仰者和忠实实践者，才使其初心在中国革命、建设和改革的伟大历史实践中不断得以彰显，而这也正是中国共产党能够团结带领中国人民实现中华民族从站起来、富起来到强起来伟大历史飞跃的根本原因所在；也正是由于中国共产党人始终不忘初心、传承初心和践行初心，才使我们迎来了实现中华民族伟大复兴的光明前景 。因此，中央苏区时期中国共产党人对其初心的执着坚守和忠实践行就成了今天我们可资借鉴和汲取的重要历史财富和前行力量。

二、中央苏区时期中国共产党人对初心的生动诠释

在中国共产党人革命精神谱系当中，从红船精神到井冈山精神、苏区精神，再到长征精神、延安精神、西柏坡精神，无不彰显着中国共产党人的初心。以历史唯物主义的观点来看，中国共产党人的革命精神正是在中国共产党人领导中国人民进行伟大革命的历史实践中得以不断凝聚和形成的。其中，“苏区精神”就是中国共产党在中央苏区时期艰苦卓绝的革命斗争实践和局部治国理政实践中所沉淀和凝结出来的革命精神硕果，极为鲜明地体现了中国共产党人对初心的生动诠释。

2011 年 11 月 4 日，习近平在纪念中央革命根据地创建暨中华苏维埃共和国成立 80 周年座谈会上的讲话中指出“实践证明，由坚定的政治信仰产生的百折不挠的革命意志，是中国共产党人战胜一切艰难险阻、从胜利走向胜利的强大力量源泉”，“在革命根据地的创建和发展中，在建立红色政权、探索革命

道路的实践中，无数革命先辈用鲜血和生命铸就了以坚定信念、求真务实、一心为民、清正廉洁、艰苦奋斗、争创一流、无私奉献等为主要内涵的苏区精神。这一精神既蕴涵了中国共产党人革命精神的共性，又显示了苏区时期的特色和个性，是中国共产党人政治本色和精神特质的集中体现，是中华民族精神新的升华，也是我们今天正在建设的社会主义核心价值体系的重要来源”①。习近平从坚定信念、求真务实、一心为民、清正廉洁、艰苦奋斗、争创一流、无私奉献这七个方面对“苏区精神”的主要内涵进行了精辟概括，而“苏区精神”的主要内涵正是对中央苏区时期中国共产党人实践初心的理论诠释和理论确证。“苏区精神”鲜明地体现了中国共产党人的初心。中央苏区时期中国共产党人对初心的坚守和对初心的践行是习近平在党的十九大报告中将中国共产党人的初心界定为“为中国人民谋幸福，为中华民族谋复兴”的重要实践来源之一。

知易行难，知行合一，尤其艰难。《诗经》有“靡不有初，鲜克有终”②之言，《尚书》有“非知之艰，行之惟艰”③之语，《吕氏春秋》更有“言之易，行之难”④之训。唐贞观十三年（639），魏征观唐太宗李世民“近岁颇好奢纵”，恐其不能“克终俭约”，便上书力谏李世民要始终坚守勤政爱民之初心，并说：“非知之难，行之为难；非行之难，终之斯难。”⑤当然，由于阶级局限性，封建统治者事实上并不会真正地“勤政爱民”，其初心不过是为了维护地主阶级的利益。不过，我们从中却可看出，如果说确立初心已属不易，那么，能够始终

① 习近平：《在纪念中央革命根据地创建暨中华苏维埃共和国成立80周年座谈会上的讲话》，《人民日报》2011年11月5日。

② ［战国］孟子等：《四书五经》，北京：中华书局，2009年，第194页。

③ ［战国］孟子等：《四书五经》，北京：中华书局，2009年，第242页。

④ ［战国］吕不韦等：《吕氏春秋》，北京：商务印书馆，2015年，第749页。

⑤ ［唐］吴兢：《贞观政要》，长沙：岳麓书社，1991年，第350页。

坚守初心和践行初心就更为难得。中央苏区时期中国共产党人在风雨如晦的革命岁月中，既面临着国民党反动派的重兵“围剿”，又面临着中华苏维埃政权建设中的种种困难，但中国共产党人却能始终不忘初心、心系人民，并且坚定和忠实地践行着初心，表现出了中国共产党人大无畏的英雄气概和革命风骨。

（一）舍生取义，坚守初心

中央苏区时期，许多中国共产党人为了中国人民的革命事业不惜抛头颅、洒热血，为了坚守中国共产党人的初心而舍生取义。1927 年 3 月 6 日，赣州总工会委员长、中共赣南特别支部书记陈赞贤因领导工人运动被国民党军逮捕，当晚即被残忍杀害，身中 18 弹，成为倒在国民党反动派屠刀下的第一名中国共产党党员。震惊全国的赣州“三六”惨案，是以蒋介石为代表的国民党反动派背叛革命的起点，也是其发起“四一二”反革命政变的先声。1929 年 5 月，江西省莲花县苏维埃政府主席、中共莲花县委书记刘仁堪因叛徒出卖而被捕。在临刑前，刘仁堪痛斥敌人，被敌人割掉舌头，他便用脚趾蘸着自己的鲜血在地上写下“革命成功万岁”六个大字，之后壮烈牺牲。1929 年 7 月，中共永新县委书记、湘赣边界特委常委刘真被捕。国民党南昌卫戍司令王均许之以高官厚禄，试图劝降刘真，但刘真丝毫不为所动，而是斩钉截铁地回答：“我生是共产党人，死是共产党鬼，绝不会与尔等反革命为伍！”敌人劝降不成，便对刘真施以严刑拷打，刘真始终坚贞不屈，毫无惧色。国民党反动派见对刘真软硬兼施都没有效果，便于 1929 年 8 月底将刘真杀害于南昌下沙窝。这一年，刘真年仅 23 岁。1934 年 10 月，第五次反“围剿”失败后，中央红军被迫撤离中央苏区进行战略转移，国民党军队乘虚而入占领了兴国县城，对根据地进行了血腥的“清剿”。1934 年冬，江西省苏维埃政府裁判部部长江善忠组织十几个人在长冈一带打游击，与敌人周旋。由于敌强我弱加上叛徒出卖，终被敌人围困在长冈石门寨山顶。子弹打光了，江善忠便搬起山顶的石头砸向敌人。敌人喊话劝他投降，说只要交出红军伤员和游击队的下落就给他自由，并可以拿到赏金。江善忠怒斥敌人："想要我出卖共产党，你们休想！"说完便脱下身上的灰布褂子，咬破手指，在褂子上写下血书：死到阴间不反水，保护共产党万万年！之后便穿上衣服，站在一块巨石上面对敌人说："共产党员是杀不尽的，胜利属于共产党！"说完，便纵身跳下悬崖，壮烈牺牲，年仅 28 岁。以陈赞贤、刘仁堪、刘真、江善忠为代表的中央苏区时期的中国共产党人以对理想信念的坚定信仰、视死如归的大无畏英雄气概和铮铮铁骨悲壮地向世人诠释了中国共产党人为人民革命到底的坚定初心和决心。

（二）胸怀全局，践行初心

中央苏区初创时期，革命正处于低潮，以毛泽东为代表的中国共产党人无论是面对国民党反动派多番重兵"围剿"，还是面对来自党和红军内部的悲观主义、"左"倾冒险主义等错误思想的困扰，甚至面对错误的批判和打压，都不曾动摇过革命信念，而是矢志不渝地坚守一个共产党人的崇高信仰，为革命事业默默贡献着自己的力量。1930 年 1 月，毛泽东针对党内存在的对革命的悲观主义情绪，发表了《星星之火，可以燎原》的党内通信，构建了武装斗争、土地革命、根据地建设"三位一体"的中国革命道路理论框架，及时消除了弥漫在革命队伍中的悲观主义情绪，极大地提振了党和红军对革命的信心。1930 年 5 月，毛泽东利用红军在赣南分兵开展群众工作的机会，进行了著名的寻乌调查，并撰写和发表了《反对本本主义》，首次提出了中国共产党理论与实际相结合、实事求是、一切从实际出发的思想路线的基本思想，为中央苏区的革命斗争和政权建设提供了有力的理论指导。1931 年 11 月 1 日，苏区党代表大会在叶坪谢氏宗祠召开，史称"赣南会议"。在这次会议上，毛泽东遭到错误批评和无端指责，但他仍然尽心尽力地做好"一苏大会"的筹备工作。1932 年 10 月 2 日，在宁都会议上，身为苏维埃中央政府主席的毛泽东被正式免除了红一方面军总政委职务，毛泽东也因身体原因住进了医院，但他仍然凭借一个坚定革命者的顽强毅力利用养病期间深入合作社、工厂、机关等地进行调查研究，力争通过调查研究获得对革命形势和苏区建设的准确认识和全面把握。1933年春，以博古为首的中央政治局在中央苏区全面推行王明的“左”倾路线，对以毛泽东为代表的正确主张进行压制甚至对抵制王明“左”倾路线的干部进行“残酷斗争”和“无情打击”，致使中央苏区的建设遭受重大挫折和损失。面对如此不利的环境和局面，毛泽东以一个无产阶级革命家的气魄和一个共产党人对革命事业的坚守，仍全身心地投入和领导了中央苏区的经济、文化和政权建设，并先后进行了著名的长冈乡调查和才溪乡调查，又根据调查研究所掌握的实际情况，制定了一系列有利于苏区发展和壮大的方针、政策。毛泽东以一个共产党人胸怀天下的博大胸襟和一个坚定革命者的无畏气概，在实际行动中践行着中国共产党人的初心。

（三）一心为民，彰显初心

中央苏区时期，中国共产党人为了建设中央苏区，带领苏区人民艰苦奋斗，开启了执政为民、廉洁自律、克己奉公的优良传统。1930年11月7日，中华苏维埃第一次全国代表大会召开，中华苏维埃共和国临时中央政府成立，开创了一个人民当家作主的新天地。直到1933年8月第五次反“围剿”前，中国共产党人领导苏区人民在经济、政治、文化、法制、教育、卫生等各个方面的建设中都取得了显著成绩。在此期间，中国共产党人在苏区执政实践中始终坚持着执政为民的初心。1930年，“中华苏维埃第一次全国代表大会”通过了《关于经济政策的决议案》，从农业、工业、商业、财政和税则、市政等方面制定了具体的经济政策，并把“保障劳苦群众的供给”“极力改良民众的生活”等作为基本原则。1933年4月，临时中央政府从瑞金叶坪迁到瑞金沙洲坝以后，毛泽东发现村里群众喝的是池塘水，便与身边的工作人员商量如何为群众挖井从而改善群众饮水条件的问题。同年9月，毛泽东带领警卫员用了几天的时间为沙洲坝群众挖了一口水井，从此结束了沙洲坝人民饮用池塘水的历史。1951年，沙洲坝人民又对这口水井进行了全面整修，取名为“红井”，并在井旁立一块石碑，上刻“吃水不忘挖井人，时刻想念毛泽东”14个大字。毛泽东为人民群众挖水井似乎只是一件小事，但细微之处见精神，以毛泽东为代表的中国共产党人用自己的实际行动诠释了“群众利益无小事”。1933年，刘启耀在江西省第二次工农兵代表大会上当选为江西省苏维埃政府主席，并于次年当选为中央执行委员。刘启耀忠于革命，为官清正廉洁，厉行节约，克己奉公，顾全大局。1933年9月，国民党调集重兵对中央苏区发动第五次“围剿”。面对严峻形势，中共中央局和中华苏维埃共和国临时中央政府号召开展节省运动，开源节流，支援革命战争。刘启耀以身作则，积极响应中央号召，每个月都坚持回兴国老家背米去省政府办公，不用公家发伙食费。刘启耀的妻子一时不理解，为此而埋怨他，他耐心地向妻子解释并开导她：“共产党人当官，不是为自己谋私利、发大财，而是为穷苦百姓谋利益。”后来妻子想通了，便开始支持他“自带伙食去办公”。1934年10月，中央苏区第五次反“围剿”失败，中央红军被迫开始战略转移。刘启耀留在苏区坚持游击斗争，后被敌人围困。刘启耀将江西省委书记曾山交给他保管的一个装有金条、首饰和银圆的褡裢用油布包好，埋在一处乱石堆里。这笔钱是当时中共江西省委的全部活动经费。经过浴血奋战，游击队终因寡不敌众而几乎全军覆没。在危急关头，刘启耀的战友刘国龙将已身负重伤且昏迷不醒的刘启耀推进了死人堆中，并换上他的衣服，拿起他的驳壳枪，将敌人引上山顶，后壮烈牺牲。当天夜里，刘启耀被刺骨的寒风冻醒，从死人堆里爬了出来。刘启耀强忍身体的伤痛和内心的巨大悲痛，白天躲在山洞里，晚上出去寻找草药医治伤口，以野果充饥，过着野人一般的生活。半年后，刘启耀取出之前埋藏的活动经费，开始下山去寻找党组织。“腰缠万贯”的刘启耀风餐露宿，一路乞讨，几乎走遍了赣西南老苏区的各个角落，却从不动经费分文，彰显了中国共产党人高尚的革命风骨和克己奉公的初心。

（四）反腐肃贪，捍卫初心

中国共产党人在中央苏区时期的革命和局部执政实践中，不仅始终恪守着执政为民的初心，而且始终保持着清醒的头脑，果断查处了一批重大贪污腐败案件，充分展示了中国共产党反腐肃贪、从严治党的坚强决心，以实际行动纯洁了党的队伍，坚定地捍卫了中国共产党人执政为民的初心。瑞金县叶坪村苏维埃政府主席谢步升因吞没公款、以权势强奸妇女、收受贿赂、投机倒把、盗用公章、杀人掠货，于 1932 年 5 月 5 日被瑞金县苏维埃裁判部公开审判并被判处死刑，打响了中央苏区时期中国共产党人反腐肃贪的第一枪，赢得了苏区人民的坚定拥护。中共江西省胜利县临时县委书记钟圣谅、中共江西省胜利县苏维埃政府主席钟铁青二人贪污腐败、作风败坏，同流合污。1933 年 3 月，江西省苏维埃政府裁判部分别判处钟铁青死刑、判处钟圣谅监禁两年，当时在中央苏区引起极大震动。中华苏维埃第二次全国代表大会基建工程所主任左祥云利用负责组织建设苏维埃中央政府大礼堂、红军烈士纪念塔、红军检阅台、红军烈士纪念亭、博生堡、公略亭“六大建筑”的机会贪污巨额公款，劣迹败露后又盗窃我方军事地图去献给敌人，并企图联合国民党反动派军队进攻中央苏区，后被捉拿归案，并于 1934 年 2 月 13 日被依法判处死刑并被处以枪决。

中国共产党人在中央苏区时期的革命和局部执政实践中始终不忘初心、坚守初心、践行初心、捍卫初心，为中华人民共和国成立后中国共产党在全国范围内执政奠定了坚实的实践基础，积累了丰富的治国理政经验，也积累了包括苏区精神在内的宝贵的革命精神财富。

三、中央苏区时期中国共产党人诠释初心的当代价值

从历史唯物主义观点来看，实践凝聚初心，初心也会推动实践。中央苏区时期中国共产党人在艰苦卓绝的革命斗争和局部执政实践中所凝结和彰显出来的初心，不仅因其经受住了严峻的考验而历久弥坚，而且也因其经得起历史和人民的检验而必将在中国共产党团结带领中国人民建设新时代中国特色社会主义、实现中华民族伟大复兴的中国梦的伟大历史征程中彰显出其宝贵的当代价值。

中央苏区时期中国共产党人对初心的坚守和践行所具有的当代价值是极为丰富的，在这里，主要侧重于从理想信念和人民立场两个重要方面来阐述其所具有的重要当代价值。

（一）理想信念为中国共产党在新的历史时期的执政实践提供了强大精神动力

中央苏区时期中国共产党人矢志不渝地坚守革命理想信念的初心，为中国共产党人在新的历史时期的执政实践中持续探索和揭示共产党执政规律、社会主义建设规律、人类社会发展规律提供了强大的精神动力，并将进一步为中国特色社会主义道路自信、理论自信、制度自信、文化自信提供更为深厚的精神滋养。“理想因其远大而为理想，信念因其执着而为信念”[①]，无论是在流血牺牲的革命实践中，还是在波澜壮阔的建设和改革的实践中，理想信念的力量都是无穷的。习近平曾明确指出“坚定理想信念，坚守共产党人精神追求，始终是共产党人安身立命的根本”，“理想信念就是共产党人精神上的‘钙’，没有理想信念，理想信念不坚定，精神上就会‘缺钙’，就会得‘软骨病’”。[②]为

① 习近平：《在庆祝中国共产党成立95周年大会上的讲话》，北京：人民出版社，2016年，第11页。

② 习近平：《习近平谈治国理政》第一卷，北京：外文出版社，2018年，第15页。

此，习近平不无警示地告诫全党同志："理想信念动摇是最危险的动摇，理想信念滑坡是最危险的滑坡。一个政党的衰落，往往从理想信念的丧失或缺失开始。"① 革命理想高于天。中央苏区时期，以毛泽东为代表的中国共产党人胸怀共产主义远大理想，以拯救黎民百姓于水火和实现民族独立为己任，为中国共产党人在新的历史时期坚定理想信念、团结带领中国人民建设中国特色社会主义提供了很好的榜样。正是凭借着理想信念的力量和人民群众的衷心拥护，中国共产党人才能在条件极为艰苦的条件下连续挫败国民党反动派的四次重兵"围剿"，在"敌军围困万千重"之中进行中国历史上第一个真正代表人民利益政权建设的尝试，为中华人民共和国的成立和中国共产党在全国范围内执政积累了宝贵的历史经验，也必将继续为中国共产党在新的历史时期的执政实践中持续探索和揭示共产党执政规律、社会主义建设规律、人类社会发展规律提供强大的精神动力。

在世界形势更加复杂多变的今天，在中国共产党人团结带领中国人民建设中国特色社会主义道路上，依然会遇到各种艰难险阻，唯有不忘初心，坚定中国特色社会主义共同理想，我们才能不断提升道路自信、理论自信、制度自信、文化自信，才能最终战胜种种困难，不断前行。虽然中国共产党人带领中国人民所走的中国特色社会主义道路在中国历史乃至世界历史上并无先例，但只要我们坚定理想信念不动摇，就一定能够走出一条符合中国国情和充分实现人民利益的康庄大道。无疑，中央苏区时期以毛泽东为代表的中国共产党人的治国理政实践为我们提供了重要的借鉴。在和平年代，中国共产党人尤须时刻保持警醒，不断回顾和学习中央苏区时期中国共产党人对革命理想信念之初心的矢志坚守和勠力践行，树立和坚守共产主义远大理想和中国特色社会主义共

① 习近平：《在庆祝中国共产党成立95周年大会上的讲话》，北京：人民出版社，2016年，第10页。

同理想，将个人的身心完全融入新时代中国特色社会主义伟大实践之中，做中国特色社会主义共同理想的坚定信仰者和忠实实践者，为最终实现中华民族的伟大复兴贡献自己的力量。

（二）人民立场为中国共产党领导中国人民实现中华民族伟大复兴的中国梦提供了根本保证

中央苏区时期中国共产党人筚路蓝缕、克服各种艰难险阻而始终坚守的“一心为民”的初心，启示和激励着今天的中国共产党人要始终坚持全心全意为人民服务的根本宗旨，站稳人民立场，信仰人民，依靠人民力量，保持中国共产党人的政治本色，只有这样，中国共产党才能得到人民群众的衷心拥护和坚定支持，才能使中国共产党真正拥有带领中国人民阔步前行进而夺取新时代中国特色社会主义伟大胜利和实现中华民族伟大复兴的中国梦的不竭力量。在党的十九大的报告中，习近平强调“人民是历史的创造者，是决定党和国家前途命运的根本力量。必须坚持人民主体地位，坚持立党为公、执政为民，践行全心全意为人民服务的根本宗旨，把党的群众路线贯彻到治国理政全部活动之中，把人民对美好生活的向往作为奋斗目标，依靠人民创造历史伟业”“我们党来自人民、植根人民、服务人民，一旦脱离群众，就会失去生命力”。① 人民是实践的主体，任何伟大的实践，都离不开人民的力量。中央苏区时期中国共产党人的革命和治国理政实践之所以能够在那样异常艰苦的条件下取得重要成果，就在于中国共产党人始终坚持人民立场、始终坚持为人民服务的根本宗旨、始终依靠人民的力量。同样，在中国共产党团结带领中国人民为决胜全面建成小康社会、夺取新时代中国特色社会主义伟大胜利、实现中华民族伟大复兴的中国梦而努力奋斗的新的伟大历史征程中，人民的力量依然是我们必须始

① 习近平：《决胜全面建成小康社会 夺取新时代中国特色社会主义伟大胜利》，北京：人民出版社，2017 年，第 66 页。

终依靠的根本力量。习近平指出：“历史充分证明，江山就是人民，人民就是江山，人心向背关系党的生死存亡。赢得人民信任，得到人民支持，党就能够克服任何困难，就能够无往而不胜。”[①]党的十八大以来，以习近平同志为核心的党中央始终不忘初心、牢记使命、坚守人民立场、信仰人民力量、依靠人民力量、激发人民力量，使中国共产党团结带领中国人民在建设新时代中国特色社会主义和实现中华民族伟大复兴的道路上不断取得重大理论突破和实践突破。这本身就是对中央苏区时期中国共产党人“一心为民”的初心的坚定传承、弘扬和践行。

为了确保党的纯洁性、保持党同人民群众的血肉联系，党的十八大以来，以习近平同志为核心的党中央高瞻远瞩、居安思危，坚持全面从严治党，针对党内存在的危害党和人民利益的腐败分子打响了一场史无前例的反腐败“战争”，坚持“老虎苍蝇一起打”，取得了重大历史性成果。今天，中国共产党和人民群众的联系更加紧密，中国共产党的执政能力显著提升。在党的十九大报告中，针对全面从严治党，习近平郑重指出：“要深刻认识党面临的执政考验、改革开放考验、市场经济考验、外部环境考验的长期性和复杂性，深刻认识党面临的精神懈怠危险、能力不足危险、脱离群众危险、消极腐败危险的尖锐性和严峻性，坚持问题导向，保持战略定力，推动全面从严治党向纵深发展。”[②]以习近平同志为核心的党中央矢志坚持全面从严治党和反腐败斗争，始终将人民的利益放在第一位，这是对中央苏区时期中国共产党人“一心为民”初心的最好传承和践行，更督促和激励着中国共产党人要永葆中国共产党人的政治本色，不忘初心，坚守人民立场，不懈不怠，继续前行。正如习近平总书记于

---

① 习近平：《在党史学习教育动员大会上的讲话》，《求是》2021 年第 7 期。

② 习近平：《决胜全面建成小康社会 夺取新时代中国特色社会主义伟大胜利》，北京：人民出版社，2017 年，第 61 页。

2018 年 3 月 20 日在第十三届全国人民代表大会第一次会议上的讲话中所指出的那样：“我们决不能安于现状、贪图安逸、乐而忘忧，必须不忘初心、牢记使命、奋发有为，努力创造属于新时代的光辉业绩！”①

虽然，中央苏区时期的历史已离我们远去，但中央苏区时期中国共产党人坚定革命理想信念和“一心为民”的初心却穿越了革命战争年代的烽火而在新时代中国特色社会主义伟大实践中变得更加坚定和鲜活。只要我们共同怀着这颗历久而弥坚的初心，紧密地团结在以习近平同志为核心的党中央周围，与全国各族人民一道，不忘初心、牢记使命，高举中国特色社会主义伟大旗帜，就必定能够迎来实现中华民族伟大复兴的中国梦的光辉前景！

---

① 习近平：《在第十三届全国人民代表大会第一次会议上的讲话》，北京：人民出版社，2018 年，第 7 ~ 8 页。

习近平关于马克思主义哲学重要论述的四个维度*

刘建江①

摘要： 从本体论、认识论、方法论和价值论这四个维度出发，习近平对马克思主义哲学作出了重要论述。实践哲学的传统和实践第一的观点是马克思主义哲学实践本体论的鲜明表征；以问题为导向、坚持调查研究和实事求是的思想路线是马克思主义哲学认识论的内涵表达；实践思维的方法、辩证思维的方法和历史思维的方法是马克思主义哲学方法论的本质体现；坚持人民主体地位、坚持人民创造历史和追求人的根本解放是马克思主义哲学价值论的核心诉求。深入学习和领会习近平关于马克思主义哲学的重要论述，对于切实提升和持续增强21世纪中国马克思主义哲学发展的理论自信和理论自觉，具有至关重要的理论价值和现实意义。

关键词： 习近平；马克思主义哲学；本体论；认识论；方法论；价值论

作为一种“被历史和实践证明是科学的理论”② 和一种“不断发展的开放的

---

* 本文系国家社会科学基金重点项目（18AZX004）、华中科技大学自主创新研究基金资助项目（2020KFYXJJS026）、华中科技大学自主创新研究基金资助项目（2020WKYXQN008）的阶段性成果。

① 刘建江，华中科技大学马克思主义学院讲师，湖北省中国特色社会主义理论体系研究中心华中科技大学分中心研究员。

② 习近平：《坚持历史唯物主义不断开辟当代中国马克思主义发展新境界》，《求是》2020年第2期。

理论体系”[①]，马克思主义哲学不仅涉及自然界、人类社会、人类历史、人类思维等各个领域，而且涉及政治、经济、文化、生态、科技等各个方面，为我们认识世界和改造世界提供了根本的世界观指导和方法论遵循。在习近平看来，熟练掌握和灵活运用马克思主义哲学，是深刻理解和准确把握“马克思主义完整科学体系的门径和前提”[②]。党的十八大以来，在多个重要场合，围绕“什么是马克思主义哲学”“怎样对待马克思主义哲学”和“如何发展马克思主义哲学”等重要理论问题，习近平从本体论、认识论、方法论和价值论这四个维度出发，对马克思主义哲学作了一系列重要论述。深入学习和领会习近平关于马克思主义哲学的重要论述，对于新时代中国共产党人坚持和发展马克思主义哲学，把马克思主义哲学中国化事业向纵深推进，具有至关重要的理论价值和现实意义。

一、以实践为理论基石：习近平关于马克思主义哲学重要论述的本体论之维

在习近平看来，实践的观点是马克思主义哲学的第一观点和理论基石，实践性是马克思主义哲学的根本特性。[③]在对《关于费尔巴哈的提纲》（以下简称《提纲》）这一马克思主义哲学经典文献进行研读时，习近平明确指出，正是在这一文献中，马克思明确提出了哲学的根本任务不在于“解释世界”而在于“改变世界”；也正是在这一文献中，马克思突出强调了其哲学的实践品格。

① 习近平：《在哲学社会科学工作座谈会上的讲话》，北京：人民出版社，2016年，第13页。

② 中共中央党校哲学教研部：《习近平关于读经典学哲学用哲学论述摘编》，北京：中共中央党校出版社，2015年，第253页。

③ 习近平：《在纪念马克思诞辰200周年大会上的讲话》，北京：人民出版社，2018年，第9页。

马克思主义哲学的这一实践品格，使得以马克思的名字命名的哲学理论在本体论（亦称存在论）基础上同一切旧哲学根本区别开来。习近平认为，马克思在《提纲》中不仅提纲挈领式地批判了包括费尔巴哈哲学在内的一切旧唯物主义哲学和一切唯心主义哲学，而且简明扼要地阐述了其新哲学的本体论原则——实践。大体而言，习近平主要是从以下两个层面来阐明马克思主义哲学这一实践本体论原则的。

其一，就哲学传统而言，马克思主义哲学是一种实践哲学，而非理论哲学。

作为一种理论并且作为一种哲学理论，马克思主义哲学同其他哲学理论一样，它的基本功能是提供一种对世界的解释和说明。而与仅仅对世界进行解释和说明的理论哲学不同，以马克思的名字命名的哲学理论又力主以现实的实践活动“改变世界”。理论与实践之间的这种张力似乎表明，马克思主义哲学既是理论之学（理论哲学），又是实践之学（实践哲学）。但是，从哲学传统上看，马克思主义哲学不属于理论哲学的哲学传统，而是属于实践哲学的哲学传统。对于理论哲学，马克思从根本上是持拒斥态度的，因为理论哲学对包括人在内的整个世界的解释和说明都是在纯粹理论的层面上和纯粹思想的领域中进行的。理论哲学的这一致思方式表明，这一哲学传统只知道跟在社会现实后面亦步亦趋，它甚至还没有真正触及社会现实本身，无法对社会现实进行真正地理解和把握，从而无法提出对社会现实进行根本变革的任务。而作为一种实践哲学，马克思主义哲学立足于现实的感性生活世界，从现实的个人的感性实践活动出发，触及了社会现实的根基，洞悉了社会现实的基本矛盾，因而能够提出对社会现实进行根本改变的任务。需要特别指出的是，马克思对理论哲学这一哲学传统持拒斥的态度，并不意味着马克思拒斥一切哲学和一切理论本身。事实上，马克思仅仅拒斥的是以纯粹的观念形态和纯粹的理论形态所展现出来的哲学学说和理论学说，他并不拒斥哲学和理论本身（否则我们将无法理解为什么我们现今还要将以他的名字命名的学说称为一种哲学和一种理论了）。正是在这个意义上，习近平强调指出，马克思主义哲学不是一种纯粹的“书斋里的学问”[①]，不是一种与社会历史现实无涉的束之高阁的思辨哲学，而是一种与社会历史现实紧密关涉的实践哲学，其创立的根本旨趣在于“改变人民历史命运”[②]。

其二，就实践概念的核心内涵而言，实践是根本异于动物本能活动的感性的人的活动。

在对马克思主义哲学关于实践概念的核心内涵问题的理解上，习近平强调，实践是人类所特有的现实的感性活动，它是一种人类有目的的活动，从根本上异于动物的本能活动。作为一个与人的存在密切相关的本体论范畴，实践是马克思借以推翻理性形而上学哲学大厦的重要支点，也是马克思用以发动哲学革命的重要武器。与唯心主义哲学对实践概念进行抽象的理解不同，马克思主义哲学认为，真正人的实践活动是一种现实的感性活动；与旧唯物主义哲学只是从客体的或者直观的视角去理解和把握实践，把实践仅仅理解为一种自然存在和感性存在不同，马克思主义哲学是从主体的方面对真正人的实践活动进行理解和把握，并把实践视为精神、思维和理论存在的根据的。[③]也就是说，从本体论基础而言，人的存在不是思辨的唯心主义哲学所理解的抽象的理性存在，也不是费尔巴哈的旧唯物主义哲学所理解的直观的感性存在，而是马克思

① 习近平：《在纪念马克思诞辰200周年大会上的讲话》，北京：人民出版社，2018年，第9页。

② 习近平：《在纪念马克思诞辰200周年大会上的讲话》，北京：人民出版社，2018年，第9页。

③ 习近平：《略论〈关于费尔巴哈的提纲〉的时代意义》，《中共福建省委党校学报》2001年第9期。

的新哲学所理解的感性活动的存在。作为一种感性活动的存在者，人的真正活动也并非一种理论的活动，而是革命的、实践批判的活动。[①] 正是在这个意义上，习近平明确指出，作为人类所特有的现实的感性活动，实践是人的生命的历史的展开过程，是人类存在和生存的基础，是人类对感性世界的客观改造。[②]

二、以问题为导向：习近平关于马克思主义哲学重要论述的认识论之维

在认识世界和改造世界的过程中，人们就是要从不断变化的客观实际中发现问题、分析问题和解决问题。在马克思看来，“真正的批判要分析的不是答案，而是问题”[③]，因为问题是“左右一切个人的时代声音”[④]，是时代自身最实际的呼声。习近平强调指出，马克思主义是“伟大的认识工具”，“坚持问题导向是马克思主义的鲜明特点”。[⑤] 在习近平看来，问题就是最大的客观实际，问题变化到哪一步，我们的认识也要随之发展到哪一步，不然就会走弯路和犯错误。

作为实践概念的核心内涵，现实的人的感性活动表明人的实践活动不是一种“主观臆想”的活动，而是一种“物质实践”的活动，这就要求我们办事情要从客观存在的物质实际出发，而不是从主观存在的心理愿望出发。[⑥] 客观

① 《马克思恩格斯文集》第一卷，北京：人民出版社，2009 年，第 499 页。

② 习近平：《略论〈关于费尔巴哈的提纲〉的时代意义》，《中共福建省委党校学报》2001 年第 9 期。

③ 《马克思恩格斯全集》第四十卷，北京：人民出版社，1982 年，第 289 页。

④ 《马克思恩格斯全集》第四十卷，北京：人民出版社，1982 年，第 289 页。

⑤ 习近平：《在哲学社会科学工作座谈会上的讲话》，北京：人民出版社，2016 年，第 14 页。

⑥ 习近平：《辩证唯物主义是中国共产党人的世界观和方法论》，《求是》2019 年第 1 期。

实际的不断变化，也要求我们在办事情时要从具体的客观实际条件入手，积极面对变化了的客观实际和客观问题，不断“增强问题意识，坚持问题导向”[①]。习近平指出，在不同的思想阶段，根据所面对的客观问题的不断变化，马克思的研究重心和主要的批判对象也发生了不小的变化，如从早期的哲学批判到晚年的政治经济学批判，从早期的哲学研究到晚年的人类学研究，从哲学领域到科学社会主义领域，从批判鲍威尔到批判拉萨尔，等等。具体而言，习近平主要从以下三个方面阐明了他对马克思主义哲学这一以问题为导向的认识论的理解。

第一，认识问题不是一个理论问题，而是一个实践问题。

作为一个表征人的存在的本体论范畴，实践概念还具有丰富的认识论意蕴。习近平明确指出，在认识方式和认识路线上，与旧唯物主义哲学认识论从客体的、直观的形式去理解感性世界，以及唯心主义哲学认识论从主体的、绝对的形式去理解感性世界不同，马克思主义哲学认识论是始终立足于实践这一基点之上“从客观和主观两个方面去能动地理解世界”[②]的。而在对马克思主义哲学关于实践与认识关系问题的理解上，习近平更是强调指出，实践的观点是马克思主义哲学认识论的核心观点，实践决定认识，认识对实践具有反作用；实践是检验认识正确与否的唯一标准。在习近平看来，关于人的认识正确与否的问题不是一个理论问题，而是一个实践问题。[③]如果一种认识从理论上说是一种正确的认识，但是在实践中却做不成、达不到预期的目的，那就不能说这种认识是一种真理性的认识。同样，在实践的过程中，如果一件事情做不成、

① 习近平：《辩证唯物主义是中国共产党人的世界观和方法论》，《求是》2019年第1期。

② 习近平：《略论〈关于费尔巴哈的提纲〉的时代意义》，《中共福建省委党校学报》2001年第9期。

③ 习近平：《略论〈关于费尔巴哈的提纲〉的时代意义》，《中共福建省委党校学报》2001年第9期。

达不到预期的目的，那就很有可能是指导这一实践的理论出现了某种偏差，正所谓“正确的认识推动正确的实践，错误的认识导致错误的实践”[①]。

第二，重视调查研究，才能深刻地把握问题的实际和全貌。

马克思主义哲学认识论把人的认识分为感性认识和理性认识两种，认为感性认识是理性认识的基础和前提。习近平明确指出，调查研究是获得对一事物感性认识行之有效的途径，没有调查就没有发言权和决策权。通过调查研究，我们不但能够占有和获得充足的感性资料和感性认识，而且能够获得一些抽象的理论知识，这样一些认识和知识是我们在认识世界和改造世界的过程中所不可或缺的。他还强调指出，在进行调查研究的过程中，我们必须强化问题意识，坚持以问题为导向，因为调查研究不是一种纯粹的学术研究活动，而是为了解决现实问题而进行的认识活动。客观现实复杂多变，只有不断地深入实际、深入基层、深入群众，通过进行多层次、多视角、多领域的调查研究，我们才能敏锐地察觉、发现和发掘问题，深刻地把握问题的实际、真相和全貌。

第三，坚持实事求是，才能更好地分析和解决问题。

在习近平看来，对于客观存在的问题的解决，我们要诉诸实践，要诉诸实事求是的思想路线和工作路线。他明确指出，虽然马克思和恩格斯本人没有直接使用过“实事求是”这一概念，马克思和恩格斯的哲学文本中也没有出现过“实事求是”这一字眼，但马克思主义哲学“突出强调的就是实事求是”[②]。我们知道，客观存在的实际问题不是一成不变的，而是一个动态发展的过程，要更好地分析和解决问题，就必须坚持实事求是这一马克思主义哲学的认识论路线，不断从一个动态的、变化了的客观实际出发去分析和解决问题。事实上，

① 习近平：《辩证唯物主义是中国共产党人的世界观和方法论》，《求是》2019年第1期。

② 习近平：《坚持实事求是的思想路线》，《学习时报》2012年5月28日。

习近平关于马克思主义哲学认识论的重要论述，也不是一种脱离客观问题和具体实际对认识活动进行纯粹学术研究的产物，而是围绕着新时代治国理政这一具体问题和具体实践来展开的。可以说，只有坚持实事求是，积极面对不断变化的客观实际，聚焦重大而紧迫的现实问题，我们才能真正把握社会历史的脉搏，才能真正做到改变世界。

三、以辩证法为核心要义：习近平关于马克思主义哲学重要论述的方法论之维

马克思主义哲学有其自身的方法，这种方法就是辩证法。习近平指出，马克思主义哲学的核心要义不在于它所提出的某些现成的理论观点本身，而在于其方法，因为这些方法是我们“进一步研究的出发点”[①]。在习近平看来，与马克思主义哲学的辩证法根本对立的是形而上学的方法，我们学习马克思主义哲学，就是要在批判形而上学方法的基础之上，着重学习和努力掌握马克思主义哲学的辩证法。具体而言，习近平主要从以下三个方面阐明了他对马克思主义哲学辩证法的理解。

首先，马克思主义哲学的辩证法是一种实践思维的方法。

习近平强调，我们要学习马克思主义哲学的方法，既要学习“是什么、怎么看”[②]的方法，又要学习“怎么办、怎么干”[③]的方法。立足于实践的观点，通过对实践与认识辩证关系的深入考察，习近平指出，马克思主义哲学的辩证

① 习近平：《在哲学社会科学工作座谈会上的讲话》，北京：人民出版社，2016年，第13页。

② 中共中央宣传部编：《习近平新时代中国特色社会主义思想三十讲》，北京：学习出版社，2018年，第326页。

③ 中共中央宣传部编：《习近平新时代中国特色社会主义思想三十讲》，北京：学习出版社，2018年，第326页。

法是一种实践思维的方法，我们必须“在学习中深化认识，在实践中提升境界”[①]。从哲学的角度而言，思维方式上的重大差异表征着哲学性质、哲学范式的根本不同。与一切旧唯物主义哲学遵循主客体二元对立的思维方式，把实践抽象地理解为一种外在于主体的自然存在不同，马克思主义哲学遵循一种实践的思维方式，把实践理解为作为主体的人的一种内禀性和本质性。这种哲学思维方式和对实践理解上的巨大差异，把马克思主义哲学与一切旧唯物主义哲学根本界限划开来。

习近平明确指出，要学习、掌握和运用好马克思主义哲学这一实践思维的方法，就要求我们：一是要坚持理论联系实际的基本原则，想问题、办事情要从具体实际出发，不能脱离具体实际而陷入空想、幻想和冥想之中。二是要坚持实践思维与问题意识相结合，聚焦现实问题，从现时代出发去“解决特定的时代问题”[②]。三是要坚持实践创新与理论创新的良性互动，既要在实践上敢于尝试，不断进行实践创新，深入推进理论指导下的社会实践；又要在理论上勇于突破，不断进行理论创新，深入推进“实践基础上的理论创新”[③]。

其次，马克思主义哲学的辩证法是一种辩证思维的方法。

在马克思主义哲学看来，矛盾不仅是一种普遍性的存在，而且是万事万物相互联系的核心内容和“事物发展的根本动力”[④]。从本质上说，人的一切认识活动和实践活动，就是不断认识矛盾和解决矛盾的活动；人的一切认识过程和实践过程，就是不断认识矛盾和解决矛盾的过程。立足于矛盾的基本观点，

---

① 习近平：《之江新语》，杭州：浙江人民出版社，2007 年，第 248 页。
② 习近平：《之江新语》，杭州：浙江人民出版社，2007 年，第 235 页。
③ 习近平：《辩证唯物主义是中国共产党人的世界观和方法论》，《求是》2019 年第 1 期。
④ 习近平：《辩证唯物主义是中国共产党人的世界观和方法论》，《求是》2019 年第 1 期。

习近平从以下三方面阐释了马克思主义哲学这一辩证思维的方法的主要内涵。其一，辩证思维的方法是一种整体的思维方式。习近平认为，马克思主义哲学的唯物辩证法准确地揭示了客观存在的万事万物具有相互联系和永恒发展的根本特性，这就要求我们在认识世界和改造世界的过程中要树立一种整体的思维方式，坚持全面协调、统筹兼顾、综合平衡的方法，树立明确的大局意识、全局意识。[①] 运用这一整体的思维方式，习近平把马克思主义理论看作一个整体，突出强调马克思从经济学和哲学相结合的视角对唯物史观精辟阐述的深远意义，突出强调马克思把哲学批判、政治经济学批判和空想社会主义批判相结合的重要历史意义。[②] 其二，辩证思维的方法是一种矛盾分析的思维方式。习近平指出，矛盾分析的思维方式就是要认识和把握矛盾运动的基本规律，认识和把握主要矛盾和次要矛盾、矛盾的主要方面和次要方面的辩证关系，突出重点领域和解决关键问题，分清主次，坚持两点论与重点论的统一。[③] 其三，辩证思维的方法是一种系统的思维方式。习近平认为，系统的思维方式就是要求想问题、办事情要从系统与要素、要素与要素之间的相互关系、相互影响着手，树立一种协同意识、互补意识，以增强事物之间的衔接性和各要素之间的协调性。

最后，马克思主义哲学的辩证法是一种历史思维的方法。

在习近平看来，马克思对现实问题和时代问题的分析和考察从来都不是一种抽象的、超现实的、超历史的分析和考察，而是一种在特定的历史条件和

---

① 中共中央宣传部编：《习近平新时代中国特色社会主义思想三十讲》，北京：学习出版社，2018 年，第 332 ~ 333 页。

② 习近平：《论〈政治经济学批判〉序言的时代意义》，《福建论坛（经济社会版）》1997 年第 1 期。

③ 习近平：《辩证唯物主义是中国共产党人的世界观和方法论》，《求是》2019 年第 1 期。

历史环境中的客观的、具体的分析和考察，因而他所提出的某些具体的理论和观点不是“适用于各个历史时代的药方或公式”[①]。马克思主义哲学的辩证法也不是一种抽象的、超现实的、超历史的辩证法，而是一种实践的、现实的、历史的辩证法。这种重视历史并强调用历史的眼光来分析和看待问题的历史辩证法，突出表现为一种历史思维的方法。习近平强调指出，如果忽视特定的历史条件和历史环境的不同，不顾历史实际和历史情况的变化，而只知拘执于某些理论家的某些个别论断和具体纲领，遵循经典作家和经典著作中的某些经典语录，这将会导致实际工作中的巨大失误。[②]就马克思主义（哲学）理论本身的形成和发展史而言，习近平更是强调，马克思主义（哲学）理论本身也是一种历史的产物，它“在不同的时代具有完全不同的形式，同时具有完全不同的内容”[③]。马克思主义（哲学）理论所使用的任何一个概念、范畴和术语，都有其特定的历史内涵，都需要在特定的历史环境中结合特定的历史语境进行分析、考察和把握。大体而言，习近平主要是从两方面来阐释马克思主义哲学这一历史思维的方法的。

一方面，历史思维的方法是一种强烈的历史意识的自觉体现。与黑格尔哲学所蕴含的抽象的、非真实的和不彻底的历史感根本不同，马克思主义哲学的历史辩证法强调历史的感性现实性、客观真实性和彻底性，体现出一种强烈的历史意识和历史眼光。历史作为一种历史，表明它是不能被我们任意选择的，我们不能无视历史的存在；历史作为一种过程，表明它的产生、形成和发展是客观的，我们不能忽视过去对现在和未来所产生的影响。习近平明确指出，历

---

① 《马克思恩格斯文集》第一卷，北京：人民出版社，2009年，第526页。

② 习近平：《在哲学社会科学工作座谈会上的讲话》，北京：人民出版社，2016年，第13页。

③ 习近平：《在纪念马克思诞辰200周年大会上的讲话》，北京：人民出版社，2018年，第26页。

史是一面“最好的镜子”、一剂“最好的清醒剂”、一本“最好的教科书”和一位“最好的老师”，只有以史为鉴，我们才能思接千载、视通万里，才能更好地前进。[①]另一方面，历史思维的方法是一种强烈的历史主义态度的自觉体现。习近平指出，马克思主义哲学的历史辩证法是对历史虚无主义的根本拒斥和否定，是一种强烈的、积极的历史主义态度的体现。这种历史主义态度“坚持把历史、现实、未来贯通起来”[②]，在对历史进行深入考察的同时不断地走向时代的深处，对一些重大的现实问题作出深刻的历史比较和透彻的历史分析。

四、以人民为中心：习近平关于马克思主义哲学重要论述的价值论之维

习近平认为，马克思主义哲学是在“回答和解决人与社会面临的重大问题中创造出来的”[③]。人的问题是马克思主义哲学所关注的全部问题的核心，实现人的自由而全面发展是马克思主义哲学的一个核心议题。与旧唯物主义哲学的立足点是“市民社会”不同，马克思主义哲学的立足点是“社会的人类”；与旧唯物主义哲学的出发点是脱离人的实践的纯粹抽象“物质”不同，马克思主义哲学的出发点是感性的人的实践活动。习近平强调，马克思主义哲学是科学的理论，它“面向整个人类社会、指导整个人类社会实践”[④]，回答了人类社会

① 中共中央宣传部编：《习近平新时代中国特色社会主义思想三十讲》，北京：学习出版社，2018 年，第 339 ~ 340 页。

② 中共中央宣传部编：《习近平新时代中国特色社会主义思想三十讲》，北京：学习出版社，2018 年，第 339 页。

③ 习近平：《在哲学社会科学工作座谈会上的讲话》，北京：人民出版社，2016 年，第 12 页。

④ 习近平：《略论〈关于费尔巴哈的提纲〉的时代意义》，《中共福建省委党校学报》2001 年第 9 期。

历史发展“为什么人、靠什么人”[①]的问题。他还明确指出，以人民为中心是马克思主义哲学的根本价值立场。马克思主义哲学第一次站在人民的立场上，构建了“人民实现自身解放的思想体系”[②]，探寻了人类实现自身自由解放的道路。在习近平看来，马克思主义哲学以人民为中心的价值论主要包含以下三层含义。

第一，人始终是主体。习近平指出，对“对象、现实和感性”从主体的方面去理解，是马克思主义哲学同旧唯物主义哲学的根本区别；而与唯心主义哲学对主体的抽象理解不同，马克思主义哲学是从感性的人的活动，即实践的角度来理解主体的，马克思主义哲学强调“人始终是主体”[③]。现实的个人是马克思主义哲学理论建构的出发点，也是马克思主义哲学解开社会历史发展之谜的钥匙。恩格斯曾明确指出，马克思主义哲学所关注的核心是“关于现实的人及其历史发展”[④]。与唯心主义历史观把社会历史发展的根本动力归结于观念、理性、思想等不同，马克思主义哲学认为社会历史发展的根本动力在于感性的现实的个人的物质生产实践活动，社会历史发展的主体是现实的个人。习近平强调，立足于实践的观点、坚持“人民主体地位”是马克思主义哲学的核心要义。在马克思主义哲学那里，“人”不是一个抽象的空洞的范畴，而是指感性鲜活地从事实践活动的现实的个人。在习近平看来，立足于现实的个人这一现实主体，马克思主义哲学以人民为中心的价值立场不是“只停留在口头上、止

① 习近平：《习近平谈治国理政》第三卷，北京：外文出版社，2020 年，第 138 页。

② 习近平：《在纪念马克思诞辰 200 周年大会上的讲话》，北京：人民出版社，2018 年，第 8 页。

③ 《马克思恩格斯文集》第一卷，北京：人民出版社，2009 年，第 195 ～ 196 页。

④ 《马克思恩格斯文集》第四卷，北京：人民出版社，2009 年，第 295 页。

步于思想环节”[①]，而是贯穿于“经济社会发展各个环节”[②]之中。在建设中国特色社会主义事业的伟大实践中，我们要充分“尊重人民主体地位”[③]，积极顺应人民对美好生活的向往，切实坚持以人民为中心的发展理念。

第二，人民群众是历史的创造者和参与者。习近平指出，在对“历史从何处来、向何处去”这一问题的回答上，马克思主义哲学批判了唯心主义哲学对历史发展的抽象思辨式的阐释，强调人民群众是历史的主体，人民群众是历史的创造者和参与者，强调历史是“人通过人的劳动而诞生的过程”[④]。现实的个人作为历史的主体，为了维持其自身的生存和发展，必须从事一定的物质生产实践活动，这一物质生产实践活动不仅为其自身的生存和发展创造了现实条件，而且为社会历史的发展奠定了坚实的物质基础。在这一物质生产实践活动过程中，作为历史主体的现实的个人与另一些同样作为历史主体的现实的个人，通过交往还形成了一定的社会关系（即生产关系）。习近平认为，由于物质生产实践活动和生产关系都是以人为中心的一种客观存在，因而它们都具有“主体性和客观性的本质特征”[⑤]。他指出，生产力和生产关系的这一主体性和客观性本质，是马克思创立历史唯物主义的坚实基础。[⑥]基于对生产力与生产关系矛盾运动的认识，习近平进一步指出，奠基于现实的个人的物质生产实践之上的生产力与生产关系的矛盾运动是社会历史发展的根本动力，人民群众是

① 习近平：《在省部级主要领导干部学习贯彻党的十八届五中全会精神专题研讨班上的讲话》，北京：人民出版社，2016年，第24页。

② 习近平：《在省部级主要领导干部学习贯彻党的十八届五中全会精神专题研讨班上的讲话》，北京：人民出版社，2016年，第24页。

③ 《习近平谈治国理政》第三卷，北京：外文出版社，2020年，第136页。

④ 《马克思恩格斯文集》第一卷，北京：人民出版社，2009年，第196页。

⑤ 习近平：《论〈政治经济学批判〉序言的时代意义》，《福建论坛（经济社会版）》1997年第1期。

⑥ 习近平：《论〈政治经济学批判〉序言的时代意义》，《福建论坛（经济社会版）》1997年第1期。

推动社会历史变革的决定性力量。在习近平看来，人民群众的选择是历史的必然选择，人民群众的立场是根本的政治立场，人民群众的利益是最大的核心利益。这就要求我们时刻“保持同人民群众的血肉联系”[①]，努力办好各项涉及人民群众切身利益的民生事业。

第三，人的根本解放是马克思主义哲学的核心诉求。习近平指出，批判资本主义社会的非正义性是马克思主义哲学的理论任务，“为人类求解放”[②]是马克思主义哲学的核心诉求。在对《〈政治经济学批判〉序言》这一马克思主义经典文献进行研读时，习近平明确指出，立足于生产力与生产关系矛盾运动的基本原理，马克思从哲学和政治经济学两个方面批判了资本主义社会的非正义性，提出了“资本主义必然灭亡”的结论，为日益衰败的资本主义社会敲响了丧钟。[③]在习近平看来，马克思对资本主义社会的批判就是批判在这一社会制度下人与人之间的不合理的社会关系。与资本主义社会中人与人之间的压迫与被压迫、剥削与被剥削、奴役与被奴役的社会关系不同，在未来更高级的社会形态中，人与人之间是一种没有剥削和压迫，人人平等和自由的关系。也就是说，马克思对资本主义社会的否定、批判和革命，就是要把作为历史主体的现实的个人从这样一种异化的、病态的、不合理的社会状态中根本解放出来，从而实现人的自由与全面发展。习近平指出，马克思所设想的比资本主义社会更高级的未来社会是一个“自由人的联合体”，其中“每个人的自由发展是一切人的自由发展的条件”[④]。他还强调，在马克思主义哲学那里，人的解放不是一

① 《习近平谈治国理政》第三卷，北京：外文出版社，2020年，第137页。

② 习近平：《在纪念马克思诞辰200周年大会上的讲话》，北京：人民出版社，2018年，第8页。

③ 习近平：《论〈政治经济学批判〉序言的时代意义》，《福建论坛（经济社会版）》1997年第1期。

④ 习近平：《在纪念马克思诞辰200周年大会上的讲话》，北京：人民出版社，2018年，第16页。

句口号，而是一种“现实的运动”[①]；人的解放不是某些人的某些方面的解放，而是全人类的彻底的根本的解放。

综上所述，从马克思主义哲学的本体论、认识论、方法论和价值论这四个维度出发，习近平阐明了其对马克思主义哲学的基本观点和看法。基于马克思主义哲学的基本立场，立足于新时代中国特色社会主义建设的具体实际，习近平关于马克思主义哲学的重要论述是“对马克思主义哲学中国化传统的继承和弘扬”[②]，同时也是对马克思主义哲学理论的创新性发展。深入学习和领会习近平关于马克思主义哲学的重要论述，对于丰富和拓展马克思主义哲学中国化研究的当代论域，切实提升和持续增强21世纪中国马克思主义哲学发展的理论自信和理论自觉，具有至关重要的理论价值和现实意义。

---

① 《马克思恩格斯文集》第一卷，北京：人民出版社，2009年，第539页。

② 汪信砚：《习近平新时代中国特色社会主义思想的哲学基础研究述评》，《武汉大学学报（哲学社会科学版）》2018年第2期。

中国共产党文化建设的百年探索 *

寇清杰[①] 王新颖[②]

摘要： 文化是民族的血脉，是人民的精神家园，繁荣民族文化是实现文化强国的必然选择。中国共产党自成立以来始终坚持马克思主义指导方向，在革命、建设、改革的百年历程中对我国的文化建设开展了长期有益的探索，继承中华优秀传统文化，培养红色革命文化，创新社会主义先进文化，形成了具有中国特色的文化体系，树立了新时代高度的文化自信，实现了中华民族从站起来、富起来到强起来的伟大飞跃，为建成文化强国积攒了宝贵的经验。回顾总结中国共产党的文化探索历程，对于推动中国特色社会主义文化发展繁荣具有重要的现实意义。

关键词： 中国共产党；一百年；文化；历史经验

文化建设指的是文化体系的构建，特别是价值观念的调整与塑造，关系到民族的生命力和凝聚力。中国共产党自成立以来，不仅致力于实现国家独立，人民解放，而且对思想文化层面的建设也格外重视。如何开展文化建设以形成

* 本文系国家社会科学基金重大专项“建设具有强大凝聚力和引领力的社会主义意识形态研究”（18VZT004）的阶段性成果。

① 寇清杰，南开大学马克思主义学院教授、博士生导师，主要研究方向为科学社会主义理论与实践。

② 王新颖，南开大学马克思主义学院博士研究生，主要研究方向为中国特色社会主义理论与实践。

有利于全国各族人民奋斗的共同理想，遏制西方腐朽思想的滋生演变，成为中国共产党面临的严峻课题。

一、中国共产党开展文化建设的背景

历史文化是民族发展的血脉，中国共产党文化建设思想的发展离不开对近代中国历史的回顾。自1840年开始，近代中国不断遭受列强入侵，半殖民地半封建的社会制度成为当时最基本的国情，中华民族在失去民族独立性的同时，也陷入了重重精神危机之中。先知先觉的仁人志士试图学习西方国家先进的工业文明来挽救民族危机，但由于只停留在器物层面未触动封建制度的根基，均以失败告终。

直到十月革命一声炮响，为世界发展提供了新的选择方向，全世界无产者逐渐觉醒，马克思主义开始传入中国，一场象征着思想解放的五四运动在中国爆发，这是近代以来中西文化思想碰撞融合到新阶段的必然产物，正如杨铨所言："中国之近代社会思想几乎完全为中西文化接触之产物。"① 因此，任何个人或政党为探求兴国救民的真理，都必须重视对文化问题的思考。自此以后，无产阶级开始登上历史舞台并成为基本动力，新民主主义革命也由此开端，以马克思主义为指导思想的中国共产党成为新文化运动的直接继承者，坚定地将摆脱民族危机、复兴中华文化视为奋斗目标，"我们共产党人多年以来，不但为中国的政治革命和经济革命而奋斗，而且为中国的文化革命而奋斗"②。这一论述在中国共产党之后的历史实践中多次得到验证。

文化建设作为执政党建设的重要组成部分，彰显了党的精神面貌和旗帜方向，是保障党思想先进性和纯洁性的内在要求，是执政党可持续发展的必然选

---

① 杨铨：《中国近代三十年之社会改造思想》，《东方杂志》1924年第9期。
② 《毛泽东选集》第二卷，北京：人民出版社，1991年，第663页。

择。中国共产党是善于在学习中进步、在发展中创新的无产阶级政党，自其诞生之日起，就主动接受先进文化，积极推进思想文化的进步。马克思曾指出："理论一经掌握群众，也会变成物质力量。"[①] 马克思与恩格斯的文化观为中国共产党人的文化探索做了很好的理论铺垫，在民族存亡的危急关头，早期共产党人将马克思主义唯物史观视作改造社会的理论工具，寻求中国文化的出路。早期的中国共产党党员大多接受过新文化运动的洗礼，他们以马克思主义基本原理为指导，将民主、科学的价值观念融入中国文化的培育当中，革新了中华优秀传统文化，催生了红色革命文化与社会主义先进文化。在世界政治多极化、经济全球化的浪潮下，以文化力量为核心的软实力逐渐成为国家之间较量的关键所在，中国共产党与时俱进地构建起中国特色社会主义文化体系，弘扬以爱国主义为核心的民族精神和以改革创新为核心的时代精神，并在此基础上树立起了高度的文化自信。

二、中国共产党文化建设的历史脉络

（一）新民主主义革命时期党对文化建设的初步探索（1921—1949 年）

中国共产党成立初期的主要精力放在了组织进步的青年积极分子学习科学社会主义和宣传马克思主义思想上，将其与中国的实际问题相结合，并同与马克思主义相对立的思潮开展论战，开启了早期中国共产党人的文化探索之路。1923 年，中共中央通过了《教育宣传问题决议案》，旨在阐述对于中国文化问题的唯物主义理解，对其中的文化起源、中西文化比较以及社会主义文明等内容进行说明，反映了中国共产党登上历史舞台之初对文化问题的看法，在中国文化思想史上占据着不可忽视的地位。

① 《马克思恩格斯选集》第一卷，北京：人民出版社，1995 年，第 9 页。

党中央在延安时期，进一步明确了文化应当服务于工农大众的方针，毛泽东提出要建立兼具民族性与科学性的新民主主义文化，即“民族的科学的大众的文化，是人民大众反帝反封建的文化”[①]，强调了“革除反动的中华民族旧文化，建立中华民族新文化”的迫切性，并且这种新民主主义文化“应为全民族百分之九十以上的工农劳苦民众服务，并逐渐成为他们的文化”[②]。这一目标的提出，为中华民族先进文化的建设指明了方向，也激发了广大工农群众参与文化建设的热情，为中国共产党的文化建设奠定了坚实的基础。

抗日战争的全面爆发使国内形势发生剧变，迫切要求中国共产党形成全新的文化理论以适应民族需要。“马克思主义的伟大力量，就在于它是和各个国家具体的革命实践相联系的。对于中国共产党来说，就是要学会把马克思列宁主义的理论应用于中国的具体环境。”[③]毛泽东在抗战前夕发表的《矛盾论》和《实践论》是马克思主义理论与中国实践相结合的经典篇章，在全国各抗日根据地广泛传播，给人民群众极大鼓舞，1940年1月，毛泽东在《新民主主义论》中第一次明确阐述了马克思主义文化，并将其与中国的文化实际结合起来，提出了新民主主义文化建设的基本纲领和方针政策，标志着新民主主义文化体系的形成。在抗战大后方，以周恩来同志为核心的中共南方局，通过翻译、传阅马列著作，举办抗日讲座等，宣传马克思主义，为抗战时期文化工作的进步作出了巨大贡献。

抗日战争胜利后，解放区的文化建设呈现出蓬勃发展的态势，这一时期的中国共产党对传统文化采取了保护、继承、扬弃的态度，注重总结党在革命实践中形成的优良作风传统，兼顾物质文化与精神文明，并根据史实改编了秧歌

① 《毛泽东选集》第二卷，北京：人民出版社，1991年，第708～709页。
② 《毛泽东选集》第二卷，北京：人民出版社，1991年，第708页。
③ 《毛泽东选集》第二卷，北京：人民出版社，1991年，第534页。

剧、音乐、舞蹈等多达几十部，文化社团也在全国遍地开花，不同地域的文艺工作者与知识分子都投入国家的文化建设当中来。为迎接新中国的诞生，中国共产党继续推进马克思主义中国化的进程与革命文化事业的发展，并将反腐倡廉的思想纳入文化建设当中来，突出强调了党的执政能力建设与自身文化建设的重要性，以此保障党的纯洁性和战斗力。

（二）社会主义革命和建设时期党对文化建设的曲折探索（1949—1978 年）

新中国的成立实现了中国共产党阶段性的政治目标，同时意味着中国共产党的文化事业迈上新的台阶，清理旧文化、改造旧思想的工作成为社会主义文化建设的良好开端。党中央坚持用马克思列宁主义、毛泽东思想改造知识分子服务于新中国的文化建设事业，并依照 1950 年发出的《关于全党全军开展整风运动的指示》整改党内存在的不良思想文化，对残余的资产阶级、小资产阶级和封建阶级思想的批判工作也在同时进行。“随着经济建设的高潮的到来，不可避免地将要出现一个文化建设的高潮。中国人被人认为不文明的时代已经过去了，我们将以一个具有高度文化的民族出现于世界。”①

随着社会主义改造的基本完成，社会主义制度在我国落地生根，社会政治与经济环境的变化必然会引起文化领域的连锁反应，但由于受到苏联教条主义的影响，文艺作品和科学实践的革命色彩浓厚，不能充分展示社会主义文化的丰富内容，对此，毛泽东正式提出“艺术问题上百花齐放，学术问题上百家争鸣”②，确定为指导我国发展科学文化事业的方针。这一时期文艺工作者的积极性得到充分发挥，创作出了诸多脍炙人口的优秀作品，学术界自由讨论的氛围空前浓厚，文学文化事业呈现出欣欣向荣的局面，人民群众的文化生活得到极大丰富。

---

① 《毛泽东文集》第五卷，北京：人民出版社，1996 年，第 345 页。
② 《毛泽东文集》第七卷，北京：人民出版社，1999 年，第 54 页。

传统与外来文化之争是中国文化界长期讨论的重要问题。1964 年，毛泽东根据“符合中国当前实际需要，为社会主义新文化所用”的原则，提出了“古为今用，洋为中用”的方针，重点在于“推陈出新”，同时强调要坚守本民族的特色，明确了吸收借鉴古代和西方文化的目的是创造出属于我们自己的文化，“向古人学习是为了现在的活人，向外国人学习是为了今天的中国人”[①]。这一方针为中国的文化创新指明了方向，取精去糟，博采众长，为民族发展注入新的活力。

“文化大革命”是新中国发展史上的一个特殊时期，这场始于文化领域的批判式“革命”作为政治斗争的工具，在全国范围内掀起了一场群众阶级斗争运动，酿成了中国文化史上的灾难。邓小平同志说：“过去的成功是我们的财富，过去的错误也是我们的财富。”[②]“文化大革命”的爆发为党的十一届三中全会制定全新的思想路线和方针政策提供了反面教训，使得社会主义文化在新的探索中得以重生。

（三）改革开放新时期党对文化建设的调整探索（1978—2012 年）

1978 年党的十一届三中全会的召开，实现了历史性的伟大转折，确立了“实践是检验真理的唯一标准”的思想路线，重提“双百”方针和“二为”方向，经济、政治、社会建设有了新的起色，社会主义文化发展也随之进入新时期。以邓小平同志为核心的第二代中央领导集体继承了党的正确的文化思想，将马克思主义基本原理同中国国情相结合，系统阐述了现阶段的社会主义文化建设的根本任务、战略地位、指导方针等，并着重强调“尊重知识，尊重人才”[③]、“科学技术是第一生产力”。1986 年 9 月，针对文化事业的发展和提高，

① 《毛泽东文集》第七卷，北京：人民出版社，1999 年，第 82 页。
② 《邓小平文选》第三卷，北京：人民出版社，1993 年，第 272 页。
③ 《邓小平文选》第二卷，北京：人民出版社，1994 年，第 41 页。

党的十二届六中全会通过了《中共中央关于社会主义精神文明建设指导方针的决议》，表明文化建设是从属于社会主义精神文明建设的，并且较为系统地回答了精神文明建设与文化建设相关的一系列基本问题，这也是党第一次就社会主义精神文明建设颁布决议，初步解决了新时期文化思想发展过程中面临的问题，使我国的文化面貌焕然一新。

在庆祝建党70周年的大会上，江泽民同志使用了“有中国特色社会主义的文化”这一名词，党的十五大再次提高了对文化建设的认识高度，将“建设有中国特色社会主义的文化”作为党在社会主义初级阶段基本纲领的内容之一确定下来。2000年，江泽民同志在广东考察时首次提出“三个代表”重要思想，其中包含了对中国共产党文化使命的阐释，即“中国共产党要始终代表中国先进文化的前进方向”，实现了党在文化思想发展史上的新飞跃。此外，江泽民还指出：“精神的力量可以转化为物质的力量。”① 倡导弘扬优秀的民族精神，塑造人民群众的精神品格。同时，党从现代化建设的高度出发，致力于文化创新体系建设，并提出了科教兴国、以德治国等重要方略，实现了中华文化的新发展。

党的十六大以来，以胡锦涛同志为核心的党中央对于实现文化大繁荣、大发展给予高度重视，进一步深化了中国特色社会主义文化建设问题的认识。十六大报告中首次将文化事业和文化产业加以区分，再次强调了文化建设的重要地位，并要求制定总体方案继续推进文化体制改革。2009年，我国将文化产业提升至战略性产业的高度，并出台了第一部文化产业专项规划，全力贯彻十七大报告中提出的“大力发展文化产业”的精神，不断提高文化产业的民族竞争力。党的十六届六中全会通过的《中共中央关于构建社会主义和谐社会若干重

---

① 《江泽民文选》第二卷，北京：人民出版社，2006年，第230～231页。

大问题的决定》中指出：“建设和谐文化，是构建社会主义和谐社会的重要任务。社会主义核心价值体系是建设和谐文化的根本。”[①] 在国际竞争日趋激烈的战略机遇期，和谐文化概念的提出，彰显了党中央高度的文化自觉与理论创新，体现了对社会主义建设客观实际的把握，再度丰富了党的文化建设思想。

（四）中国特色社会主义新时代党对文化建设的升华探索（2012 年至今）

中国特色社会主义发展进入新时代，文化建设也踏上新征程。习近平总书记关于中国特色社会主义文化建设的探索之路有以下精辟描述，“坚持和发展中国特色社会主义是一篇大文章，邓小平同志为它确定了基本思路和基本原则，以江泽民同志为核心的党的第三代中央领导集体、以胡锦涛同志为总书记的党中央在这篇大文章上都写下了精彩的篇章”，现在“我们这一代共产党人的任务，就是继续把这篇大文章写下去”[②]。习近平总书记在多个场合都表示了对中华优秀文化的重视和赞赏，他曾指出，中华优秀传统文化“是我们在世界文化激荡中站稳脚跟的根基，是中华民族的突出优势”[③]，强调了提升文化软实力是增强综合国力的重要部分。

2014 年 2 月，习近平同志在中央政治局第十三次集体学习中，明确提出“增强价值观自信和文化自信”，这是继道路自信、理论自信与制度自信之后，首次创造性地提出了文化自信。这一新概念，作为中华民族独具特色的精神标识，蕴含着中华民族更深层次的精神追求，是更基础、更广泛、更深厚的自信，是推动国家富强、民族振兴、政党永葆活力的更深沉、更基本、更持久的力量。

2016 年 7 月，习近平在庆祝中国共产党成立 95 周年大会上，首次将道路

① 《中共中央关于构建社会主义和谐社会若干重大问题的决定》，北京：人民出版社，2006 年，第 21 ～ 23 页。

② 《习近平谈治国理政》第一卷，北京：外文出版社，2018 年，第 23 页。

③ 《习近平谈治国理政》第一卷，北京：外文出版社，2018 年，第 164 ～ 165 页。

自信、理论自信、制度自信、文化自信并列提起，第一次将文化自信列入党的纲领性文献中，将文化自信提升到社会主义建设新高度。随着中国共产党对中国特色社会主义问题认识的不断深化，习近平文化自信的思想开始成为治国理政的新理念、新战略，对于中国特色社会主义建设以及实现中华民族伟大复兴，具有深远的指导意义。

2017 年 10 月 18 日，中国共产党第十九次代表大会召开，习近平将“坚定文化自信，推动社会主义文化繁荣兴盛”作为新时代中国特色社会主义发展的基本方略之一，“没有高度的文化自信，没有文化的繁荣兴盛，就没有中华民族伟大复兴”①，重申了文化自信对于国家和民族的重要性。

2018 年 8 月，习近平在全国宣传思想工作会议上强调指出，新形势下的宣传思想工作，其中一个重要的部分就是要“兴文化”，即必须要坚持中国特色社会主义文化发展道路，建设社会主义文化强国。② 同年 12 月 18 日，在庆祝改革开放 40 周年大会上，习近平再次强调了实现中华文化伟大复兴的重要性。

2020 年 9 月，在教育文化卫生体育领域专家代表座谈会上的讲话中，习近平重申了坚定文化自信，把文化建设提升到一个新的历史高度的基本方略。

此外，党中央相关部门先后制定了《深化文化体制改革实施方案》和《国家“十三五”时期文化发展改革规划纲要》，并出台《关于推动国有文化企业把社会效益放在首位、实现社会效益和经济效益相统一的指导意见》，为文化事业和文化产业的和谐发展提供了指导性意见，大大提升了文化产业的增速。同时，在广大农村地区大力推广文化惠民工程，精准扶贫既缓解了农村的经济

① 习近平：《决胜全面建成小康社会　夺取新时代中国特色社会主义伟大胜利——在中国共产党第十九次全国代表大会上的报告》，北京：人民出版社，2017 年，第 27 ~ 28 页。

② 习近平：《举旗帜聚民心育新人兴文化展形象更好完成新形势下宣传思想工作使命任务》，《人民日报》2018 年 8 月 23 日。

压力，又切实丰富了农民的文化生活。

自十八大以来，党在文化发展方面的理论深度和实践广度方面都取得了长足进步，文艺创作欣欣向荣，文化事业和产业蓬勃发展，许多具有代表性的中国文化品牌逐渐走向世界，中华民族的文化自信得以彰显。面对复杂多变的局势，中国共产党将继续带领全国各族人民坚定文化自信，建设文化强国，实现中华民族伟大复兴的历史任务。

三、中国共产党百年文化探索实践的基本经验

（一）代表人民利益是文化建设的基本立场

马克思主义指出，人民群众是社会财富的创造者，是社会变革的决定性力量，代表先进阶级的正确思想一旦被群众掌握，就会变成改造社会、改造世界的强大的物质力量。中国共产党自成立之日起，就坚定地以马克思主义为指导方向，始终遵循以人民为中心的价值理念，秉持全心全意为人民服务的根本宗旨，赢得了人民的拥护。

早在新民主主义革命时期，毛泽东就曾提出“文艺为工农兵服务”，1949年通过的《中国人民政治协商会议共同纲领》第45条也明确规定“提倡文学艺术为人民服务”。改革开放之后，文艺创作进入了新的历史时期，邓小平强调“人民需要艺术，艺术更需要人民”①，明确了人民群众与艺术之间相互补充的关系。以江泽民同志为核心的中国共产党人强调“我们的文化必须充分体现人民的利益和愿望，将人的全面发展作为社会主义文化建设的任务和目标”②。以胡锦涛同志为核心的第三代中央领导集体，进一步明确进行社会主义文化建设需要“坚持为人民服务，为社会主义服务”，“坚持以人为本”，强调文化发

① 《邓小平文选》第二卷，北京：人民出版社，1994年，第212页。
② 《江泽民文选》第一卷，北京：人民出版社，2006年，第159页。

展成果由人民共享。党的十八大以来，习近平总书记进一步丰富了文艺为人民服务的思想，在2014年的文艺工作座谈会上，他进一步明确了“坚持以人民为中心的创作导向”，在纪念马克思诞辰200周年大会上指出：“我们要始终把人民立场作为根本立场，把为人民谋幸福作为根本使命，坚持全心全意为人民服务的根本宗旨。”[①]

中国共产党不仅在理论层面始终强调代表人民立场的重要性，而且更加注重在推进国家公共文化服务体系实践中满足人民群众的需求，数据显示：“2016年，全国公共图书馆总藏量9亿册、新增藏量6725万册、总流通人次6.6亿次，较2011年分别增长40.8%、57.4%和73%。全国文化事业费也较2011年增长了96%，达到了770.69亿元。”[②]全国范围内文化惠民工程的实施，保证了人民群众的基本文化权益，增强了人民群众的文化获得感。新时代中国特色社会主义的任务，不仅要实现国富民强，为人民创造美好的文化生活同样重要，随着物质生活条件的改善，解决了“从无到有”的难题，“从有到优”的追求还未完全实现，人民群众对文化产品的品质、创意等方面的要求不断提高，因此，“必须抓好文化建设，增加社会的精神文化财富”[③]。

（二）善于创新是文化发展的根本动力

纵观历史，我们不难发现，人类的进步，民族的发展，国家的昌盛都离不开创新，文化的兴衰同样取决于其自身的创新能力。建党百年来，为适应经济变革，文化形态作出过多次调整，也包含着多方面的创新。

首先，理论指导的创新。五四运动之后，马克思主义开始传入中国，当时

---

① 习近平：《在纪念马克思诞辰200周年大会上的讲话》，北京：人民出版社，2018年，第17页。

② 李静：《党的十八大以来现代公共文化服务体系加快建立》，《中国文化报》2017年10月13日。

③ 《习近平谈治国理政》第二卷，北京：外文出版社，2017年，第315页。

的中国共产党人就已经开始思考如何运用这一新的社会思潮来解决中国面临的现实问题，李大钊、陈独秀等积极翻译马克思主义著作，进行理论宣讲，促进了新思潮的萌芽兴起和马克思主义的传播，使得越来越多的知识分子和工人阶级加入信仰马克思主义的行列中。鉴于前期共产国际代表误判国情而给出了错误的教条式指导，毛泽东创造性地提出了“马克思主义中国化”的鲜明观点，为马克思主义在中国的发展铺平了道路。历经社会主义革命、建设与改革之后，党中央领导集体确立了毛泽东思想、邓小平理论、“三个代表”重要思想、科学发展观以及习近平新时代中国特色社会主义思想为指导思想并写入党章，适时而变的创新理念，对于今后的社会实践具有重大的现实意义。

其次，科学技术创新。中国共产党历来非常重视科学技术在民族发展中的重要作用，并提出了“科学技术是第一生产力　创新是引领发展第一动力”的基本论断，“坚持创新，勇于创新，增强自主创新能力，建设创新型国家”是事关社会主义现代化建设全局的重大战略决策①，科学技术的进步极大地提高了生产效率，促进了经济、文化、社会等多方面的发展，使我国的整体面貌得到快速改善。我国社会主义发展进入新时代，无论是现实中的文化交流还是网络空间上的文化传播，科学技术都起着重要的媒介作用，迅速成长的新媒体网络文化迫切需要先进的科学技术作支撑。科技强则文化强，文化强则国家强，创新是引领社会发展的重要源泉，是文化大繁荣、大发展的根本推动力量，更是解决人民日益增长的美好生活需要和不平衡不充分的发展之间的矛盾的关键所在。

第三，文化体制改革创新。文化体制是文化管理制度层面的内容，事关文化的长远发展，自十一届三中全会开始，党中央对经济体制进行整顿，并制定了文化市场管理法规，文化体制改革随之拉开序幕，并逐步上升到国家战略层

① 《胡锦涛文选》第二卷，北京：人民出版社，2016 年，第 402 页。

面，市场对文化建设的积极作用得以发挥。文化体制的创新性改革，实现了文化自觉到文化自信的转变，多年来的文化实践形成了文化体制中的新格局，是前所未有的新时代文化成就。在巩固已有文化成果的基础上，以习近平同志为核心的党中央坚持文化产业做优做强，提升文化服务水平，创新文化发展模式，倡导全民参与共享，加快中华文化走出去的步伐，不断将我国的文化建设推向新的发展阶段。

（三）坚定党的文化领导力是根本保障

中国特色社会主义文化之所以能不断繁荣进步，究其根本离不开党中央的文化领导力。具有无产阶级意识的先进知识分子，在救亡图存的道路上选择了马克思主义思想，使最有能力的中国共产党成为新文化运动的直接继承者，坚定地将摆脱民族危机、复兴中华文化视为奋斗目标，“我们共产党人多年以来，不但为中国的政治革命和经济革命而奋斗，而且为中国的文化革命而奋斗”①。这一论述在中国共产党之后的历史实践中得到验证。

中国共产党自成立以来，就注重以先进的思想武装头脑，在科学理论的指导下，团结带领全国各族人民开展文化实践探索，使中国革命的面貌焕然一新。经历过社会主义建设的挫折之后，中国共产党及时确立了“解放思想，实事求是”的思想路线，继续发挥强大的文化领导力，整改党内的不良思想，纠正社会上残余的错误思想观念，促进社会主义精神文明健康发展，不断创造出新文化、新精神，新时代的文化成果推动了中国特色社会主义各项事业向前发展，进一步加强了中国共产党的领导力，再一次证明了中国共产党有能力、有信心实现中华文化的大繁荣大发展。

中国共产党领导是中国特色社会主义最本质的特征，是中国最大的国情。

---

① 《毛泽东选集》第二卷，北京：人民出版社，1991年，第663页。

以习近平同志为核心的党中央领导集体将新时代中国特色社会主义文化建设提升到新的高度，正如习近平总书记在2014年文艺工作座谈会上指出的那样“党的领导是社会主义文艺发展的根本保证”[①]。面对国外敌对势力和各种非马克思主义思潮，坚定党的文化领导力最重要的是保证中国共产党对意识形态的领导权，把握住社会主义意识形态的主阵地。与经济建设一样，意识形态建设同样占据重要的战略地位，全党须以清醒的头脑增强“四个意识”，应对“四大考验”，化解“四大危险”，确保意识形态工作责任制的执行力度和严肃性，完善相关法律法规，建立健全信息反应机制，引导正确的舆论方向，肃清不良的社会影响，在纷繁复杂的意识形态斗争中赢得优势与主动。此外，互联网愈益成为意识形态斗争的前沿阵地，网络安全建设刻不容缓，因此，提高网络技术防范，形成党管媒体，个人、社会多主体共同参与的治理格局，对可能危及我国意识形态安全的行为进行有效预防是非常必要的。

一百年来，中国共产党的文化建设既取得了伟大的历史性成就，也经历过低谷挫折，留下了不同时代的印记。当前中国正处于最好的发展时期，面对事关国运的文化激荡，我们应继承和发扬党在前期文化建设中积累的宝贵经验，继续坚定党的文化领导力，实现中华优秀传统文化的新生，推动社会主义先进文化的进步，为中华民族伟大复兴提供思想保证。

① 《十八大以来重要文献选编》（中），北京：中央文献出版社，2014年，第13页。

国家治理现代化视域下高校思想政治教育制度建设探究

陈宗章[①]

摘要： 国家治理现代化与高校思想政治教育制度建设之间存在目的一致、内容包含、理念共享和意义互涉的逻辑性关系。在实践层面上，高校思想政治教育制度建设存在内部发展不平衡不充分、运行过程不完善和效能发挥不明显的现实困境。在国家治理现代化背景下加强高校思想政治教育制度建设，在整体层面上，要加强党对高校思想政治教育的全面领导，明确思想政治教育制度现代化标准，完善思想政治教育制度体系；在要素层面上，应从观念、主体、内容和环境等要素着手，实现优化重组；在过程层面上，应优化制度运行的领导、管理、协商、监督和评价等机制，有效整合高校思想政治教育制度资源，把思想政治教育制度优势最终转化为实际的思想政治教育效能。

关键词： 国家治理现代化；高校思想政治教育；思想政治教育制度

伴随思想政治教育实践的深入发展，加强高校思想政治教育制度建设成为前沿性课题。高校思想政治教育制度即是由高校思想政治教育主体设置的用以

① 陈宗章，南京邮电大学马克思主义学院副教授，主要研究方向为思想政治教育研究。

调整高校思想政治教育系统及其构成要素之间关系、规范高校思想政治教育工作实践的一整套规则体系，具体涉及领导关系的确定、相关机构的设置、制度规范的设计和运行方式的择取等诸多方面。当前，我国正在大力推进国家治理体系和治理能力现代化建设，这不但为加强高校思想政治教育制度建设提供了理论指导，而且为其创新发展提供了现实条件。在国家治理现代化视域下探究高校思想政治教育制度建设，具有鲜明的时代价值和实践意义。

一、国家治理现代化与高校思想政治教育制度建设之间的逻辑关系

把高校思想政治教育制度建设置于国家治理现代化的大格局之中考察，基于二者之间紧密的逻辑关系，具体表现为四个方面。

1. 目的一致。党的十八届三中全会指出，“全面深化改革的总目标是完善和发展中国特色社会主义制度，推进国家治理体系和治理能力现代化”。党的十九大再次明确这一点，党的十九届四中全会则进一步强调，“我国国家治理一切工作和活动都依照中国特色社会主义制度展开，我国国家治理体系和治理能力是中国特色社会主义制度及其执行能力的集中体现”。可以看出，在全面深化改革背景下，积极推进国家治理现代化既是坚持和完善中国特色社会主义制度的重要内容，又是根本手段，旨在降低治理成本、提高治理效能，推进国家和社会的全面进步与发展，从而在根本上坚持和完善中国特色社会主义制度。对思想政治教育而言，它的“特殊性在于其所关注和强调的是人的思想意识、价值观念和政治觉悟等问题，引导人们与社会主流意识形态保持一致和认同”[①]。在新时代背景下，加强高校思想政治教育制度建设，其重要任务也就是

① 孙其昂、张然：《论思想政治教育参与社会治理的契合》，《湖北社会科学》2020年第6期。

紧紧围绕完善和发展中国特色社会主义制度，以自身特有的方式参与到国家治理现代化的实践过程中去，为国家和社会的有序发展，为大学生的全面发展服务。可见，二者在根本目的上是一致的。

2. 内容包含。国家治理现代化可以分为国家治理体系现代化和治理能力现代化两个主要方面。现代国家治理体系是“一个有机的、协调的、动态的和整体的制度运行系统”①。高校思想政治教育融入国家治理的全过程，根本上要以制度化的方式融入国家的行政体制、经济体制和社会体制建设之中，深刻体现自身“生命线”的地位和作用。可见，高校思想政治教育制度及其现代化是国家治理体系及其现代化的重要构成部分。与此同时，国家治理能力又具体表现为政府治理、市场治理和社会治理能力，涉及治理主体的素质、治理的方式和水平、治理过程的监管和最终的治理效果等诸多方面。在实践层面上，国家治理内在地包含了高校思想政治教育治理，国家治理能力现代化也包含了高校思想政治教育治理能力的现代化。所谓高校思想政治教育治理能力的现代化，就是以国家治理现代化为根本标准，在教育目标的确立、内容及其结构的完善、实践方式方法的创新、制度机制的提升、教育效果的评估等方面，实现与时俱进、开拓创新的发展，在整体上建构起现代化的高校思想政治教育理论体系和实践模式。一言以蔽之，国家治理现代化在内容上逻辑地包含了高校思想政治教育现代化。

3. 理念共享。治理现代化来源于西方治理理论的应用和实践，主要内涵为“政府分权和社会自治”②，旨在弱化政府（即公共权力）权威，改变国家与社会对立状态，建立彼此之间的合作关系。这体现了西方国家面对传统而低效的

---

① 俞可平：《国家治理的中国特色和普遍趋势》，《公共管理评论》2019 年第 3 期。
② 王浦劬：《国家治理、政府治理和社会治理的基本含义及其相互关系辨析》，《社会学评论》2014 年第 3 期。

统治和管理方式，为提升实际管理效能而作出的一种理论和实践模式创新。国家治理现代化实质上是关于权力的再分配，是让社会、市场、公民等主体发挥出更多的治理作用，从而成为国家和社会治理的主体，以实现公共利益的最大化。基于中西在国家性质、政治制度、社会结构等方面的根本差异，在理解国家治理现代化问题上，既要把握其普遍性，更要把握其特殊性，而不是照搬照抄西方的治理、善治理论。我们所使用的“治理”，不是强调治理的多中心化，更不是强调社会中心主义，其基本含义是指在中国共产党领导下，基于人民当家作主的本质规定性，遵循人民的意志要求，科学、民主、依法、有效地治国理政，实现国家与社会的协同和谐。[①]在思想政治教育融入国家治理实践的过程中，加强高校思想政治教育制度建设，同样要遵循现代治理理念，强调治理过程的制度化、规范化、法治化和民主化，以切实提升高校思想政治教育治理水平。

4. 意义互涉。加强高校思想政治教育制度建设与推进国家治理现代化相互作用、相互支撑。一方面，治理的权威来自共识的达成及其彰显的认同力量。在统一思想、达成共识的过程中，思想政治教育能够发挥出积极的价值引导和凝聚作用。具体而言，国家治理能力的提升首先取决于治理观念的转变，树立公平、正义、民主、法治等治理理念。高校思想政治教育制度化建设不仅能够建构起国家治理现代化的话语体系，还能够发挥思想宣传、组织动员和凝聚人心的作用。与此同时，丰富的思想政治教育实践活动的展开，多元主体的协同参与，会不断提高高校思想政治教育制度建设水平，继而以特有的方式不断反哺国家治理体系建设；另一方面，国家治理现代化本身也具有积极的思想政治教育意义。正如有学者指出，“一定的制度文化不仅具有显性的价值导向，而

① 教育部中国特色社会主义理论体系研究中心：《科学把握“国家治理”的含义》，《光明日报》2013年12月29日。

且往往隐性地渗入到大多数人的生活方式、思维方式、价值观念和行为规范当中”[①]。国家治理现代化所彰显的现代化理念及其形成的制度，对于巩固党的执政基础，稳定社会秩序，弘扬社会主义核心价值观，增强主流意识形态凝聚力、吸引力和影响力，均具有重要价值。

二、高校思想政治教育制度建设面临的现实困境

进入新时代，国家治理现代化的有序推进对加强高校思想政治教育制度建设提出了更高要求。然而，受各种主客观因素和条件的影响，高校思想政治教育制度建设依然呈现出诸多现实困境。

1. 制度内部发展不平衡不充分。高校思想政治教育制度自成系统，可以分为学术制度、学科制度和工作制度[②]三种基本类型。（1）思想政治教育学术制度用来规范思想政治教育知识的生产、传播与运用，具体涉及相关的研究规范、学术建制、学术资源分配以及知识的转化与运用等。整体来看，社会和学界的一些人对思想政治教育的“学术性”认可度不高，错误地把意识形态性与学术性对立起来，从而影响了思想政治教育学术制度的建设。思想政治教育是科学性与意识形态性的有机统一，忽视其中哪一个方面都会有失偏颇，造成不良影响。近年来，尽管高校思想政治教育学术制度建设取得积极效果，但学术资源分配不均、学术空间相对狭小、发展后劲不足的问题依然比较突出，直接影响思想政治教育知识体系的建构、研究范式的提炼、研究方法的创新、学术空间的拓展等。（2）思想政治教育学科制度主要是围绕思想政治教育学科的发

---

① 石书臣：《制度文化思想政治教育功能的当代彰显与实现》，《湖北社会科学》2019 年第 9 期。

② 吴正国、侯勇：《新时代高校思想政治教育制度化建设探究》，《思想教育研究》2019 年第 9 期。

展和完善而建立的制度规范，具体涉及学科的归属和定位、学科管理和评估、学科队伍建设、专业人才培养以及课程教学与管理等方面。长期以来，在党和国家的高度重视下，思想政治教育学科得到跨越式发展。然而，不同地域、不同层次的高校在学科建设上的不平衡不充分问题依然严峻。个别高校（尤其是个别理工院校、高职高专院校等）的思想政治教育学科建设问题比较突出，没有建立起完善的思想政治教育学科制度，在学科资源分配、学科平台设置、学科人才培养、课程体系建设与考核评价等方面相对薄弱，没有完全改变思想政治教育学科“边缘化”的实际状态。（3）思想政治教育实务工作制度是根据具体的思想政治工作任务和要求，为保证思想政治教育实践活动的开展而建立的一整套规范体系。进入新时代，基于管理育人、服务育人、环境育人、网络育人等思想政治教育育人体系的不断完善，高校许多职能部门和群体所承担的思想政治工作任务越来越多。但各个部门及有关人员对思想政治工作的认识程度有高有低，工作力度有大有小，实际效果有好有坏，从而导致不同部门之间在思想政治教育制度建设上存在较大差异，且彼此之间缺乏必要的沟通与协调，表现出较弱的交往互动性。其根本缘由，就是没有在整体层面上建构起一套高效运行、有序合作的思想政治教育实务工作制度。

2. 制度运行过程不完善。高校思想政治教育制度的运行在具体环节上还存在一些障碍。（1）认同环节。主要表现为对高校思想政治教育制度认同度不高，一是对高校思想政治教育制度规范自身不能积极认同，二是对高校思想政治教育制度在国家治理体系现代化中的作用不能积极认同。在高校思想政治教育制度运行过程中，在制度制定与设计的合理性、制度解读与宣传的科学性、制度与实践发展的契合性等问题上存在薄弱环节，致使人们不能有效认同制度自身。与此同时，国家治理向社会及其成员提出一系列要求，高校思想政治教育在制度建设过程中，并没有把这种要求转化为人们可以接受的思想观念和行为方式，从而不能有效发挥思想政治教育制度的治理作用。（2）参与、协商环节。现代治理理论要求高校思想政治教育制度的制定和运行依赖于多元主体的平等参与。但在实践中，由于其他参与主体对公共权力的依附性过强，致使其自身的主体性不能有效发挥。甚至个别的思想政治教育组织或部门由于赋权不足，趋向于形式化的设置，不能有效参与思想政治教育制度建设的过程。同时，不同思想政治教育主体间的协商机制也不够完善，协同性较差。在高校思想政治教育制度制定和运行过程中，多元化主体如果不能超越彼此之间存在的现实利益冲突和价值观念差异，不能实现广泛参与、平等协商，就很难达成共识。（3）监督、评价环节。一是监督无力，没有充分发挥多元化主体的监督作用，监督机制的内在矛盾也致使个别部门或人员在制度执行过程中无法有效解决问题，显得无所适从。比如，尽管高校普遍建立了思政课教师的退出机制，但一些管理部门或管理者由于无力承担相应的政治责任压力，而往往对问题“视而不见”，使得相关制度无法执行，如此等等；二是评价体系不完善，没有建立起系统、科学的评价指标，甚至还存在主观化问题，即不能从思想政治教育制度发挥的实际效能出发，而是从主观意志出发，对制度自身作出不符合实际的评价。这些都严重影响了高校思想政治教育制度的顺畅运行。

3. 制度效能发挥不明显。即高校思想政治教育制度的实际效能与制度设定的目标诉求之间还存在较大差距，主要表现在以下几个方面。（1）思想政治教育制度建设的形式化。思想政治教育制度建设一旦流于形式，就容易导致“稻草人”现象的出现。这种形式化一是表现为在高校治理实践中，因为轻视思想政治教育的作用而导致思想政治教育制度建设的边缘化、形式化问题；二是在高校思想政治教育具体的治理实践中，一些部门、组织和管理者把思想政治工作摆在业务工作之下，而不是贯穿于业务工作之中，对思想政治教育制度建设只求其“有”，不求其“用”，使之无法发挥有效作用。可以说，形式主义是影响高校思想政治教育制度效能发挥的首要障碍。（2）思想政治教育制度执行力不到位。一是执行力度不够。思想政治教育制度实效的发挥贵在落实，但在落实的过程中，由于认识不深刻、态度不认真、责任不明确、监督不到位等原因致使制度执行不力，甚至出现“上有政策，下有对策”的问题，从而严重影响制度效能的发挥；二是执行力度过度。思想政治教育制度建设核心目标还是在于管理人、服务人和教育人，如果一些制度在操作和实施过程中，过于僵化、简单粗暴，不能落实“以人为本”的理念，不但起不到应有的作用，还会起到相反的效果。（3）思想政治教育制度创新性不足。一方面，由于思想政治教育制度建设不能快速而全面地反映国家治理实践的新变化、新要求，不能深入而有效地反映高校思想政治教育实践发展的新情况、新问题，不能全面而精准地把握当代大学生的思想动态和行为特征，进而不能实现与时俱进，动态发展，甚至在个别领域还存在制度盲区；另一方面，在高校思想政治教育制度建设和实施过程中，还存在制度重叠、重复的问题，不能有效结合高校自身以及当代大学生的特点乃至针对特定的棘手问题制定和完善相关制度规范，既无法保障多元化主体积极参与制度建设的有序化和规范化，又严重浪费思想政治教育资源，从而遏制了高校思想政治教育制度创新的内在动力。

三、高校思想政治教育制度现代化建设的基本路径

国家治理现代化为高校思想政治教育制度建设提供了新的现实语境，同时为其发展提供了契机和条件，需要从整体、要素和过程等层面入手，切实提升其制度建设水平。

第一，加强整体建设。国家治理现代化本质上体现了国家治理方式从传统向现代的转型，在此语境下探讨高校思想政治教育制度问题，首先要在系统层面上推进其整体建设。

1. 加强党对高校思想政治教育的全面领导。中国共产党是中国特色社会主义事业的领导核心，党直接领导高校思想政治教育。有学者指出，“在思想政治教育得以推进和发展的过程中，党的领导不仅是思想政治教育实践活动和理论发展的基础，也是思想政治教育规范有序发展从而形成思想政治教育制度的政治基石”①。这既体现了中国国家治理方式与西方国家的根本区别，也为高校思想政治教育制度建设提供了根本性的政治保障。具体而言，就是要全面贯彻党的教育方针和政策，使得高校思想政治教育制度建设能够紧紧围绕“培养什么人、怎样培养人、为谁培养人”这个根本问题展开。高校党委要明确政治责任，把制度建设作为加强大学生思想政治教育的关键抓手，把顶层设计、组织领导与科学治理有机结合起来，有针对性地解决各种现实困难和障碍。

2. 明确高校思想政治教育制度现代化的标准。（1）规范化。主要强调在主体资质、制定程序、基本内容、实际运行等环节和方面做到规范、有序，真正体现“以人为本”。（2）民主化。“现代国家治理的本质是民主治理”②，同理，高校思想政治教育制度建设也要贯彻民主化原则，做到广泛听取群众意见，保障各类主体平等参与。（3）法治化。要深刻体现全面依法治国的根本要求，不仅程序要合理、合法，制度内容和具体实施等也要以遵守法律法规为底线，全程贯彻法治思维和观念，保证在法治框架内运行。（4）坚持制度正义。高校思想政治教育制度要体现正义精神，其意义不是简单地树规矩、立规范，而是为高校思想政治教育的有序发展提供制度保障，保障不同主体的基本权利和利益，使其共享思想政治教育资源，提高综合素质和能力。（5）实现高效能。高

---

① 宇文利：《论我国当代思想政治教育的制度化建设》，《思想理论教育导刊》2011年第1期。

② 俞可平：《走向善治：国家治理现代化的中国方案》，北京：中国文史出版社，2016年。

校思想政治教育制度要做到执行有力，高效运行，产生积极的政治、文化和社会效果，真正把制度优势转化为实际工作效能。

3. 完善高校思想政治教育制度体系。具体而言，加强高校思想政治教育学术制度建设既要遵循一般性的学术制度规范，更要体现思想政治教育的政治性本质，把学术性与政治性相结合，打造高校思想政治教育学术共同体；加强高校思想政治教育学科制度建设，需要以知识形成和发展规律为基础，规范思想政治教育知识的生产、分类、创新与应用，规范思想政治教育学科教学的目标、对象、内容和过程，规范思想政治教育学科的领导、组织和决策，以及对学科发展、学科人才队伍建设等方面的管理①；加强高校思想政治教育工作制度建设则要紧紧围绕思想政治教育工作的大局和具体目标，善于从政策、方案的制定和实施等环节抓住工作中的矛盾，弥补制度漏洞，从而发挥制度的规范和引导功能，打造高校思想政治教育实务工作共同体。与此同时，还要加强高校与其他行业或领域在思想政治教育制度建设上的交流与沟通。通过互学互鉴，补齐自身制度建设的短板，提高整体水平。只有把全行业和领域的思想政治教育制度建设好，才能发挥思想政治教育是“一切工作的生命线”的作用。

第二，加强要素建设。高校思想政治教育制度现代化发展根本上就是实现自身结构的转型，这又取决于构成要素的优化和新要素的融入，以优化其整体系统。

1. 观念要素。从“统治”“管理”到“治理”，话语叙事形式变化的背后实质上是理念的根本改变。国家治理现代化首先是思想观念的现代化，由此推动和实现人自身的现代化。这一命题天然地关涉思想政治教育现代化的时代命题，这也是由思想政治教育自身的实践特点和本质所决定的。因此，在新时代

① 宇文利：《论现代思想政治教育学的学科制度》，《思想理论教育》2012 年第 9 期。

加强和推进高校思想政治教育制度建设，不仅要把现代治理理念广泛传播给师生员工和其他社会成员，通过转变人们的思想观念来规范和形塑人们的社会行为，发挥其积极的价值引导和行为规范作用，更要秉持现代“治理”理念，把主体多元、协商共治、高效管理等理念贯彻到高校思想政治教育实践活动之中，提高自身的现代化发展水平。

2. 主体要素。实现思想政治教育制度现代化要充分培育和调动多元化主体的主体性，在民主和法治框架下保障其参与制度建设的平等权利和义务，通过集体性参与，促进多元主体之间的充分协商，达成共识进而采取一致的行动。对于高校思想政治教育制度建设而言，正是要充分发挥教师和学生、党员和群众、管理和后勤服务人员等主体的积极性、创造性，同时积极争取校外其他社会主体力量的参与和支持，从而获得更加广泛的民意和社会基础。基于此，高校思想政治教育制度建设的主体要素就呈现出更加合理的扁平化结构，形成良好的多元主体交往关系的互动形式和模式。当然，这种参与的有效性，还依赖于参与主体的综合素质，体现出参与高校思想政治教育工作事务、维护公共利益的公共理性和公共精神，并能够对主体行为和结果负责。

3. 内容要素。规范是思想政治教育制度的核心要素，正如有学者所强调，“制度既是人们社会关系的体现，又是一种社会行动规范体系，也是社会基本要素的联结方式”[①]。由此，强化高校思想政治教育制度的内容建设，需要建立健全高校思想政治教育规范体系，通过规范、规则把高校思想政治教育的各个要素整合起来。一方面，高校思想政治教育制度内容要反映国家制度、社会制度的基本规范，在中国特色社会主义制度下展开具体制度内容的建设，与国家治理体系和治理能力现代化的要求相契合；另一方面，要加强制度执行力，促

① 孙其昂等：《思想政治教育现代转型研究》，北京：学习出版社，2015 年。

使人们形成强烈的规范、规则意识，同时，积极发挥制度规范在高校思想政治教育资源配置中的作用，用制度推进思想政治教育的规范化运作。

4. 环境要素。一方面，高校思想政治教育制度在组织领导、部门机构、规则规范、运行机制等方面所包含的价值观念、关系模式、运作载体和作用对象等，彼此之间相互影响、相互作用，由此形成高校思想政治教育制度的内部环境；另一方面，一定的政治环境、文化环境、社会环境等对高校思想政治教育制度建设也会产生重要影响。加强政府治理、市场治理和社会治理，把党和国家的意志、政策、主张以及市场和社会发展的要求等融入高校思想政治教育制度建设，能够为其提供良好的外部环境和条件。由此，加强高校思想政治教育制度环境建设，能够激发制度创新的动力，根据内部和外部环境的变化作出新的制度安排，推进制度创新。

第三，加强过程建设。高校思想政治教育制度建设的过程表现为制度的制定、运行、反馈和调整等环节，是一个持续的展开过程。加强其过程建设，需要做到：

1. 优化制度运行机制。一是领导和管理机制。在党委的统一领导下，要进一步完善高校相关思想政治教育机构的设置和赋权，理顺各种领导和组织关系，做到机构设置合理，领导分工明确，责任承担清晰，把党的领导和组织优势以及职能部门的管理优势转化为思想政治教育制度优势；二是协商和协同机制。高校思想政治教育制度建设要坚持民主原则，充分发挥平等协商在其运行过程中的作用，为实现有效协同合作奠定基础。协同是由多主体、多要素、多层面共同协作完成的一种组织行为和方式[①]，当不同主体自觉地参与高校思想政治教育制度建设过程，就能突破协同合作的现实障碍，发挥出群体优势；三

① 邱柏生、刘巍：《试论思想政治教育学科建设的协同创新》，《东南大学学报（哲学社会科学版）》2014年第6期。

是监督和评价机制。既要加强主管部门及相关同级部门的监督与考核，又要充分发挥其他参与主体的民主监督与社会评价作用。通过有效的监督、考核、评价、反馈等来优化高校思想政治教育制度；四是支持和保障机制。高校思想政治教育制度建设是一项系统工程，其过程的顺利推进需要相关部门在人才、经费、物资、技术等方面的全力支持和保障。在制度制定和实施的过程中也需要不同社会主体力量的积极参与和强力支持。只有建构起一套完整的支持系统，才能为高校思想政治教育制度建设提供有力保障。

2. 整合制度资源。一方面，思想政治工作是我党显著的政治优势，在长期的革命、建设和改革过程中积累了丰富的实践经验。这些经验构成了高校思想政治教育制度建设的宝贵资源。在新时代背景下，面对国家治理现代化提出的新任务、新要求，高校思想政治教育制度建设需要把长期积累的宝贵经验进行再审视、再总结、再提升，切实提高高校思想政治教育制度建设的现代化水平；另一方面，高校思想政治教育制度建设还要善于从丰富的国家治理实践中汲取制度资源。事实上，整个国家治理制度的完善不仅能为思想政治教育制度建设提供外在条件和保障，其制度本身也蕴含了大量的思想政治教育资源。国家治理体系和治理能力的现代化不但能够增强人们对国家和制度的认同，还能培育人们的民主、法治、公平、正义等意识。国家治理的规范体系和运行方式等也能为高校思想政治教育制度建设提供有益借鉴和启示。我们需要通过高校思想政治教育制度化建设，把国家治理实践所形成的制度及其彰显的思想观念、价值观念、行为规范等，吸收转变为高校思想政治教育自身的内容。

3. 强化制度效能。加强高校思想政治教育制度建设的直接目的就是要把制度优势转化为实际的治理效能。一方面，面对高校思想政治教育的实践困境，加强其制度建设可以调动思想政治教育主体的主体性，整合思想政治教育资源，通过制度的管理、规范作用，保障思想政治教育的有效性；另一方面，思想政治教育本身也是国家和社会治理的一种特殊方式，发挥着思想建设、价值引领的重要功能。因此，国家治理现代化的顺利推进不仅要树立和传播先进的治理理念，更要统一思想和行动，这都需要高校思想政治教育以制度化的方式融入国家治理实践。同时，高校思想政治教育制度也具有相对独立性，能够反作用于国家治理实践，对于调整思想关系、社会关系具有重要作用。这要求思想政治教育制度自身成为国家治理体系的重要构成部分。由此，无论对于推进国家治理体系和治理能力现代化，还是对于推进高校思想政治教育制度现代化，都要把衡量和考察思想政治教育制度效能作为重要关节，把制度建设过程最终落实到实际效果上。

在场整合与虚拟整合
——兼论数字环境中的思想政治教育创新与发展

卢　岚[①]

摘要：大数据、云计算、物联网与人工智能携手共进，各种算法等数字机器相继出场，联袂催生出数据革命和智能时代的新形态。“数字化生存”成为现代社会的常态。人类社会已迈进数字化环境中。思想政治教育与数字环境的互嵌，旨在依据智能算法，精准分众，优化思想政治教育结构。一是通过在场空间与虚拟空间的场景融合，打破现代性的原子化局限，将人际交往以“看不见的弥散”方式刷新和升级到互联网时代，并借助互联网跨越时空将人类智慧紧密相连；二是通过交叉学科范畴群，给予理论供给，探索多元平台的场景融合效应，激活思想政治教育创新的驱动力；三是通过智能算法，精准生产与分众推送思想政治教育内容，其创新不仅体现在符号与技术层面上，更体现在其背后的价值层面上。

关键词：数字环境；互动；在场整合；虚拟整合；思想政治教育

互联网的出现，不仅制造了身体缺场，而且创造了“特别的互动方式”和空间的运行规则。人们借助于互联网，在不同的空间里中实现身份转换，让不

① 卢岚，上海理工大学马克思主义学院教授。

同个体体验新的连接、产生新的社会交往及社会关系。这些充满着意义的交织和行为互动，不仅在线上完成，同时也在线下展开。不仅未入场就已经在场，而且也呈现着离场但从未退场的现象。当入场、在场、离场的界限不再泾渭分明时，各种社会思潮就会搭乘现代信息技术的便车在网络空间、实体空间里不断交织、激荡、蔓延，进行着数字空间场域的争夺和意识形态领导权的博弈。

言必有据，已成为现代人的一种文化时尚。数据以文字、照片、视频、音频等形式开启了人类历史的全新描述。数字环境中思想政治教育创新主要基于大数据、互联网、智能算法等数字生存环境所呈现出的新特点，通过驾驭算法，实现思想政治教育功能升级，结构优化。换言之，我们通过把握数字环境的特点，揭示互联网介入社会运作机制之后，在以智能传播为主流，以算法为基本运作框架，以网络化和个性化为特征的基础上，思想政治教育如何适应互联网时代，并成为精神文化传播的引擎？更具体地说，如何通过算法对受众群体进行精确分众，如何对思想政治教育受众群体分类“建群”，如何激活思想政治教育内容生产与精准推选思想政治教育内容，进而实现思想政治教育从过去模糊劝说转向精准推送的算法传播？

一、思想政治教育在数字环境中的发展境遇

数字环境，顾名思义是指可以量化的环境。当下我们进入大数据时代。其主要特征是互联网、物联网、大数据、云计算与人工智能携手共进，各种算法等数字相继出场，演绎出数据革命的新形态。在数字环境中，人们经历着前所未有的便捷。差异化的个体借助移动互联网快速打造新的情感勾连。无论是聒噪与喧嚣、恍惚与孤独，还是观念的暗示、行为的模仿与情感的渲染等，无不有着数字文明的密码，并直接影响着我们的认识范式、思维方法与话语体系，促使思想政治教育向精细化方向发展。

（一）关于数字环境概念的一般概述

无处不在的信息自动采集、传递和计算，大大增进了人类分析与使用数据的能力与水平。通过对数据挖掘与分析处理，人类可以发现并创造新的价值，进而带来大知识、大科技和大发展。我们对海量信息的数字化记录，不仅为社会科学定量分析提供丰富的数据，而且提高其精准度。有助于推动社会科学从软科学向硬科学发展。因此，科学厘定数字环境的概念，揭示其特征，就显得非常重要。

第一，数字时代。尽管早在古希腊，就有哲学家提出“数是万物之基”的观点，然而，唯有在“摄像”“可视化”“互联网”等高新科技的不断飞跃，数据规模呈现出井喷增长，物质世界被映射为可以存储、计算和利用的数据世界，[①] 且事物及其行动具备了自我记录的功能时，才算进入数据时代，迈进数字环境中。也正是在数字环境中，个人在真实世界里的活动才得到前所未有的记录。加之，现代信息传播门槛低，感官刺激强，内容更新快。诸如各种新闻跟帖、网站下载记录、社交平台互动记录、AI 技术等为快捷获取信息，收集人们的思想动态、政治行动提供了大量的数据。

第二，数字环境的产生及其特征。数字环境是人与空间的新界面。它是集合文字、图像、音频、视频、声、光、电等的交互行为所形成的一种新场域。

所谓数字环境是网络信息技术通过有效地、便捷地传递与收集、分析与整合各种信息，并经过智能算法处理各种信息时，所形成的一个可控制的环境空间，且为环境中的人带来特定的数字体验与感受。它给个体带来视、读、听、对话等智能体验，推进了沟通与交流的延伸。数字环境包含着对移动数字化网络技术、大数据、人工智能技术，以及微博、微信、短视频、网络直播、新闻

① 黄欣荣：《大数据、透明世界与人的自由》，《广东社会科学》2018 年第 5 期。

客户端等要素的充分认识、高度重视和掌握运用。

在探讨数字环境时，首先绕不过的是互联网与互联网文明。互联网与文明难分难解，互联网文明既是一种全新的历史阶段，又是一种文明层次的标志。“甚至可以说，互联网对社会结构的革命性影响，将比历史上任何一次技术革命都更为深刻，终我们一生，互联网都将是崭新的东西。”① 互联网从纯粹的工具层面、实践层面上升到社会安排（智能算法）的层面上，带来了全方位、多角度的变革。它不仅改变了既定的社会关系，引致社会关系的网络化结构，改变了对人和社会的管理方式，人与人的关系也被改写。

随着互联网人工智能的推广与普及，新媒体迭代升级，尤其是自媒体的即时性与互动性，使得信息量扩大，裂变突出。加之，以算法为框架促进了各类社会热点从选题到生产再到传播的智能一体化特点，让技术本身也具有主体的功能。我们在享受技术带来的便利同时，也经历着算法推荐所制造的“信息茧房”，导致舆论分化、诱发立场对峙，思想交锋碰撞激烈。

（二）数字环境对思想政治教育发展的冲击

当今社会，环境的多维性、复杂性、开放性和变化性进一步增强。信息技术带来了场景革命，智能算法会产生意识形态信息茧房。尤其是网络实践中，人的自发性与非理性特征凸显，算法嵌入了编程者的价值立场，有着较强的意识形态操纵性，直接影响意识形态的安全。如何防范技术独裁、弱化信息的茧房效应，澄清是非，规避那些诋毁、抹黑乃至丑化主流意识形态的负能量，这是思想政治教育必须积极直面的难题。

第一，数字环境给思想政治教育带来的冲击。“当数字化和网络化展现为互联网和各类联网终端设备等技术工具的普及应用过程时，信息技术工具就已

① 陈文江、黄少华主编：《互联网与社会学》，兰州：兰州大学出版社，2001 年，第 7 页。

经嵌入人们的日常生活并产生深刻影响。”[①] 换言之，数字环境不仅改变了信息形态，也创造了新的互动体验，使得受众体从单一的信息接收者转变为信息生产者、参与者和接收者相互融合的叠加身份。这意味着在思想政治教育活动中，教育双方界限与区隔模糊。加之，由于网络改变了原有信息资源占有与分配，形成“你虽然有，但我也有，且我更多、更快、更广”[②] 的现象，更促成了教育对象具有教育信息先在性的优势，形成了反向信息不对称的格局。因此，受教育者不仅有了与教育者分庭抗礼的资本与博弈的本钱，而且有可能走出一言堂，打破不对称的、单向性的、局域式的教育方式，形成全民参与的格局。在个性化、即时共享、去中心化的虚拟世界里，以数字平台为凭借，以话题嵌入为主的互动与弹幕发送等手段增加了虚拟社区的现实感。这种自媒体互动，多元化力量的差异化共存，既拓宽了网民的话语通道，也极易触发非理性情绪、激活热情，乃至放大风险。诸如以抖音、快手为代表的短视频，以其短而精著称，运用“动画 + 文字”解说，以及可视化技术调动多个感官，增强信息解释的效度，为思想政治教育注入生机。但是短视频不仅将用户被拆解成片段，切割成条框，带来信息与知识的碎片化等，还冲淡了专业的理论深度。其实高热度不代表高质量。形式上越花哨，有时反而带来政治上的苍白与理论上的浅薄。因此，在如火如荼的全国高校展开的课程思政与思政课程开发中，当我们运用抖音、公众号，选材与制作课程相关内容时，不能只注重形式。唯有深入阐释思想理论体系的话语构建之中，精心设计，才能直击痛点，否则很难被学生认同。

---

① 李一：《网络社会化：网络社会治理的“前置要素”》，《浙江社会科学》2019 年第 9 期。

② 翟岩：《网络化时代社会权力结构的变迁与重构》，《福建师范大学学报（哲学社会科学版）》2020 年第 3 期。

另一方面，智能算法给思想政治教育带来新的挑战。智能算法是通过用户在网络留下的搜索痕迹，对用户进行数据挖掘与分析处理，即时打造用户喜好的信息世界，并在持有不同意见的网民之间构建信息高墙，形成颇具个性化的网络环境。问题是基于智能算法推荐的信息过滤机制，本身也具能动性。表面上看热闹嘈杂、众声喧哗，却被另一只看不见的手——智能算法推荐操纵思想，以至于用户并不知自己沉浸在信息茧房，助推了不同用户的聚合效应，使得价值趋同，思想观念同化。[①] 如果说在微信、微博时代，内容传递依靠订阅，读者主动去寻找自己喜欢的创作者和文章。而在头条、抖音时代，内容的传递则靠智能算法推送，是数字平台打造推荐给你的东西。即是算法背后的人左右着推荐的内容。因此，思想政治教育要主动介入智能算法之中参与内容的生产与推送，规避遭受网络推手对信息的操纵而陷入信息茧房。

值得注意的是，人们既可以接受思想政治教育传播的主流意识形态，也可以在智能算法推荐的助推下接受其他思潮，削弱思想政治教育在网络空间的引领力，乃至一定程度上限制主流价值观对人们思想影响的深度与广度。思想政治教育如何在社会思潮中争夺话语权，如何聚焦新问题、新特点，旗帜鲜明地传播主流价值，切实提升主流意识形态的传播力、引导力、影响力、公信力；思想政治教育如何把融入马克思主义立场、观点与方法的信息内容，精准推送给群众等都给思想政治教育带来巨大的挑战。

第二，数字环境给思想政治教育带来的机会窗口。一方面，数字环境带来了全方位的文明转型。思想政治教育的根本目的在于“培养德智体美全面发展的社会主义建设者和接班人”[②]。对人的培养与锻造依赖于人所处的现实环境。

---

① 李江静：《新闻传播语境下网络意识形态领域的风险及其应对》，《思想理论教育》2020 年第 8 期。

② 《十六大以来重要文献选编》（上），北京：中央文献出版社，2005 年，第 31 页。

当下我们已经进入以互联网文明为标志的数字时代。数字环境带来了全方位的文明转型，互联网技术及其构筑的信息平台与文明范式对现代社会的形塑，也是全方位的。问题是互联网跨越时空界限，打破了个体原子化存在局限，将人际关系以“看不见的弥散”方式刷新和升级到互联网文明时代，并对当前人类社会的基本逻辑、各领域的社会关系进行持续重塑[①]，如何将思想政治教育渗透到血液中，沉浸到精神的深处，走向人性深处的温暖与关切？

另一方面，“理论在一个国家实现的程度，总是取决于理论满足这个国家需要的程度”[②]。数字时代，技术与思想政治教育的深度融合，有助于精准掌握人的思想和行为，跟踪其变化。网络快捷传播碎片性与娱乐性的内容，容易吸引人的注意力，进而可以利用情绪冲击与感官刺激，以喜闻乐见的方式改写教育内容与活动方式，增强了网民的参与感，有助于拓展思想政治教育的新阵地。但是，内容的喜闻乐见，在驱逐专业生硬的同时，也导致了思想的稀缺性。仅仅以流量成为评判内容好坏的标准，主打喜闻乐见与生动有趣的内容，极易使理论的难度深度不足，难以产生触及生命的内敛而深邃的理论。因此，单纯的技术变革与创新的边际收益能否满足思想政治教育实效性所需要的阈值？场景变革为思想政治教育创新提供了怎样的驱动力？信息的聚合与融汇，是否能规避思想因稀释而极化？如何让思想政治教育迸发出强大的生命力？这是数据环境给思想政治教育创新带来的机会窗口。

---

① 李春雷：《网络化社会：中国语境下的现实与未来——中国传播学会2014年年会暨新世纪的传播学研讨会综述》，《新闻爱好者》2014年第6期。

② 《马克思恩格斯文集》第一卷，北京：人民出版社，2009年，第12页。

二、交往、互动与融合助力思想政治教育在数字环境中的多维重构

数字环境与思想政治教育之间通过交往互动、彼此烘托与支持，激活思想政治教育议题互动的集中度与网民的广泛参与热情，让精神世界的成形与时代背景联系起来。在数字环境中，思想政治教育通过情景调试与结构重建，探索思想政治教育场景融合、主体身份叠合、时空一体、视听兼备等多维向度下的观念交锋、思想迭起与价值多元的深层原因。

（一）多元化共振的数字环境与思想政治教育的互现互证、互为良性循环

主体多元化、文明诉求多样化、文明冲突显化成为现代文明显著的特征。文明冲突的深层次问题和逻辑，归根结底是意识形态的较量。因此，作为意识形态传播工具的思想政治教育必须与多元共振的数字环境相互嵌入，让思想政治教育活动在场景变革、身份混杂中协同共进。

第一，数字环境与思想政治教育的彼此互涉与交互作用。现代信息技术的应用并非价值中立的。大数据、人工智能在建构自身数字体系的同时，也顺便将人的价值偏好植入其中。人工智能背后是人与人之间、意识形态之间的价值分歧。因此，思想政治教育与数字环境深度融合，意味着以每一次思想政治教育活动为契机，形成了一个以技术为突破口的场景融合与身份叠合的过程。且从技术理路与内在逻辑两个维度观察思想政治教育与数字环境的深度嵌入。思想政治教育与数字环境契合是其内在逻辑的必然。

首先，大数据、人工智能可以为思想政治教育提供语言处理、情感识别计算与智能推荐，也可以创建内置或外设视、听、触等多种传感器，更能通过数据算法以及自然语言处理模块的知识图谱技术，以全面地刻画思想政治教育主体的思想与行为，追踪与勘察思想政治教育过程，获取更可能多的相关数据，进而实态描述思想政治教育活动的全过程。因此，数字环境中的各种硬件设备

本身，是参与思想政治教育过程的关键技术要素。

其次，“一项新的技术只是打开了一扇门，它并不强迫人们走进去”[1]。诚如马克思所说：“机器正像拖犁的牛一样，并不是一个经济范畴。机器只是一种生产力。以应用机器为基础的现代工厂才是社会生产关系，才是经济范畴。”[2]意识形态融入数字环境中，使智能机器具备人类所需要的利益，有着对善恶、真假是非的思辨与选择，也包含对生存的目的和意义的选择。而数字环境与思想政治教育交互融合，使得思想政治教育场景的开发和利用不仅包含着对思想政治教育环境经验和栖居场所的诉求，即强烈的政治立场和行为规范，以及借助话语、社会制度建构的教育活动场所，也包含着借助信息技术以“弱关系”“强联系”为特征的虚拟网络社会本身，即信息技术本身也成为直接参与思想政治教育的构成元素。

第二，思想政治教育身处多元舆论力量碰撞、共振时，既生产思想政治教育内容，也制造舆论场景。

一方面，多元舆论交锋呈现出线上与线下的紧张、竞争与对立。个体通过网络可以发布信息、阐述观点、评价社会、交流感情并寻找共同的价值和意愿，并以社会认同的方式把分散孤立的个体连接为网络群体。如果说，信息权力有利于广泛动员与放大其功能，那么当网络的集体化、大众化与个体化发生交互作用后，信息可以瞬间转换，影响社会成员的思想和观念。加之，网络群体来自社会和民间，缺乏明确的组织性，其不断扩张的社会影响力、动态的流动力、无边界性都可在瞬间扩大膨胀，故很难调控，随时可能产生极大的社会冲击力，并直接影响到社会的稳定和秩序。

---

① White，L.J. *Medieval Technology and Social Change*. Oxford，Oxford University Press，1978.

② 《马克思恩格斯文集》第一卷，北京：人民出版社，2009 年，第 622 页。

另一方面，人既可以在现实中被原子化和孤立化，也可以在网络空间有着常规性的喧嚣。思想政治教育需要穿行于线上、线下的全民参与格局。网络的开放性、低门槛特质，以及基于兴趣爱好结成的虚拟社群，能够快速形成一个闭合式的舆论圈层。这就需要打造更具魅力与意见领袖身份的思想政治教育主体，通过思想政治教育议题设置，使其与社会热点问题、前沿话题“勾连”，形成跨越虚实场景、多平台共振的场景互动，进而在多元舆论场域的对话中，灌注主流价值观，凝聚共识。例如可以创设思想政治教育网络直播，以其强大的沉浸感与全方位的社交体验以及微观用户情感互动，设置思想政治教育议题互动的场域，探寻其传递价值。

（二）数字环境驱动下思想政治教育的多维诠释

人机互动深刻卷入，“人人连接”“共享”“发布”的涌现，推进了思想政治教育以全天候、立体化、多维度的开放特点，实现全面覆盖。换言之，由于数字环境的驱动，拓展了思想政治教育的延展性与纵深度。思想政治教育凭借场景系统内外的链接与不同平台、场景的话语权博弈与争夺，来实现大融合视野中议题互动的多维解读。

第一，场景内外链接拓宽了思想政治教育覆盖面。互联网强化了事物彼此之间的联系，降低沟通交流的信息成本，突破了物理空间束缚，以“脱域化”的互动方式，延伸了社会成员之间交流互动的广度与深度，增大了思想政治教育的容量。

一方面，所谓场景融合，是指场景系统有内外两种连结关系。即同一场域的系统内连接与不同场域的系统外部之间的连结关系。数字环境驱动下，思想政治教育在各场域系统内，不同场域系统之间、空当处、连接口、交界带等的离场介入，改变了传统思想政治教育的现场化与在场性。丰富了人与社会乃至人与人之间连结的方式，拓展了思想政治教育活动场景，让主流价值弥散于所衍生的空隙与空间，且呈现出全天候、立体化、多维度的高度开放特点。

一是思想政治教育全覆盖的可能性。人们在网络社会里，以符号、代码、数字的形式出现。它突破了社会角色、社会身份、社会地位的制约，具有更大的自由度与开放度。加之信息内容丰富且卷入情感，让情感交流突破物理限制。尤其是在线的实时开放，实现了线上人与人之间的交流互动替代零距离、面对面的情感交流。因此，以数字化符号为中介的虚拟行为成为人类社会行为的一种新方式，丰富了思想政治教育实践。

二是思想政治教育全覆盖的必要性。互联网成为制造风险的最便利工具和最有效的武器。① 虚拟空间的无人在场特性与主体身份隐蔽，暗藏的侥幸心理等现象，极易出现传播庸俗信息，散布错误的思想与观念的放纵心理，乃至制造谣言、煽动反社会和分裂国家等。随着技术含量高的相关软件越来越多，网络行为失范的现象层出不穷，且花样翻新，手法高明，并以极其强大的冲击力与隐秘的欺骗性无孔不入，让人难以提防。因此，如何运用语言和图像技术，让思想政治教育真正走进新科技的疆域深处，探寻思想政治教育新生密码，进而探寻中国网民意识形态立场的光谱，则是思想政治教育创新的关键。

另一方面，数字化网络改变了人类的生存状态、生存方式和生存理念。它让我们进入一个万物互联的新媒体时代。生活被符号化后，日常生活也被赋予新的功能：生活和生命似乎从大地上升到云计算力。键盘、指令、算法和大数据，把人类诗意的栖居拖进智力游戏。② 当购物、交流与沟通等走进虚拟世界中，真实的主体交往体验被抽象关系取代时，过度泛滥的信息与交互碎片化，就造成了严重焦虑感。因为虚拟带来了思想、感觉和行动的分离。人与人之间

① 陈华明：《网络社会风险论：媒介、技术与治理》，北京：中国社会科学出版社，2019 年，第 35 页。

② 张艳梅：《后媒介时代的伦理隐喻》，《探索与争鸣》2020 年第 6 期。

的交互作用局限于浅层。如果说，理论的效度，说到底是用实力说话，那么如何消解焦虑与烦躁，如何诗意地栖居？如何与种种禁锢抵御、突围进而自由奔放，扩展并丰富人的自由存在，触及生活和生命本质。这就需要思想政治教育精修于日常，通达于未来，始终围绕主体——反思双层逻辑进路，推进大融合视野中的思想政治教育议题互动。

第二，大融合视野中，推进思想政治教育生产新的实践场景。思想政治教育在多元化舆论空间的共振时要强化主流意识形态引领作用，以纠偏是非，澄清价值迷失与认识偏差等根源。因此，创新思想政治教育旨在从全员育人着眼，突破学科壁垒，进行跨感官、跨智能、跨学科、跨领域的大视野融合。

首先，技术赋权后的受众体对网络环境的亚文化与情绪渲染的强大动员力等，加剧了舆论生态的共振与冲突现象，放大了社会事件风险效应。唯有介入日常生活才能汲取持续发展动力，才能回应思想政治教育与生活断档的窘境，进而凝聚共识，为主流文化与亚文化的沟通与融合搭建平台。换言之，思想政治教育通过收集公众困惑的问题，将零散的个体观点凝聚起来，事无巨细地描述，并用表情、肢体延伸话语等入细入微的情感符号，清晰地分析、建构舆论场图谱，形成对思想政治教育变革全景式的深刻把握时，也就创造了新的场景模式，思想政治教育内容与场景变革会再度生成新的热点。

其次，思想政治教育交往平台拓展。思想政治教育嵌入在日常生活之中，不仅从私人领域到公共领域再到专业化领域的话题互动以及议题讨论，而且通过专业垂直的互动作用，让日常生活内容实现变革。诸如“学习强国”“喜马拉雅”等平台很好地落实了社群化与精准化的特色。它实现了对思想政治教育边界的新一轮拓展，突出了数字环境中思想政治在舆论场中的社会意义与价值。值得注意的是，沟通交流中的意见领袖、大V等的影响就更加突出。他们通过微博、微信、论坛等在线上与线下的增量传播，可以左右舆论走向。因此，思想政治教育不仅要加强主体角色和反馈机制，实时监控社交关系、信息传播与议题互动的立体化空间，而且也要培养自己的意见领袖。

最后，数字环境中思想政治教育不仅从作为议题互动的空间转向更为丰富的舆论场景，以整合社会动员力量，同时又具有弥合功能，以促成主流价值传播的重要建构力量。一是通过教育双方的互动，给教育主体带来视觉的冲击和沉浸感体验。二是通过情景开放、形式多样的活动、科学分众与资源整合，用生动的形象和直观的感受进行教育，带动受众体的各方感官和体验，并自由交流、体验与感悟。三是思想政治教育借助于微信公众号实时向师生定期推送其内容、前沿问题、热点问题。同时借助微产品（微电影、微文学艺术），提供个性化产品，以温和亲切的地气，渗透生活的每一个角落，以提升其亲和力与吸引力。

总之，互联网技术的要旨在于以共生、共享的空间和共创、共赢的平台实现用户的多维度参与和深度体验，通过大数据充分利用海量数据资源的价值，对用户实现精准服务，[①] 进而预测思想政治教育发展趋势。

三、聚焦发力与精准调试激活思想政治教育应对风险的变革力量

数据时代何止数据，互联网经济岂止互联网。它牵动着全局，有着时空上的迁徙和变动，结构形态上的多样与复杂，模式上的流动与多元。思想政治教育利用计算机科学、人工智能技术收集海量数据，充分挖掘诸如线上交互的表情，动作手势、话语表达等等外显数据，延伸与补充其功能。进而预测思想政治教育发展方向，提升思想政治教育的实效性。

---

① 傅守祥：《文学经典的大数据分析与文化增殖》，《浙江社会科学》2017 年第 10 期。

（一）构建思想政治教育数据库，为思想政治教育理论的精准生产、精准推送提供基础

当下社会结构复杂、流动性强，各种社会风险叠加与不确定因素增多，不仅放大了风险，而且增加了思想政治教育在数字环境中的复杂性与过渡性。以往的思想政治教育着眼于对问题的整体状况进行粗略把握，缺乏对于细节的精准把握与细腻描述。这很难满足不断变化的风险社会对精准决策的需求。因此，思想政治教育需要挖掘和释放数据资源的潜在价值以开发提前预警、精准判断、快速反应等功能，提供更为快捷、更为翔实和更为精准的信息，推动思想政治教育方法从模糊劝说到算法推送的转换。这有助于实现思想政治教育精细化和人性化转变，尽可能满足多元化的个体需求。

第一，创建思想政治教育数据库何以可能？对于生命的运筹，需要精细琢磨，才能让内心溢满温馨和感动。数字文明时代，通过记录赋能，个人会成为高能个体。因为一个具备数据意识，拥有数据头脑和数据技能的数据公民更容易成功。当下以网络和新媒体技术为代表的媒介技术重塑时空观，让现代文明发展进入新的拐点。这为思想政治教育建构大体量、强云算力的优质数据库提供了可能。

首先，创建思想政治教育数据库势在必行。信息技术时代新型的支配形式不再是语言行为，而是语言的形成，是对象征符号的操纵。争先恐后抓取人们的生活信息并将其转换为数据，将成为一种新的资源。因而“数据正全面浸入人类日常生活，个体在不知不觉中被操纵，最终成为赤裸裸的小白鼠。个体的喜怒哀乐全在掌控之中，精神的殖民也就不可避免”[①]。

其次，创建思想政治教育数据库的手段多样。一是通过高清摄像、运动传感器、语音传感器等智能设备，获取教育主体之间交往互动的数据。二是通过

① 陈龙：《文明转型：开启以数据为中心的媒介文化》，《探索与争鸣》2020年第6期。

多媒体、跨时空智能算法获取受教育者的思想意识与行为习惯的数据，并对数据进行提纯与结构化。建构包含线上的思想理论教育、日常生活中的思想政治教育实践等相关的数据库。三是通过人工智能系统收集用户的状态更新，包括用户转发的新闻、浏览的次数、点赞乃至评论。将这些数字分类，排序作为推送信息的依据。

最后，思想政治教育者也要参与数据处理、深度学习与掌握智能算法，以挖掘提纯数据信息，学会对数据进行人工处理，用更加丰富的方法触摸人、空间、时间以及地域和文化。一是学会将思想政治教育内容转化为有辅助性的文字、图片；学会通过 360 度的全景拍摄、Web 网站建设、App 页面开发、视频记录，采用虚拟空间 VR 推送等一体化数字服务，生动再现思想政治教育内容。二是实时调控，跟踪测评每一次思想政治教育活动，在数据里捕捉生活的种种味道，并注入主流价值观。这不仅有助于提升思想政治教育相关数据分析与应用的准确性，也提升了教育者自身的专业素养。

第二，构建充盈着内涵价值、话语表达乃至现实问题的思想政治教育数据库，推动思想政治教育从模糊劝说到算法推送的转换。在数字环境中，数据作为一个概念，其内涵与外延的延展，也促进了数字环境中思想政治教育运行机制的改变。传统数据仅仅是作为量而存在的数据，即量数。而今天的文字、照片、视频、音频等周围的记录是作为一种证据而存在。以量数和据数而存在。它以比特为单位进行存储。[①] 随着人类行动的网络化，记录越来越多、越来越全面，呈现出人类历史描述的全新方式——大数据传播时代。其规模之大、其精准度之细致前所未有。

一旦人类信息传播、信息沟通全部集中到社交网络时，算法就成了数字

① 涂子沛：《数文明》，北京：中信出版社，2018 年，第 1 页。

媒体时代的重要工具，于是算法应用常态化。数字环境最大的特点就是精准计算、算法技术与算法应用。即依据技术、算法对个体思想和行动变化痕迹的精准把握，精准推送适合个体需要的内容，以抓住人心，提高有效沟通。因为算法是一整套议程设置的人工智能系统框架。即通过算法，精准捕捉教育群体的个性化需求，精准识别教育群体的思想动态与行为习惯等特点，建构人际关系与人际网络的数据化结构，为精准推荐思想政治教育内容提供量化数据。思想政治教育的数字化创新，经历了一个以技术为依托，经过智能算法，精准生产信息内容，严丝合缝地链接不同场域，精准推送颇具个性化的教育内容的过程。例如我们在进行思想政治教育理论与实践活动中，既包含精选思想政治教育内容，也包含着在对教育个体进行精准分众，以及对思想政治教育环境进行情景的精准创设等。在以往的思想政治教育活动中，基于技术的限制，很难做到精准推送内容，细分受众群体，精细化创设教育活动场所。智能算法通过大数据、云计算打捞出以往粗放式的一刀切掉的信息，并把那些被省略掉的、被忽视的、被排除在样本之外的分散信息、细节重新纳入思想政治教育者的视线。借助于数据结构化，更为精准地掌握个体差异化状态和需求与掌握动态信息，对教育对象的分众与分类教育，同时对其内容进行快速、高效的解码，以制定具有针对性和层次性的思想政治教育活动计划。

第三，数据开始作为一种现实力量对思想政治教育发挥作用。技术赋权，使得文化生产和消费变得日益自主、自在和自为。互联网的发展使得网民在一些突发事件中可以把自己的所思、所需、所想、所见以短小精悍的视频、音频等快速传播到网络空间并与他人交换看法，分享感受。网络民意走进现实社会，并呈现出对现实社会干预力和影响力。① 网络空间是全新的充满诱惑力的，

---

① 李春雷：《网络化社会：中国语境下的现实与未来——中国传播学会 2014 年年会暨新世纪的传播学研讨会综述》，《新闻爱好者》2014 年第 6 期。

差异化的个体借助于移动互联网自主打造新的情感勾连，栖居在他者的世界中成为一个与众不同的自己。[①] 现代信息技术为公民多元参与提供了更为便捷的途径。人们借助于微博、微信、自媒体等，可以随时随地发布与收集信息。基于移动互联网的媒介形态，以交互性与及时性、共享性、多媒体与超文本、个性化与社群化的优势吸引着众多使用者。[②] “互联网 +”的核心是共生、共享的空间和共创、共赢的平台。建构强大的数据计算和分析系统，精准快捷地完成数据提纯与数据结构化，让饱满的心气绘制出生活的浓墨重彩。

（二）精准生产与分众推送：思想政治教育应对风险的因应变革

理论对个别经验的淬炼与提炼的成功与否，首先取决于局部经验是否勾勒得足够丰满与细腻。数据计算和数据的提纯与结构化，为思想政治教育防范风险，解决现实问题提供基础。如果说在追寻生命的永恒和终极意义的探寻上不仅仅是用理性、科学、技术为解决现实问题做的突破，它更是精神文明的肇始。那么数据时代让文明的演化从此有了更高层次的价值与意义，也给了人类穿过演化重重障碍的勇气。它是我们思考模式从点扩展到关系、再扩展到社会空间网络的过程，进而利用大数据智能算法以全面把握受教育者的情况，以精准的内容，分众推送思想政治教育理论体系。

第一，思想政治教育内容的精准生产。以数据形成的波澜演绎出了一幅壮阔的社会图景。在奔涌的历史洪流中，时间的可逆与交织，教育理念的坚守和延伸，教育内容的精准供给，教育对象个性化特点与需求的精准捕捉，教育内容的精致化提供等皆成为可能。至此，注重内容建设，提升其内容的优质性、体验性、舒适性成为思想政治教育创新的关键。

---

① 〔美〕大卫·哈维：《希望的空间》，胡大平译，南京：南京大学出版社，2006 年，第 218 页。

② 黄耀华：《大数据时代电视媒体转型路径探析》，《南方电视学刊》2013 年第 6 期。

首先，时间的可逆与交织丰富了思想政治教育内容。在人人都是麦克风的时代，新媒体不仅全方位渗透在生活中，变成了人的一部分，而且参与到人类的整体生存方式与日常生活状态里。我们在进行思想政治教育的时候，传统主体的在场，是全息、即时、不可重复的。而新媒体时代抽离了主体在场的空间性，以一种脱域的方式展开。尽管失去了对话交流的鲜活场景感，但这种“脱域”之后的实践性，创造了前所未有的新型时空维度。这种新的时空呈现出时间的可逆与交织。

一是凭借现代信息技术，我们可以在镜头前对连续运动或线性时间进行精准切割，用视频记录思想政治教育活动，给受众个体以鲜活的沉浸感，再配上同声解说，犹如身临其境。这种丰富与鲜活的思想政治教育内容，可以适时滚动传播。

二是由于时间的可逆与交织，各类媒体在时间上相互交错，同时传播，打破了以往的固定的历史次序。一旦单一线性时间被切割，就形成了与真实时间并置的多个时间链条，他们以各种方式交织在一起，构成人类生存的多重时间，且时空一体化将空间要素也添加进来。这使得语言、文字、声音、影像等铸造的多重感官并置在场，进而实现即时性的互动。这种声情并茂的画面感，直抵人心。须知，理性的深刻道理，有时候更需要用感性的比喻、浅显而形象地给予说明。因此，网络不仅创造了一个远程虚拟的在场方式，而且实现了虚拟空间和真实空间的转换与交融。

其次，搜索就是计算。可怕的不是机器，而是机器背后的人，难度在于建立准确的分类标签，在浩瀚的文本信息中进行分类，制定个性教育方案。由上而下的单一教育方式被多元参与的教育活动取代，进而改变碎片化的头疼医头、脚疼医脚的，缺乏系统性的碎片化方式，减少人为误差。在数字环境中，思想政治教育活动可以利用“文本 + 图像”，使得图像占据视觉空间，有助于甄别多元社会思潮，淬去软弱，沥去杂质，弘扬主旋律。换言之，当我们通过虚拟现实（VR），增强现实（AR）技术，聚焦受教育者的思想行为，纠正思想偏差时，就需要通过对所采集的隐性数据资源数据、环境数据进行编码，以对话、启发式的方式掌握议题互动，用数据关联性算法对其进行优化配置，以实现从单点扩展到全程，准确把握思想行为。

一是我们依据各类网络平台上的日志数据，眼动跟踪技术、面部表情识别、运动传感技术等，来收集学生对热点问题的关注度与注意力集中度、情感变化乃至行为变化数据，并对这些数据进行算法分析。全方位把握受教育者的情况，进而为诊断学习水平、规划学习路径、推荐学习内容提供基础。

二是大数据、智能算法旨在从因果关系捕捉转向寻找相关关系，合理进行思想政治教育内容转化、推送方式选择的设计，以建构立体化、纵深性的思想政治教育内容谱系。这种内容的转化是深层内敛后的踏实，是对深邃思想的卓越追求，是对人类整体性出路的关切。它不仅带来情怀格调的升华，也带来良知、崇高、正义。

最后，尽管数字环境中充斥着高密度、强刺激的信息输入，增强了受教育者的接纳信息的“感觉阈值”，并形成了简单、舒适愉悦的接纳信息过程。但密集型的、狂轰滥炸式的传播内容，很难突破理论能见度过低的窠臼。数字泡沫也极易滑入知识过载而带来的思想稀薄，理论稀缺的窘境。因此，对思想政治教育内容精准化细分与精准编排，采用“由内至外，层层分解”的方式剖析思想政治教育内容系统构成，分析系统的整体构成和各层结构，从而将思想政治教育内容系统创新有机分解融合到各层的创新之中，以量身打造贴近时代、贴近生活、贴近实际的思想政治教育内容体系。

第二，思想政治教育受众群体进行分众。思想政治教育活动过程本身就是一个全民参与的过程。我们不能粗暴地对受众体采取一锅粥的教育方式，而应精准细化受众体，让教育内容契合个体的不同特点。唯有对受众体进行科学分众，才能量身打造既贴近个体需要。

大数据、云计算的智能时代为思想政治教育采取分众教育提供了基础。一是借助技术，人与人之间的连结线索、交流场景与手段，人的身体状态、思想行为甚至连思维都被数据化，并切割成很多数字化的元件。如外貌、声音、动作等。让教育对象的视觉、听觉、触觉以及一切感知沉浸于创设的场景中，愉悦感官，丰盈心灵，实现感官上的享受与心灵上的感应的统一。二是大数据通过收集海量的社会生活视域中的流变性、碎片化数据，实态描述陌生人社会个人行动踪迹、公共舆论持续聚焦的痕迹以及道德等。并对其进行提纯，建构能够反映人们思想活动现象的数字模型，不仅为全民分众教育提供可操作手段，而且为追逐“思想政治教育学术增量”提供基石。三是数字环境提供了足够的衍生空间和多种叙事的可能性，可以激活更多的思想、思路与容量，生发更细腻、更深刻的交互性。进而激活受众体的数字环境体验，使其深修内在的精神气质，抚慰狂躁的胸襟，让心灵有种别样的触动，让生命的疆域更加宽广，生命的色彩更加灿烂。

值得注意的是，在思想政治教育持续不断的活动中，受众体不能像平常那样皆通过断网或一键删除来自动“退群”，退出思想政治教育活动，取消受教育者身份以及与外部思想政治教育活动场域的联系。因为个体接受伦理道德教育，是必须的一种义务。任何人不可以退出道德伦理群，没有退出机制。一旦违反伦理道德，即便够不上法律制裁，也必然要承担伦理道德行为后果。

总之，创新是一个永恒的课题。思想政治教育不仅要满足不同时代的不同要求，也应主动参与到一定时代的建构当中。数字信息所具有多维化、多元化、多媒体、多渠道等之间的交相互动特点，为建构立意高、视点清晰、命题结构好、辐射力强、操作性强的思想政治教育创新体系提供坚实的基础。

中国共产党理想信念建设的百年实践与基本经验

平章起[①]　罗红杰[②]

摘要： 共产党的理想信念就是对马克思主义的信仰，对社会主义和共产主义的信念，坚定的理想信念是中国共产党安身立命之本，是中国共产党取得百年辉煌成就的精神之源。中国共产党理想信念建设在革命、建设和改革中先后经历了确认与探寻、曲折与调适、深化与完善、创新与优化四个阶段，积累了丰富的实践经验：不断推进马克思主义中国化，夯实理论基础；紧密围绕中心任务，激发精神动力；以党校、党报、党刊为支撑，完善方法途径；勇于自我革命，修正实践方向。新时代要继承和发展理想信念建设百年实践的基本经验，以理论武装、制度保障、方法革新为着力点持续推进党的理想信念建设。

关键词： 中国共产党；理想信念；百年实践；基本经验

中国共产党自成立百年来带领全国各族人民，历经革命、建设、改革的艰辛历程，取得了从"站起来、富起来到强起来"的伟大成就，其中的一个重要原因就是中国共产党具有坚定的理想信念。理想信念是中国共产党的执政之魂、价值之本、精神之钙，重视理想信念建设是中国共产党的优良传统。中国共产党是

① 平章起，南开大学马克思主义学院教授、博士生导师，天津市习近平新时代中国特色社会主义思想研究联盟研究员。

② 罗红杰，同济大学马克思主义学院助理教授。

有着坚定理想信念的马克思主义政党，中国共产党的百年奋斗史也是中国共产党人探寻、确认、坚定、巩固、强化、优化、践行理想信念的历史。2021年是中国共产党百年华诞，党史学习教育恰逢其时。中国共产党理想信念建设史是党史的重要组成部分。对中国共产党理想信念建设百年历史的系统梳理和经验总结，有利于更好推进新时代党的全面建设，有助于新时代党的理想信念实践。

坚定理想信念是中国共产党百年来克服风险挑战、凝聚社会共识、坚守初心使命的精神动力。“坚定理想信念，坚守共产党人精神追求，始终是共产党人安身立命的根本。”① 理想信念之于中国共产党的重要作用显而易见且毋庸置疑。就学术史而言，关于理想信念相关的研究着重聚焦于以下几个维度。首先，本体论维度。理想信念的本体论也就是对中国共产党的理想信念“是什么”和“为什么”的深层次追问。中国共产党一经成立就确定了对马克思主义的信仰，对共产主义、社会主义的信念。“我们共产党人从来不隐瞒自己的政治主张。我们的将来纲领或最高纲领，是要将中国推进到社会主义社会和共产主义社会去的，这是确定的和毫无疑义的。我们党的名称和我们的马克思主义的宇宙观，明确地指明了这个将来的、无限光明的、无限美妙的最高理想。”② 中国共产党坚定马克思主义信仰，共产主义和社会主义信念具有坚定的科学性、真理性、人民性，共产党信仰的本体论认识就是基于马克思主义对自然、社会、人类思维普遍规律的认识，就是马克思主义的世界观、认识论和方法论。其次，价值论维度。具体而言就是马克思主义信仰、共产主义的远大理想和中国特色社会主义的共同理想所构成的理想信念对于中国共产党的价值意蕴。理想信念是中国共产党的政治灵魂、立身之本，也是中国共产党历经百

① 习近平：《紧紧围绕坚持和发展中国特色社会主义学习宣传贯彻党的十八大精神》，《人民日报》2012年11月19日。

② 《毛泽东著作专题摘录》，北京：人民出版社，1964年，第741页。

年艰苦奋斗取得伟大奇迹、伟大飞跃、伟大成就的精神源泉。最后，实践论维度。中国共产党理想信念的“实践论”就是针对怎样树立理想信念，怎样建设理想信念的系统探索。不断强化对青少年、大学生、党员干部等重点对象进行理想信念教育；将中华优秀传统文化、革命文化、社会主义先进文化融入其中来强化理想信念建设；推进理想信念教育常态化、制度化、规范化；等等。学术界重点围绕以上三个维度对中国共产党理想信念的问题进行了全面的研究，但尚缺少从历史演进视角对其进行科学研究和经验总结。中国共产党理想信念建设不仅是一个理论问题，更是一个实践问题。梳理中国共产党理想信念建设的历史进程，总结中国共产党理想信念建设的历史经验对推进新时代党的理想信念建设具有重要的借鉴价值和启示作用。

一、中国共产党理想信念建设的百年历程

“革命理想高于天，理想信念之火一经点燃就会产生巨大的精神力量。”① 理想信念的确认、形成、发展、完善历经了百年的发展历程，为中国共产党的革命、建设、改革提供了深厚的精神支撑和力量供给。

（一）确认与探索：在新民主主义革命中探寻党的理想信念建设（1919—1949 年）

我们党理想信念的确立是随着马克思主义的传播与中国共产党的建立才确立的。确切的政治信仰和指导思想是坚定理想信念的基本前提。一个政党理想信念建设的前提是要确立明确的指导思想和政治信念，而中国共产党在鲜明确认自身理想信念前经历了艰辛的探索过程。十月革命的一声炮响为中国带来了马克思主义，1919 年五四运动的惊雷进一步扩散了马克思主义，促使更多的有志之士

① 习近平：《解放思想深化改革凝心聚力担当实干 建设新时代中国特色社会主义壮美广西》，《人民日报》2021 年 4 月 28 日。

接触、认识、接受马克思主义。李大钊、陈独秀等最先确立了对马克思主义的信仰，并开始以马克思主义为指导积极投身于群众斗争实践、积极开展革命斗争实践。中国共产党理想信念的思想前提和政治基础已经准备就绪。1920年，中国共产党各个地方共产党早期组织开始建立，并积极宣传、研究马克思主义；深入工人阶级进行动员、组织，使他们了解、学习、认知马克思主义的理论和思想，提高工人的阶级觉悟，马克思主义开始与工人运动相结合；社会主义青年团组织也开始成立，并组织学习马克思主义，为党培养有坚定理想信念的后备力量[①]；在党的理想信念确立过程中，《共产党宣言》在中国的出版和传播发挥了重要的理论指导作用。1920年2月，陈望道受陈独秀委托秘密翻译了《共产党宣言》。《共产党宣言》中文全译本的出版，为众多先进知识分子接受马克思主义、树立共产主义理想信念起到了加速作用。1921年7月，中国共产党第一次全国代表大会召开，中国共产党正式成立。中国共产党一经成立就明确地坚持马克思主义为行动指南，以共产主义为奋斗目标，始终把为中国人民谋幸福、为中华民族谋复兴作为初心和使命，鲜明确认了自身的理想信念。

中国共产党自确认自身的理想信念之后，在革命的进程中不断加强党的理想信念建设。理想信念建设是党的建设的重要内容，也是思想政治工作的重要组成部分，并具有鲜明的时代性和阶级性。新民主主义革命时期，党的理想信念建设在革命实践中，共产主义和社会主义远大理想与反帝反封建的革命理想是结合在一起的。党的理想信念建设紧密围绕着党的革命事业和革命斗争，鲜明地反映了党的政治意志和精神需求。坚定的理想信念不是一蹴而就的，也不是一成不变的，特别是在艰苦卓绝的环境条件下。中国共产党历经磨难、艰苦奋斗，带领人民群众最终取得新民主主义革命的伟大胜利。坚定的理想信念是

① 《中国共产党简史》，北京：人民出版社、中共党史出版社，2021年，第13页。

支撑中国共产党取得伟大胜利的力量源泉。在此期间中国共产党也探索出了一系列优良的实践模式和建设理念。其间，党员干部和广大群众是理想信念建设的重点对象。对于新建立的中国共产党来说，一方面继续扩充党员的数量来增加自身的革命力量，另一方面也要加强对新进党员的理想信念教育，使其坚定马克思主义信仰、共产主义理想。同时要针对广大的人民群众进行理想信念教育，激发他们的革命热情和斗志。建党初期，理想信念建设依托于“一切工作归党支部”[①] 的组织形式，为理想信念建设提供了有力的组织保障。大革命时期又通过“支部建在连上”[②] 的形式强化理想信念建设。在这一阶段理想信念的内容随着党的不断成熟也随之持续丰盈，主要聚焦于马克思主义信仰，共产主义理想以及阶段性理想信念和爱国主义等。理想信念建设的形式也具有鲜明的阶段性特征。传统的党刊党报是理想信念教育的重要载体，包括《新青年》《向导》《中国共产党党报》等。党校的系统学习与培训也成为党员干部理想信念教育的重要途径。在此期间，整党整风运动也成为党自我革命，加强理想信念建设的重要形式。整党整风运动就是针对党风不正、党性不纯、党纪不严的自我革命，目标就是要坚定党的理想信念。

（二）曲折与调适：在社会主义革命与建设中加强党的理想信念建设（1949—1978 年）

1949 年，中华人民共和国成立，领导和组织人民革命取得胜利的中国共产党成为在全国范围内的执政党。坚定的理想信念是中国共产党取得新民主主义革命胜利的重要精神力量。新中国成立后，中国共产党的任务重心转向到社会主义建设上，对于党的建设也持续加强。其中对于理想信念的建设也在不断地修正和调适。新中国成立初期，随着革命的胜利以及革命任务的转移，党内出

① 《中共中央文件选集》第二册，北京：中共中央党校出版社，1989 年，第 182 页。
② 《毛泽东选集》第一卷，北京：人民出版社，1991 年，第 66 页。

现了一些居功自傲的现象并滋生出一些“理所应当”贪图享受的不良心理，同时也开始出现一些贪污腐败事件。“因为胜利，党内的骄傲情绪，以功臣自居的情绪，停顿起来不求进步的情绪，贪图享乐不愿再过艰苦生活的情绪，可能生长。”① 凡此种种无疑违背了“自觉的和忠诚的共产主义者”的党性原则，丢弃了党的理想信念。党在面临艰巨建设任务的同时，也面临着自身执政的考验。1950 年，中共中央发出《关于在全党全军开展整风运动的指示》，目的在于加强党的自身建设，整顿党员干部作风，牢固理想信念建设，不忘党的初心与使命。随后专门出台了《关于发展新党员的决议》，其中就着重强调了对新进党员理想信念的要求。与此同时，党的理想信念建设活动逐渐日常化，并日益常态化、制度化。基层党支部开始有意识地加强理想信念教育，党内的理想信念教育活动也逐渐常态化开展，党内的重大节日、节点也成为理想信念建设的重要途径。1961 年，党内开始进行干部轮训式教育，并就此专门出台了《关于轮训干部的决定》。针对“广大干部也没有时间坐下来，对自己的工作和思想作风进行冷静的考虑”② 的情况进行系统的理想信念教育和思想政治培育。

随着社会主义建设的全面展开，对社会主义道路的探索也出现挑战和挫折。理想信念建设的进程也随之出现曲折。在一段时间内“左”倾思想蔓延，特别是在“文化大革命”期间，党内理想信念建设遭受了重大的挫折。在粉碎“四人帮”之后出现了一股否定共产主义和社会主义的自由主义思潮。“中国在粉碎‘四人帮’以后出现一种思潮，叫资产阶级自由化，崇拜西方资本主义国家的‘民主’、‘自由’，否定社会主义。”③ 为此，中国共产党通过理论批判、文化建设、思想宣介等形式加强了对民众的理想信念教育，同时也通过

① 《毛泽东选集》第一卷，北京：人民出版社，1991 年，第 1438 页。
② 《中国共产党组织史资料》第九卷，北京：中共党史出版社，2000 年，第 766 页。
③ 《邓小平文选》第三卷，北京：人民出版社，1993 年，第 140 页。

实践改革消除了对共产主义信仰、对社会主义理想的否定和质疑。

（三）深化与完善：在社会主义改革中强化党的理想信念建设（1978—2012年）

随着十一届三中全会的召开以及改革开放战略的实施，党的理想信念建设也随之在恢复中得到强化。进入了改革开放的新时期，我们面临的世情、国情、党情和民情也发生了深刻的变化，特别是面临市场经济的考验，更需要坚定马克思主义信仰、共产主义和社会主义信念。“我们过去几十年艰苦奋斗，就是靠用坚定的信念把人民团结起来，为人民自己的利益而奋斗”①，邓小平在回顾和总结新中国成立以来的建设经验时如是说道。我们党在过去革命时期依靠坚定的理想信念，取得了革命的伟大胜利，在改革开放中依然需要加强党的理想信念建设，朝着社会主义、共产主义的方向继续努力。

在本质内涵上，随着邓小平提出“建设有中国特色的社会主义”的思想和理论，理想信念的内涵也得到了丰富和拓展。我们不仅要坚定马克思主义的信仰，同时也要坚定共产主义的远大理想和中国特色社会主义的共同理想。在组织制度上，中国共产党明确了“三会一课”运行机制，使党内理想信念建设逐渐体系化。“设立委员会的基层组织的党员大会或代表大会，一般每年召开一次。总支部党员大会，一般每年召开两次。支部党员大会，一般每三个月召开一次。”②“三会一课”的重点任务之一就是要加强党内理想信念教育。1977年恢复了党校的教育，1983年出台了《关于实现党校教育正规化的决定》，对党校内理想信念的教材、教师、教规进行了详细的规范，也标志着党内理想信念建设进入规范化轨道。学校教育方面，邓小平也提出了要培养“有理想、有道

① 《邓小平文选》第三卷，北京：人民出版社，1993年，第190页。

② 《中国共产党历次党章汇编（1921—2017）》，北京：中国方正出版社，2019年，第344页。

德、有文化、有纪律”[①] 的“四有新人”的具体要求。20 世纪 90 年代，东欧剧变的严峻形势警示我们理想信念的重要意义，“信念的崩溃”会导致整个国家的坍塌。江泽民在建军 70 周年讲话中强调，广大军人和党员干部要“具有崇高的理想、坚定的信念”[②]。在党的十四届六中全会上继续强调：“如果只讲金钱、只讲物质利益，而不讲理想、不讲精神动力……就会失去共同的奋斗目标。”[③] 胡锦涛也多次在会议中强调，“崇高的理想信念始终是共产党人保持先进性的精神动力”[④]。进入 21 世纪，党在理想信念建设的方法和途径方面进一步拓展和完善。中国共产党开始结合党的创新开展读书月、读书会，定期举办理论学习活动；对于党员培训的规模也不断扩大，井冈山干部培训学校、延安干部培训学校等专门的培训基地陆续建立。党的理想信念建设的阵地和方法得到进一步的完善。

（四）创新与优化：在新时代进程中创优党的理想信念建设（2012 年至今）

进入新时代，随着全面从严治党工作的深入推进，党的理想信念建设也得到进一步的创新和优化。党的十八大以来，以习近平同志为核心的党中央高度重视理想信念的教育和建设，提出了一系列关于理想信念的重要论述，构成了新时代党的理想信念建设的根本遵循。

习近平总书记关于理想信念的重要论述既继承和发扬了中国共产党一以贯之坚定理想信念的优良传统和政治优势，又结合新时代独特的世情、国情、党情和民情提出了一系列原创性论断。对于新时代为什么要加大力度强化理想信念建设，习近平总书记在多次讲话论述了理想信念的重要意义并将之提升

① 《邓小平文选》第三卷，北京：人民出版社，1993 年，第 40 页。
② 《十四大以来重要文献选编》（下），北京：人民出版社，1999 年，第 2590 页。
③ 《江泽民文选》第一卷，北京：人民出版社，2006 年，第 577 页。
④ 《十六大以来重要文献选编》（中），北京：中央文献出版社，2006 年，第 620 ~ 621 页。

到前所未有的战略高度。“革命理想高于天”[①]，“坚定理想信念，坚守共产党人精神追求，始终是共产党人安身立命的根本”[②]，并把理想信念比作是共产党人的“钙”，理想信念不坚定，精神上就会缺钙，就会得软骨病[③]。这些旗帜鲜明的论断都彰显着党的理想信念的重大意义。就理想信念建设的重点关照对象而言，新时代理想信念建设重点对象包括但不限于党员干部、大学生、教师等。对于“关键少数”的党员干部的理想信念建设一以贯之。为政之要，关键在领导干部，要培养有信仰、有担当、有信念、有纪律的可靠党员干部；重点强化对于处于“拔苗孕穗期”的青年学生理想信念建设，要扣好青年学生成长过程中的第一颗扣子；对于教师特别是思政课教师的理想信念建设特殊要求。人才培养，立德树人，关键在于教师。就具体的理想信念建设途径而言，习近平总书记更是提出了一系列新观点、新论断。党是理想信念建设的主体，也就是建设者、组织者、实施者。新时代加强党对一切工作的全面领导，也包括对理想信念建设工作、思想宣传工作以及意识形态工作等方面，并提出在党的领导下的齐抓共管机制。加强对马克思主义理论以及党史的学习。党员干部等群体要加强对马克思主义理论的系统学习和运用，增强对马克思主义的信仰和信念。“学习理论最有效的办法是读原著、学原文、悟原理。”[④] 同时要加强对党史、新中国史、改革开放史、社会主义发展史的学习，从中汲取理想信念的精神力量。历史是最好的教科书，通过中国共产党的历史能够强化党的政治定力和信仰自觉。在全面从严治党的全面推进中，明确要求把坚定理想信念作为党的思

---

① 习近平：《在纪念红军长征胜利80周年大会上的讲话》，《人民日报》2016年10月22日。

② 《十八大以来重要文献选编》（上），北京：中央文献出版社，2014年，第80页。

③ 《十八大以来重要文献选编》（上），北京：中央文献出版社，2014年，第80页。

④ 习近平：《在常学常新中加强理论修养在知行合一中主动担当作为》，《人民日报》2019年3月2日。

想建设的首要任务。理想信念建设是党的思想建设的核心内容和题中之义，并且创新了制度设计以保障理想信念建设的常态化、实效化。

二、中国共产党理想信念建设的基本经验

理想信念是中国共产党的精神支柱，坚定理想信念是中国共产党的优良传统，始终重视理想信念建设是中国共产党不断取得革命胜利和事业成功的重要原因。中国共产党自成立以来，始终重视理想信念的教育和建设，在百年的实践探索中积累了丰富有益的经验。

（一）不断推进马克思主义中国化，持续加强党的理论创新，夯实理想信念建设的理论基础

马克思主义是理想信念建设的主题主线，中国共产党的理想信念根植于对马克思主义的信仰以及对共产主义和社会主义的追求。马克思主义的基本理论和中国化的马克思主义理论创新是理想信念的理论根底，深入学习和把握马克思主义的基本原理，持续推进马克思主义中国化，加强对党的创新理论的系统学习，有利于丰富理想信念的内涵，也有利于夯实理想信念建设的思想根基和理论基础，这是中国共产党理想信念建设百年实践的重要经验总结。

“我们的斗争需要马克思主义”[①]，坚定理想信念也需要学习马克思主义。我们信仰的主义就是马克思主义以及中国化的马克思主义。中国共产党在革命、建设和改革的百年历程中始终重视马克思主义与中国实践的结合，不断夯实理想信念建设的理论基础。信仰马克思主义、共产主义的前提是实事求是地学习、掌握运用马克思主义原理、立场和方法。学习、掌握和运用马克思主义就要原原本本阅读马克思主义的原著，就要结合中国特色的实践不断推进马克思

① 《马克思恩格斯选集》第一卷，北京：人民出版社，1995 年，第 87 页。

主义中国化，解决中国的实际问题，既不能搞本本主义，也要预防经验主义。新民主主义革命早期，中国共产党结合革命的任务持续引介、宣传马克思主义思想和理论，运用马克思主义立场观点方法指导革命实践，促使广大党员、群众认识、接受、认同马克思主义的信仰。遵义会议以后逐渐确立以毛泽东为核心的中央领导，毛泽东运用马克思主义理论与革命的具体实践相结合，逐步引领中国革命走向胜利，也提升了广大群众对马克思主义的信仰，对共产主义的信心。毛泽东也曾多次要求广大党员干部经常性学习马克思主义思想和理论，并指出要“以马克思列宁主义基本原则为指导的方针，废除静止地孤立地研究马克思列宁主义的方法”[①]。

理论上清醒，信仰才能笃定。新中国成立以后，中国共产党在坚持以马克思主义为指导探索社会主义的理论和道路，并积极号召党员干部、知识分子和广大人民群众自觉学习马克思列宁主义、毛泽东思想。随着十一届三中全会的召开，中国进入改革开放的新时期，马克思主义中国化也实现了进一步的飞跃，中国特色社会主义理论体系也逐步完善。从新时期到新时代，在理想信念建设过程中，中国共产党不断推进马克思主义的中国化，创立了邓小平理论、“三个代表”重要思想、科学发展观、习近平新时代中国特色社会主义思想等中国化的马克思主义理论，这些党的理论创新不仅证明了马克思主义的科学性和生命力，同时也丰富了理想信念的内涵。随着马克思主义中国化的不断推进，中国共产党始终坚持“理论创新每前进一步，理论武装就要跟进一步”[②]，通过小组学习、系统培训、理论宣讲等不断夯实理想信念建设的理论基础。

---

① 《毛泽东选集》第三卷，北京：人民出版社，1991 年，第 802 页。

② 习近平：《在“不忘初心、牢记使命”主题教育工作会议上的讲话》，《求是》2019 年第 13 期。

（二）围绕中心任务开展理想信念建设，以实践成效作为理想信念教育的重要标准

理想信念建设与党的中心任务息息相关，坚定的理想信念为党的中心任务的完成提供强大的精神支撑。在不同时期，理想信念建设的重要目的就是要围绕党的基本任务和中心工作，服从、服务于党的工作大局，为其提供源源不断的精神动力。

在不同的历史时期，依据社会主要矛盾的异同，党的中心任务和重点工作有所侧重。在新民主主义革命早期，理想信念建设就是要围绕革命的中心任务启发民智、觉醒民众，传播、宣介马克思主义；大革命时期，理想信念教育始终围绕“为党的中心任务服务，为农民运动武装斗争服务”，通过举办农民运动讲习所、组建农民协会，进行理想信念教育。毛泽东等人注重运用马克思主义立场方法观点引导群众、动员群众，使之坚定革命信心。抗日战争时期，理想信念教育围绕着“打倒侵略者，取得抗日战争的全面胜利”，通过重点加强党员干部理想信念的教育，增强其斗争本领和斗争意志。新中国成立后，进入社会主义革命和建设时期，党的理想信念建设围绕着“巩固国家政权”和“经济建设”，宣传党的路线方针，提高群众政治觉悟，调动一切力量为社会主义理想而奋斗。在一段时间内，理想信念教育开始“以阶级斗争为纲”，偏离了党的中心任务，也从侧面说明了理想信念建设要紧紧围绕党的中心任务展开。进入改革开放新时期，理想信念教育围绕着“改革开放与社会主义现代化的新实践”，培养“四有新人”、注重精神文明建设，为中国共产党“富起来”提供了不竭的精神力量。进入新时代，党的理想信念建设紧密围绕“中华民族伟大复兴的中国梦”，将共产主义远大理想、中国特色社会主义共同理想同“两个一百年”奋斗目标结合起来，以党的自我革命精神推动“强起来”的社会变革，并将完成中心任务的实效性当作衡量理想信念教育的重要原则和标准。坚

定的理想信念是中国共产党在不同时期围绕中心工作克服重重困难的精神密码，并以伟大成就的实践成效证明了理想信念建设的必要性。

（三）以党支部、党校、党报党刊为支撑，不断完善理想信念建设的方法途径

理想信念的树立需要通过一定的载体和方式。在中国共产党理想信念建设百年实践过程中，党组织、党校、党刊对共产党人理想信念培育起到了重要作用，成为党的理想信念建设一直以来的优良传统和宝贵经验。

党支部是中国共产党开展理想信念教育的重要依托。不同时期，中国共产党依托党支部结合时代背景和革命任务积累了丰富的方式方法。新民主主义革命时期，中国共产党在各地建立党支部、党小组，积极利用基层党组织扩大宣传马克思主义思想、传达党的最新方针和政策，吸纳更多的工人、农民加入中国共产党，扩大革命队伍。无论是“支部建在连上”，还是“三会一课”制度都是中国共产党对理想信念建设的积极探索。党校是对党员干部和党员进行理论教育、能力提升、思想建设的学校，其重点任务就是促使学员奠定坚定的理想信念，提高学员运用马克思主义立场观点方法思考问题、解决问题的能力，是中国共产党理想信念系统化教育、专门化培训的有益探索。抗日战争时期，中国共产党针对当时的革命形势，为培养具有坚定理想信念的专业化、高素养的军事人才和领导干部开设了中国抗日军政大学。同时期还开办了专门进行马克思主义和列宁主义学习的党校——延安马列学院，即在 1938 年马克思诞辰 120 周年时，为适应抗日战争历史任务的要求，党中央专门创办了延安马列学院。正如毛泽东所说，“普遍地深入地研究马克思列宁主义的理论的任务，对于我们，是一个亟待解决并须着重地致力才能解决的大问题”①。以及后来逐步创立和完善的中央党校、浦东干部学院、井冈山干部学院、延安干部学院等党

---

① 《毛泽东著作专题摘录》，北京：人民出版社，1964 年，第 1145 页。

校，成为系统进行理想信念教育的学校。党报党刊是我们党的“喉舌”和“门户”，对树立马克思主义信仰，坚定共产主义、社会主义和中国特色社会主义理想具有重要意义。在新民主主义革命早期，《新青年》《劳动周刊》等报刊创立，先进的知识分子翻译、引介、发表了大量的关于马克思主义的思想，并通过论战、对话、辩论等形式宣传思想、启发民智，使马克思主义在中国快速传播。再到后来创办了《向导》《中国共产党党报》《红旗》《党的生活》等多种党报党刊。中国共产党自创立起就积极利用多种载体、多种方式进行党的理想信念建设，积累了丰富的经验并延续至今。

（四）勇于开展批评和自我批评，以自我革命精神修正理想信念建设的实践方向

勇于自我革命、敢于直面问题是中国共产党区别于其他政党的鲜明标识，也是中国共产党坚定理想信念，保持党的先进性、纯洁性重要经验。中国共产党在救国、建国、兴国、强国，在追求民族独立、人民解放，国家富强、人民幸福的百年实践过程中难免会遇到各种风险挑战、各种荆棘坎坷，在不同的阶段个别领导干部、个别共产党员也会出现理想信念不稳、不牢、不坚定的现象。中国共产党始终敢于直面理想信念问题，敢于以刀刃向内的自我革命精神化解理想信念建设存在的突出问题，及时修正党的理想信念建设的实践航向，这是中国共产党鲜明的政治品格。

不同时期中国共产党在理想信念建设中进行自我革命的形式不一，但共同目标指向于“思想改造”和“理想信念形塑”。新民主主义革命时期，毛泽东就党内信仰问题强调，党支部要善于运用批评和自我批评的武器，“借以改变党的组织的成分不纯或者作风不纯的现象”[①]。井冈山时期，中国共产党就针对

① 《毛泽东选集》第三卷，北京：人民出版社，1991 年，第 1038 页。

“思想纯正”“信仰坚定”等问题进行了一次自我革命式的整党运动，也称之为“湘赣边界的洗党运动”。通过从入党上严把“思想关”，对于理想信念不坚定的投机分子予以坚决剔除。抗日战争时期，中国共产党为总结抗战经验、解决党内思想矛盾，开展了一次批判“左”倾思想错误、提高全党马克思主义理论水平、坚定共产主义信仰的自我革命。正确的马克思主义观是坚定理想信念的思想前提。这次延安整风运动实质上是一场马克思主义的“思想改造”运动，破除了教条主义的马克思主义。社会主义革命、建设时期，中国共产党理想信念建设持续性推进也出现了严重曲折。无论是新中国成立后在社会主义道路探索中出现的“偏差”，还是在“文化大革命”中陷入“个人崇拜”的信仰误区，都是部分共产党人理想信念上出现了问题。针对这些问题，中国共产党敢于直面问题，勇于开展批评和自我批评，从思想上正确看待自身问题，及时回归正确的思想路线。1978 年十一届三中全会召开，全会也开始进行从“两个凡是”到“解放思想”“实事求是”的思想改造。新时代以来，习近平总书记格外注重党的建设问题，尤其是把“理想信念建设当作党的思想建设的首要任务”来看待。以刀刃向内的自我革命精神推进全面从严治党的进程，确保中国共产党坚定理想信念，永葆党的初心和使命，是党的伟大事业充盈丰沛的力量源泉。

三、新时代中国共产党理想信念建设的实践推进

梳理中国共产党理想信念建设的百年历程，总结其实践探索过程中的宝贵经验，是为了更好地推进新时代中国共产党理想信念建设，更好地凝聚中国共产党精神伟力创造新的百年辉煌。

（一）理论武装：以习近平关于理想信念重要论述为遵循，“读经典”“学党史”“强信念”

党的十八大以来，习近平总书记基于“百年未有之大变局”的国际局势以

及中国共产党长期执政、安身立命的内生力量的高度和深度，把理想信念建设放在极为重要的位置。就其价值意蕴而言，“没有马克思主义信仰、共产主义理想，就没有中国共产党，就没有中国特色社会主义”[①]，理想信念是中国共产党带领全国各族人民取得中国特色社会主义伟大旗帜的重要因素；“坚定理想信念，坚守共产党人精神追求，始终是共产党人安身立命的根本”[②]，更是保证党生存和发展的根本要素；就其现实逻辑而言，理想信念涣散是导致“四风”出现的重要原因；“理想信念动摇是最危险的动摇，理想信念滑坡是最危险的滑坡”[③]，理想信念建设在新时代要一以贯之地重视；“现实生活中，一些党员、干部出这样那样的问题”[④]，“这样那样的问题”就是特指理想信念不坚定而导致的种种弊病。就其建构路径而言，要把坚定理想信念作为党的思想建设的首要任务，将坚定理想信念作为开展党内政治生活的首要任务；要把理想信念当作判断党员合格与否的基本标准；要在青年时期就扣好理想信念的“纽扣”；要重点关照领导干部这个“关键少数”；等等。习近平关于理想信念的一系列理论创新是新时代理想信念建设理论武装的根本遵循。在此基础上还要加强学习马克思主义理论和党史的自觉性，只有理论上清醒，信仰上才能坚定。

一方面要原原本本“读经典”。树立坚定的理想信念需要对马克思主义的经典理论和党的创新理论经典有深刻的学习和认知。马克思主义理论“经典”和党的理论“经典”的科学性、真理性、生命力是中国共产党坚定理想信念的理论前提。理论上彻底才能说服人，理论上清醒信仰才能坚定。为此，新时代推进党的理想信念建设要原原本本读原著、悟原理，掌握历史唯物主义和辩

---

① 《习近平谈治国理政》第二卷，北京：外文出版社，2017 年，第 326 页。
② 《十八大以来重要文献选编》(上)，北京：中央文献出版社，2014 年，第 80 页。
③ 《习近平谈治国理政》第二卷，北京：外文出版社，2017 年，第 34 页。
④ 《习近平关于全面从严治党论述摘编》，北京：中央文献出版社，2016 年，第 57 页。

证唯物主义的思想真谛，灵活运用马克思主义立场观点方法发现问题、解决问题。“马克思主义经典著作、中国特色社会主义理论体系、党的优良传统、各个时期的先进典型，是引领我们打开真理之门的钥匙”[①]，“要把全面详细把握马克思主义的基本观点和理论看作是一项重要的看家本领”[②]。另一方面要系统学习国史党史。历史是最好的教科书，在党的伟大历史中感悟中国共产党的丰功伟绩之不易，有利于提升党的信仰、信念和信心。学习党的百年历史，了解党的百年历程，就是要了解中国共产党的来之不易、“红色政权”的来之不易、今天美好生活的来之不易，从而坚定对共产主义远大理想和中国特色社会主义共同理想的信心和信念。总而言之，理想信念建设要着重强调党的理论武装，增强对马克思主义以及党的创新理论的理论自觉。

（二）制度保障：以“常态化”为目标，推进中国共产党理想信念教育“制度化”

“推动理想信念教育常态化、制度化”是新时代理想信念建设的重要举措。制度化是常态化的重要保障，常态化是制度化的重要目标。理想信念教育不仅是关涉党先进性、生命力的基础工程，也是关乎党长期执政、凝心聚力的系统工程，需要融入创造性以促使其常态化开展、制度化推进。理想信念的确立和巩固是一个长期性、动态性的过程，且在面临挑战、诱惑时具有不稳定性，这也需要理想信念教育的常态化开展、制度化推进。

推进中国共产党理想信念教育常态化、制度化关键在于完善相关制度以提供保障。首先，将中国共产党理想信念教育百年历程中具有良好效果的实践上升为制度。中国共产党理想信念建设史中留存了许多以制度为载体的优良传统

① 《习近平关于党的群众路线教育实践活动论述摘编》，北京：中央文献出版社，2014 年，第 35 页。

② 《习近平在全国宣传思想工作会议上的讲话》，《人民日报》2013 年 8 月 21 日。

和宝贵经验。中国共产党成立不久就建立了以专门的党校进行系统的理想信念教育的制度，自此以后开始建立多种党校、马列学院等开设专门的理想信念教育课程，并逐渐成为重要的制度规范。在不同的时期，中国共产党出台了不同的文件对理想信念教育作出科学性、规范性的要求。新中国成立后颁布的《关于加强理论教育的决定（草案）》，改革开放以后相继颁布的《关于干部马列主义理论教育正规化的规定》《关于在干部教育培训中加强理想信念和道德品行教育的通知》等文件有力推进了理想信念教育的制度化、常态化。其中有效的举措保留至今并上升到制度的层面，为推进理想信念教育制度化、常态化提供了制度保障。其次，创造性地探索符合时代要求、教育规律、党规党纪的制度，保障理想信念教育常态化、制度化。进入新时代，中国共产党面临着前所未有的局势，要主动性、创造性地探索符合时代发展要求，符合理想信念教育规律，符合党规党纪的制度设计推进理想信念教育常态化。党的十八大以来，中共中央先后发起“三严三实”“两学一做”“四史教育”等专题教育活动并逐渐形成规范化、常规化的理想信念教育活动。党的十九届四中全会明确指出，要把马克思主义在意识形态领域的指导地位确立为一项根本制度，从制度层面确定了马克思主义的指导地位。从更具体的层面来说，全国高校明确了“教材使用规范制度”、“党课培训制度”以及“大中小学思政课一体化制度”等，这些都是推进理想信念教育制度化的创新性制度设计，有效推进了理想信念教育的常态化、制度化。

（三）方法革新：运用大数据、人工智能等新技术提升理想信念建设实效

理想信念的建设不但需要通过自身的科学性、真理性、自洽性引导群众、说服群众，还需要通过一定载体、途径以及方式方法及时、有效地传播马克思主义理论、党的创新理论以及党的鲜活历史、党的伟大故事，进而促使其树立

并坚定党的理想信念。

就方式方法而言，中国共产党理想信念建设的宣传方法、传播方式、教育手段发生了深刻的变革。革命战争年代，中国共产党通过传统的党报党刊、围墙壁画、集中宣讲等方式方法传播马克思主义理论、宣介共产主义思想。随着时代的发展，更迭换代的科学技术深刻改变了人们生产、生活、学习的方式，同时也重构和形塑着全媒体、智能化的传播格局和传播业态。以大数据、人工智能、物联网为鲜明标识的信息技术为新时代理想信念教育与建设注入了新的活力和动能。其一，构建全媒体传播体系，促进理想信念建设载体提档升级。现今，网络成为平行于人们生活、学习现实场域的重要空间，新的媒介格局和传播方式推动着理想信念建设平台、载体以及方式方法提档升级。在中国共产党理想信念建设百年探索中，传统的党报党刊，传统的教育、宣传方式发挥了重要的作用，但在新的信息技术、新的传播格局、新的生活场域下需要“因时而进、因事而化、因势而新”。由此，“学习强国”学习平台、人民日报中央厨房等沉浸式宣介方式的全媒体传播平台和传播方式应运而生。其二，利用新媒体新技术促进理想信念建设提质增效。大数据、人工智能等信息技术能够将理想信念等抽象性的学理内涵、理论内容转化成具象化的图片、动画、视频等形式，并能够通过“算法”精准化、个性化、分层化作用于受众群体。一方面减弱了理想信念教育的乏味性，促使人们在潜移默化中接受理想信念教育；另一方面提升了理想信念的传播力、感染力和影响力。总而言之，大数据、人工智能等现代信息技术以其显著的技术优势极大提升了理想信念建设的效能。

高校中华民族共同体意识铸魂育人逻辑分析

耿俊茂[①] 曾 燕[②]

摘要：中华民族是一个休戚与共的命运共同体，各民族共同致力于建构中华民族共有精神，遵循习近平新时代中国特色社会主义思想。高校铸牢中华民族共同体意识铸魂育人有既定的内在要求和逻辑理路，是高校开展民族团结进步教育的新要求和创新发展。基于铸魂育人特有意识形态性、主体教育性以及自觉实践性，遵循“三种”规律，践行“三因”理念。高校全面推进中华民族共同体意识铸魂育人，使之融入“立德树人”全过程，通过政治引领、体系完善、资源精品、师资保障、氛围营造等方面建设，推动落实中华民族共同体意识铸魂育人。

关键词：高校；中华民族共同体意识；铸魂育人；路径

习近平总书记明确指出要用新时代中国特色社会主义思想铸魂育人，强调要“全面贯彻党的民族政策，深化民族团结进步教育，铸牢中华民族共同体意识，加强各民族交往交流交融，促进各民族像石榴籽一样紧紧抱在一起，共同

① 耿俊茂，桂林理工大学马克思主义学院教授、硕士生导师，机械与控制工程学院党委副书记。

② 曾燕，桂林理工大学马克思主义学院硕士研究生。

团结奋斗、共同繁荣发展”[①]。立足“铸魂育人”的内在属性，厘清铸牢中华民族共同体意识的内在要求和思想逻辑，有利于积极探索中华民族共同体意识铸魂育人路径，实现大学生理论认知由内化向外化的质性转变。

一、中华民族共同体意识铸魂育人的逻辑基础

（一）意识形态性映射铸魂育人内在本质

意识形态作为系统化的思想体系，其内部要素之间有一定的逻辑关系，形成相对完整的系统结构，在某种程度上体现着统治阶级的价值选择方向。意识形态性就是指政治性，是铸魂育人关于“铸魂”的内在规定性。[②]意识形态工作是我们党极端重视的一项思想政治工作，要求高校在办学教育上必须自觉坚守意识形态阵地，树立高度政治敏锐度，全面贯彻党的教育方针政策。中华民族共同体意识铸魂育人是新时代民族工作的方向，更是培养新时代社会主义新要求人才的必然要求。为了培养人、改造人和使人们能够符合他们的生存条件的要求，任何社会都必须具有意识形态。[③]一个国家和民族的发展进步，必然要物质文明和精神文明两手抓，中华民族共同体意识作为新时代下关于民族理论的重要课题，已进入“意识形态阶段”[④]，其高度契合我国主流意识形态内在逻辑，对于维护国家统一和民族团结、促进国家和民族繁荣发展有着特殊意

① 习近平：《决胜全面建成小康社会夺取新时代中国特色社会主义伟大胜利——在中国共产党第十九次全国代表大会上的报告》，北京：人民出版社，2017 年，第 40 页。

② 李慧玲、孟亚：《课程思政：回归“铸魂育人”价值本源》，《理论导刊》2020 年第 10 期。

③ ［法］路易·阿尔都塞：《保卫马克思》，顾良译，北京：商务印书馆，1984 年，第 205 页。

④ 陈瑛、郎维伟：《中华民族共同体意识与“五个认同”关系再探析》，《北方民族大学学报》2020 年第 1 期。

义，是巩固主流意识形态主导地位的重要措施。[①] 基于意识形态视角，铸魂育人体现在对人的信仰、价值和精神等三个层面的铸育，中华民族共同体意识经过漫长的历史发展形成相对完整的思想体系，经过铸塑思想灵魂、历史证明和实践活动已形成科学的意识形态，成为引领各民族人民的思想共识，凝聚各民族人民的精神力量。铸牢中华民族共同体意识蕴含特有的信仰、价值和精神，“通过铸魂而育人，在育人中铸魂，铸魂和育人一体同构”[②]，深刻诠释意识形态属性，是铸魂育人功能的深刻表达。

（二）主体教育性彰显铸魂育人引领属性

铸魂育人过程是影响人的身心发展的社会实践教育活动，以科学的意识形态教育引导人的信仰、精神和价值。中华民族共同体意识铸魂育人作为一项系统性的实践教育活动，就是用各民族在共同生存生活中形成的共有精神、价值和信仰，对人的思想和灵魂进行影响和教育。中华民族共同体意识的形成和发展彰显了各民族成员之间的意识存在一定的贯通性和可凝聚性，彰显中华民族共同体意识与各民族主体之间的可教性。一是中华民族共同体意识可教性。中华民族共同体意识是在历史上形成的自觉自知性意识，其核心内容是对伟大祖国、中华民族、中华文化、中国共产党和中国特色社会主义的认同。[③] 铸牢中华民族共同体意识也是对这五个方面认同践行的过程，遵循着认知体验、价值信仰和行为自觉这一教育逻辑，都蕴含着丰富的思想政治教育元素，输出的价值追求明确诠释中华民族共同体意识可教性。二是铸魂育人主体的可教性。中

---

① 罗晶：《中华民族共同体意识视域下的意识形态安全建设》，《新疆社会科学》2019 年第 2 期。

② 钟启东：《习近平铸魂育人思想研究》，东北师范大学博士学位论文，2017 年，第 43 页。

③ 郎维伟、陈瑛、张宁：《中华民族共同体意识与“五个认同”关系研究》，《北方民族大学学报（哲学社会科学版）》2018 年第 3 期。

华民族共同体意识铸魂育人恪守“立德树人”逻辑，利用思想政治教育相关理论方法，发挥受教育者主体性促进可教育性。受教育者内化接收为自身实际思想理论，并开展行为实践塑造独立人格，从而进一步强化对中华民族共同体意识理解、认同和内化，形成内在力量，追求自身信仰、价值和精神，通过激励民智、聚合民气、振奋民心，提高中华民族每一个成员的积极性，为国家的发展进步贡献自己的力量。①

（三）自觉实践性蕴含铸魂育人逻辑前提

中华民族共同体意识铸魂育人的逻辑前提是自觉实践性，离不开思想和意识的可塑。体现可塑的自觉性表现在多个方面，思想和意识的可塑是其中最重要的逻辑起点，可以影响和指导行为实践。人的思想行为源于实践活动，在实践中形成和发展，实践活动又受一定思想的支配和引导，只有正确的思想观念才能对自觉实践活动产生促进和推动作用。科学的理论是正确思想形成的有力支撑，中华民族共同体意识作为科学的意识形态，是经过历史和实践证明的科学理论，是人们在社会化过程中形成的对中华民族共同体的认知、情感、态度、评价和认同等一系列心理活动的总和，②其蕴含的丰富理论内涵适用于思想政治教育，对人的思想和灵魂进行培根铸魂，指导实践活动作出改变和发展。人的发展经历“自在”到“自为”再到“自觉”的螺旋式上升过程，趋同于中华民族共同体意识由自在到自觉的进程，凸显中华民族共同体意识铸魂育人过程中主体自觉实践的重要性。自觉实践的实质就是行动自觉，用正确的认知指导实践活动，通过自觉的实践活动有效提升主体的思想觉悟，增强社会认同

---

① 尹世尤、沈其新：《中华民族共有精神家园建设与当代中华民族凝聚力的增强》，《马克思主义研究》2008 年第 11 期。

② 青觉、赵超：《中华民族共同体意识的形成机理、功能与嬗变——一个系统论的分析框架》，《民族教育研究》2018 年第 4 期。

感，促进自觉实践铸魂育人。

二、中华民族共同体意识铸魂育人的内在理路

思想和行为的铸育工作要合乎规律，铸魂是育人的前提和基础，育人是铸魂的目标和方向。[①]把铸牢中华民族共同体意识融入思想政治工作全过程是对“三种”规律的遵循，以及对“三因”理念的有效实践。

（一）遵循思想政治工作规律

铸魂育人作为一项系统性的思想政治教育工程，是新时代下引领高校大学生成长成才的龙头工程，[②]牢牢把握意识形态建设是做好这项工作的基础前提。铸魂育人的对象是人，着力于铸育人的思想和灵魂，解决人关于思想和政治立场的问题，实现中华民族共同体意识内化于心，外化于行。“思想政治工作从根本上说是做人的工作，必须围绕学生、关照学生、服务学生，不断提高学生思想水平、政治觉悟、道德品质、文化素养，让学生成为德才兼备、全面发展的人才。”[③]适时从铸牢中华民族共同体意识入手，遵循学生思想行为变化的特点和规律，创新高校思想政治工作，坚持“立德树人”，贯穿教育教学改革发展的整个动态过程。中华民族共同体意识影响着高校思想政治工作发展方向和生命力，铸魂育人的整个动态系统过程要与国家和民族政策紧密联系在一起，引导学生在改造自身主观世界的同时，主动改造客观世界，积极践行铸牢中华民族共同体意识。

① 李忠军：《用习近平新时代中国特色社会主义思想铸魂育人》，《中国高校社会科学》2019年第3期。

② 谢梅成、夏聘庭：《铸魂——大学生思想政治教育的理论与实践》，北京：光明日报出版社，2018年，第24～25页。

③ 《习近平出席全国高校思想政治工作会议并发表重要讲话》，《人民日报》2016年12月9日。

中华民族共同体意识铸魂育人融入思想政治工作要因事而化。准确把握好大学生的思想行为脉络，坚持铸牢中华民族共同体意识铸魂育人，做好学生思想政治工作，积极回应和解答学生思想关切的相关问题。充分发挥思想政治理论课实践教学功能，努力贴近学生、贴近社会、贴近国情，实现中华民族共同体意识铸魂育人过程中育人为本、德育为先，把理论认知和实践教育相统一，增强中华民族共同体意识铸魂育人说服力和亲和力，提升中华民族共同体意识铸魂育人实效。

（二）遵循教书育人规律

中华民族共同体意识铸魂育人是党和国家培养人才的必然要求。2016年，习近平总书记在全国高校思政会议上把“教书育人”提升到遵循规律的高度，明确肯定教书育人在高校思想政治工作中的重要作用，保障铸牢中华民族共同体意识落地推进。教书、传授知识，是培养学生提高知识和技能的基本方式；育人、立德树人，是培养学生健康成长和成才的关键举措。延伸而言，教书育人既教会学生做事，又教会学生做人，不仅学习专业知识和技能，又培养良好的人文精神素养，坚持教学的科学性和教育的价值性相统一。[①]教师是传播知识、传播思想、传播真理的工作，是塑造灵魂、塑造生命、塑造人的工作。[②]教师把德育知识和智育知识相结合传授于学生，增强文化意识，通过以身示范，遵循教书育人规律，指引学生铸牢中华民族共同体意识。

中华民族共同体意识铸魂育人融入思想政治工作中要因时而进。中国共产党坚持把马克思主义民族理论与中国实际民族问题相结合，与时俱进，不断

① 郑永廷、林伯海：《教书育人规律及其遵循对策研究》，《思想教育研究》2017年第6期。

② 《全面贯彻落实党的教育方针 努力把我国基础教育越办越好》，《人民日报》2016年9月10日。

创新理论认知，中华民族共同体意识作为中国化的理论创新，是对马克思主义民族共同体理论的继承和发展。中华民族共同体意识铸魂育人作为新时代教书育人的培育支撑，应抓住时机，与思想政治工作有机融合，在遵循教书育人规律、民族新政策与新思想基础上深度协同运行。教育者积极主动铸牢中华民族共同体意识铸魂育人，不断提升自身政治素养和行为规范，努力成为先进民族文化坚定的传播者以及国家和民族团结教育坚定的支持者。找准学生发展过程与需求的时代共鸣点和矛盾交汇点，给予人文关怀和心理疏导，全面协同中华民族共同体意识铸魂育人与思想政治工作同向同行，推动学生将其内化为价值遵循、外化为自身行动的自觉，增强中华民族共同体意识铸魂育人实效。

（三）遵循成长成才规律

浇花浇根，育人育心，高校中华民族共同体铸魂育人就是对学生进行培根铸魂，基于国际和国内视野，立足国家人才培养导向和学生成长成才，促进学生全面发展，已成为高校铸牢中华民族共同体意识铸魂育人应有之义。政治觉悟、思想水平、道德品质、文化素养是学生实现全面发展过程中的关键要素，体现了教育成效的方向和思想政治教育立德树人的价值追求。[①] 中华民族共同体意识全方位、多角度铸魂育人，是对学生信仰、价值和精神世界的正向铸育，遵从思想政治工作主旋律，符合大学生成长成才发展规律。中华民族共同体意识铸魂育人时刻遵循学生健康成长成才核心规律，以教育教学为主线，关注学生主体，充分发挥学生主观能动性，激发大学生自我铸魂的思想自觉，引导学生主动认识世界、把握形势，提高政治鉴别力，正确研判和选择，推进民族团结教育取得实效。

中华民族共同体意识铸魂育人融入思想政治工作要因势而新。应中华民族

---

① 陈洪尧：《学生成长规律及其遵循对策研究》，《思想理论教育导刊》2018 年第 4 期。

伟大复兴顺势而为，应聚焦学生全面发展而为，关注新时代大学生思想和行为新特点、新变化，协同融合国家发展需要、民族团结进步、学生主体发展。基于国际国内发展态势，科学指导学生全面发展，启发学生把个人发展融入国家和民族繁荣发展大局，把握思想政治教育发展时势，坚定铸牢中华民族共同体意识，增强其适应性和信服力，有力提升学生的国家认同感、民族自豪感。关注新时代大学生的情感认同和行为方式，根据新发展、新要求，创新思想政治工作的理论和实践要求，增强与学生在思想上的同频共鸣，夯实高校铸牢中华民族共同体意识铸魂育人主渠道、主阵地，全员全过程推进民族团结进步教育，实现学生健康自由和全面发展。

三、中华民族共同体意识铸魂育人的实践路径

高校立足“立德树人”开展思想政治工作，把中华民族共同体意识育人与立德树人教育体系相融合，贯穿于学校教育教学全过程，有力地回答了“怎样培养人”这一教育问题。中华民族共同体意识铸魂育人作为一项系统性工程，其运行机制需要各系统和效能全方面、多角度协同运行发展。

（一）保障铸牢中华民族共同体意识的政治引领

铸魂育人的过程是意识形态与人的固有思想相融合统一的过程，高校遵循铸魂育人创新思想政治工作，推动中华民族共同体意识铸魂育人落实立德树人根本任务，进一步提高政治站位，夯实政治保障基础。把中华民族共同体意识铸魂育人纳入高校教育教学中，坚持把意识形态建设摆在首位，提升政治建设的主动性和针对性，具体落实到铸魂育人各方面、各环节和各过程。一是坚守正确价值导向。高校在办学上要符合社会主流意识形态和主流价值，巩固意识形态防线，坚守意识形态底线。推动铸牢中华民族共同体意识贯穿于大学生思想政治工作教学全过程，有效实现“三全育人”。二是坚持协同建设方向。紧

密围绕“五个认同”根植国家和民族认同理念，与时俱进强化大学生关于中华民族共同体意识理论认知，把握好教育教学与校园文化活动协同融合，构建长效机制引导大学生增强“五个认同”，推进全面铸魂育人，共建中华民族共同体。三是保障坚定引领方向。聚焦高校思想政治教育教学功能，糅合课程思政与思政课程同向同行，实现思想文化的精准滴灌，凸显中华民族共同体意识立德铸魂的时代价值。基于调研点、感情点、施教点等多维度弘扬中华民族精神，发挥显性教育和隐性教育的协同作用，把厚植爱国情怀与增长知识技能同向发挥，推进大学生视域下的铸魂育人。

（二）完善铸牢中华民族共同体意识的教育体系

把中华民族共同体意识铸魂育人纳入“立德树人”育人体系，是新时代加强理论人才培养的应然之需。综合社会发展实际需要，构建多元主体共有精神家园，完善高校中华民族共同体意识教育体系，打造多元化、全方位育人平台，积极调动各民族师生践行民族团结教育，推进铸魂育人理论和实践双向教育。一是培育路径立体化。加强铸牢中华民族共同体意识宣传教育基地建设，以校本基地、红色基地、网络基地为平台，积极建设协同民族团结教育共建格局，形成多形式民族团结教育，线上线下联动发展，综合发力。在学校意识形态工作领域、理论教学、校园文化、党团基层组织和日常管理中，全方位、立体化开展中华民族共同体意识教育①。二是培育过程全面化。学校人才培养教育教学全过程与中华民族共同体意识相融合，保证铸魂和育人两手抓，两手都要硬。三是培育方式多元化。联动线上线下实现中华民族共同体意识的铸魂育人，增设多样性民族文化交流综合平台，综合运用中华民族文化传统节日、重大节日纪念日等关键时间点，协同交融传统传播与新媒介传播，扩大广播、

① 包银山、王奇昌：《民族地区高校推进铸牢大学生中华民族共同体意识教育探析》，《民族教育研究》2019年第4期。

网络、新媒体等新媒介推广，弘扬价值秉承，增强铸牢中华民族共同体意识效果。

（三）打造铸牢中华民族共同体意识的精品资源

中华民族共同体意识铸魂育人的关键所在是对教育内容的把握。教育内容是教育方式、教育过程的内核，把生涩抽象的概念变成具体化、生动化的理论知识，需要层次性、系统化的教育内容加以实现。[①]中华民族共同体意识铸魂育人需要系统化的教育内容，形成具体化的理论知识，提升课程精品魅力，为笃行实践提供底蕴深厚的学理基础。一是建设协同化课程体系。联合思想政治教育与铸牢中华民族共同体意识相关理论资源，打通思政课程、专业课程和通识教育课程的交叉壁垒，创设思政课程并交叉融合思政精品课程，加强理论传授与实践教育深度协同，将中华民族共同体逻辑融入教育教学资源，优化教育内容，综合形成精品课程体系，同向同行提升中华民族认同感，最终达到聚能效应实现系统目标。二是打造精品化单元。精品化教育内容构建需要整合、提炼教育资源，把教育教学资源作为客体，形成共同性具体资源目标，进行精品化教育教学内容分割构建。[②]在各教育环节增设民族团结教育和民族关键符号的内容和要素，把抽象理论贴合实际生活，促进隐性教育与显性教育协同教育效果，提高互动沟通参与实践性，实现课程学习中的思想共识和情感共鸣。普及民族政策知识宣讲，精准灌输关于“三个离不开”“四个自信”和“五个认同”等知识内容，把抽象的政治文化理论知识转化成通俗易懂话语，增强文化、生活相互嵌入的亲和力和吸引力，铸牢中华民族共同体意识。

---

① 李芳：《高校加强中华民族共同体教育的基本问题探析》，《民族教育研究》2020年第4期。

② 耿俊茂：《少数民族大学生群体的中华民族共同体意识培育》，《社会科学家》2019年第5期。

（四）加强铸牢中华民族共同体意识师资建设

高质量师资队伍是实现中华民族共同体意识铸魂育人的重要保障，合理规划铸魂育人教师队伍建设是高校教育事业的重点推进工作。把握好中华民族共同体意识铸魂育人师资队伍的系统性、科学性和制度性建设，牢牢抓住“四个相统一”的根本要求，激发教师主导意识，实现协同作用，提升教育质量。师资队伍系统性就是坚持教书和育人有机统一，既传授知识，又铸魂育人，把现代教育教学技术理念与学生成长成才教育思维相结合，引导学生把德育和智育相结合，掌握丰富知识技能、形成良好素养；坚持言传和身教相统一，教师既传播思想，又以身示范，把知识传授与意识培育渗透有机结合，引导学生做到知行合一，表里相应，实现学识与人格的全面发展。所谓教师队伍建设科学性，就是坚持潜心问道和关注社会相统一，从现实条件和客观环境深挖中华民族共同体意识德育资源，尊重学生成长成才发展规律的特点，承担起教书育人的社会职责，用学术讲政治，彰显德育知识价值，运用于伟大的社会实践，教学相长、学以致用、知行并进，引导学生用正确的政治理念形塑良性政治行为。师资队伍建设制度性建设就是健全机制、保证教育质量。加强师德师风建设，坚守教育教学规范要求，实现坚定的政治立场与科学的教育教学的有机统一，注重培育严谨的教育教学方式、方法，把握尺度、守住底线，保障高校意识形态方向的安全性，推动中华民族共同体意识铸魂育人的有序发展，充分发挥思政课教师的育人功能。

（五）营造铸牢中华民族共同体意识的教育氛围

高校作为党和国家思想宣传前沿阵地，平等交流的良好氛围营造是中华民族共同体意识铸魂育人实现的基础，有助于立德树人、培根铸魂工作发挥实效。学校牢牢把握新时代民族思想工作“九个坚持”和“五个认同”核心内容，促进学校各民族大学生交往交流交融，画好民族繁荣同心圆。坚持传承中华民族历史文化底蕴，把隐性德育资源补充融入教育教学载体，突出特色亮点，凸显民族关键符号。创设校园铸魂育人场域，带动学生顺应中华民族共同体意识铸魂育人的逻辑理路，启发学生成为铸魂育人工程的参与体验者和分享者，把专业理论认知转化成价值认同，并通过体验提升转化为良性意志行为。铸魂育人过程依托于认同教育的培育与育人环境的营造，教育者与受教育者以平等姿态交流讨论，尊重学习感知，形成师生之间和谐的教与学的教育氛围。教育过程中愉悦的教育氛围使大学生能够自由地发挥自身主体性的作用，通过彼此之间平等交流互换、总结体验等实践环节，推进中华民族共同体意识入脑、入心、入魂，增强师生之间的协同合作，提高中华民族共同体意识铸魂育人实效性。

高校紧密结合社会客观形势、发展要求，铸国之重器，育时代新人。学校铸牢中华民族共同体意识铸魂育人的实质是通过理论与实践相结合的方式将中华民族共同体意识嵌入、融入高校教育教学的各环节中，通过教师和学生的联动模式，引导学生的情感认同与正确的价值观念的形成，并最终外化为自觉的行为，实现铸魂育人的最终目的。

讲好内蒙古的故事，打造地方特色高校思政课*

陈 虹① 王金磊②

摘要： 进入新时代以来，高校思想政治理论课的教育目标进一步提升。将内蒙古地方文化资源运用到高校思政课教学中去，有助于实现二者的协同发展。功能层面，文化的“化人”功能与高校思想政治教育的“育人”功能是高度契合的；内容层面，文化的“化人”与高校思想政治的“育人”互相交叉；形式层面，文化无形的特征与隐性思想政治教育相吻合。内蒙古地方文化资源丰富，且具有鲜明的民族特色和地域特点。将内蒙古地方文化资源融入高校思政课教学中需要从两方面着手。路径方面，以各门高校思政课教学目标为依据，将具有思想政治教育功能的内蒙古地方文化资源进教学、进课堂，实现与现有高校思政课“5+1”课程体系与教学体系的结合。实践方面，运用叙事教学法、案例教学法等方式，通过讲好内蒙古地区的故事，实现地方文化传承与提升内蒙古高校思政课教书育人“双赢”的效果。

关键词： 文化自觉；内蒙古地方文化资源；高校思政课；思想政治教育功

---

* 本文系内蒙古自治区教育科学“十三五”规划课题，内蒙古地方文化资源在高校思政理论课教学体系中的运用研究（NGJGH2018078）的阶段性成果。

① 陈虹，内蒙古工业大学马克思主义学院副教授、硕士生导师，主要研究方向为马克思主义理论与思想政治教育研究。

② 王金磊，内蒙古工业大学马克思主义学院研究生，主要研究方向为马克思主义基本原理。

能；内蒙古地方故事

文化自觉是文化自信的前提。实现文化“化人”与思政课“立德树人”协同发展是文化自觉的重要表现。地方文化资源往往展现了某一地区经济、政治、文化的历史动态和现实状态，是一种可利用的资源。同时，地方文化也需要传承、需要现代化。只有文化自觉，才可能产生文化自信。文化自信教育是对大学生“四个自信”教育中更基础、更持久的自信。文化是国家和民族的灵魂，文化是国家和民族发展历史中的精神力量。文化在“育人”中具有导向、教育、熏陶、凝聚等作用。文化的流传可以实现文化在代际间的传续。文化产品承载着一定的思想观念、价值导向。地方文化资源作为中华优秀传统文化的重要组成部分，是地方文化中的精华。有意识、积极、主动地将地方文化资源融入高校思想政治理论课教学既是文化自觉的表现，又是文化自信的表达。文化与思政教育在过程上同向同行、在结果上互相促进。

一、文化具有思想政治教育的作用

文化资源，泛指人们从事一切与文化活动有关的生产和生活内容的总称。狭义上的文化资源是指对人们能够产生直接和间接经济利益的精神文化内容。内蒙古地方文化资源是指在内蒙古地区由本地人民创造的具有文化物质财富价值和精神财富价值的各种资源的总和，包括以文化为表达形式的，经济、政治、社会、生态资源等。将内蒙古地方文化资源融入高校思政课既能传承和发展地方文化，又能发挥地方文化的思想政治教育功能，提升思政课的育人效果。

功能上：文化的“化人”功能与思想政治教育的“育人”功能高度契合。立德树人是高校思想政治教育的中心任务。文化具有“化人”，即塑造人的功能。大学生思想政治教育的主要任务以大学生的全面发展为目标，将大学生培养成德、智、体、美、劳全面发展的人，社会主义事业的接班人和建设者。一方面，优秀的文化能够丰富人的精神世界。另一方面，文化是提高学生思想水平、政治觉悟、道德品质和文化素养的利器。文化通过加强成员间的沟通，消除隔阂、促成合作，发挥行为导向功能。共同的文化一旦被普遍接受就意味着某种价值观和行为规范的被认可和被遵从，从而发挥维持秩序的功能。文化活动是培养健全人格的重要途径。高校思想政治工作关系到高校“培养什么样的人、如何培养人以及为谁培养人”的根本问题。文化资源拥有历史教育、思想教育、价值观教育等思想政治教育功能。高校思想政治教育的育人功能与文化的育人功能是相互契合的。

内容上：文化的“化人”与高校思想政治的“育人”在内容上互相交叉、重叠。高校思政课是对大学生进行“三观教育”的重要途径。而世界观、人生观、价值观是人们文化素养的核心和标志。一个人的“三观”是在长期的生活和学习过程中形成的，是各种文化因素交互影响的结果。“三观”一经形成，就具有确定的方向性，对人的综合素质和终身发展产生深远持久的影响。文化对大学生形成正确的“三观”发挥着积极作用。

形式上：文化的无形特征与隐性思政教育相吻合。文化一般以无形的方式，潜移默化而又持久地影响人们的实践活动、认识活动和思维方式。高校思想政治教育具有隐性教育与显性教育相统一的特点。隐性教育对大学生在陶冶情操、行为规范、自我教育、道德约束等方面具有积极作用。隐形是隐性教育最鲜明的特征。隐性教育寓教育于无形之中，此时无声胜有声。文化是一种软实力。文化通过内化为人的思想观念，外化为人的行为，变成一种自觉。文化往往以润物细无声的形式发挥影响。文化的内隐性与思想政治教育的隐形性是相一致的。

二、将内蒙古地方文化资源融入高校思政课

内蒙古地方文化资源融入高校思政课的具体路径是遵循高校思政课的育人目标和任务要求，努力构建能“全覆盖”高校思政课程体系主要课程的、课内课外相结合、线上线下相结合的多元模式。现有内蒙古高校思政课的课程设置是“5+1”的课程体系（民族地区增设“民族理论与民族政策”课）。要根据每一门高校思政课的特点、教学要求合理选择内蒙古地方文化资源。

“马克思主义基本原理概论”课，侧重从世界观、方法论的角度，帮助大学生树立正确的“三观”。可以着重讲好在内蒙古大地发生的富有辩证法、唯物论精神的哲理性故事。如社会主义改造时期，内蒙古地区并没有像全国其他地方对地主、农场主采取“一刀切”，而是实行了乌兰夫倡导的“三不两利”的政策。这是考虑到内蒙古地区以农牧业为主的现实情况而采取的特殊政策，是对马克思主义辩证法的具体运用和发展。再如，内蒙古的草原文化中尊重草原自然生态的发展规律，高度重视处理草原保护与经济社会发展之间矛盾的文化传统，就是坚持人与自然和谐共生生态文明理念的具体体现。

“毛泽东思想和中国特色社会主义理论体系概论”课，侧重从理论与实践相结合的角度，力求全面准确地理解毛泽东思想和中国特色社会主义理论体系，引导学生增强“四个自信”。“毛泽东思想和中国特色社会主义理论体系概论”课是非常适合引入内蒙古地方文化资源的课程。新民主主义革命时期、社会主义改造时期、社会主义建设时期、改革开放时期等不同时期发生在内蒙古地区的故事，都可以选择性地引入教学，激励大学生为实现中华民族伟大复兴的梦想而努力。例如，内蒙古自治区拥有关于民族团结、守望相助的丰富事例，都是中国特色社会主义制度优越性的最好例证。

“中国近现代史纲要”课，侧重从中国近现代史发展进程和马克思主义历史观的角度，提高大学生分析和评价历史问题、辨别历史是非和社会发展方向

的能力。与课程中的不同时间段相匹配，选择性地介绍近现代以来发生在内蒙古大地上的民族历史事件、杰出民族英雄的故事。内蒙古地区的红色文化资源相当丰富。引入内蒙古地区的革命历史更容易让大学生产生认同感，珍惜今天来之不易的美好生活，提升爱国意识，增强文化自信。

“思想道德修养与法律基础”课，侧重从道德教育和法治教育的角度，弘扬社会主义核心价值观，引导大学生树立正确“三观”。核心价值观是一个民族的精神纽带，也是一个国家共同的思想道德基础。可以通过介绍内蒙古的先进人物、道德典范、民族故事等，发掘内蒙古地方文化中体现社会主义核心价值观的资源，引导大学生形成正确的马克思主义的世界观、人生观、价值观、道德观、法治观。其中，民族区域自治法具有鲜明的地方特色和民族特色，可以很好地被引进教学。介绍具体的自治案例，既可以帮助破解大学生成长过程中面临的法律问题，又彰显中国特色社会主义法治精神。

“形势与政策”课，以形势与政策、世界政治经济与国际关系基本知识的教育内容开阔学生视野，使之及时了解和正确对待国内外重大时事，侧重培养学生的分析能力和适应能力。时事新闻因具有较强时效性、真实性和客观性，容易引起大学生对国家形势与政策的关注，锻炼大学生分析形势的能力。结合内蒙古的实际解读国际、国内局势，可以增强思政课的说服力。教学中可以有意识地介绍和剖析发生在内蒙古地区的时事新闻。例如，通过介绍2020年内蒙古扶贫工作的具体情况，使用具体的数据、案例使学生对中国减贫工作的成就、脱贫攻坚任务与乡村振兴战略有效衔接等产生更直观的感受、更深入的理解。

“民族理论与民族政策”课，开设的根本目的在于对大学生进行马克思主义的民族理论和党的民族政策教育。帮助广大学生树立正确的民族观，提升大学生对民族问题的认知能力，提高学习党和国家各项民族政策的自觉性。内蒙古自治区是处理民族关系的典范地区。例如，内蒙古自治区被周恩来总理赞誉为“模范自治区”的案例、各民族共同抗击新冠疫情的案例等。总结内蒙古自治区在维护祖国统一与民族团结，稳定边疆工作的经验，并将其带进课堂，让民族团结的种子在青年一代心中扎根、发芽，让中华民族世世代代团结、繁荣下去。

三、讲好内蒙古地区的故事

大体而言，具有思政教育功能、能被引进高校思政课程中去的、较为典型的内蒙古地方文化资源分类如下。

内蒙古本土人物的故事。生长、生活在内蒙古本土的人生于斯长于斯，熟悉内蒙古基本情况、对内蒙古有着深厚的感情。将内蒙古地区的有影响力的名人案例引入教学环节，会让学生感到亲切、真实，容易产生自豪感、增强自信心，起到示范作用。名人对青年会产生“名人效应”，吸引青年的注意力，使之产生模仿心理。名人故事对引导大学生成才、励志，对培养大学生正确的“三观”都能产生积极作用。名人有历史名人，也有当代名人。内蒙古的历史名人，如成吉思汗等民族英雄，乌兰夫、多松年等革命者。他们的英雄事迹、革命事迹感召着当代大学生爱国、爱家乡。内蒙古当代名人也非常多。如旭日干等科学家，白岩松、康辉等主持人，腾格尔、德德玛等歌唱家，斯琴高娃等艺术家，牛根生等企业家。他们在各自的领域发光发热，并作为榜样感召大学生，激励其更好地服务于地方和人民。

讲好青年榜样的故事。内蒙古地方文化资源中有著名的保护集体财产的草原英雄小姐妹的故事。“草原英雄小姐妹”已经被列为内蒙古红色文化符号。也有今日清华大学蒙古族科学家打破美国垄断的无人机技术的先进事迹。本土榜样青年人由于在年龄上与大学生更接近。所以更能拉近彼此距离，更具感染力、影响力。

讲好少数民族，特别是蒙古族名人的故事。内蒙古是一个多民族的省份，蒙古族是内蒙古地区人口最多的少数民族。讲好蒙古族的故事不但蒙古族群众喜闻乐见，也利于加深其他民族对蒙古族的了解，加强民族交流，促进民族团结。要不断深挖少数民族文化资源，特别是蒙古族文化资源。例如，照顾了28个孩子的额吉都贵玛的故事，就是反映各民族守望相助的典型案例。

讲好优秀校友的故事。校友对在校学生的榜样作用是非常特殊的。因为校友与受教育者曾经生活、学习在同一地区、同一所学校，更能拉近与学生的距离，感召作用更大，也更容易使大学生萌生向榜样学习的动力。如捐献眼角膜的内蒙古农业大学2004级学生李莹；舍身救人的内蒙古工业大学2004级学生池明明；毕业于内蒙古大学生物系的旭日干院士；毕业于内蒙古艺术学校话剧表演专业，执导过《激情燃烧的岁月》《士兵突击》等作品的康洪雷导演等。相关优秀校友代表容易让在校的学生产生亲近感、自豪感。也可以运用一些与授课学生所在学校、所在学院、所学专业毕业的优秀校友的故事，有利于产生地方认同、学校认同、专业认同、价值观认同。这种身边人、身边事的榜样故事，教育效果无疑是非常显著的。

发生在内蒙古地区的历史事件、新闻资讯等。相关历史事件、新闻资讯因为其具有客观性、本土性等特点，能够吸引大学生的注意力、增加亲切感、熟悉感和说服力。但要注意选择具有教育意义的或有启示性的、或警示作用的、或具有价值引领的典型性事件。新闻资讯的分析至关重要，教师要根据事实与相应的教学内容联系起来，引发学生积极思考，进行正面的引导。另外，对于负面的、消极的新闻事件，也不能回避。要正视现实生活中的问题和矛盾，引导学生辩证看待存在的问题，理性分析，总结经验教训。从正面“立”，从反面“驳”，帮助学生分辨是非曲直。

本土的制度文化。制度文化作为文化的组成部分，包括生活制度、家庭制度、社会制度等等。内蒙古地区在经济建设、政治建设、文化建设、社会建设、生态文明建设、民族团结事业、党的建设等方面取得经验，相关政策性、制度性的成果可资利用。如内蒙古的民族区域自治制度的创立，对我国其他民族地区建立自治制度起到示范作用。适合使用在“概论”“近现代史纲要”“民族理论与政策”等课程的教学中。

内蒙古本土题材的影视作品。大量具有内蒙古本土特色的荧屏文化作品，有助于弘扬和倡导主流价值观，可以很好地发挥思政教育的作用，如电影《内蒙人民的胜利》《嘎达梅林》《狼图腾》《八月》等。2010 年上映的电影《额吉》，讲述了 20 世纪 60 年代三年困难时期，3000 多名来自上海、江浙孤儿院的孤儿被送到锡林郭勒大草原，被当地牧民收养的故事。同题材的影视作品还有电视剧《国家孩子》。这些影视作品所表达的内蒙古人民的大爱情怀、各族人民团结互助，感动了无数大学生。此外，诸如《东归英雄》《胡杨女人》等电视剧也都可以介绍给大学生，作为课外观看的素材。

内蒙古地区的非物质文化遗产。增加对内蒙古地区非物质文化遗产的介绍，可以帮助大学生更多地了解本土文化，促进本土文化的传承和发展，增强本土文化的自豪感、自信心。如蒙古族音乐、文学艺术类作品等。蒙古族音乐在思政课中往往很少被单独拿出来进行欣赏和分析。但是可以作为背景音乐，或者在课间休息时间播放，或者作为线上教学的网络资源。教学中要注意对作品产生的背景、主要内容，特别是传承的精髓等进行阐释。距今两千多年的“王昭君传说”历代相传。今天在内蒙古地区已经发展为具有独特内涵的昭君文化。昭君文化的引用对于阐释中华民族共同体意识的形成是非常好的案例。蒙古族在科学文化事业上也比较发达。中医药是中国传统文化的瑰宝。蒙医以诊治疾病中用药量少、疗效好、经济简便等特点著称。地方民族文化是中华优秀传统文化的重要组成部分。在教学中注重对地方民族文化的介绍、宣传，就是对中华优秀传统文化的传承。

内蒙古红色革命文化。革命文化、中华优秀传统文化和社会主义先进文化共同组成了中国特色社会主义文化。革命文化又称红色文化，内蒙古地区红色革命文化资源丰富。红色物质文化资源包括历史遗址（如武川县大青山革命根据地）、遗迹（如多松年故居）、历史博物馆纪念馆（乌兰夫纪念馆）、纪念碑、烈士陵园、相关文艺作品（书籍、影视作品、音乐、舞蹈、绘画、雕塑）等。被称为“红色文艺轻骑兵”的乌兰牧骑，秉承扎根基层、服务人民的乌兰牧骑精神，非常具有地方特色。对于乌兰牧骑所坚持的先进文化方向，党的三代领导人都给予了充分肯定和高度评价。红色精神文化资源包括革命信仰、价值观、道德观等革命精神。大学生传承红色文化基因的具体路径，一方面是让红色文化走近大学生，将之带进课堂、走进校园。另一方面，让大学生走近红色文化，通过参观、体验、参与等社会实践方式，使大学生近距离感受、接触红色革命文化，接受革命精神洗礼，传承革命精神。

草原文化资源。草原文化同黄河文化、长江文化一样，是中华文明的重要组成部分，是中华文明的三大主源之一和重要动力源泉。① 内蒙古的草原文化资源体现了鲜明的社会主义核心价值观，传承草原文化与践行社会主义核心价值观是同向同行的。内蒙古地区的草原文化资源丰富，包括饮食、服饰、那达慕、英雄史诗、腾格里崇拜、图腾崇拜等丰富内容。此外又如反映尊重少数民族风俗习惯、蒙满联姻等民族团结、民族融合的历史传统。还有一往无前、吃苦耐劳、自强不息的蒙古马精神以及友善、敬畏生命、尊重老人和女性等文化传统，都可以引入思政课中。

---

① 《草原文化是中华文明三大源头之一》，《沈阳日报》2010 年 8 月 24 日。

内蒙古地方文化资源是座精神富矿，充分挖掘其蕴含的思想政治教育因素，并通过与高校思想政治理论课的结合，可以实现文化传承与思想政治教育的协同发展。教学和育人是一个不断创新的过程，在日后的教学、研究中还需要在总结以往教育教学经验的基础上不断完善和改进。

新时代办好思想政治理论课的信心来源

石海君[①]

摘要： 新时代办好思想政治理论课有不少问题需要解决，除了要解决好立德树人这个最根本的问题外，最重要的是要解决好信心问题。信心关乎未来。习近平总书记在“3·18”重要讲话中强调，新时代我们完全有信心、有能力办好思政课。从基础和条件来看，这种信心来源于科学的理论保证、有力的现实支撑、深厚的文化力量、长期的实践基础所提供的坚实底气。具体来讲，新时代办好思政课的信心和底气，来源于始终坚持马克思主义指导地位的根本保证，来源于中国特色社会主义理论和实践发展开辟新境界的有力支撑，来源于中华优秀传统文化、革命文化和社会主义先进文化的深厚力量，来源于长期以来思政课建设形成的规律性认识和成功经验的实践基础。

关键词： 思想政治理论课；铸魂育人；信心

在学校思想政治理论课教师座谈会上，习近平总书记强调思政课是落实立德树人根本任务的关键课程，办好思政课，要放在世界百年未有之大变局、党和国家事业发展全局来看待，除了要解决好立德树人这个最根本的问题外，最重要的是要解决好信心问题。[②] 信心关乎未来。是否有信心办好思政课，直接

---

① 石海君，西南大学马克思主义学院讲师。

② 习近平：《思政课是落实立德树人根本任务的关键课程》，《求是》2020 年第 17 期。

关系能否培养一代又一代社会主义建设者和接班人，直接关系未来30年第二个百年奋斗目标的历史伟业能否顺利完成。信心源于底气。新时代我们完全有信心、有能力办好思政课，这种信心来源于科学的理论保证、有力的现实支撑、深厚的文化力量、长期的实践基础提供的坚实底气。在“两个大变局”下，站在“两个一百年”奋斗目标的历史交汇点，以坚实的底气、坚定的信心办好思政课，才能理直气壮铸魂育人，引导学生增强“四个自信”、厚植爱国情怀，努力成为堪当民族复兴大任的时代新人。

一、来源于始终坚持马克思主义指导地位的根本保证

我们的教育是党领导下的教育，是中国特色社会主义教育，始终坚持马克思主义指导地位，是扎根中国大地办教育，坚持社会主义办学方向的根本要求，也为新时代办好思政课提供了理论、政治和学科保证。

1. 理论保证：科学回答“培养什么样的人”“如何培养人”“为谁培养人”的根本问题

实现中华民族伟大复兴是中华民族的千秋伟业，培养一代又一代能够完成这一历史伟业的有用人才是教育的历史责任，更是思政课的历史责任。长期以来，思政课始终坚持以马克思主义为指导落实立德树人根本任务，科学回答“培养什么样的人”“如何培养人”“为谁培养人”的根本问题，为新时代办好思政课，培养担当民族复兴大任的时代新人提供了科学的理论指引。

长期以来，思政课致力于“坚持不懈传播马克思主义科学理论，抓好马克思主义理论教育，为学生一生成长奠定科学的思想基础”[①]，培养了一大批坚持马克思主义立场、观点、方法，具有坚定的马克思主义信仰、共产主义信念，

① 习近平：《把思想政治工作贯穿教育教学全过程 开创我国高等教育事业发展新局面》，《人民日报》2016年12月9日。

坚决拥护中国共产党领导和社会主义制度、立志为中国特色社会主义事业奋斗终身的建设者和接班人，科学回答了“培养什么样的人”的根本问题。长期以来，思政课坚持以马克思主义科学理论作为课程设计与实施的思想遵循、理论依据和方法指导，以马克思主义促进人的自由全面发展思想为根本价值指向，在大中小学循序渐进、螺旋上升地开设思政课，设计课程目标、内容、方法，以“八个统一”的要求促进思政课改革创新，科学回答了“如何培养人”的根本问题。长期以来，思政课坚持社会主义办学方向的马克思主义根本要求，把人才培养方向同我国发展的现实目标和未来方向相结合，坚持人才培养“为人民服务、为中国共产党治国理政服务、为巩固和发展中国特色社会主义制度服务、为改革开放和社会主义现代化建设服务”①，科学回答了“为谁培养人”的根本问题。

2. 政治保证：中国共产党高度重视思想政治工作、意识形态工作

思想政治工作、意识形态工作是中国共产党作为马克思主义执政党，百年来坚持以马克思主义为指导，团结带领人民不断取得事业胜利的优良传统和重要法宝。百年来，在革命、建设和改革各个不同历史时期中国共产党始终高度重视思想政治工作，制定实施了大量思想政治工作政策文件，其中，有许多是关于思政课建设的。早在新民主主义革命时期，中国共产党就在大中小学开设“马列主义”“辩证唯物主义”“科学社会主义”“政治常识”“社会工作”等思政课课程。新中国成立后，先后制定实施了诸如 1949 年 10 月《华北专科以上学校一九四九年度公共必修课过渡时期实施暂行办法》、1956 年 9 月《关于高等学校政治理论课程的规定（试行方案）》、1964 年《关于改进高等学校、中等学校政治理论课的意见》、1979 年 5 月《高等学校政治理论课的基本情况

① 习近平：《思政课是落实立德树人根本任务的关键课程》，《求是》2020 年第 17 期。

和存在问题》、1985 年 8 月《关于改革学校思想品德和政治理论课程教学的通知》、1995 年 10 月《关于高校马克思主义理论课和思想品德课教学改革的若干意见》、2005 年 2 月《关于进一步加强和改进高等学校思想政治理论课的意见》等一系列关于思政课建设的政策文件。党的十八大以来，以习近平同志为核心的党中央高度重视思政课建设，先后颁发《关于加强和改进新形势下高校思想政治工作的意见》《关于深化新时代学校思想政治理论课改革创新的若干意见》，召开全国高校思想政治工作会议和学校思想政治理论课教师座谈会，对思政课建设作出科学部署、提出明确要求。这些为引导和推动思政课在探索中前进、在改进中加强、在创新中发展提供了科学指引，为新时代办好思政课提供了坚强的政治保证。

3. 学科保证：大力推进中国特色社会主义学科体系建设

在哲学社会科学工作座谈会上，习近平总书记发出了加快构建中国特色哲学社会科学的号召，指出要“不断推进学科体系、学术体系、话语体系建设和创新”①。党的十八大以来，以习近平同志为核心的党中央坚持以马克思主义为指导，立足哲学社会科学学科体系建设的薄弱环节，着眼突出优势、完善体系，大力推进中国特色社会主义学科体系建设，为新时代办好思政课提供了坚实的学科支撑。

一方面，加强马克思主义理论学科建设。2005 年 12 月，国务院学位委员会、教育部在“法学”门类下增设了马克思主义理论一级学科及所属二级学科。学科设立的宗旨和基本任务就是把马克思主义研究成果运用于马克思主义理论教育、思想政治教育和思想政治工作，加强高校思政课建设、培养思想政

① 习近平：《在哲学社会科学工作座谈会上的讲话》，北京：人民出版社，2016 年，第 22 页。

治教育工作队伍，为党的思想理论建设和高校思政课建设服务。[1] 自设立以来，马克思主义理论学科在改进中不断完善发展，科学研究不断加强、队伍素质不断提高、专业人才培养不断完善，在依托于思政课教学科研二级机构的同时，也不断用建设成果服务于思政课建设，为思政课建设提供了有力的学术、人才、平台等支撑，极大地提高了思政课教育教学实效性。另一方面，在加强马克思主义理论学科建设同时，不断完善对哲学社会科学具有支撑作用的学科，为新时代"课程思政"建设提供重要支撑。"课程思政"作为思政课的延伸和补充，以"构建多学科一体的立体化课程体系"[2] 为基础和前提，打造具有中国特色和普遍意义的，涵盖哲学、历史学、经济学、政治学、法学、社会学、心理学等学科的学科体系，有助于促进立体化课程体系建设，从而推动"课程思政"与思政课产生协同效应，形成育人合力。

二、来源于中国特色社会主义理论和实践发展开辟新境界的有力支撑

习近平总书记指出，办好思政课，要"用新时代中国特色社会主义思想铸魂育人，引导学生增强中国特色社会主义道路自信、理论自信、制度自信、文化自信"[3]。党的十八大以来，以习近平同志为核心的党中央矢志践行初心使命，带领人民开拓进取、不懈奋斗，开辟中国特色社会主义理论和实践发展新境界，为新时代办好思政课提供了有力支撑。

---

① 国务院学位委员会、教育部：《关于调整增设马克思主义理论一级学科及所属二级学科的通知》（学位〔2005〕64 号）。

② 郑佳然：《新时代高校"课程思政"与"思政课程"同向同行探析》，《思想教育研究》2019 年第 3 期。

③ 习近平：《思政课是落实立德树人根本任务的关键课程》，《求是》2020 年第 17 期。

1. 理论支撑：历史性提出习近平新时代中国特色社会主义思想

思政课是一门学理性、理论性很强的课程，要开展马克思主义理论教育，用马克思主义基本原理、马克思主义中国化的理论成果回应学生、说服学生、引导学生。马克思说："理论只要彻底，就能说服人。"[①] 马克思主义自诞生以来同世界各国工人运动结合的170多年历史表明，马克思主义就是彻底的理论，就是能说服人、掌握人的理论。党的十八大以来，以习近平同志为核心的党中央不断深化对共产党执政规律、社会主义建设规律、人类社会发展规律的认识和把握，历史性地创立了习近平新时代中国特色社会主义思想，开辟中国特色社会主义理论发展新境界。这一创新理论始终贯穿着马克思主义的立场、观点、方法，是当代中国马克思主义、21世纪马克思主义，为新时代思政课铸魂育人，回应学生、说服学生、引导学生提供了科学的理论武器，为新时代办好思政课提供了有力的理论支撑。

习近平新时代中国特色社会主义思想是内涵十分丰富深刻的科学理论体系，"八个明确""十四个坚持"是其最实质、最核心的内容，分别从理论和实践两个层面系统回答了"新时代坚持和发展什么样的中国特色社会主义""新时代怎样坚持和发展中国特色社会主义"的根本问题。新时代办好思政课，用习近平新时代中国特色社会主义思想铸魂育人，最根本的就是教育学生深入学习领悟"八个明确""十四个坚持"的精神实质、丰富内涵，引导学生明确人生成长发展的目标方向，树立"为中华之崛起而读书"的远大志向，坚定中国特色社会主义的共同理想，"努力成为堪当民族复兴重任的时代新人"[②]。

在习近平新时代中国特色社会主义思想的丰富内涵中，习近平总书记关于

---

① 《马克思恩格斯文集》第一卷，北京：人民出版社，2009年，第11页。

② 习近平：《坚持中国特色世界一流大学建设目标方向 为服务国家富强民族复兴人民幸福贡献力量》，《人民日报》2021年4月20日。

思想政治理论课建设的重要论述是其重要内容构成，为新时代办好思政课提供了理论指导和基本遵循。党的十八大以来，习近平总书记十分关心思政课办得如何，高度重视思政课建设，围绕回答“为什么建设思政课”“怎样建设思政课”等问题发表了一系列重要论述，对思政课的地位作用、思政课建设的重大意义、思政课建设的关键所在、思政课建设的根本动力、思政课建设的组织保障等问题作出了系统、深刻的阐述。新时代办好思政课，用习近平新时代中国特色社会主义思想铸魂育人，还要以习近平总书记关于思想政治理论课建设的重要论述为指导遵循，让思政课在改革创新中充满活力，不断增强针对性、实效性。

2. 实践支撑：中国特色社会主义取得举世瞩目的成就

除了学理性、理论性很强以外，思政课也是一门现实性、实践性很强的课程，既要教育引导学生理论联系实践，把理论运用于解决现实问题，更要“把思政小课堂同社会大课堂结合起来”①，用生动的实践、鲜活的事实教育培养学生。“事实比理论丰富得多，复杂得多”②，因而也比理论更能说服人、教育人。

经过改革开放 40 多年的长期努力，特别是党的十八大以来以习近平同志为核心的党中央带领人民迎难而上、开拓进取，中国特色社会主义取得了举世瞩目的成就。我国国内生产总值突破 100 万亿元大关，成为世界第二大经济体，对世界经济增长贡献率超过 30%；不断坚持和完善以党的领导制度体系、人民当家作主制度体系等 13 个方面的制度为基本框架的中国特色社会主义制度体系，制度优势、治理优势不断彰显；文化事业全面繁荣、文化产业快速发展，不断向社会主义文化强国的目标迈进；建成世界上规模最大的社会保障体系；取得新冠疫情防控重大战略成果；取得决战脱贫攻坚全面胜利，实现 9899

① 习近平：《思政课是落实立德树人根本任务的关键课程》，《求是》2020 年第 17 期。
② 《胡乔木谈中共党史（修订本）》，北京：人民出版社，2015 年，第 237 页。

万农村贫困人口全部脱贫，历史性解决困扰中华民族几千年的绝对贫困问题，创造了人类减贫史上的奇迹；等等。这些举世瞩目的成就是全方位、开创性的，开辟了中国特色社会主义实践发展新境界，是新时代思政课引导学生坚定“四个自信”的鲜活事实，为新时代办好思政课提供了有力的实践支撑。

三、来源于中华优秀传统文化和革命文化、社会主义先进文化的深厚力量

习近平总书记指出，做好思想政治工作“要更加注重以文化人以文育人”[①]，“加强中华优秀传统文化和革命文化、社会主义先进文化教育”[②]。中华优秀传统文化和革命文化、社会主义先进文化蕴含着中华民族几千年来孕育形成的思想文化精髓，凝聚着中华民族几千年来历久弥新的宝贵精神财富，是新时代办好思政课的深厚文化精神力量。

1. 文化力量：中华优秀传统文化蕴藏丰富的思政课资源

对一个国家、一个民族而言，文化是其得以传承和发展的根本。在几千年连绵不断的文明发展进程中，中华民族孕育形成了博大精深、源远流长的中华优秀传统文化。中华优秀传统文化思想内涵极为丰富，“是中华民族语言习惯、文化传统、思想观念、情感认同的集中体现，凝结着中华民族普遍认同和广泛接受的道德规范、思想品格和价值取向”[③]，蕴藏着丰富的思政课教育教学资源，是新时代办好思政课的深厚文化力量。

中华优秀传统文化是新时代思政课教育引导学生坚定文化自信的重要根

① 习近平：《把思想政治工作贯穿教育教学全过程 开创我国高等教育事业发展新局面》，《人民日报》2016年12月9日。

② 《习近平关于青少年和共青团工作论述摘编》，北京：中央文献出版社，2017年，39页。

③ 《深入学习习近平关于教育的重要论述》，北京：人民出版社，2019年，第240页。

基。“我们说要坚定中国特色社会主义道路自信、理论自信、制度自信，说到底是要坚定文化自信。”[①]文化自信，即一个国家、一个民族对自身文化发展和创新、文化吸引力和影响力、文化价值和生命力所持有的坚定信心。当今世界，要说哪个民族能够坚定文化自信，中华民族一定是最有理由坚定文化自信的。几千年来，中华优秀传统文化以其强大的文化生命力、创造力创造了举世瞩目的文明成就，使中华文明成为人类文明历史上唯一没有中断过的文明，以其强大的文化包容性、影响力深刻影响着世界文明发展的进程和面貌，以其高度自信的文化心态，积极面向世界促进世界文明发展进步，又主动向世界学习吸收借鉴人类文明有益成果。这是我们坚定文化自信的深厚底气和信心。新时代办好思政课，就是要在中华优秀传统文化中找寻厚植文化自信的文化根基，增强学生坚定文化自信的底气和信心。

中华优秀传统文化也蕴藏着新时代办好思政课的丰富资源。一方面，“中国传统文化博大精深，学习和掌握其中的各种思想精华，对树立正确的世界观、人生观、价值观很有益处”[②]。中华优秀传统文化中蕴含的讲仁爱、重民本、守诚信、崇正义、尚和合、求大同的深刻价值理念，“天下兴亡，匹夫有责”“自强不息”“厚德载物”“扶危济困”等优秀道德传统，“求同存异、和而不同的处世方法，文以载道、以文化人的教化思想，形神兼备、情景交融的美学追求，俭约自守、中和泰和的生活理念”[③]等宝贵人文精神，为新时代思政课铸魂育人，提高学生文化素养，引导学生崇德向善，自觉践行社会主义核

① 习近平：《在哲学社会科学工作座谈会上的讲话》，北京：人民出版社，2016年，第17页。

② 习近平：《在中央党校建校80周年庆祝大会暨2013年春季学期开学典礼上的讲话》，北京：人民出版社，2013年，第9页。

③ 双传学、阚亚薇：《中国特色社会主义实践的文化根基与传承维度》，《中国特色社会主义研究》2017年第2期。

心价值观提供了重要文化资源。同时，中华优秀传统文化也蕴藏着“以文化人”“有教无类”“因材施教”等丰富的、在今天仍然具有重要借鉴意义的育人理念、育人方法等资源，对新时代思政课创新育人方法、提升育人质量具有重要启发意义。

2. 精神力量：中华优秀传统文化和革命文化、社会主义先进文化是培育弘扬中国精神的重要源泉

中国精神，是几千年来中华民族“共同创造、共同依托、共同传承的文化精神和价值观念的总和”①。实现中华民族伟大复兴要在全社会特别是青少年学生中培育和弘扬中国精神，为凝聚中国力量提供精神支撑和精神动力。中华优秀传统文化和革命文化、社会主义先进文化“积淀着中华民族最深层的精神追求，代表着中华民族独特的精神标识”②，是新时代思政课培养弘扬中国精神，提高学生思想境界和精神追求的重要源泉，是新时代办好思政课的深厚精神力量。

中华民族历来重视精神、崇尚精神，中华民族之所以能够在漫长的历史进程中生生不息、薪火相传，一个很重要的原因就在于此。中华优秀传统文化和革命文化、社会主义先进文化中，义利关系上主张“不义而富且贵，于我如浮云”，理想追求上主张“为天地立心，为生民立命，为往圣继绝学，为万世开太平”，道德修养上主张“以修身为本”，理想人格上推崇“君子”“圣人”，毛泽东强调“人是要有一点精神的”③，邓小平说“我们一定要经常教育我们的人民，尤其是我们的青年，要有理想”④，习近平总书记指出“人无精神则不立，

---

① 蒙慧：《中华民族伟大复兴的“中国梦”》，北京：人民出版社，2017 年，第 243 页。

② 习近平：《在庆祝中国共产党成立 95 周年大会上的讲话》，北京：人民出版社，2016 年，第 13 页。

③ 《毛泽东文集》第七卷，北京：人民出版社，1999 年，第 162 页。

④ 《邓小平文选》第三卷，北京：人民出版社，1993 年，110 页。

国无精神则不强”[1]等，无不是中华民族崇尚精神的集中体现。这些思想精华既展现了中华民族重视精神的优良传统，也是中华民族精神气质和精神品格的集中表达，是新时代思政课培育和弘扬中国精神的文化源泉，为新时代办好思政课提供了精神力量。

中国共产党崇尚精神，也不断锻造精神。在革命、建设和改革的长期奋斗历程中，中国共产党铸就的以“宜将剩勇追穷寇，不可沽名学霸王”的革命精神、“为有牺牲多壮志，敢教日月换新天”的奋斗精神为内核的一系列伟大精神，构筑起了彰显党的性质宗旨和政治品格的精神谱系，是革命文化和社会主义先进文化的重要内容。新时代思政课培育弘扬中国精神，就是要把党的精神谱系融入思政课，引导学生深入学习在党的百年奋斗历程中革命烈士、英雄人物、先进模范的高尚品质和崇高风骨，从中汲取弘扬中国精神的智慧和力量。

四、来源于长期以来思政课建设形成的规律性认识和成功经验的实践基础

思政课建设问题由来已久。中国共产党历来高度重视思政课建设，在革命、建设和改革的不同历史时期，对思政课建设都作出过重要部署。在长期的实践中，思政课建设积累总结了许多宝贵的成功经验，并在长期的经验积累总结中形成了一系列规律性认识。这些成功经验和规律性认识，为新时代办好思政课提供了重要实践基础。

1. 实践借鉴：长期以来思政课建设形成的成功经验

经验是人们在长期实践中对实践过程、实践结果的反思和总结，是对事物现象和联系的深入认识。经验有失败的经验和成功的经验，失败的经验能够为

① 习近平：《在纪念红军长征胜利80周年大会上的讲话》，北京：人民出版社，2016年，第9页。

人们今后实践提供深刻的教训和启示，成功的经验则能够为人们今后实践提供有效的参考和借鉴。长期以来，思政课建设在探索中前进，受“以阶级斗争为纲”思想的影响，一度经历“用‘社会主义教育’和‘阶级斗争主课’代替了马克思主义理论学习”① 的曲折发展阶段，有过失败的经验，但是更多的是取得了巨大成就，积累总结了许多成功的经验。

思政课在长期建设中积累总结的成功经验主要有在育人目标上，坚持把立德树人作为根本任务，在不同的历史时期结合党和人民事业发展的需要培养“又红又专”的有用人才，坚守培养一代又一代社会主义建设者和接班人的初心使命；在育人内容上，坚持用马克思主义和党的创新理论武装学生，确保人才培养的正确方向；在育人方法上，坚持理论与实践相结合，把“生产劳动同智育和体育相结合”② 作为培养德智体美劳全面发展的有用人才的根本途径；在育人条件上，坚持党对思政课的领导，把“办好中国的事情，关键在党”③ 作为思政课铸魂育人，不断提升育人实效的根本保证；等等。这些成功经验弥足珍贵，意义重大，为新时代办好思政课，把思政课建设得越来越好提供了宝贵的实践借鉴和参考，必须长期坚持下去。

2. 实践遵循：长期以来思政课建设形成的规律性认识

成功经验的长期积累总结，为感性认识上升为理性认识即形成规律性认识奠定坚实基础和充分准备。规律反映了人们在长期实践中对事物运动发展所固有的、稳定的联系和必然趋势的深刻认识和把握，是人们实践的科学遵循。“人们要想得到工作的胜利即得到预想的结果，一定要使自己的思想合乎客观

① 骆郁廷、秦玉娟：《新中国 70 年高校思想政治理论课建设的回顾与展望》,《思想理论教育导刊》2009 年第 11 期。

② 《列宁选集》第三卷，北京：人民出版社，2012 年，第 440 页。

③ 习近平：《思政课是落实立德树人根本任务的关键课程》,《求是》2020 年第 17 期。

外界的规律性，如果不合，就会在实践中失败。”[①] 新时代办好思政课，也有其必须遵循的规律性认识。这些规律性认识，既有来自长期的思想政治工作实践的，也有来自长期的思政课建设的，是新时代办好思政课的科学依据。

作为思想政治工作的主渠道，新时代思政课首先必须遵循在长期的思想政治工作实践中形成的规律性认识。思想政治工作是党的优良传统和政治法宝，在长期服务党和人民事业发展过程中形成了许多规律性认识，如思想政治工作规律、人的思想品德形成发展规律、教育者要求与受教育者思想品德发展之间保持适度张力的规律、教育与自我教育相统一的规律、学生成长规律等。这些规律性认识反映了思想政治工作者对做好思想政治工作的认识自觉，是新时代思政课更好地发挥“关键课程”作用的逻辑遵循。其次，作为铸魂育人的关键课程、核心课程，新时代思政课也必须遵循在长期的思政课建设中形成的规律性认识。习近平总书记在学校思想政治理论课教师座谈会上提出了思政课改革创新要坚持“八个统一”的科学论断。这是习近平总书记关于思政课建设重要论述的核心要义，集中体现了习近平总书记对长期以来思政课建设规律的深刻认识和科学把握。“八个统一”的规律性认识“具有丰富的理论内涵和严谨的逻辑结构”[②]，涉及思政课的功能、价值和方法论等问题。新时代思政课铸魂育人，增强思想性、理论性和亲和力、针对性，要以“八个统一”为基本遵循，增强办好思政课的活力。

---

① 《毛泽东选集》第一卷，北京：人民出版社，1991 年，第 284 页。

② 刘建军：《论高校思想政治理论课教育教学的“八个统一”》，《教学与研究》2019 年第 7 期。

习近平新时代中国特色社会主义思想的网络传播路径

郑　洁[①]　缑茹茹[②]

摘要： 新时代牢牢掌握意识形态工作领导权，需要把握正确的舆论导向。习近平总书记多次强调要创新宣传方式，改进网上宣传，运用网络传播规律，营造风清气正的网络空间。当前，可从以下方面入手提升习近平新时代中国特色社会主义思想网络传播的宣传实效，即推进媒体融合，促进传播方式的通俗化；运用大数据技术，提升传播方式的精准化；讲究话语形式，实现传播方式的形象化。

关键词： 习近平；新时代中国特色社会主义思想；网络传播

当前，国际国内形势复杂多变，切实提升习近平新时代中国特色社会主义思想网络传播的宣传实效至关重要。党的十八大以来，习近平高度重视网络宣传工作，指出"互联网是当前宣传思想工作的主阵地"，要做强网上正面宣传。同时，"百年未有之大变局"下国际格局深刻调整、科技革命加速演进、政治

---

① 郑洁，博士，重庆邮电大学马克思主义学院副院长、教授、博士生导师，主要研究方向为马克思主义中国化、网络思想政治教育。

② 缑茹茹，重庆邮电大学马克思主义学院硕士研究生，主要研究方向为思想政治教育。

思潮激烈碰撞，在一定程度上影响了习近平新时代中国特色社会主义思想的网络传播效果。因此，要大力弘扬主旋律，牢牢掌握信息传播的领导权、管理权、话语权，切实推进习近平新时代中国特色社会主义思想的网络传播。

一、推进媒体融合，促进传播方式的通俗化

习近平指出，“我国媒体融合发展整体优势还没有充分发挥出来。要坚持一体化发展方向，加快从相加阶段迈向相融阶段”，“形成资源集约、结构合理、差异发展、协同高效的全媒体传播体系”。[①] 推动媒体融合发展，构建全媒体传播格局是推进新思想网络传播的一项重要课题。

（一）坚持正确的舆论导向

坚持正确的舆论导向是新闻舆论工作的生命线。首先，坚持党管媒体原则，提高网络传播的质量和水平。宣传思想工作者在新媒体中传播新思想必须始终坚持党的领导，必须始终坚持正确的舆论导向。官方媒体在爱党、护党、为党的同时要对人民群众负责；要使政治性较强的理论通俗化，以更好地转化为人民群众的自觉行动。此外，官方媒体以外的其他媒体也要坚持党的领导。媒体融合作为创新网络传播的重要方式之一，要坚持正确的舆论导向。其次，始终遵循团结稳定鼓劲、正面宣传为主的基本方针。坚持团结稳定鼓劲是党对新闻舆论工作不可偏移的指导方针。网络空间的多元社会思潮和多样价值观念极易出现一些问题。习近平曾提出了“三个地带”的观点，红色地带是宣传思想工作的主阵地；黑色地带主要指社会敌对势力形成的网上舆论，要努力清理其传播土壤；灰色地带介于红色地带和黑色地带之间，要加强引导促使其转化为红色地带。宣传思想工作者要理智区分传播的主战场，坚持真实性、全

① 《习近平谈治国理政》第三卷，北京：外文出版社，2020 年，第 317 ~ 318 页。

面性、平衡性、主动性原则，善于用新思想回应群众关切，用真理、事实答疑解惑，廓清迷雾，弘扬正气。简而言之，创新网络传播方式，要顺应互联网发展大势，推动媒体融合。要牢牢把握正确的政治方向，强化价值引领。要始终坚持党管媒体的原则，始终遵循团结稳定鼓劲、正面宣传为主的基本方针。

（二）坚持传统媒体与网络新兴媒体一体化发展

截至 2020 年 12 月，我国网络视频用户规模达 9.27 亿，互联网政务服务用户规模达 8.43 亿，占网民整体的 85.3%，网络新兴媒体的出现不可忽视传统媒体的作用，要加强传统媒体与网络新兴媒体的融合。首先，建立多种媒体的立体化传播平台。习近平指出，要“着力打造一批形态多样、手段先进、具有竞争力的新型主流媒体，建立几家具有强大实力和传播力、公信力、影响力的新型媒体集团，形成立体多样、融合发展的现代传播体系”①。传统媒体是一种“自上而下”的传播方式，推进新思想的网络传播，要突破传统媒体的传播局限，营造一个“立体传播”环境。当前，要运用好多维传播平台，通过静态传播和动态传播相结合的方式来实现理论宣传。其次，加强同一平台的多媒体手段的深度融合。推进新思想的网络传播要充分发挥传统媒体、新兴媒体的优势，集文字、图片、声音、影像及信息符号于一身，图文并茂，声像俱全，使受众在接受新思想理论的同时加深对其理解。因此，要加强同一平台的多媒体手段的融合，挖掘媒体自身的传播渠道资源和技术资源。同时，关键要解决从“加”到“融”的问题。当前我国有多家媒体已创立自己的网站，其中包括新思想的宣传专栏，但在各自系统内部，仍然没有融入新兴媒体的优势和特点。媒体融合发展不是简单地“做加法”，而是要将图片、报纸、广播、网络等各种表现方式融为一体，促使传播方式的立体化、多元化。推进新思想的网络传

① 习近平：《共同为改革想一招一起为改革发力　群策群力把各项改革工作抓到位》，《人民日报》2014 年 8 月 19 日。

播，要促进传统媒体与新兴媒体的一体化发展，通过流程优化、平台再造，实现传播信息的共融互通。同时要深入总结实践中各类传播方式的优势和不足，如总结“学习强国”学习平台的相关经验，促进网络传播方式的通俗化。

（三）坚持传统媒体与网络媒体运作模式的融合

首先，内容生产与共享机制的融合。一方面，要发挥传统媒体的内容生产优势。当前，大量原创性首发报道仍来源于传统媒体。但网络新媒体具有即时共享的特点，不仅对现有新闻媒体的生产过程、运作模式产生重要影响，而且促进了传统媒体内容生产能力的提升。另一方面，要实行技术创新和组织创新的双轮驱动，塑造网络传播内容的差异化和原创性。谁掌握了技术，谁就拥有了用户和内容。新时代，要全面提升新思想的网络传播在信息采集、加工编辑以及多维解读分析等方面的能力。同时，内容为王并不等于新闻为王，要用新的、立体化的思维去理解内容，如关于新思想的网络评论员文章、各地二级平台报道的文章，网络公益广告、动画纪录片以及健康的网络游戏等都可以成为新思想网络传播的内容。其次，议程设置机制的融合。议程设置在推进新思想的网络传播过程中具有重要功能，是重要的传播手段之一。因此，传统媒体尤其是主流媒体要主动挖掘网络议题线索，设置网络议程。由于网络成为人们生活的第二空间，网络媒体成为社会公众话题的策源地。因此，网络媒体要紧跟新概念、新理念、新思想的网络传播动态，对有价值的新闻热点进行深度挖掘，带领网络民众了解党的最新理论，提升理论认知。如党的十九届五中全会的召开，“学习强国”学习平台设置相关专栏进行集中报道，二级平台也进行追踪报道，新闻联播对各地宣传党的十九届五中全会精神进行多维报道。这一系列报道中不仅有图文解说、漫画解说，更集视频音频与图片于一身。网络媒体能切实把握议程设置的“时、度、效”，通过利用自身优势，让更多网民了解新思想、传播正能量。概而言之，推进新思想的网络传播，要坚持传统媒体与网络媒体运作模式的融合。只有做好内容建设，保持内容定力，更好满足人民群众的需要，宣传思想工作才能不断提升其传播力、引导力、影响力、公信力。

二、运用大数据技术，提升传播方式的精准化

习近平指出："谁掌握了大数据技术，谁就掌握了发展的资源和主动权。"①推进新思想的网络传播要充分发挥大数据技术优势，提升传播方式的精准化。

（一）树立大数据思维，提升大数据素养

大数据不仅是一种技术，而且被赋予价值观和方法论的含义。在大数据时代，扩大新思想的网络传播力，增强其实效性，就要转变思维方式，提升大数据素养。大数据素养是指人们通过网络及时发现信息、追踪信息、评估信息以及使用数据的一种能力。首先，树立精准性思维。宣传思想工作需要提高传播的针对性，精准施策。大数据技术的精准识别、精准推送、精准预测和精准评估，有效规避小数据样本的弊端，得出的结论相对精准，对提升网络传播的精准性、系统性、有效性具有重要作用。其次，树立相关性思维。相关性思维表明一切皆可连，诸多事情由诸多节点相互连接。因此，新思想网络传播的不同数据彼此间有内在联系，分析传播要素间的联系，可以预测并引导党的理论宣传更具实效性。最后，树立应用性思维。思想是行动的先导，树立大数据思维，提升大数据素养，需要对大数据的相关理论知识进行了解，从而为收集、分析、反馈和传播环节中熟练地运用大数据技术做好准备，切实推进新思想的网络传播。大数据的发展不仅要明确数据信息如何获取、如何分析，也要将大数据与传播学联系起来，以扩大其影响力。总之，思想宣传工作者要运用大数据技术，树立精准性思维、相关性思维、应用性思维，从而为新思想的网络传

---

① 《习近平关于科技创新论述摘编》，北京：中央文献出版社，2016 年，第 76 页。

播奠定基础。

（二）运用大数据语义分析技术，提高传播针对性

大数据语义分析技术是指用户通过对网络搜索对象和用户查询表达进行语义标注和语义处理，从而使网络自然语言具备网络语义的逻辑关系。新思想在传播过程中，由于受传播者和受众知识水平等因素的影响，在理解、接受新思想时会有较大差异。因此，要善于运用大数据语义分析技术，对网络传播的相关性进行分析，提升传播实效。

首先，坚持语义引擎分析法。推进新思想的网络传播要通过语义分析技术将易于受众接受的词汇纳入话语传播体系中，对于理论性较强的政治话语，要优化传播语言，以通俗易懂、喜闻乐见的方式逐步完善传播体系，为更有效地传播提供语义支撑。其次，坚持数据挖掘筛选法。海量信息是大数据的显著特征，且大数据的核心在于将海量信息与语义分析相结合，通过信息挖掘分析技术，发掘有价值的网络传播语言及方式，从而“找对人、说对话”。宣传思想工作者要通过大数据挖掘筛选技术及语义分析技术开展“精准识别”，分析受众在爱好、需求、年龄等方面的差异，为差异化受众提供个性化服务，被大众所认同、理解与接受。具体而言就是将新思想进行多维解读，充分发挥数据采集的客观性、动态性、全面性和可视化。如党政干部、知识分子可用政治性、理论性稍强的话语进行宣传，广大普通民众，用生活化语言或转化为视频、图文进行解读。最后，精准推送习近平新时代中国特色社会主义思想。语义引擎分析法和数据挖掘筛选法为精准推送新思想提供前提条件。大数据技术可通过评论、点赞、知识竞赛等互动形式分析受众的接受程度，通过借助适用于大数据分析的算法推荐技术手段，向受众推送合理内容。如“学习强国”学习平台及时更新党的最新理论和各种学习资料，且在搜索引擎相关内容时会隐形弹出相关词汇推荐，提高了网络传播的针对性，这是大数据为其提供技术支撑的具

体体现。简而言之，运用大数据语义分析技术，要从坚持语义引擎分析法、坚持数据挖掘筛选法等方面入手，不断完善新思想网络传播的话语传播体系，增强其传播的针对性和有效性。

（三）运用大数据预测分析技术，加强信息源头防范

大数据技术的核心价值就是预测，通过运用数学算法对特定时间节点及一段时间的数据进行分析，合理预测事情发展的可能性。如“百度浏览器”推送我们感兴趣的要闻、“淘宝”App 推荐搜索的相关商品。创新网络传播的方式，要充分运用大数据预测分析技术，加强信息源头防范。首先，精准预测。推进新思想的网络传播，可通过大量数据分析，构建其网络传播状况的数据模型，从而预测其传播效果。为此，宣传思想工作者要重视数据的预测价值，通过分析受众在大数据平台中的动态数据，找准其网络传播的时机和切入点。同时，大数据技术可以对受众的数据挖掘结果进行比对，掌握受众在国家政策方针、重大事件、自身情感等方面的思想动态，从而进行预测、干预、引导。宣传思想工作者要加强大数据平台建设，如“学习强国”学习平台、“中国共产党思想理论资源数据库”以及各高校建立的数据资源数据库等。其次，精准评估。新思想的网络传播如何开展、效果如何、存在哪些问题，要通过大数据技术对其进行精准评估。评估首先应根据网络传播的目标、任务、效果等建立传播指标体系，并利用大数据技术追踪舆情数据、完善管理体系，为思想传播提供科学量化路径。最后，精准防范。精准预测、精准评估为精准防范奠定基础。当前社会思潮多元化，西方国家通过意识形态进行渗透，严重冲击我国主流价值。推进新思想的网络传播，要充分利用大数据预测分析技术，把握网络传播的发展趋势，对错误的思想进行精准防范，从而提供数据支持。概而言之，推进新思想的网络传播，要运用大数据预测分析技术，发挥其核心价值，从精准预测、精准评估、精准防范着手，切实扩大其影响力。

三、讲究话语形式，实现传播方式的形象化

推进新思想的网络传播，需要转变传统的话语方式，加强政治话语和大众话语的衔接、加强传统话语和时代话语的融合、加强中国话语和世界话语的对话，以实现传播方式的生动化、形象化和多样化。

（一）加强政治话语和大众话语的衔接

新思想、新理论要想“飞入寻常百姓家”，在其传播过程中就要处理好政治话语和大众话语的衔接问题。首先，注重政治宣传语言与日常口头语言的衔接。长期以来，党的宣传理论以党报党刊等平台进行宣传，在此基础上形成了政治色彩较为浓厚、语言规范工整、逻辑严密、理论性较强、范畴和词语较多的政治话语宣传方式。随着信息化的发展，网络空间呈现去中心化、碎片化等信息传播特征。因此，推进新思想的网络传播要用网络空间惯用的话语方式，在交流互动中要紧密结合网络民众日常生活和话语接受习惯，要契合网络民众的现实诉求，用通俗易懂的语言来增强传播的感召力、吸引力。加强政治宣传话语的通俗化表达。要对党政干部及学术研究者采取专业的政治性语言，但对于网络民众而言，可采取接地气的宣讲、解读、知识普及活动等通俗化方式来宣传。加强政治宣传话语的网络化表达。随着“宽带中国”战略的实施，宣传思想工作要善于运用网络化语言，如近年来习近平总书记在新年贺词中多次提到“蛮拼的”“点赞”“朋友圈”以及“幸福是奋斗出来的”等网络话语，网友用“接地气”“萌萌哒”来评价，采用网络流行语的范式对政治性话语进行创造性的转化和表达。其次，处理好官方话语和大众话语的联系转化。大众话语是官方话语的来源之一，同时部分官方话语又是大众话语的凝练概括和升华。要从话语载体出发，除丰富的文字表述以及图片、视频等形式进行传播外，“平语近人”视频、党史类视频等也是比较好的宣传形式。要从话语策略出发，用鲜活生动的例子来拉近官方话语与大众话语之间的距离，与网络民众产生共

鸣。总之，加强政治话语和大众话语的衔接，就是将党的宣传理论以网络民众乐于接受的形式表达出来，有针对性地进行宣传。

（二）加强传统话语和时代话语的融合

当今世界，和平与发展是时代的主题，同时，经济全球化、信息网络化也是鲜明的时代特征。因此，要立足传统，深刻把握时代主题和时代特征，切实提高新思想网络传播的时代适应性。

首先，加强传统马克思主义话语的时代适应性和习近平新时代中国特色社会主义思想的渗透性。在网络空间传播新思想要顺应时代主题，把握时代特征。只有这样网络传播话语才会更加具有理论的张力和生命力，才能更好地实现网络宣传效果。如党在国际国内发生重大事件时提出的指示批示。2020年是中华人民共和国成立以来极不平凡的一年，面对席卷全球的疫情，习近平总书记立足国内外实际，回应时代关切，发表重要讲话，用时代话语丰富、充实和宣传新思想。其次，加强自上而下的话语渗透和自下而上的话语凝练。自上而下的话语渗透是推进新思想网络传播的有效方式，能充分体现政治宣传方向的正确、网络传播过程的积极主动以及网络宣传结果的凝心聚力。自下而上的话语凝练是检验新思想网络传播实效，使其发挥最大值的重要方式。随着时代的向前发展，网络民众在知识结构、认知程度等方面发生着极大变化，掌握民众的话语习惯对宣传思想工作起到推动作用。传统话语方式主要采取自上而下的渗透方式，存在一定局限，而网络的发展使自下而上的话语凝练成为可能，有效提升了宣传实效。总之，加强传统话语和时代话语的融合，是要将传统马克思主义话语赋予时代特色，从而反映时代主题、把握时代特征。同时不能忽视新思想的渗透性，要加强自上而下的话语渗透和自下而上的话语凝练。

（三）加强中国话语和世界话语的对话

推进新思想的网络传播，不仅包括对内提升其引导力，还包含对外提升其影响力。新时代对内要讲好中国理论，对外要讲好中国故事。为此，要处理好自身吸引力和处理好对外宣传等方面的问题。首先，处理好自身吸引力。习近平提出："要不断提升中华文化影响力，把握大势、区分对象、精准施策，主动宣介新时代中国特色社会主义思想。"[①] 推进新思想的网络传播，不仅要注重传播话语的大众化和时代化，也要注重传播话语的开放性和包容性。因此，加强中国话语与世界话语的对话，要充分吸收世界优秀文明成果为中国话语提供新鲜血液，要把握世界各国主流价值传播规律为推进新思想的网络传播提供创新手段，要着力于探索中外融通的新概念、新表达。但在吸收和借鉴的过程中不能照搬，要以批判的方式加以吸收和运用。一方面，要以人民利益和国家利益作为话语吸收批判的时代坐标。另一方面，要在致力于人类共同发展、进步的基础上，加强话语对话和融合，从而使外国人主动认识中国，看懂中国。处理好吸收借鉴和批判的问题是提高对外话语传播针对性和实效性，统筹国内国际两个大局，加快构建大外宣格局的重要举措，有利于更加全面深入地宣传我国政策主张，为我国对外传播习近平新时代中国特色社会主义思想奠定基础。其次，处理好对外宣传。要坚持贴近世界各国对中国信息的需求、贴近国外受众的思维习惯，提高"向世界说明中国"的能力。一方面，要不断完善中国话语的国际传播体系，打造出具有较强国际影响的外宣旗舰媒体。另一方面，对于中国特色社会主义研究的热门话题，中国要积极投入其中，并进行理论阐发和话语表达。此外，多国开办孔子学院让汉语成为世界上有影响力的语言，《习近平谈治国理政》也被译为多国语言进行广泛传播。概而言之，新思想的网络传播，对内要把握好宣传工作的"时、度、效"，提升自身吸引力；对外要创新宣传方式，努力做到"中国立场，国际表达"，从而不断促进中国话语和世界话语的对话。

---

① 《习近平谈治国理政》第三卷，北京：外文出版社，2020年，第314页。

延安时期中国共产党青年理想信念教育的历史回望和经验启示

梅　腾[①]

摘要：延安是中国共产党人历久弥新的精神高地，延安时期青年理想信念教育成为共产党人政治教育的真经和宝典。延安时期青年理想信念教育以马克思主义教育、抗战救国信念教育和共产主义道德教育为抓手，通过崇高理想与阶段目标相结合、典型示范与警示教育相结合、组织引领与全面动员相结合、理论灌输与实践教育相结合等手段，培养了一大批革命的生力军，开创了中华民族伟大复兴的光明前程。回溯这段历史，总结其做法和经验，对于新时代青年的理想信念教育的深入开展具有重大的时代价值。加强对当代青年的理想信念教育，首要任务是与时俱进传播马克思主义，关键所在是增强党组织的领导支撑力度，精神所系是继承和弘扬传统优良作风。

关键词：中国共产党；延安时期；理想信念教育；青年

延安时期是中国共产党发展历史中面临形势最为复杂、任务最为艰巨的时期，也是中国共产党实现创新发展壮大的关键时期。中国共产党以高度的历史自觉和战略眼光争取青年，并以理想信念教育为抓手，全面赢得了青年。正

① 梅腾，国防大学国家安全学院副研究员，主要研究方向为马克思主义政治学。

如毛泽东指出的那样，“只有我们延安和各敌后抗日根据地的青年们根本不同，他们真是抗日救国的先锋，因为他们的政治方向是正确的，工作方法也是正确的”[①]。得益于此，中国共产党通过赢得青年进而赢得了中国革命，最终改变了中国历史走向，开创了中华民族伟大复兴的光明前程。回溯这段历史，总结其做法和经验，对于新时代青年的理想信念教育的深入开展具有重大的时代价值。

一、延安时期青年理想信念教育的主要内容

延安时期，中国共产党根据不同阶段党的事业需要，不断丰富和发展理想信念教育内容，对青年了解马克思主义、认同马克思主义、树立马克思主义信仰，运用到中国革命和建设的实践发挥了重要作用。

（一）马克思主义教育

马克思主义是科学的真理，是中国共产党得以成立的科学指南，是指导中国革命的思想武器。因此，马克思主义相关的理论、著作、故事等成为青年理想信念教育的主要内容。毛泽东曾在党的六届六中全会指出，“马克思列宁主义是一切革命者都应该学习的科学”[②]，并强调“普遍地深入地研究马克思列宁主义的理论的任务，对于我们，是一个亟待解决并须着重地致力才能解决的问题”[③]。1937年夏天，毛泽东针对党内存在的教条主义、本本主义、主观主义和经验主义的错误思想，总结大革命以来的经验教训，撰写了《实践论》和《矛盾论》两本著作，从哲学层面对马克思主义理论的世界观和方法论作了结合中国实际的阐释，极大推动和发展了中国化的马克思主义。这两部著作一经出版，就得到了众多青年的青睐，在青年之间迅速掀起了学习热潮，也成为党加

① 《毛泽东选集》第二卷，北京：人民出版社，1991年，第568页。
② 《毛泽东选集》第三卷，北京：人民出版社，1991年，第852页。
③ 《毛泽东选集》第四卷，北京：人民出版社，1991年，第499页。

强青年理想信念教育的经典读本和教材。

同时，还注重教育引导广大青年在掌握马克思主义理论知识要义的基础之上，更好掌握其思维方法和贯穿理论背后的精神实质，不断提高自身的思想觉悟与道德修养，使其能够在具体实践中加以灵活运用到中国革命实践、劳动生产、服务群众以及解决自身实际问题，其目的在于努力引导青年掌握基础的马克思主义理论，确立无产阶级世界观、人生观和价值观，在思想上、政治上、言论上和行动上向党组织靠拢，坚定共产主义的远大理想。

（二）抗战救国信念教育

日本全面侵华战争爆发，中华民族面临空前的危机，大批青年满怀热血奔赴延安，立志在共产党的领导下进行抗日。但是很多青年长期受“左”倾主义影响，错误地以为“革命的力量是要纯粹又纯粹，革命的道路是要笔直又笔直”①。即片面地追求革命队伍成分的单一性，而不是从最大程度团结青年大众的统一战线角度来思考革命队伍建设问题。为此，中国共产党通过召开青年座谈会和各种纪念活动等方式，让青年充分意识到团结最广泛群众力量的重要性，意识到统一战线是我们党取得革命胜利的一大法宝。同时，把中国共产主义青年团改造为民族解放性质的抗日救国青年团体，号召广大青年“对卖国汉奸要抱有无限的仇恨，同时对参加抗战的伙伴更要亲密的团结和互助”②。

抗日战争进入相持阶段，国民党政府消极抗战，掀起三轮反共高潮。中国共产党为巩固统一战线，提出“坚持抗战、团结、进步，反对妥协、分裂、倒退”的口号，组织一系列报告宣讲教育活动，教育引导青年看清形势，坚定抗战最终胜利的信念，动员青年与国民党政府进行“有理、有利、有节”的斗争，维护国共合作抗日成果。针对当时国内出现的亡国论和速胜论两种错误论

---

① 《毛泽东选集》第一卷，北京：人民出版社，1991 年，第 154 页。
② 中国青年社：《坚决反对汪逆卖国密约》，《中国青年》1940 年第 2 卷第 3 期。

断，中国共产党意识到必须采取措施防止其影响、干扰和误导青年抗战认识，遂积极组织青年深入学习毛泽东著作《论持久战》，帮助他们从思想上、理论上坚定抗战救国正确方向。抗战救国信念教育培育形成的共产主义理想，最大化地团结和凝聚了广大青年，为建立新中国奠定了深厚的人才基础。

（三）共产主义道德教育

共产主义道德教育旨在使无产阶级树立马克思主义道德观规定的道德素养和价值准则，是培养青年树立共产主义理想的必然举措。正如艾思奇在《共产主义者与道德》中所言，“共产主义者是进步、高尚的道德的模范，尤其是中国的共产主义者在民族抗战中表现出高尚的道德品质，积极践行为人民服务、大公无私的共产主义精神，用马克思主义的道德规范个人的品格和人格建设”[①]。在这里，实际已经囊括了共产主义道德教育的内容范畴，即共产主义精神教育和理想人格教育。

在共产主义道德教育中，最主要的体现在为人民服务的内容上，彰显着共产主义的理想旨归、思想觉悟和道德品质。延安时期，为教育广大青年为人民服务，毛泽东发表了《为人民服务》《愚公移山》和《纪念白求恩》等三篇著作，其内容都是通过择选为人民服务的榜样人物，启迪青年向先进典型看齐，弘扬和践行他们的崇高精神，并在全党全军全体青年中喊出了“为人民服务”的口号，要求全党尤其是广大青年做任何工作都要从维护人民群众利益出发，走群众路线，向人民群众学习，与人民群众紧扣在一起。通过共产主义的道德教育，广大青年秉持为人民服务的宗旨，积极投身于革命和建设的热潮，让革命队伍不断壮大和净化，克服了发展道路上的障碍。

① 《艾思奇文集》第一卷，北京：人民出版社，1983 年，第 407 页。

二、延安时期青年理想信念教育的方法体系

青年群体的理想信念教育是一项艰巨而复杂的系统工程，为了确保取得理想的教育效果，必须创新方法、多措并举。中国共产党客观分析了广大青年群体特殊的成长背景与家国环境，在宏观把握青年的所思、所想和所为的基础上，将原有的教育方法进行创新和完善，形成了一整套行之有效的方法体系。

（一）崇高理想与阶段目标相结合

延安时期的青年来源面极广，成分复杂，认知各异，对于马列主义、共产主义知之甚少，有的甚至闻所未闻。他们身上带有浓厚的个人主义，作风自由散漫，极易受到教条主义等错误思想影响。中国共产党直面这一严峻挑战，采取了针对性的教育和引导方式，让他们从没有理想的被动状态进行改造，树立了坚定的共产主义崇高理想，巩固了他们人民至上的理念和认知，最终将广大青年群体打造成为高举马克思主义光辉旗帜、听从指挥投身抗战的有生力量。

在充分遵循青年成长规律的前提下，中国共产党在延安时期对青年进行的理想信念教育注重根据不同阶段的主客观条件进行调适与规划，确保阶段性的纲领得以顺利宣传和落实到位。“一切中国共产党人，一切中国共产主义的同情者，必须为着现阶段的目标而奋斗”①，如果连阶段目标都实现不了，何以谈崇高理想和远大目标，只会在脱节和背离中陷入空想和虚幻。延安时期对青年的理想信念教育，都是紧紧围绕党的总路线、总方针、总任务而推进的。从土地革命时期的共青团到抗日战争时期的青年救国会，再到解放战争时期的新民主主义青年团，这些青年组织机构名称的变化实际上彰显出了不同时期青年运动的主题和面貌，而青年运动不仅是青年群体践行党的路线和任务的有效方式，推进了党在不同阶段的任务的完成，而且是检验中国共产党对其理想信念

① 《毛泽东选集》第三卷，北京：人民出版社，1991 年，第 1059 页。

教育效果优劣的重要载体和方式。

（二）典型示范与警示教育相结合

延安时期，对青年群体的理想信念教育仅靠说教是难以取得实效的，必须采用生动鲜活的典型教育方式，让他们从与榜样的对比中看到差距，激发学习的动力。毛泽东认为“典型本身就是一种政治力量”。在青年群体的理想信念教育方面，中国共产党主要采取了两种典型教育路径。第一种路径就是评选和宣传各行各业的先进典型，尤其重视革命英雄的评选和劳动模范的推选。中国共产党先后选树了优秀士兵张思德、国际共产主义战士白求恩，劳动英雄吴满有等典型，极大地激发了广大青年群体的崇敬之情。第二种路径就是发挥共产党领导人的榜样作用，让广大青年学习他们艰苦朴素、心系群众的优秀品质。

为了提升广大青年理想信念教育的效果，除去正面的示范激励，还应该发挥反面的警示惩戒效用。当时，在边区内引发震动的黄克功案就是典型反面教材，人民群众都很好奇中国共产党会如何处置这位既在革命中立功但又犯下不可饶恕罪行的“双面人”。毛泽东在给时任审判长的信中写道，“如为赦免，便无以教育党，无以教育红军，无以教育革命者，并无以教育做一个普通的人”[①]。黄克功被判死刑、刘立功被开除党籍、“改造二流子运动”等，给广大群众以警醒，更让广大青年群体见识到了共产党严明的纪律和不可撼动的威信。

（三）组织引领与全面动员相结合

延安时期，广大青年群体始终是党中央高度重视、诚挚关怀的对象。党中央多次召开专门的会议研究和讨论青年工作，先后建立青年救国会、西北青年救国联合会等组织。为了确保和推动青年运动朝着健康的方向顺利发展，毛泽东进行了大量理论思考，先后发表《五四运动》《青年运动的方向》《一二九运动的

① 《毛泽东选集》第二卷，北京：人民出版社，1991 年，第 39 页。

伟大意义》等重要理论成果，成为青年运动的科学指南，有力地促进了延安青年运动的蓬勃发展，为全国的青年运动指明了方向。同时，中国共产党注重对青年运动中出现的问题进行及时引导纠偏，为延安青年运动的健康科学发展保驾护航。1939年以后，青年救国会中滋生了青年主义的偏向和第二党的作风，对此，中共中央及时作出决议进行纠正，强调青年运动应该有组织上的独立性和青年工作的特点，不负家国使命，但必须始终遵从党的统一领导。

在民族危亡之际，抗日救国是所有爱国志士的心声，也是中国共产党的首要任务。中国共产党认识到为了让包括青年在内的广大民众的抗日热情与决心得到鼓舞，必须通过动员的方式，点燃他们心中的革命理想信念和坚韧不拔斗志。毛泽东在《论持久战》中指出，“如此伟大的民族革命战争，如没有深入的政治动员，是不能胜利的……如果忽视政治动员，就叫作‘南其辕而北其辙’，结果取消了胜利”①。历史事实最终证明，深入有效的政治动员是中国共产党进行理想信念建设的重要法宝，抗日战争时期的成功动员案例也标志着中国共产党理想信念教育取得了丰硕成果。

（四）理论灌输与实践教育相结合

延安时期，随着马克思主义的传播和弘扬，共产党内逐渐形成了理论联系实际的优良作风。中国共产党把这种作风嫁接到了青年群体的理想信念教育中，让青年群体既要学习理论知识，也要积极参与实践，做到知行合一。1938年4月，毛泽东在给延安高校广大青年群体授课时，给他们提出了两点要求，一是要强化马克思主义的理论学习，端正立场；二是要把所学的理论运用到学习、生活、劳动、革命斗争的各个方面。他告诫毕业生，学习有三个阶段，要上三堂课，“但是最重要的还是第三课，这便是到斗争中去学习，向实际学

① 《建党以来重要文献选编（1921—1949）》第十五册，北京：中央文献出版社，2011年，第418页。

习”①。

当时，部分高校已经将理论教育和生产劳动的结合作为重要的教育制度进行贯彻执行。其中，中国人民抗日军事政治大学（以下简称“抗大”）的学员加入挖窑洞的队伍中，为艰苦办学贡献力量，他们积极参加劳动的精神感动了斯诺，以至于他多年后仍然存有印象并认为，“这种高等学府，全世界恐怕只有这么一家”②。毛泽东对于抗大学员既重视理论知识的学习，又不忘投身于开荒种地的实践方式表示高度认可。1939 年，在纪念五四运动二十周年的纪念活动中，毛泽东讲道，“延安的青年们干了些什么呢？他们在学习革命的理论，研究抗日救国的道理与方法。他们在实行生产运动，开发了千亩万亩的荒地。开荒种地这件事，连孔夫子也没有做过”③。中国共产党推行的这种理论与实践相结合的教育方式，培养出了一批批意志坚定、品质优良、全面发展青年战士和革命接班人。

三、延安时期青年理想信念教育的当代启示

习近平总书记指出：“理想指引人生方向，信念决定事业成败。没有理想信念，就会导致精神上‘缺钙’，就会得‘软骨病’。”④ 广大青年作为中国特色社会主义事业的建设者和接班人，更应该树立坚定的理想信念。如何加强对当代青年的理想信念教育，是一项艰巨而又复杂的时代课题和世界难题。延安时期，中国共产党对青年理想信念教育的探索和成就，为新时代青年的理想信念教育的深入开展奠定了良好基础，提供了有效的科学路径借鉴和启示。

---

①《回忆毛主席》，北京：人民文学出版社，1977 年，第 245 页。
② ［美］埃德加·斯诺：《西行漫记》，北京：东方出版社，1991 年，第 559 页。
③ 《毛泽东选集》第二卷，北京：人民出版社，1991 年，第 568 页。
④ 中央文献研究室：《习近平关于青少年和共青团工作论述摘编》，北京：中央文献出版社，2017 年，第 31 页。

（一）首要任务：与时俱进发展传播马克思主义

没有坚定的科学信仰，就不可能有自觉的认知行动；没有深厚的理论沉淀，就不可能有强大的逻辑支撑；没有空间的拓展释放，就不可能有恒久影响。延安时期，中国共产党充分认识到了马克思主义学习和弘扬的重要性，掀起了一波又一波的学习热潮，最终凝聚起最磅礴的力量，夺取了抗战胜利。其对当前有着重要的启示，就是无论何时与时俱进发展传播马克思主义始终都是不容动摇的首要任务。

1. 坚定马克思主义的科学信仰。延安时期，马克思主义的理想信念融入共产党的各种政策和主张中，得到社会各界的普遍认可，建立起组织和武装人民群众的抗日民族统一战线，成为势不可挡的强大武器。当前，全面从严治党重点在于巩固和培育党员的马克思主义信仰，强化党的凝聚力和战斗力，让人民群众发自内心地信服党的政策主张、拥护党的领导，让马克思主义在更多的青年心中生根发芽。首先，要确保全面从严治党的内容全面科学无死角，将马克思主义的经典理论融入党的建设的各个方面；其次，要确保全面从严治党的主体对象被全覆盖，政策常态化，各级各地的青年党员都要严格遵循落实。最后，全面从严治党要强化青年党员之间、青年党员同青年群众之间的互动和联系，让青年群众成为全方位的答卷人。

2. 领会马克思主义的理论精髓。延安时期，面对严峻的内忧外患形势，中国共产党始终遵循马克思主义的科学指导，勇于摆脱定式思维，带领青年克服一个又一个看似无解的难题，创造了一个又一个让人惊叹的奇迹，取得了一次又一次卓绝的胜利。当前面临各种复杂的风险和考验，只有不断提升青年的马克思主义理论水平和方法素养，提高青年判断问题的敏锐力和解决问题的执行力，才能克服青年自身能力不足的缺陷。习近平总书记曾强调，“要把全面详细把握马克思主义的基本观点和理论看作是一项重要的看家本领”[①]，这实际上说明，只有强化青年对马克思主义的学习和理解，才能彻底掌握马克思主义的理论精髓，懂得在不同社会制度、不同发展道路的对比中知晓优劣、看清趋势，真正把理想信念树立在对马克思主义的科学理解上。

3. 拓展马克思主义的阐释空间。革命时期，个别同志对马克思主义基本原理照搬照抄，忽视了当时中国革命的实际，给革命事业带来了损失。进入新时代，必须将马克思主义与时俱进，放置到更新、更广的空间加以阐释，才能挖掘出更大的理论宝藏，也给未来社会的发展和预设提供更多可能性。必须立足中国当前发展的客观实际，融合哲学社会科学以及自然科学领域的最新成果，对马克思主义进行创新性解读，拓展其阐释空间，为更好地解决中国问题找到切实可行、科学高效的中国方案，进而为世界的发展贡献出中国智慧和中国力量。

（二）关键所在：增强党组织的领导支撑力度

没有党组织的聚合与协调功能，仅靠青年个人，是难以形成巨大的伟力，也是难以干大事、干成事的。延安时期，如若不是中国共产党的各级组织“堡垒”般稳固支撑，是不可能在如此艰苦的环境下将队伍从四万人扩充至八十万人，让青年成为革命的主力军的。由此可知，无论何时，都要注重增强党组织的领导保障力度。

1. 维护领导核心，坚定理想信念。党的领导核心的确立是历史的选择和人民的选择，以毛泽东为核心的党的第一代领导集体是在同错误思潮和反革命势力的斗争中逐步确立和成熟的。延安时期，广大青年群众在以毛泽东为核心的中国共产党的领导下，坚定理想信念，冲破一切艰难险阻，夺取了新民主主义革命胜利。今天，中国特色社会主义进入新时代，我们必须要更加紧密地团结

① 习近平：《在全国宣传思想工作会议上的讲话》，《人民日报》2013 年 8 月 21 日。

在以习近平同志为核心的党中央周围，自觉将个人追求融入伟大的中国梦中，坚持中国特色社会主义道路，围绕统筹推进“五位一体”总体布局和协调推进“四个全面”战略布局，为实现“两个一百年”奋斗目标和中华民族伟大复兴的中国梦而奋斗。为马克思主义科学信仰而战斗，为夺取在全国的胜利、实现大多数人的幸福而战斗。

2. 夯实支部建设，激活理想信念。延安时期社会基层党组织结构的完善为树立和激活理想信念提供了重要的组织保障。中国共产党在开展社会生产运动、整党整风运动、指挥军队作战、发展文艺的过程中，无不利用基层党组织的力量，真正发挥基层组织的凝聚团结作用，让党的意志真正得到贯彻和落实。当前，为了提升基层党组织的组织力，需要从三个方面着力：一是要加强政治建设，强化政治意识，用习近平新时代中国特色社会主义思想武装头脑，在思想上政治上行动上与党中央保持一致，引导青年严守政治纪律和规矩。二是要提高覆盖率，强化基层党组织的纵向延伸，创新基层党组织设置方式，让青年在思想上认同组织、政治上依靠组织。三是要建设一支政治过硬、群众拥护的干部队伍，加强基层干部的学习培训，强化对基层干部的监督管理，不断提高新时代党支部建设质量，引导广大青年自觉尊崇党章、遵守党规，做一名理想信念坚定的合格党员。

3. 纯洁青年思想，巩固理想信念。延安整风运动是我们党依靠自身力量坚定理想信念、修正错误思想的重要方法，有力地促进广大青年群众认知、理解和坚信共产主义，进而以激昂的状态和优良的作风投入革命实践中。改革开放以来，为了加强青年思想的先进性和纯洁性，我们党先后计划和开展了全面整党教育、党的群众路线教育实践活动、“不忘初心、牢记使命”主题教育实践活动等。新形势下，理想信念滑坡是最危险的滑坡，应根据广大青年群众的性格特征、兴趣爱好和价值取向，多渠道创造喜闻乐见的方式，适时采用生动鲜活的时代话语和运用通俗易懂的群众话语，阐述马克思主义理论，借鉴学习延安时期理论教育和实践教育相结合的模式，将思想政治教育内容融于具体的深受青年喜欢的文艺体育活动中，潜移默化、春风化雨，激发青年积极向上的动力和提升干事热情，凝聚共识，汇聚力量。

（三）精神所系：继承和弘扬优良传统作风

习近平总书记所指出：“伟大的延安精神教育和滋养了几代中国共产党人，始终是凝聚人心、战胜困难、开拓前进的强大精神力量。”① 因此，延安时期青年理想信念教育的优良作风永远不会过时，能够为广大青年提供思想粮食，为坚定青年群体理想信念提供精神引领。

1. 实事求是、理论联系实际的作风。延安时期，中国共产党鼓励广大青年尤其是青年党员干部身体力行去进行实地调查研究，结合实际思考解决问题。当前，青年教育主要是通过学校学习完成的。因此，要把实事求是、理论联系实际的作风，贯穿于各年龄阶段的课程教学中，教师在课堂上要常常融入与时事政治相关的内容，以培养青年思考问题结合实际情况的能力。教育部门也要鼓励学生走出课堂，走进社会。对于小学生与中学生，教师要在课外时间带领学生参加志愿者活动，例如访问养老院、社区服务、帮助环卫工人清理垃圾等各种活动，让学生在实践过程中得到最真切的体验，从小就树立起实事求是的意识。对于大学生、研究生以及博士生，教育部门要提供大量的社会实践项目，如暑期调研、“三下乡”社会实践活动、勤工俭学岗位等等，让大学生将课堂上所学的专业知识运用到现实工作当中。

2. 自力更生、艰苦奋斗的作风。延安时期，外有日军利用军事手段入侵解放区，内部面临国民党经济封锁，国家交通闭塞且经济严重落后。毛泽东提出

---

① 李铁映：《要有自己的历史观》，北京：人民出版社，2016 年，第 239 页。

“自己动手”的号召，并指出“中国的青年运动有很好的革命传统，这个传统就是‘永久奋斗’”[①]。在党中央号召下，广大党员、青年群众在边区开展了大生产运动。进入新时代，比起延安时期人民生活已经发生了翻天覆地的变化，但面对波云诡谲的国际形势，实现中华民族伟大复兴的中国梦依旧需要每一个人为之奋斗。习近平在党的十九大报告中指出：“全党一定要保持艰苦奋斗、戒骄戒躁的作风，以时不我待、只争朝夕的精神，奋力走好新时代的长征路。”[②]因此无论是过去、现在还是将来，必须要始终保持居安思危的意识，将自力更生、艰苦奋斗的优良作风传承发扬。将吃苦耐劳的独立精神融入自己的血液当中，融入实践当中，这是每一个共产党人必须坚守的政治本色，是每一个青年应该追求的价值方向。

3. 全心全意为人民服务的作风。延安时期，正是因为党中央始终把“为人民服务”的宗旨贯彻落实到实践当中，才获得了人民群众的拥护，为之后解放战争获得胜利打下了坚实的基础。毛泽东同志在为纪念张思德同志所作的《为人民服务》的演讲中指出：“我们这个队伍完全是为着解放人民的，是彻底地为人民的利益工作的。”[③]历史经验表明，只有坚持以人民为本位，才能带领人民实现民族复兴的伟业。现今，我们身处于一个承前启后、继往开来的新时代，习近平总书记多次强调党员干部要始终保持“为人民服务”的初心与作风。对于每一个青年而言，作为社会主义接班人，无论日后身处何种工作岗位，都要为人民利益而奋斗，全心全意为人民服务的精神因子要始终流淌当代青年血脉之中。

---

① 《毛泽东文集》第二卷，北京：人民出版社，1993 年，第 206 页。

② 中共中央党史和文献研究院、中央“不忘初心、牢记使命”主题教育领导小组办公室编：《习近平关于“不忘初心、牢记使命”论述摘编》，北京：中央文献出版社、党建读物出版社，2019 年，第 242 页。

③ 《毛泽东选集》第三卷，北京：人民出版社，1991 年，第 863 页。

改革开放以来思想政治教育政策的回顾与展望 *

刘爱玲 ①

摘要： 改革开放以来，党的思想政治教育政策经历了培养有理想、有道德、有文化、有纪律的时代新人，思想政治素质是素质教育实施中最重要的要素，社会主义核心价值体系逐步形成并引入思想政治教育，社会主义核心价值观成为培养人的核心内容四个发展阶段。思想政治教育政策与经济、社会发展具有统一性，马克思主义中国化的理论成果是思想政治教育政策创新的理论基础，思想政治教育政策、内容和目标具有与时俱进性。新时代思想政治教育政策的发展和完善，要以马克思主义中国化理论为指导，发挥科学理论的思想伟力，立足于百年未有之大变局，强信心、聚民心，强化思想政治教育一体化观念，创新和完善思想政治教育运行体制机制。

关键词： 改革开放以来；思想政治教育政策；政策回顾；政策展望

历史长河奔流不息、跌宕起伏。透过马克思主义的望远镜、显微镜回望中国共产党百年历程，中国共产党的百年历史是矢志践行初心使命的一百年，筚路蓝缕奠基立业的一百年、创造辉煌开辟未来的一百年。习近平总书记指出：

---

* 本文系中国社会科学院马克思主义理论研究和建设工程重大项目“中国共产党思想政治教育百年历程和经验研究”（2021MGCZDXXX）的阶段性成果。

① 刘爱玲，法学博士，中国社会科学院马克思主义研究院副研究员。

“回顾党的奋斗历程可以发现，中国共产党之所以能够历经艰难困苦而不断发展壮大，很重要的一个原因就是我们党始终重视思想建党、理论强党，使全党始终保持统一的思想、坚定的意志、协调的行动、强大的战斗力。”[①]思想政治工作是一切工作的生命线，在这百年历程中，中国共产党人之所以能够团结带领中国人民开辟伟大道路、创造伟大事业、取得伟大成就，最根本的原因是有马克思主义作为行动指南，这与我们党一贯重视思想政治教育工作密不可分。建党百年之际，对改革开放以来党的思想政治教育政策进行梳理，回望政策演进的历史轨迹、总结政策演进的一般规律，对于新时代加强和改进思想政治教育工作具有重要的理论和现实意义。

一、思想政治教育政策的演进

思想政治教育政策的发展和演进本质是满足思想政治教育服务经济、政治、社会、文化发展的现实需求和时代要求，呈现方式是思想政治教育目标的阶段性调整和教育内容的与时俱进性完善。改革开放以来，围绕不同阶段的经济、政治、社会、文化的发展实际，思想政治教育政策经历了结构性调整。

（一）1978—1992 年：培养有理想、有道德、有文化、有纪律的时代新人

1978 年 12 月，党的十一届三中全会围绕全党工作重点转移这一中心议题明确指出，“把全党工作的着重点和全国人民的注意力转移到社会主义现代化建设上来”，“注意把思想政治工作和经济手段结合起来”[②]。1979 年 3 月，邓小平发表了《坚持四项基本原则》的重要讲话，他指出：“我们要在中国实现四个现代化，

---

① 习近平：《在纪念马克思诞辰 200 周年大会上的讲话》，北京：人民出版社，2018 年，第 24 页。

② 《三中全会以来重要文献选编》（上），北京：中央文献出版社，2011 年，第 3 ~ 6 页。

必须在思想政治上坚持四项基本原则。这是实现四个现代化的根本前提。”①“如果动摇了这四项基本原则中的任何一项，那就动摇了整个社会主义事业，整个现代化建设事业。”② 党确立了“以经济建设为中心，坚持四项基本原则，坚持改革开放”的基本路线，从而在根本上端正了思想政治工作的方向，明确了思想政治工作的任务，实现了思想政治工作由长期以来为阶级斗争服务向社会主义现代化建设服务的历史性转变。基于这一指导方针，这个阶段，党中央对思想政治教育的重视程度明显提升，邓小平强调：“十年最大的失误是教育，这里我主要是讲思想政治教育，不单纯是对学校、青年学生，是泛指对人民的教育。”③ 中共中央、教育部、共青团中央等先后颁布 9 部政策文件（见表 1），对思想政治教育的价值指向、主要任务、教育对象、学科体系做了初步构建和完善。

表 1　1978—1992 年思想政治教育相关国家政策文件

序号	时间	政策文件	报告人或发文机构
1	1979 年 3 月 30 日	《坚持四项基本原则》	邓小平
2	1980 年 4 月 29 日	《关于加强高等学校思想政治工作的意见》	教育部、共青团中央
3	1984 年 4 月 13 日	《关于在十二所院校设置思想政治教育专业的意见》	教育部
4	1986 年 9 月 28 日	《关于社会主义精神文明建设指导方针的决议》	中共中央
5	1987 年 5 月 29 日	《关于改进和加强高等学校思想政治工作的决定》	中共中央
6	1988 年 12 月 25 日	《关于改革和加强中小学德育工作的通知》	中共中央

① 《三中全会以来重要文献选编》（上），北京：中央文献出版社，2011 年，第 78 页。
② 《三中全会以来重要文献选编》（上），北京：中央文献出版社，2011 年，第 86 页。
③ 《邓小平文选》第三卷，北京：人民出版社，1993 年，第 306 页。

续表 1

序号	时间	政策文件	报告人或发文机构
7	1989 年 6 月 9 日	《在接见首都戒严部队军以上干部时的讲话》	邓小平
8	1989 年 9 月 29 日	《在庆祝中华人民共和国成立四十周年大会上的讲话》	江泽民
9	1990 年 5 月 3 日	《爱国主义和我国知识分子的使命——在首都青年纪念五四报告会上的讲话》	江泽民

《关于加强高等学校学生思想政治工作的意见》为高等学校学生思想政治工作提出了系统性的指导意见，提出了学校思想政治工作要紧密结合为“四化”培养又红又专的社会主义专门人才这一中心任务，明确了学生思想政治工作的方法、教育原则以及思想政治教育的具体内容。《关于在十二所院校设置思想政治教育专业的意见》标志着思想政治教育开启了学科化建设历程，为思想政治教育实践提供科学理论指导。除此之外，教育部还陆续颁布了 5 个文件，分别对思想政治教育专业第二学士学位班、思想政治教育本科班、在职第二学士学位班、硕士生培养作出了要求。

《中共中央关于社会主义精神文明建设指导方针的决议》强调，“加强社会主义民主、法制、纪律的教育”[①]，“普及和提高教育科学文化”[②]，特别强调“坚持马克思主义在精神文明建设中的指导作用”[③]，为思想政治教育指明了方向。《关于改进和加强高等学校思想政治工作的决定》中进一步指明了高等教育的社会主义方向，“高等学校培养出来的大学生、研究生，应当有坚定正确的政

① 《十二大以来重要文献选编》（下），北京：人民出版社，1988 年，第 1183 页。
② 《十二大以来重要文献选编》（下），北京：人民出版社，1988 年，第 1185 页。
③ 《十二大以来重要文献选编》（下），北京：人民出版社，1988 年，第 1186 页。

治方向，爱祖国、爱社会主义，拥护共产党的领导，努力学习马克思主义；应当热心于改革和开放，有艰苦奋斗的精神，努力为人民服务，为实现具有中国特色的社会主义现代化而献身；应当自觉地遵纪守法、有良好的道德品质；应当勤奋学习，努力掌握现代科学文化知识。还要从他们中间培养出一批具有共产主义觉悟的先进分子"①。此外，还对改进学校思想政治工作的内容、形式和方法，加强教职工队伍的思想建设，建设马克思主义理论队伍和思想政治工作队伍，加强和改善对思想政治工作的领导，提出了具体要求。

（二）1992—2002 年：思想政治素质是素质教育实施中最重要的要素

随着改革开放的深入发展，社会主义市场经济体制的逐步建立，我国社会物质生活和精神生活领域发生了重大变化，社会主义精神文明建设在取得重大成绩的同时也出现了许多新情况、新问题。这一阶段邓小平理论被写进党章，"三个代表"重要思想逐步形成。立足处理物质文明和精神文明的关系问题，坚持毛泽东思想、邓小平理论和"三个代表"重要思想的指导，道德教育的作用愈发凸显。1992 年至 2002 年，中共中央、教育部等部门围绕社会道德教育下发了大量的政策文件，明确地指出思想政治教育的走向（见表 2）。党的十四大强调："把社会主义精神文明建设提高到新水平"②；党的十四届六中全会通过了《关于加强社会主义精神文明建设若干重要问题的决议》，对思想道德建设和科学文化事业作出了详细的部署。2001 年 9 月，中共中央颁布的《公民道德建设实施纲要》，围绕"社会主义道德建设"作出了系统的部署，强调"学校是进行系统道德教育的重要阵地"③。在社会主义精神文明建设氛围下，我国

---

① 《加强和改进大学生思想政治教育重要文献选编（1978—2014）》，北京：知识产权出版社，2015 年，第 70 页。

② 《十四大以来重要文献选编》（上），北京：人民出版社，1996 年，第 30 页。

③ 《十五大以来重要文献选编》（下），北京：人民出版社，2003 年，第 1987 页。

教育改革和发展中更加强调素质教育，而素质教育中最重要的是道德素养的提升，《中国教育改革和发展纲要》中共 12 次提到“德育”一词。

表 2　1992—2002 年思想政治教育相关国家政策文件

序号	时间	政策文件	报告人或发文机构
1	1992 年 10 月 12 日	《加快改革开放和现代化建设步伐，夺取有中国特色社会主义事业的更大胜利——在中国共产党第十四次全国代表大会上的报告》	江泽民
2	1993 年 2 月 13 日	《中国教育改革和发展纲要》	中共中央、国务院
3	1994 年 6 月 14 日	《在全国教育工作会议上的讲话》	江泽民
4	1994 年 8 月 31 日	《关于进一步加强和改进学校德育工作的若干意见》	中共中央
5	1995 年 11 月 23 日	《中国普通高等学校德育大纲》	国家教育委员会
6	1996 年 10 月 10 日	《关于加强社会主义精神文明建设若干重要问题的决议》	中共中央
7	1997 年 9 月 12 日	《高举邓小平理论伟大旗帜，把建设有中国特色社会主义事业全面推向二十一世纪——在中国共产党第十五次全国代表大会上的报告》	江泽民
8	1999 年 6 月 13 日	《关于深化教育改革，全面推进素质教育的决定》	中共中央、国务院
9	1999 年 6 月 13 日	《在第三次全国教育工作会议上的讲话》	江泽民
10	1999 年 9 月 29 日	《关于加强和改进思想政治工作的若干意见》	中共中央
11	2000 年 6 月 28 日	《在党中央召开思想政治工作会议上的讲话》	江泽民

续表 2

序号	时间	政策文件	报告人或发文机构
12	2001 年 7 月 1 日	《在庆祝中国共产党成立 80 周年大会上的讲话》	江泽民
13	2001 年 7 月 26 日	《关于普通高等学校“两课”教育教学中贯彻江泽民同志“七一”重要讲话精神的通知》	教育部
14	2001 年 9 月 20 日	《公民道德建设实施纲要》	中共中央
15	2002 年 11 月	《全面建设小康社会，开创中国特色社会主义事业新局面——在中国共产党第十六次全国代表大会上的报告》	江泽民

1994 年 6 月 14 日，江泽民同志在全国教育工作会议上发表讲话，强调“要抓紧对青少年学生的思想政治教育，培养有理想、有道德、有文化、有纪律的社会主义新人”“要针对改革和建设过程中出现的新情况、新问题，不断加强和改进学校的思想政治工作和政治课教育”。[①] 中共中央颁布的《关于进一步加强和改进学校德育工作的若干意见》从 25 个方面专门对学校德育工作进行了部署,《中国普通高等学校德育大纲（试行）》就高等学校德育目标、内容、原则、途径、考评、实施细则做了系统的部署。1999 年 6 月，中共中央、国务院颁布的《关于深化教育改革全面推进素质教育的决定》强调，“全面推进素质教育，培养适应二十一世纪现代化建设需要的社会主义新人”“实施素质教育，必须把德育、智育、体育、美育等有机地统一在教育活动的各个环节中”。[②] 这表明德育位于素质教育中的第一位。第三次全国教育工作会议具体讨

① 《江泽民在全国教育工作会议上发表重要讲话强调：国运兴衰系于教育，教育振兴全民有责》,《人民日报》1999 年 6 月 16 日。

② 《十五大以来重要文献选编》（中），北京：人民出版社，2001 年，第 859 页。

论了如何贯彻落实上述决定，江泽民同志发表讲话指出，“要说素质，思想政治素质是最重要的素质”“不断增强学生和群众的爱国主义、集体主义、社会主义思想，是素质教育的灵魂”。[①]《关于加强和改进思想政治工作的若干意见》基于新的历史条件，对思想政治工作进行了系统部署，强调“各级各类学校都要认真贯彻党的教育方针，坚持社会主义办学方向……全面推进素质教育”[②]。

党的十五大将邓小平理论写入党章，江泽民同志在党的十五大报告中指出，“要始终不渝地用邓小平理论教育干部和群众……培养德智体等全面发展的社会主义事业的建设者和接班人”[③]。他在党成立80周年大会上，深刻阐述了“三个代表”重要思想的科学内涵和基本内容，使“三个代表”重要思想实现了理论化和系统化。2001年7月26日，《关于普通高等学校“两课”教育教学中贯彻江泽民同志“七一”重要讲话精神的通知》提出，“贯彻‘三个代表’重要思想，是当前高校一项重要的政治任务”。2002年11月，党的十六大报告指出，“实行依法治国和以德治国相结合……开创中国特色社会主义事业的新局面”[④]，“坚持贯彻‘三个代表’重要思想”[⑤]，“切实加强思想道德建设……特别要加强青少年的思想道德建设”[⑥]。

（三）2002—2012年：社会主义核心价值体系逐步形成并引入思想政治教育

我国进入全面建设小康社会，加快推进社会主义现代化建设，开创中国特色社会主义的新局面，形成了以人为本的科学发展观，社会主义核心价值体系

---

① 《江泽民文选》第二卷，北京：人民出版社，2006年，第332页。
② 《十五大以来重要文献选编》（中），北京：人民出版社，2001年，第1045页。
③ 《江泽民文选》第二卷，北京：人民出版社，2006年，第33～34页。
④ 《江泽民文选》第三卷，北京：人民出版社，2006年，第534～536页。
⑤ 《江泽民文选》第三卷，北京：人民出版社，2006年，第536页。
⑥ 《江泽民文选》第三卷，北京：人民出版社，2006年，第560页。

逐步形成。这一阶段思想政治教育相关政策（见表 3）涉及了教育对象的思想观念、政治观点、道德规范、身心健康及教育者的素质、队伍等。

表 3　2002—2012 年思想政治教育相关国家政策文件

序号	时间	政策文件	报告人或发文机构
1	2003 年 10 月 14 日	《在党的十六届三中全会上的讲话》	胡锦涛
2	2004 年 8 月 26 日	《关于进一步加强和改进大学生思想政治教育的意见》	中共中央、国务院
3	2005 年 1 月 17 日	《在全国加强和改进大学生思想政治教育工作会议上的讲话》	胡锦涛
4	2005 年 2 月 7 日	《关于进一步加强和改进高等学校思想政治理论课的意见》	中共中央宣传部、教育部
5	2005 年 4 月 21 日	《关于整体规划大中小学德育体系的意见》	教育部
6	2006 年 3 月 12 日	《关于学习贯彻胡锦涛总书记讲话精神 切实加强社会主义荣辱观教育的通知》	中共教育部党组
7	2006 年 5 月 20 日	《普通高等学校辅导员队伍建设规定》	中华人民共和国教育部令
8	2007 年 10 月 26 日	《中共教育部党组关于教育战线认真学习贯彻党的十七大精神的通知》	中共教育部党组
9	2009 年 5 月 5 日	《中共教育部党组关于学习贯彻纪念五四运动 90 周年大会精神的通知》	中共教育部党组
10	2011 年 1 月 14 日	《国家中长期教育改革和发展规划纲要（2010—2020 年）》	教育部
11	2011 年 2 月 23 日	《普通高等学校学生心理健康教育工作基本建设标准（试行）》	教育部

续表 3

序号	时间	政策文件	报告人或发文机构
12	2012 年 2 月 27 日	《教育系统深入开展学雷锋活动实施方案》	中共教育部党组
13	2012 年 11 月 18 日	《关于教育系统认真学习贯彻党的十八大精神的通知》	中共教育部党组

党的十六届三中全会公报提出，要“坚持以人为本，树立全面、协调、可持续的发展观，促进经济社会和人的全面发展”①。2004 年 8 月 26 日，中共中央、国务院颁布的《关于进一步加强和改进大学生思想政治教育的意见》，要求大学生思想政治教育坚持以马克思列宁主义、毛泽东思想、邓小平理论和“三个代表”重要思想为指导，深入贯彻党的十六大精神，全面落实党的教育方针，紧密结合全面建设小康社会的实际，以理想信念教育为核心，以爱国主义教育为重点，以思想道德建设为基础，以大学生全面发展为目标，坚持以人为本，贴近实际、贴近生活、贴近学生，努力提高思想政治教育的针对性、实效性和吸引力、感染力，培养德智体美全面发展的社会主义合格建设者和可靠接班人。2005 年 1 月，加强和改进大学生思想政治工作的会议围绕理想信念教育、爱国主义教育、公民道德教育、素质教育回答了培养什么样的人、如何培养人的根本问题。教育部联合有关部委对高校思想政治理论课、大学生心理健康教育、高校辅导员班主任队伍建设、大学生思想政治工作测评体系等颁布了相关的决定和意见，发布了《关于整体规划大中小学德育体系的意见》。

党中央先后印发了有关文件，强调以社会主义核心价值体系引导育人的方向。《关于学习贯彻胡锦涛总书记讲话精神切实加强社会主义荣辱观教育的

① 《十六大以来重要文献选编》（上），北京：中央文献出版社，2005 年，第 465 页。

通知》要求引导青少年学生树立以“八荣八耻”为内容的社会主义荣辱观，切实加强青少年学生思想道德建设。《关于教育战线认真学习贯彻党的十七大精神的通知》要求坚定不移高举中国特色社会主义伟大旗帜，深入贯彻落实科学发展观，坚持育人为本、德育为先，把立德树人作为教育的根本任务，把社会主义核心价值体系融入国民教育和精神文明建设全过程。《关于学习贯彻纪念五四运动 90 周年大会精神的通知》认为，五四精神对在新形势下进一步加强和改进中小学德育和大学生思想政治教育工作、办好人民满意的教育具有重大指导意义。《教育系统深入开展学雷锋活动实施方案》是“推动学雷锋活动常态化，大力弘扬雷锋精神，促进社会主义核心价值体系建设”的具体行动方案。《关于教育系统认真学习贯彻党的十八大精神的通知》要求进一步落实立德树人的根本任务，将“倡导富强、民主、文明、和谐，倡导自由、平等、公平、正义，倡导爱国、敬业、诚信、友善”融入国民教育全过程。

（四）2012 年至今：社会主义核心价值观成为培养人的核心内容

党的十八大以来，中国特色社会主义进入新时代，全面建成小康社会进入决胜期，实现中华民族伟大复兴的中国梦，全面建设富强民主文明和谐美丽的社会主义现代化强国，培育和践行社会主义核心价值观成为教育的核心内容和主要任务。中国梦主题教育和培育社会主义核心价值观，成为新时代思想政治教育相关政策（见表 4）的主题。

表 4　党的十八大以来思想政治教育相关国家政策文件

序号	时间	政策文件	报告人或发文机构
1	2013 年 2 月 22 日	《关于在全国各级各类学校深入开展“我的中国梦”主题教育活动的通知》	中共教育部党组

续表 4

序号	时间	政策文件	报告人或发文机构
2	2013 年 5 月 4 日	《同各界优秀青年代表座谈时的讲话》	习近平
3	2013 年 5 月 4 日	《关于加强和改进高校青年教师思想政治工作的若干意见》	中共中央组织部、中共中央宣传部、中共教育部党组
4	2013 年 5 月 5 日	《关于教育系统学习贯彻习近平总书记五四重要讲话精神的通知》	中共教育部党组
5	2013 年 8 月 31 日	《关于在全国各级各类学校深入开展“爱学习、爱劳动、爱祖国”教育的意见》	中共教育部党组
6	2013 年 9 月 4 日	《关于在教育系统深入学习贯彻全国宣传思想工作会议精神的通知》	中共教育部党组
7	2013 年 11 月 28 日	《关于教育系统深入学习贯彻习近平总书记系列讲话精神的意见》	中共教育部党组
8	2013 年 12 月 23 日	《关于培育和践行社会主义核心价值观的意见》	中共中央办公厅
9	2014 年 3 月 30 日	《关于全面深化课程改革落实立德树人根本任务的意见》	教育部
10	2014 年 5 月 4 日	《青年要自觉践行社会主义核心价值观——在北京大学师生座谈会上的讲话》	习近平
11	2014 年 5 月 30 日	《从小积极培育和践行社会主义核心价值观——在北京市海淀区民族小学主持召开座谈会时的讲话》	习近平
12	2014 年 10 月 17 日	《关于在各级各类学校推动培育和践行社会主义核心价值观长效机制建设的意见》	中共教育部党组、共青团中央

续表 4

序号	时间	政策文件	报告人或发文机构
13	2015 年 7 月 27 日	《关于领导干部上讲台开展思想政治教育的意见》	中共中央组织部、中共中央宣传部、中华人民共和国教育部
14	2016 年 12 月 7 日	《在全国高校思想政治工作会议上的讲话》	习近平
15	2016 年 12 月 13 日	《关于学习贯彻落实全国高校思想政治工作会议精神的通知》	中共教育部党组
16	2019 年 3 月 19 日	《在学校思想政治理论课教师座谈会上的讲话》	习近平
17	2019 年 8 月 14 日	《关于深化新时代学校思想政治理论课改革创新的若干意见》	中共中央办公厅、国务院办公厅
18	2018 年 1 月 20 日	《关于全面深化新时代教师队伍建设改革的意见》	中共中央办公厅、国务院办公厅
19	2021 年 7 月 12 日	《关于新时代加强和改进思想政治工作的意见》	中共中央、国务院

《关于在“五四”期间深入开展中国梦宣传教育活动的通知》《关于加强和改进高校青年教师思想政治工作的若干意见》《关于教育系统学习贯彻习近平总书记五四重要讲话精神的通知》等都强调用中国梦筑牢青年师生的共同思想基础，教育引导青年师生坚定理想信念教育。《关于培育和践行社会主义核心价值观的意见》，明确了培育和践行社会主义核心价值观的重要意义和指导思想，提出了培育和践行社会主义核心价值观的具体部署，将其融入国民教育全过程，落实到经济发展和社会治理中，加强宣传教育、开展实践活动、加强组织领导。《青年要自觉践行社会主义核心价值观》《从小积极培育和践行社会主义核心价值观》《关于在各级各类学校推动培育和践行社会主义核心价值观长效机制建设》作出了青少年社会主义核心价值观培育的针对性部署。

2019年8月，中共中央办公厅、国务院办公厅印发《关于深化新时代学校思想政治理论课改革创新的若干意见》反复强调“全面推动习近平新时代中国特色社会主义思想进教材进课堂进学生头脑，把社会主义核心价值观贯穿国民教育的全过程”“系统推进中国特色社会主义中国梦教育、社会主义核心价值观教育”“积极传播马克思主义科学理论，弘扬社会主义核心价值观”等。

2013年8月，习近平总书记在全国宣传思想工作会议上作了题为《胸怀大局把握大势着眼大事，努力把宣传思想工作做得更好》的重要讲话，要求积极培育和践行社会主义核心价值观，全面提升公民道德素质，培育知荣辱、讲正气、作奉献、促和谐的良好风尚。2016年12月，习近平总书记在全国高校思想政治工作会议上发表的讲话是新时代高校育人的指南，他强调，“要坚持把立德树人作为中心环节，把思想政治工作贯穿教育教学全过程，实现全程育人、全方位育人”[①]。教育部党组颁布的《关于在教育系统深入学习贯彻全国宣传思想工作会议精神的通知》《关于教育系统深入学习贯彻习近平总书记系列讲话精神的意见》《关于学习贯彻落实全国高校思想政治工作会议精神的通知》，对培育和践行社会主义核心价值观作了具体的部署。中共中央、国务院《关于全国深化新时代教师队伍建设改革的意见》对教师理想和把握社会主义核心价值观，增强价值判断作出了具体要求。同时，这一阶段提出全程育人、全方位育人，即要求建立“大思政”格局。《关于领导干部上讲台开展思想政治教育的意见》要求“充分发挥领导干部在宣讲党的基本理论、基本路线、基本纲领、基本经验、基本要求和重大政策上的示范带动作用”，是构建“大思政”格局的具体策略。

① 《习近平谈治国理政》第二卷，北京：外文出版社，2017年，第376页。

二、思想政治教育政策演进的基本特征

回顾思想政治教育政策演进的历史进程，梳理政策变迁的基本规律，可以发现：思想政治教育政策的演变与经济、社会发展呈现出交互作用的变化性，思想政治教育理论的发展和完善同马克思主义中国化理论成果同向同行，思想政治教育目标建构、内容完善和实施方式与经济发展的现实需要相一致。

（一）思想政治教育政策与经济、社会发展具有的统一性

思想政治教育作为党的优良传统，在社会主义革命、建设、改革各个历史时期，都具有重要的地位和功能。思想政治教育政策的完善是保证教育改革和发展正确的政治方向，团结人民完成各项任务的中心环节，是社会主义精神文明建设的基础工程，也是促进人的全面发展的重要途径。思想政治教育政策演进既存在着稳定性的内容又随着社会主义经济建设、社会发展的变化而变化。思想政治教育政策的稳定性，表现在思想政治教育始终以马克思主义理论为指导思想，始终服务于社会主义建设者和接班人的培养。

党的十一届三中全会作出将党的工作重心转移到经济建设上来的重大决策，思想政治教育政策则实现了由服务阶级斗争向服务经济建设的转变，为社会主义经济建设提供了强大的智力支持。随着改革开放的深入发展、社会主义市场经济体制逐步建立，经济社会领域发展取得重大进展，人们物质生活水平极大提高，而精神生活领域出现了享乐主义、拜金主义等问题，资产阶级自由化思想和一些错误思潮削弱了主流价值观的培养。基于此，社会主义精神文明建设要求加强思想政治教育，明确我国教育的社会主义性质，进行爱国主义、集体主义、社会主义的主旋律教育，实现物质文明和精神文明“两手抓、两手都要硬”。中共中央提出构建社会主义和谐社会，形成科学发展观。以科学发展观为指导，思想政治教育内容更加突出人的全面发展，以推进社会发展和人的全面发展为目标，实现了社会价值和个体价值的统一。党的十八大以来，党

的思想政治教育工作服务于实现社会主义现代化国家和实现中华民族伟大复兴中国梦的战略布局，党的思想政治教育工作全面加强，群众性精神文明创建活动得到深化、担当民族复兴大业的时代新人得到培养，党的思想政治教育工作为巩固“四个自信”、统揽“四个伟大”、统筹推进“五位一体”总体布局、协调推进“四个全面”战略布局，提供了奋进的精神力量。

（二）马克思主义中国化的重大理论成果是思想政治教育政策创新的思想基础

马克思主义不是封闭的、禁锢的理论体系，而是一个与时俱进、不断发展完善、与各国实际和时代特征相统一的产物。中国共产党人带领中国人民在社会主义革命、建设、改革和发展的伟大实践中运用马克思主义的立场、观点和方法来解决中国问题，创立了毛泽东思想、邓小平理论、“三个代表”重要思想、科学发展观、习近平新时代中国特色社会主义思想，这是马克思主义中国化多次飞跃的重大理论成果，是思想政治教育政策理论创新的基础和前提。

改革开放以来，思想政治教育学科以马克思主义中国化的理论成果为指导，实现了思想政治教育政策的与时俱进与理论创新。为适应社会主义现代化建设需要，1985 年下发的《中共中央关于改革学校思想品德和政治理论课程教学的通知》（“85” 方案），对以马克思主义为指导的思想品德和政治理论课的课程设置、教学内容和教学方法改革提出了具体要求。1998 年，伴随着中国特色社会主义理论的不断发展和中国特色社会主义实践的深入，《关于普通高等学校“两课”课程设置的规定及其实施工作的意见》（“98 方案”）印发，其中确定“马克思主义理论课”以“毛泽东思想概论”和“邓小平理论概论”为主要内容。2005 年，中宣部、教育部联合印发《关于进一步加强和改进高等学校思想政治理论课的意见》（“05 方案”），规定了本、专科高等学校思想政治理论课的必修内容，“毛泽东思想、邓小平理论和‘三个代表’重要思想概论”为重要的四门必修课之一。此后，我国思想政治理论课教材经多次改版，“科学发展观”等一系列理论创新成果被写入教材。当前，“习近平新时代中国特色社会主义思想”在教材中的全面呈现，更是一件具有历史性意义的大事，标志着我国思想政治教育教材体系建设步入全新的境界，实现了思想政治教育政策同马克思主义中国化理论创新的统一。

（三）思想政治教育政策、内容和目标具有与时俱进性

思想政治教育内容具有一以贯之性，同时也具有与时俱进的特征。思想政治教育内容不是一成不变的，不同时代、不同社会需要对思想政治教育内容有不同的要求。改革开放以来，思想政治教育政策的演进映射了时代主题的转变、体现了时代精神，解答了时代课题。改革开放初期，思想政治教育要求进行系统的马克思列宁主义、毛泽东思想基本理论教育、革命理想教育、共产主义道德品质教育，着重进行坚持四项基本原则教育，聚焦于“五讲四美”文明礼貌活动的开展。改革开放中期，围绕社会主义现代化建设这个中心，结合经济、科技、教育等方面的改革，思想政治教育政策聚焦于社会主义精神文明建设，开展了共同理想教育、社会主义道德教育、民主法制教育。科学发展观的提出，要求思想政治教育政策要坚持以人为本，以深入学习和践行科学发展观为核心内容。党的十八大以来，全党开展了群众路线教育实践活动、“三严三实”专题教育、“两学一做”学习教育并使之常态化；党的十九大以来，全党又开展了“不忘初心、牢记使命”主题教育、党史学习教育，进一步丰富了党内思想政治教育的内容。中国特色社会主义进入新时代，创立了习近平新时代中国特色社会主义思想，思想政治教育政策的发展和完善要求以习近平新时代中国特色社会主义思想为指导，推动习近平新时代中国特色社会主义思想“进教材、进课堂、进头脑”。

思想政治教育培养目标、培养方式服务社会发展需要而不断发展和完善。思想政治教育体系最初的主体为学校德育体系，后来发展为以国家、学校、社会为合力的体系，到现在发展为“全员育人、全过程育人、全方位育人”的体系。思想政治教育培养目标体现了时代对受教育者的要求。党的基本路线确定后，思想政治教育的培养目标要求适应社会主义现代化建设需要，培养有理想、有道德、有文化、有纪律的社会主义新人。学习贯彻“三个代表”重要思想时期，思想政治教育政策确立了提升党员先进性的教育目标。坚持以人为本为核心的科学发展观，构建社会主义和谐社会，要求思想政治教育由注重社会发展转向将社会发展与人的全面发展相结合，突出促进人的发展为中心的培养目标。党的十九大报告指出，“要以培养担当民族复兴大任的时代新人为着眼点，强化教育引导、实践养成、制度保障，发挥社会主义核心价值观对国民教育、精神文明创建、精神文化产品创作生产传播的引领作用，把社会主义核心价值观融入社会发展各方面，转化为人们的情感认同和行为习惯”①。

三、新时代思想政治教育政策的发展趋势与完善路径

在中国共产党成立 100 周年之际，中共中央、国务院印发了《关于新时代加强和改进思想政治工作的意见》，为思想政治教育政策的发展和完善提供了基本遵循。思想政治教育政策的完善和构建要坚持以马克思主义基本理论特别是马克思主义中国化理论为引领，统一思想、凝聚共识，服务国家发展战略，为党和国家中心工作提供政治和思想保障，推进思想政治教育内容、方法的守正创新。

---

① 习近平：《决胜全面建成小康社会，夺取新时代中国特色社会主义伟大胜利——在中国共产党第十九次全国代表大会上的报告》，北京：人民出版社，2017 年，第 42 页。

（一）新时代思想政治教育政策要以马克思主义中国化最新理论成果为指导，充分发挥科学理论的理论伟力

马克思主义理论武装是我们党的政治优势和优良传统，中国共产党自建立之日起就坚持运用马克思主义的立场、观点、方法分析问题、解决问题。习近平总书记指出，中国共产党为什么能、中国特色社会主义为什么好，归根到底是因为马克思主义行！中国共产党建党百年来之所以能够完成近代以来各种政治力量不可能完成的艰巨任务，关键在于坚持马克思主义理论的指导，坚持把马克思主义的基本理论同中国革命实际相结合，在实践中不断推进马克思主义中国化、不断推进理论创新、不断实现理论创造。习近平新时代中国特色社会主义思想是当代中国马克思主义、21 世纪马克思主义，是马克思主义基本原理同时代特征和中国具体实际相结合的最新飞跃，是新时代最鲜活生动的马克思主义。习近平总书记关于思想政治教育的一系列重要论述是做好新时代思想政治教育工作的思想旗帜，是引领思想政治教育工作者育新人的精神旗帜。思想政治教育工作事关培养什么样的人、如何培养人和为谁培养人的根本性问题。习近平总书记在党的十九大报告中指出，要培养担当民族复兴大任的时代新人，“为人民服务，为中国共产党治国理政服务，为巩固和发展中国特色社会主义制度服务，为改革开放和社会主义现代化建设服务”[①]，系统回答了思想政治教育工作“谁来教”“为谁教”“怎么教”等重大现实问题，发展和创新了思想政治教育的基本理论，为新时代思想政治教育的创新发展提供了理论伟力。新时代，我们要用习近平新时代中国特色社会主义思想统一思想、统一意志、统一行动、完善政策，增强做好新时代思想政治教育工作的理论自觉和政治自信。

① 《习近平谈治国理政》第二卷，北京：外文出版社，2017 年，第 377 页。

（二）新时代思想政治教育政策要立足于百年未有之大变局，正确认识世界和中国发展大势，强信心、聚民心、筑同心

习近平总书记指出："当前，我国处于近代以来最好的发展时期，世界处于百年未有之大变局，两者同步交织、相互激荡。"[①] 把握历史规律才能坚定信念。我们要从社会主义思想源头和历史演进的500多年探索史中，从我们党领导中国人民探索中国特色社会主义伟大实践的百年奋斗史中，认识和把握中国特色社会主义道路发展的历史必然性，看清社会主义代替资本主义的历史必然性，引导人民树立为共产主义远大理想和中国特色社会主义共同理想而奋斗的决心和信心。

前途是光明的，但道路是曲折的，西方试图对我国进行意识形态渗透的图谋从未改变。新冠疫情暴发、经济下行、政治动荡三者不期而遇、"和声共振"，加剧了意识形态领域的不稳定性。新时代思想教育政策的制定要关注方法创新，"破""立"并举，用社会主义核心价值观统领多元多样多变的社会思潮。一方面要发扬斗争精神，拿起批判的武器，同错误观点和错误思潮做斗争。深入剖析西方所谓的"权力制衡"逐渐演变为"权力掣肘"，新自由主义造成疫情肆虐、党派博弈绑架国家利益的政治体制弊端和局限性。另一方面，要讲好中国的故事。讲好中国抗疫的故事，通过国内外抗疫实践比较，透彻分析中国共产党领导和中国特色社会主义制度的显著优势，展现中国人民和中华民族的伟大力量，展现中国负责任大国的自觉担当。在国际与国内的对比中，引导人们深刻认识中国共产党为什么"能"、马克思主义为什么"行"、中国特色社会主义为什么"好"，破解西方对我国的意识形态攻击与渗透，立中国特色社会主义形象，强信心、聚民心。

① 《习近平谈治国理政》第三卷，北京：外文出版社，2020年，第428页。

（三）新时代思想政治教育政策的完善要强化思想政治教育一体化观念，实现思想政治教育内容的融通

思想政治教育融入国民教育全过程，在层级跨度上包括各学段教育，在内容样态上包括各形式教育，在教育途径上包括各渠道教育。一是将思想政治教育贯穿至学前教育、义务教育、高中教育、高等教育学段。针对中小学生、大学生、工作者，要根据其不同特点、不同要求采取不同的培养方式。习近平总书记指出："应该同成年人不一样，要适应少年儿童的年龄和特点。我看，主要是做到记住要求、心有榜样、从小做起、接受帮助。"①二是将思想政治教育融入教育全过程。将思想政治教育融入课堂教学、校园活动、社会实践等教育教学全过程。运用校园活动进行思想政治教育，如知识竞赛、专题讲座、构建文明校园等，以学生喜闻乐见的活动形式，激发学生参与的积极性，深化学生对思想政治教育的认识和理解。运用实践活动进行思想政治教育，如参与共建和谐社区、参与政治活动，正确行使公民政治权利等，使学生在社会实践活动中将教育内容内化于心、外化于行。三是运用多种介质开展思想政治教育。思想政治教育介质包括教学活动、学校文化、学校媒体等，根据对象、环境等有针对性地选择教育介质。利用学校文化熏陶，立足学校的优良传统、校园风貌、校风校纪等，营造体现先进的校园文化，以实现对学生思想潜移默化的影响。

（四）新时代思想政治教育政策要注重创新和完善思想政治教育运行体制机制

创新和完善思想政治教育运行的体制机制，要求构建适应思想政治教育发挥作用的体制机制。一是构建思想政治教育协同体制机制。家庭、学校、社会三位一体协同开展思想政治教育工作。习近平总书记指出，"我们要重视家庭

① 习近平：《从小积极培育和践行社会主义核心价值观——在北京市海淀区民族小学主持召开座谈会时的讲话》，《人民日报》2014年5月31日。

搞建设，注重家庭、注重家教、注重家风，紧密结合培育和弘扬社会主义核心价值观，发扬光大中华民族传统家庭美德”①。学校是育人的基本途径和重要阵地，强调学校教育、育人为先，德智体美、德育为先，培育学生树立社会主义核心价值观。“一种价值观要真正发挥作用，必须融入社会生活，让人们在实践中感知它、领悟它。”②人的本质是一切社会关系的总和，人在社会活动，社会各组织、各团体应承担起开展思想政治教育的责任和义务。社会各组织、各团体在各级党委领导之下，通过宣传活动、实践活动等，让思想政治教育活动贯穿人的一生、充斥个体生活的每个角落。二是构建思想政治教育的调控体制机制。遵循人们思想观念的形成过程，即知情信意行的综合作用机理，综合社会环境各要素的作用机制，优化思想政治教育的主体、媒介环境等。思想政治教育的各项要求融入社会各类规章制度，包括各行各业规章制度，市民公约、乡规民约、学生守则等行为准则。三是构建思想政治教育的评价体制机制。制定科学的评价标准、奖惩方法，依据评价标准对具体的价值行为进行激励或者惩罚等。“各种社会管理要承担起倡导社会主义核心价值观的责任，注重在日常管理中体现价值导向，使符合核心价值观的行为得到鼓励、违背核心价值观的行为受到制约。”③“要充分发挥党和国家功勋荣誉表彰的精神引领、典型示范作用，推动全社会形成见贤思齐、崇尚英雄、争做先锋的良好氛围，”④以此构建思想政治教育的评价体制机制，培育和践行社会主义核心价值观。

---

① 《习近平关于社会主义文化建设论述摘编》，北京：中央文献出版社，2017年，第126页。

② 《习近平谈治国理政》第一卷，北京：外文出版社，2018年，第65页。

③ 《习近平关于社会主义文化建设论述摘编》，北京：中央文献出版社，2017年，第111页。

④ 《习近平对党和国家功勋荣誉表彰工作作出重要指示强调：发挥功勋荣誉精神引领典型示范作用，推动全社会见贤思齐、崇尚英雄、争做先锋》，《人民日报》2016年5月19日。

百年来中国共产党思想政治工作的创新历程与新时代使命

王　晶①

摘要：建党百年来，党的思想政治工作坚持以马克思主义为指导，围绕党的中心工作，不断进行理论和实践创新，创建了思想政治理论体系，探索出分众教育理念，大力推动载体创新，为中国特色社会主义新时代思想政治工作体系的构建提供了重要启发与借鉴。

关键词：思想政治；理论和实践创新；中国特色社会主义；建党百年

建党百年来，党的思想政治工作在新民主主义革命、社会主义革命与建设、改革开放和社会主义现代化建设新时期、中国特色社会主义新时代四个时期的伟大实践中，以马克思主义为指导，围绕党的中心工作，不断创新与发展，为中国革命、建设、改革和新时代中国特色社会主义事业发挥了“生命线”作用。

本文在相关历史资料梳理中，分析了思想政治工作在党的百年发展中的理论和实践创新经验，继而提出了构建中国特色社会主义新时代思想政治工作体系的参照框架。

---

①　王晶，中国社会科学院马克思主义研究院助理研究员。

一、中国共产党思想政治理论的创新历程

建党百年来，党的思想政治工作一直坚持将马克思主义作为理论基础和指导思想。1921 年，党的一大讨论通过《中国共产党第一个纲领》《中国共产党第一个决议》，为思想政治工作提供了基本遵循；大革命时期，党根据作战需要，发展了军队政治工作的理论，提出了思想政治工作的“生命线”理论，形成了“长征精神”，为党的思想政治工作奠定了基础；土地革命时期，党将宣传和政治工作的实践经验理论化，创新性地形成《古田会议决议》《反对本本主义》等理论文献，其中《古田会议决议》第一次较系统地阐述了党的思想政治工作的地位作用、目标任务、原则方法、组织领导以及队伍建设，“是党的思想政治理论形成的标志，也是指导党和军队思想政治教育的纲领性文件”。[①]

党的思想政治理论体系在总结全面抗战时期的实践经验中逐渐成熟。《关于军队政治工作问题》的报告对以往军队的思想政治工作理论问题和经验进行了系统总结，并形成较为完备的理论体系。这一时期毛泽东的《实践论》和《矛盾论》达到了马克思主义中国化的新的认识高度，为思想政治理论奠定了哲学基础。1944 年《毛泽东选集》出版发行，在全国引起广泛影响，党的七大号召全党掀起学习毛泽东思想的高潮。

新中国成立初期，毛泽东的《论人民民主专政》汲取实践经验，丰富和发展了马克思主义理论，强调思想政治要为国家政权服务。这一时期，思想政治工作的理论和实践交融发展：《关于宣传唯物主义思想批判资产阶级唯心主义思想的指示》提出确立马克思主义思想在学术界领导地位，并要求思想政治工作运用相关观点联系、解决实际中的重要问题；《关于正确处理人民内部矛盾的问题》为新时期思想政治工作面临的理论和实践问题提供了总方针和基本原

---

① 《中国共产党思想政治教育史》编写组编：《中国共产党思想政治教育史》，北京：高等教育出版社，2018 年，第 57 页。

则，是具有重要意义的纲领性文献。

“文化大革命”后，关于真理标准问题的大讨论，推翻了“两个凡是”的思想禁锢，使党的思想路线开始恢复。在拨乱反正过程中，出现了一股否定共产党的领导、否定社会主义制度的资产阶级自由化思潮，1979 年这股思潮刚冒头时，邓小平就作了《坚持四项基本原则》的讲话①；1983 年，邓小平在党的十二届二中全会上明确指出，“思想战线不能搞精神污染”②。可惜的是，反对资产阶级自由化方针未能得到认真的贯彻执行，资产阶级自由化思潮没有受到遏制，反而泛滥发展。③1989 年政治风波之后，邓小平在接见首都戒严部队军以上干部时指出，党的十一届三中全会、党的十三大制定的基本路线方针政策没有错，“如果说有错误的话，就是坚持四项基本原则还不够一贯，没有把它作为基本思想来教育人民，教育学生，教育全体干部和共产党员”④。邓小平的重要讲话，为政治风波后中国的改革发展和思政教育工作指明了正确方向，新的理论成果不断涌现。

首先，十一届六中全会通过的《关于建国以来党的若干历史问题的决议》肯定了毛泽东关于思想政治工作的一系列重要论断，为新时期思想工作提供了依据和指导。随后，党的十二大、十三大期间，思想政治工作创新发展，形成了邓小平新时期思想政治工作理论和社会主义精神文明建设理论。党的十三届四中全会以后，以江泽民同志为核心的党中央在全党掀起邓小平理论的学习高潮，并采取一系列措施，加强和改进了新形势下的思想政治工作。2000 年 1 月，

① 中共中央党史研究室：《中国共产党的 90 年》，北京：中共党史出版社、党建读物出版社，2016 年，第 768 页。

② 《中国共产党简史》，北京：人民出版社、中共党史出版社，2021 年，第 253 页。

③ 中共中央党史研究室：《中国共产党的 90 年》，北京：中共党史出版社、党建读物出版社，2016 年，第 768 页。

④ 《中国共产党简史》，北京：人民出版社、中共党史出版社，2021 年，第 269 页。

《毛泽东邓小平江泽民论思想政治工作》一书出版，为广大干部群众学习研究党的思想政治工作的基本理论提供了重要教材。[①] 党的十六大以后，以胡锦涛同志为总书记的党中央坚持以邓小平理论和“三个代表”重要思想为指导，深入贯彻落实科学发展观，开创出思想政治工作的新局面。党的十六届六中全会明确提出建设社会主义核心价值体系的战略任务，这是党在思想文化建设上的一个重大理论创新。

党的十七大的重大理论贡献是创造性提出并深刻阐释了中国特色社会主义理论体系，这个体系包括邓小平理论，“三个代表”重要思想和科学发展观等，为党的思想政治工作提供了新的理论和实践基础。《关于加强和改进思想政治工作的若干意见》和《关于改革开放和发展社会主义市场经济条件下军队思想政治建设若干问题的决定》等重要文件的出台，推进了新的条件下党的思想政治工作理论的新发展。

党的十八大以来，根据新形势新任务，思想政治工作紧紧围绕党的工作中心，不断进行理论和实践创新，形成了新时代中国特色社会主义思想政治理论教育体系。《习近平谈治国理政》《摆脱贫困》《习近平谈“一带一路”》等为新时代党的思想政治工作提供了根本遵循。习近平总书记指出：“马克思主义是在批判吸收人类全部知识的基础上产生并且随着时代、实践和科学的发展而不断丰富发展的，是人类迄今为止最先进的思想理论体系。没有马克思主义理论作支撑，思想政治工作就成了无源之水、无本之木。”党的十九届四中全会通过的《中共中央关于坚持和完善中国特色社会主义制度、推进国家治理体系和治理能力现代化若干重大问题的决定》，第一次把马克思主义在意识形态领域的指导地位作为一项根本制度明确提出，这是一次重大的制度创新。以马克思

① 《〈毛泽东邓小平江泽民论思想政治工作〉出版发行》，《人民日报》2000 年 2 月 18 日。

主义为指导，在实践中不断创新，是中国特色社会主义思想政治工作理论体系形成和发展的重要经验。

二、中国共产党在思想政治工作中的实践创新

创新是中国共产党思想政治工作的灵魂。建党百年来，党的思想政治工作坚持将创新精神融入革命与建设实践的全过程，在创新中不断充实和发展。

（一）根据形势变化不断调整工作任务

思想政治工作的基本任务，是保证党在社会主义时期中心工作和各项任务的顺利实现。建党百年来，思想政治工作一直在革命与建设实践中不断创新和发展。

新民主主义革命时期，为了扩大马克思主义在中国的影响，党在成立前后的基本任务是进行启蒙教育，并将理论用于实践，领导、组织工人阶级，成功开展了工人运动。大革命时期，为了反对北洋军阀统治，党的宣传工作的主要任务是扩大政治影响，争取群众，党的思想政治工作主要在黄埔军校和广大农民中展开。1935 年，日本制造华北事变，党及时制定抗日民族统一战线的新策略，围绕这一策略，党在全国动员民众投身抗战、宣传党的抗日战略方针。解放战争时期，党加紧在解放区进行两种前途和两个命运的形势和任务教育，同时在国统区发动爱国民主运动。

新中国成立后，国内外意识形态领域形势复杂，思想政治工作将抵制资产阶级“糖衣炮弹”、巩固新生政权作为重要任务。随后，党的中心任务由革命战争转向经济建设和科学文化建设，围绕这个中心，党开展了党内整风、抗美援朝、土地改革等一系列思想改造运动。1982 年，《中华人民共和国宪法》以最高法的形式明确规定了国家思想政治工作的根本目的和任务是“培养青年、少年、儿童在品德、智力、体质等方面全面发展”。十一届三中全会之后，根

据国家经济发展需要，思想政治工作的主要任务是为经济建设和改革开放服务。党的十三届四中全会以后，以江泽民同志为核心的党中央重视和加强思想政治工作，1999 年 9 月中共中央印发的《关于加强和改进思想政治工作的若干意见》指出，要把用邓小平理论武装全党、教育干部和人民作为思想政治工作的首要任务。党的十六大以后，国际国内形势发生深刻变化，加强和改进大学生思想政治成为全党全社会一项极为紧迫的重要任务，党中央为此下发了一系列文件，推动大学生思想政治工作的发展。

党的十八大以来，以习近平同志为核心的党中央审时度势、高瞻远瞩，高度重视党的思想政治工作。为了进一步推动思想政治工作，习近平总书记先后发表了一系列重要讲话，并将保障中国特色社会主义事业后继有人作为一项重大战略任务，对加强高校思想政治工作作出一系列重大部署。针对当前的高校思想政治工作，习近平总书记指出，“思想政治工作从根本上说是做人的工作，必须围绕学生、关照学生、服务学生，不断提高学生思想水平、政治觉悟、道德品质、文化素养，让学生成为德才兼备、全面发展的人才。”① 这一时期，党的思想政治工作的首要任务是深入学习贯彻党的十八大精神，深入学习宣传中国特色社会主义理论和习近平总书记系列重要讲话精神。

（二）分众教育的创新理念

根据不同时期的形势和任务需要，不同背景、不同思想政治工作对象的特征，党在实践中不断调整、大胆创新，探索出了分众化、精准化的思想政治工作模式。

党在成立初期，领导掀起了第一次工人运动高潮，思想政治工作的主要对象是工人群众，主要着重马克思主义理论的启蒙与宣传，提高工人阶级政治觉

① 《习近平首次点评“95 后”大学生》,《人民日报》2017 年 1 月 3 日。

悟。大革命时期，根据形势和需要，党加强了对青年学生、国民革命军、农民的思想政治工作重要性的认识，并通过培训、讲习等方式进行教育。土地革命时期，为了扩大群众基础，增加了对工人、苦力、流氓无产阶级、小手工艺者的宣传教育。

毛泽东的《中国社会各阶级的分析》一文具有里程碑的意义，它表明党开始有意识有目的地针对不同阶级开展思想政治工作。此后，思想政治工作的对象被加以详细划分，《古田会议决议》将教育对象具体划分为党员、士兵、群众和新兵、俘虏兵等①。

抗日战争爆发后，党的主要宣传教育对象是红军、工人、农民、学生、小资产阶级、民族资产阶级。党对他们进行了以统一战线为中心内容的形势任务教育，目的是建立民族革命统一战线。全面抗战中，思想政治工作的对象有了调整和扩大，主要对抗日根据地党内干部进行思想、政治、理论文化的教育，对抗日军政大学学生进行马克思主义理论、组织纪律、革命精神教育，对抗日根据地工人、农民、资本家、开明绅士等进行教育动员，对国统区国民党民主派、地方实力派、文化工商界人士、海外侨胞等进行民族意识和民族气节的教育。

新中国成立后，党的思想政治工作全面展开，相继进行了党员、知识分子（党内、党外、海归）、手工业者和私人工商业者、民族资产阶级、工人、农民、高校学生教育。针对新环境中部分党员思想变化，中共中央从 1950 年 5 月开始进行了三年多的整风和整党运动。社会主义改造完成后，社会主义教育成为思想政治工作的核心内容，并针对不同群体开展了理论教育、理想教育、民族精神、正确处理国家集体个人三者利益关系的教育、正确处理民主与集中、自由与纪律关系的教育等。

---

① 《中国共产党思想政治教育史》编写组：《中国共产党思想政治教育史》，北京：高等教育出版社，2018 年，第 55 页。

十一届三中全会后，邓小平强调，要特别加强领导干部和青少年的教育。这一时期广泛开展了社会主义初级阶段理论教育、党的基本路线教育、改革开放和形势政策教育。十四大之后，除了加强农村、军队思想政治工作、邓小平理论宣传教育之外，还积极探索了非公有制经济的思想政治工作。2000 年《关于在个体和私营等非公有制经济组织中加强党的建设工作的意见（试行）》，将党组织定位为“职工中的政治核心”，这是思想政治工作的一大创新。

十八大以来各级各部门着力抓好党员干部、公众人物、青少年、先进模范等重点人群的思想政治工作。习近平指出，要创新开展思想政治工作。处理好点、线、面的关系，既加强面的广泛覆盖、线的分类指导，又注意把工作做到每个点上，“一把钥匙开一把锁”，提高做好思想政治工作的本领。2011 年《关于加强和改进新形势下国有及国有控股企业思想政治工作的意见》、2015 年《关于新形势下军队政治工作若干问题的决定》、2017 年《关于加强和改进新形势下高校思想政治工作的意见》等文件，对加强不同领域和群体的思想政治工作作出规划部署。①

围绕党中央的规划部署，相关部门相继开展了习近平新时代中国特色社会主义思想、中国特色社会主义和中国梦、党的理论教育和党性、爱国主义、社会主义核心价值观等主题教育活动。2019 年的《新时代爱国主义教育实施纲要》《新时代公民道德建设实施纲要》为加强爱国主义教育、推进道德建设提供根本遵循。国内主流媒体围绕党和国家重大活动和决策，面向不同群体不断进行创新，成功开展了覆盖面广、传播力强的系列主题报道，如决战脱贫攻坚、疫情防控等，为新时代思想政治工作增添了异彩。

---

① 中共中央宣传部干部局编：《新时代宣传思想工作》，北京：学习出版社，2021 年，第 146 页。

（三）大力推动载体的创新

根据不同时期工作形势的需要和教育对象不同特征，党在每个时期的思想政治工作一直在努力发展新的载体形式，以达到良好的教育效果。

建党初期，思想政治工作主要是通过理性的、严肃的载体形式得以进行，例如通过《新青年》《前锋》《劳动周刊》扩大理论宣传、启迪工人觉悟，通过散发宣传单、口头演讲、组织夜校学习、组织工人运动等。大革命时期，思想政治工作是以授课或专业宣传为主，例如在黄埔军校讲课，对国民革命军培训、建立党代表和政治部，开办学生团体、举办农民运动讲习所、建立农民协会并成立农民通讯社、出版党报党刊等。在土地革命时期，思想政治工作的载体形式多为党报党刊、各种团体、传单、小册子等。这一时期，随着教育对象的扩大，出现了歌谣、黑板报等通俗易懂的载体形式。抗日战争时期，除了党报党刊宣传、演讲、张贴救亡标语、散发抗日宣传品之外，思想政治工作增加了许多艺术载体形式，尤其是1942年延安文艺座谈会后，在大规模群众性文艺活动中涌现出了秧歌、戏曲、小调、快板等明快活泼的民间载体形式。

新中国成立后，报纸、广播、图书、学校等宣传教育网络逐步建立和完善，党的思想政治工作形式更加灵活多样，如举办马列主义和毛泽东经典著作座谈会、学习班、短期训练班，组织知识分子和学生到农村、工厂参加生产劳动，以及运用乡土文学和小说、民乐、歌舞剧等文学艺术载体进行爱国主义教育等。

改革开放后，电视、网络、新媒体成为推行思想政治工作的重要载体。思想政治工作还与具体业务工作相结合、组织开展各项教育活动，宣传英雄模范、先进个人和先进集体，推出影视优秀作品和开展娱乐活动。

党的十八大以来，载体形式融合了传统元素与新技术的优势，建立了党员干部联系群众、联系学校、联系知识分子等制度，开展谈心谈话工作，面对面进行思想引导；健全用党的创新理论武装全党、教育人民工作体系，完善党委（党组）理论学习中心组等各层级学习制度；使用5G、大数据技术建设网络学习平台；推出系列新闻报道、举办名家讲坛、创作文艺作品、深入开展各类精神文明创建活动等。

三、新时代新使命：构建中国特色社会主义思想政治工作体系

以上党的思想政治工作在百年发展中的理论和创新经验，为中国特色社会主义新时代思想政治工作体系的构建提供了重要启迪，为中国特色社会主义新时代思想政治工作的创新提供了基本的思想遵循。

（一）加强中国特色社会主义意识形态理论建设

当前，世界正经历百年未有之大变局，原本以西方国家为主导的单极化政治和经济格局正向多个国家参与的多极化调整，国际环境更加复杂，不同文化思潮相互激荡，意识形态斗争形式更加多样。

以美国为首的西方国家，一直在利用各种途径和手段攻击或抹黑中国。一是在国际重大事件中充分利用时机、制造矛盾、公开操控舆论走向、直接干预事件的发展；二是将政治需要与商业利益捆绑，制造假新闻，炮制舆论热点，从各个方面发动对中国的攻击；三是利用非政府组织（NGO），以貌似客观的报告或数据进行诬蔑与攻击；四是借用文化活动或产品进行西方文化和价值观输出，散布不当言论腐蚀国人思想。

在这种国际形势下，党的思想政治工作的风险与机遇同在。风险在于中国正处于全面深化改革时期，社会结构、经济体制、利益格局发生深刻调整，思想文化领域的主流意识形态受到国外不同思潮的冲击与碰撞，开展思想政治工作的难度和变化增大。机遇在于，以习近平同志为核心的党中央把建设具有强大凝聚力和引领力的社会主义意识形态作为新时代坚持和发展中国特色社会主

义的一个重大命题，把坚持马克思主义在意识形态领域的指导地位作为一项根本制度明确提出和全面部署，并先后召开一系列重要会议，发表一系列重要讲话，指导、推动思想宣传战线全面落实意识形态工作。

因此，思想政治工作既要坚持马克思主义在意识形态领域的指导地位，“落实意识形态工作责任制，注意区分政治原则问题、思想认识问题、学术观点问题，旗帜鲜明地反对和抵制各种错误观点”[①]，同时，又要不断创新，探索一条做好新时代思想政治工作的路径。

（二）不断推进高校思想政治工作创新发展

以习近平同志为核心的党中央重视创新在思想政治课中的重要性。“办好思想政治理论课关键在教师，关键在发挥教师的积极性、主动性、创造性”“推动思想政治理论课改革创新，要不断增强思政课的思想性、理论性和亲和力、针对性”。[②]2019 年至 2020 年，中共中央办公厅、国务院办公厅、中宣部、教育部先后印发《关于深化新时代学校思想政治理论课改革创新的若干意见》《新时代学校思想政治理论课改革创新实施方案》，对完善思政课课程教材体系、建设思政课教师队伍、加强党的领导等提出具体措施；对大中小学思政课课程目标进行一体化设计，强化习近平新时代中国特色社会主义思想进课程进教材等。

全国大多数高校落实文件精神，建立了直属学校领导、独立的思想政治理论课教学科研二级机构，教师在提高政治素质、发展业务能力的同时，开展了丰富多样的教学模式，取得了良好效果。但仍需看到，当前高校思想政治工作正面

① 《中共中央关于坚持和完善中国特色社会主义制度 推进国家治理体系和治理能力现代化若干重大问题的决定》，《人民日报》2019 年 11 月 6 日。

② 《用新时代中国特色社会主义思想铸魂育人 贯彻党的教育方针落实立德树人根本任务》，《人民日报》2019 年 3 月 19 日。

临几个新的挑战：一是关于教育对象。生活在经济高速发展、信息发达的新时代，多数学生获取信息的渠道多样，活动范围广泛，眼界开阔，思维活跃，好奇心大，审美能力强，又处于青春叛逆期，陈旧死板的教学方式难以对其产生吸引力。二是关于教育环境。网络时代的来临、新媒体技术的普及，打破了以往高校封闭式的教学模式，使教学环境呈现开放式，课堂教学的内容和观点经常面临非主流的网络观点的冲击和影响，使教学效果事倍功半。此外，许多学生也受到了网络文化较强的冲击与影响，比如西方的虚拟游戏、影视作品、商业品牌、风俗节日等，导致他们热衷于国外的节日和品牌。三是关于教育内容。除了常规的思想理论教育内容之外，还有一些对重大突发事件及时的舆论引导和政治教育，这对高校教师的学术水准、政治和文化素养、反应能力、分析能力、沟通能力等提出了较高要求。四是关于教育方式与话语。如何将传统文化、经典理论以高校学生喜闻乐见的形式和语言呈现出来，是高校教师面临的较大挑战，等等。

2016 年 12 月 7 日至 8 日，习近平总书记在全国高校思想政治工作会议上强调，“教师是人类灵魂的工程师，承担着神圣使命。传道者自己首先要明道、信道。高校教师要坚持教育者先受教育，努力成为先进思想文化的传播者、党执政的坚定支持者，更好担起学生健康成长指导者和引路人的责任”①。作为教育者，首先要立足世界大势和中国经济发展大局，认识和把握党百年探索和发展的伟大实践和历史规律，不断提升自身的马克思主义理论水平、文化素养和道德素养，扩展观察视野，增强感知问题和分析时事的能力。其次，将传统历史文化与理论以艺术的方式融入教学，根据高校学生的理想、爱好、习惯，调整和改进教学内容、话语和方式，激励他们树立远大的理想和信念，引导他们正确认识看待国际变化趋势与中国发展特色，正确认识需要承担的时代责任和

① 《把思想政治工作贯穿教育教学全过程　开创我国高等教育事业发展新局面》，《人民日报》2016 年 12 月 9 日。

历史使命。

（三）构建主流意识形态引领的网络思想政治工作平台

复杂的国际形势，经济利益的多样化、社会组织形式和就业方式的多样化，带来一些新情况、新问题。同时，西方敌对势力借助网络手段加紧进行思想和政治方面的渗透。需关注网络发展的新动向，警惕西方敌对势力与境内敌对分子的相互勾结；重视和运用网络技术，扩大覆盖面，增加影响力，加强和创新互联网内容建设，掌握网络思想政治工作的主动权和领导权。

与高校思想政治工作不同，网络思想政治工作的环境和对象的情况更为复杂，良好教育效果的实现也更艰难。截至 2020 年 6 月，我国网民规模达 9.40 亿，农村网民规模为 2.85 亿，占网民整体的 30.4%。初中、高中 / 中专 / 技校学历的网民群体占比分别为 40.5%、21.5%，受过大学专科及以上教育的网民群体占比为 18.8%。[①] 从这些调查数据上看，有近三分之一的网民在农村，有三分之一多的网民学历在大专以下。这部分网民群体，信息辨识力有限，群体化、从众特征明显，网络素养、政治素养有待进一步培养和提高，是最容易被煽动和利用的网民群体。

网络思想政治工作对象的特征，影响了受众对网络媒介和内容的选择与使用，网络视频尤其是短平快的短视频成为占比最大的网络媒体。截至 2020 年 6 月，网络视频（含短视频）用户规模达 8.88 亿，占网民整体的 94.5%；其中，短视频用户规模为 8.18 亿，占网民整体的 87%；网络视频（不含短视频）、网络音频、短视频、网络音乐和网络游戏的使用时长依次为 12.8%、10.9%、

① 《第 46 次中国互联网络发展状况统计报告》，http://www.cac.gov.cn/2020-09/29/c_1602939918747816.htm。

8.8%、8.1% 和 6.6%。[①]

这些大量散布在网络中的网络视频、短视频，呈现出一种碎片化的存在形态，其中短视频主要由草根网民自娱自乐的生活片段构成，多元化的网络选择大大分散了网民的注意力，聚焦某一问题或事件的难度增大。此外，也不乏特殊政治目的的网民浑水摸鱼，通过散布虚假视频，妄图挑起网络冲突。这些复杂情况，增加了主流意识形态宣传和引导的难度。

习近平总书记强调，“要加强网上正面宣传，旗帜鲜明坚持正确政治方向、舆论导向、价值取向，用新时代中国特色社会主义思想和党的十九大精神团结、凝聚亿万网民，深入开展理想信念教育，深化新时代中国特色社会主义和中国梦宣传教育，积极培育和践行社会主义核心价值观，推进网上宣传理念、内容、形式、方法、手段等创新，把握好时度效，构建网上网下同心圆，更好凝聚社会共识”[②]。这为我们做好新时期网络思想政治工作提供了指南。

首先，围绕党的中心工作，研发、设计一批既蕴含主流意识形态又具有网民喜闻乐见的语言和形式的网络视频内容。“学习强国”学习平台是目前比较成熟的思想政治工作网络平台；国内其他主流媒体也在进行新的尝试，例如，在进行理论宣传的视频内容中增加趣味元素、创作正能量的网络神曲等。其次，以重大事件（尤其是重大突发事件）作为契机，有计划有系统地推行与党的中心工作、具体工作实践相结合的主流意识形态教育活动，全方位贯彻、渗透爱国主义教育、责任伦理教育、理想信念教育、法治意识教育等。最后，网络游戏是不容忽视的一个网络思想政治工作领域。截至 2020 年 6 月，网络游

① 《第 46 次中国互联网络发展状况统计报告》，http://www.cac.gov.cn/2020-09/29/c_1602939918747816.htm。

② 中共中央宣传部干部局编：《新时代宣传思想工作》，北京：学习出版社，2020 年，第 121 页。

戏用户达5.40亿，占网民整体的57.4%。手机网络游戏用户5.36亿，占手机网民的57.5%。目前网络游戏产品的质量良莠不齐，尤其是进口产品内容中附加了许多错误的思想和不良倾向，需要尽快开发出融入中华优秀传统文化的国产网络游戏产品。

（四）创作出激励人鼓舞人教育人的优秀文化作品

优秀的文化作品，不但具有宣传党的思想理论、弘扬中华传统美德、阐发时代精神和时代价值、推进社会主义精神文明建设等政治功能，还具有表达情感、传递情感、维系情感的桥梁作用，能够产生激励人、鼓舞人、教育人的巨大精神力量。

当前，相关部门相继开展了多种教育形式加强对党的重要理论的学习：一是由中宣部推出一大批宣传党的创新理论的普及读物和干部学习读本；二是发掘红色资源，发挥主流媒体优势，创作出一批优秀文艺作品，制作播出一系列政治导向正确、影响广泛的电视专题节目、影视剧，推出一批网文、音频、视频、动漫、H5等产品，甚至开通微信公众号，加强了对青少年的优秀传统文化、革命文化和社会主义先进文化的熏陶与教育；三是开展基层宣讲活动，组织理论专家用生动通俗的语言和形式阐述党的理论和政策，动员地方干部扎根基层，服务群众，形成了良好的宣传教育效果；等等。

习近平总书记强调，要加强传播手段和话语方式创新，让党的创新理论“飞入寻常百姓家”。当前的国际国内形势，要求我们进一步拓展文化空间，创作出更多的优秀作品，履行政治职责，进行精神熏陶。大致需要做这几方面的工作：一是以马克思主义为指导，以习近平新时代中国特色社会主义思想作为核心，以中华优秀传统文化和红色资源作为基础，主动引导广大干部和群众抵制、批判陈旧落后的思想观念，实现优良传统思想文化与思想政治工作的完美结合。二是推动文学文艺创新，创作出更多“接地气、传得开、留得下”的文学文艺和影视作品。习近平总书记指出，“要引导广大文化文艺工作者深入生活、扎根人民，把提高质量作为文艺作品的生命线，坚持把社会效益放在首位。”工作者须扎根社会基层，走进实践深处，发掘出贴近现实生活、表达人民心声、闪耀时代光芒、撼动人心的创作素材。三是创新文化作品的网络载体，采用青少年喜闻乐见的信息渠道、技术手段、艺术形式，将党的创新理论加以视频化、艺术化，尝试引入音乐、漫画、游戏元素，让知识传递、思想教育的方式更加生动、有趣、有效。四是在基层支持和推广文艺活动，用优秀的文艺作品阐释时代精神，讲好革命英雄和时代楷模的故事。

新时代大学生奋斗精神培育研究

上官苗苗[①] 张小秋[②] 李宗俊[③]

摘要： 奋斗是新时代大学生必备的精神品格。新时代大学生普遍认同奋斗精神，正以饱满的奋斗激情，投身奋斗实践，书写奋斗故事，但少数大学生在一定程度上存在奋斗精神淡化的问题，奋斗价值需进一步明确以增强奋斗的内生动力，奋斗目标需进一步清晰以找准奋斗的正确方式，奋斗毅力需进一步强化以保障奋斗的恒久致远。大学生奋斗精神的培育，要以习近平关于青年奋斗系列论述为引领，充分发挥思想政治理论课这门关键课程的主阵地主渠道作用，把奋斗精神融入思想政治理论课教学中，以奋斗精神滋养心脉，燃新时代大学生奋斗之志，以奋斗榜样领航前行，定新时代大学生奋斗之向，以奋斗实践磨砺成长，展新时代大学生奋斗之姿。

关键词： 新时代；大学生；奋斗精神；培育

习近平在2021年新年贺词中寄语人民："征途漫漫，惟有奋斗。我们通过奋斗，披荆斩棘，走过了万水千山。我们还要继续奋斗，勇往直前，创造更加

① 上官苗苗，法学博士，中国社会科学院马克思主义研究院助理研究员，主要研究方向为马克思主义理论与思想政治教育。

② 张小秋，法学博士，东北大学马克思主义学院副研究员，主要研究方向为马克思主义理论与思想政治教育。

③ 李宗俊，管理学硕士，共青团潍坊市坊子区委书记，主要研究方向为公共管理。

灿烂的辉煌！”[①] 奋斗精神是融刻在中华民族基因中的显著标识，是引领中华儿女团结一心共创美好未来的精神纽带，是推进中华民族实现伟大复兴的强大动力。习近平多次强调青年奋斗的重要性，指导和激励广大青年做走在时代前列的奋斗者。新时代大学生是社会中最有生气的力量，是国家发展的主力、时代变革的先锋，肩负重要历史使命。培育新时代大学生的奋斗精神，既是延续民族奋斗血脉，传承民族奋斗基因的必由之路，也是助力大学生成长成才，保证大学生更好地履行使命担当的必然要求。因此，要引领大学生将奋斗精神内化为必备的精神品格，把奋斗作为自觉的行为习惯和生活方式，以青春之我，奏响奋斗之歌。

一、奋斗是新时代大学生必备的精神品格

习近平强调，青年要“立鸿鹄志，做奋斗者”[②]。奋斗是新时代大学生最鲜明的精神品格，最宝贵的精神财富。新时代大学生要在奋斗中成就自我、回馈家庭、奉献国家，担当青年责任，践行青年使命。

（一）奋斗于己：成就自我的必由之路

第一，奋斗是青春出彩的底色。青春在四季中是草木青绿茂盛的春季，在人生中是最珍贵的年华，是一个人最富活力充满激情的时期。青春也是确立正确的人生方向，孕育远大理想的最佳时期。某种意义上说，青春时期的发展为整个人生的发展奠定了基调。青春更是挖掘生命潜能的关键时期，学知识、生智慧、长本领，有青春时期的沉淀积累，才有未来的厚积薄发。每个人的青春

① 《国家主席习近平发表二〇二一年新年贺词》，《人民日报》2021 年 1 月 1 日。

② 习近平：《在北京大学师生座谈会上的讲话》，北京：人民出版社，2018 年，第 12 页。

只有一次，如何让有限的青春更有意义，习近平指出："青春是用来奋斗的。"[①]新时代大学生要努力奋斗，去追逐理想，为青春确定航向；苦练本领，给青春插上翅膀；不负时光，让青春精彩绽放。第二，奋斗是人生幸福的密码。奋斗能够带给人们无限的机遇和可能，让人们对人生充满期待，但同时奋斗的过程又是艰苦曲折的，奋斗路上的困难和阻碍能够磨砺大学生的意志品质，锻炼他们的实践能力，使他们在拼搏中成长。成功靠奋斗来实现，要经历辛苦的付出才会收获成功的果实，因此奋斗的苦更能够映衬成功的甜，尤其是当这些果实能够用作帮助他人、贡献社会的时候，能让奋斗者体会到更大的价值感、获得感和成就感。正如习近平所讲的"奋斗者是精神最为富足的人，也是最懂得幸福、最享受幸福的人，只有奋斗的人生才称得上幸福的人生"[②]。大学生通过奋斗能够拓展生命宽度，实现人生价值，体验人生幸福。第三，奋斗是理想实现的途径。理想是对人们的要求、向往和期待的集中表达，它根植于现实又高于现实。理想不会自动实现，需要人们通过实践行动将其转化为现实，而在实践的过程不是一帆风顺的，通往理想的道路是布满荆棘坎坷的，这需要大学生具备艰苦奋斗的精神，在实现理想的途中"遇山开路，遇水搭桥"，不怕吃苦，不怕牺牲，勇敢执着，这样才能披荆斩棘，所向无敌。

（二）奋斗于家：美满家庭的坚实基础

习近平指出，"家庭是社会的细胞。家庭和睦则社会安定，家庭幸福则社会祥和，家庭文明则社会文明"[③]。建设美满家庭，需要大学生积极奋斗。第一，以奋斗实现家庭期待。大学生是家庭的希望和未来，承载了家庭的期待。随着

① 《习近平谈治国理政》，北京：外文出版社，2014 年，第 54 页。

② 习近平：《在二〇一八年春节团拜会上的讲话》，《人民日报》2018 年 2 月 14 日。

③ 《动员社会各界广泛参与家庭文明建设推动形成社会主义家庭文明新风尚》，《人民日报》2016 年 12 月 13 日。

人们观念的不断进步，以“望子成龙”为代表的过度式期待有所改观，父母从根本上是期望孩子持有积极的人生态度，有面对困难与挫折的勇气，掌握安身立命的知识和本领，有长远发展的潜力，获得幸福的生活和有价值的人生，而这些都需要大学生通过奋斗来实现。第二，以奋斗履行家庭责任。在人生不同阶段人们履行家庭责任的方式会有所区别，但是爱护家人、建设家庭的初衷始终不变。大学生在求学阶段努力奋斗，既能使家人在心理上得到安慰并引以为傲，也能通过诸如勤工俭学、获得奖学金等方式，适当地减轻家庭经济负担。读书期间努力奋斗对人生发展有重要的奠基作用，为将来能更好投入工作、开创事业做铺垫，同时也为能更好地赡养父母，改善家人的物质生活，丰富家人精神生活，提升家庭的幸福感创造条件。第三，以奋斗塑造良好家风。“天下之本在家”，如果每个家庭都是积极向上的，社会和国家就会充满动力。家风对人的影响至关重要，良好家风需要传承、巩固和发展。大学生要传承中华民族传统家庭美德，以奋斗来塑造良好的家风，用奋斗精神感染家人，提振家人的拼搏热情，以奋斗实践带领家人，引导家人投身伟大事业。以奋斗精神积极引领家风建设，弘扬家庭正能量，以优良家风带动形成好的社会风气。

（三）奋斗于国：民族复兴的精神动力

伟大的事业需要伟大的奋斗精神作为理论指导和实践指南。当前我们党和国家各项事业取得的伟大成就都是依靠党领导人民艰苦奋斗得来的，我们感到骄傲的同时也要清楚地认识到，“中华民族伟大复兴，绝不是轻轻松松、敲锣打鼓就能实现的。全党必须准备付出更为艰巨、更为艰苦的努力”[①]。全国人民必须通过齐心协力艰苦奋斗来圆梦，大学生更要感应时代召唤，积极投身民族复兴伟业。第一，大学生要接续奋斗，走好新时代的“长征路”。民族复兴之

① 习近平：《决胜全面建成小康社会，夺取新时代中国特色社会主义伟大胜利》，《人民日报》2017年10月19日。

路是一代又一代人接力奋斗之路，当接力棒递到大学生手中，大学生要自觉担当，运用本领，施展才华，打破纪录，刷新成绩。第二，大学生要顽强奋斗，展现当代青年新作为。“当今世界正经历百年未有之大变局，我国正处于实现中华民族伟大复兴关键时期，我们党正带领人民进行具有许多新的历史特点的伟大斗争，形势环境变化之快、改革发展稳定任务之重、矛盾风险挑战之多、对我们党治国理政考验之大前所未有。”[①] 民族复兴之路也是披荆斩棘之路，因此，大学生要有直面困难的勇气，扫除障碍的锐气，锲而不舍的决心，水滴石穿的恒心，用顽强奋斗开启时代新篇章。第三，大学生要团结奋斗，凝聚圆梦新力量。中国梦是中国人民共同的梦想，具有强大的凝聚力。中国梦实现的根基在人民，需要全国人民勠力同心。马克思曾说，“历史承认那些为共同目标劳动因而自己变得高尚的人是伟大的人，经验赞美那些为大多数人带来幸福的人是最幸福的人”[②]。大学生要以光荣梦想为价值导向，团结奋斗，汇个人之光，聚民族之辉，为民族复兴伟业展现自己的青春热情，贡献自己的青春力量。

二、新时代大学生奋斗精神的现实审视

新时代大学生普遍认同奋斗精神，正以饱满的奋斗激情，投身奋斗实践，书写奋斗故事。2019 年 4 月 30 日新华社新媒体发布的《这些数据告诉你，现在的大学生都在想啥！》一文显示，“奋斗”是当代大学生群像的关键词之一，并且 93.1% 的受访者希望“好好学习，从事理想工作”“通过创新、创业等方式实现人生价值”。92.18% 的受访者认为奋斗精神是新时代大学生应当具备的品质。而在现实中也是如此，新时代大学生正在把青春理想、人生价值熔铸在

---

① 习近平：《在“不忘初心、牢记使命”主题教育总结大会上的讲话》，北京：人民出版社，2020 年，第 12 页。

② 《马克思恩格斯全集》第四十卷，北京：人民出版社，1982 年，第 7 页。

踏实奋斗当中，有人携笔从戎，投身强军伟业；有人赴边支教，播撒知识和希望；有人勇斗病魔，自强不息地抗争；有人自主创业，为梦想打拼；有人扎根农村，助推精准扶贫；有人勤奋苦读，涌现学霸宿舍。新时代大学生用自己的奋斗精神和奋斗实践证明，他们是可爱的、可信的、可靠的、可敬的，但我们在欣慰之余，仍不能忽视当前少数大学生一定程度上仍存在奋斗精神淡化的问题，主要体现为：

（一）奋斗价值需进一步明确以增强奋斗的内生动力

奋斗要志存高远，“心有所信，方能远行。”奋斗需要坚定的价值支撑，才会产生源源不断的内生动力。当前少数大学生奋斗动力不足，比如有的大学生因长期被家长安排，而缺乏独立意识，甚至会产生一定的依附心理，欠缺对人生的自主规划和主动奋斗的勇气。有的大学生的思想受到诸如泛娱乐主义，消费主义等不良社会思潮的冲击，出现了认知和行为的偏差，让“青春不乐，以上白过”的错误人生观有机可乘，被盲目、过度、超前、攀比等消费心理所误导。也有的大学生受到“丧文化”的影响，以自我麻痹为宣泄压力的途径，用“我差不多是个废人了”“我太难了”来表达焦虑和无力，用“佛系”来掩饰不积极、不坚持、随波逐流的人生态度，在一定程度上消解了奋斗的意义。也有人崇拜“锦鲤”，羡慕“躺赢”，幻想成为一条不劳而获的幸运“咸鱼”。消极怠惰会荒废青春，过度享乐会丢失自我，上述现象存在的最根本原因在于少数大学生奋斗价值不够明确导致奋斗动力不足，大学生只有明确“为什么去奋斗”，并把奋斗同自我发展、家庭幸福、民族复兴、时代进步等结合在一起，才能达到奋斗自觉。大学生只有深知“为谁去奋斗”，要把个人奋斗同人民幸福以及共创美好生活结合起来，才能增强奋斗的内生动力。习近平指出“同人民一道拼搏，同祖国一道前进，服务人民、奉献祖国，是当代青年的正确方向”[1]，大学生只有在奋斗中坚守人民立场，葆有为民情怀，奋斗的分量和人生的意义才会最大地彰显出来。

（二）奋斗目标需进一步清晰以找准奋斗的正确方式

奋斗要脚踏实地，积跬步以至千里。当前大学生普遍对奋斗有想法、肯努力，但是少数大学生对奋斗目标缺乏清晰的定位，以至于找不准奋斗的正确方式。有的大学生把奋斗目标定得过高，并且把确立过高的目标视为“有出息”“有追求”的表现，殊不知缺乏稳扎稳打的积累，过高的目标短时期很难转化成现实，也很容易消磨自己的耐心和信心。有的大学生的奋斗目标不稳定，总是在变，做事情希望收到立竿见影的效果，如果做一件事短期内没有收到预想的回报，随即将精力转投他处，以至于投入精力的事情杂多而不精，想做的事情多但是能做成的事情少。有的大学生在确立奋斗目标时没有很好地结合自身实际，具有一定的盲目性，比如见到成功的案例急于效仿，见到失败的案例不加考虑地躲避，缺乏对自身特点的准确认知和综合分析，尚不能做到充分发扬自身优势，规避自己不足，确定适合自己的奋斗目标。也有的大学生在确立奋斗目标时容易受到功利主义的影响，甚至把“有用至上”当成行为准则，忽视了夯实自身基础，不利于自身长远发展。总之，上述现象的存在源于一些大学生对奋斗缺乏深刻的认识，奋斗是要一步一个脚印，融汇在平凡的具体的小事当中，通过量的积累，才能达到质的飞跃。奋斗要久久为功，持续进行，稳住得心神，经受住考验才能看得见繁华。奋斗因人而异也要因人制宜，每个人都有适合自己的奋斗之路。因此，确立清晰的奋斗目标，奋斗才有抓手。大学生奋斗过目标的确定要“志存高远、脚踏实地”，勇立大志，不负青春、不负国家、不负人民。善做小事，甘于吃苦、甘于平凡、甘于奉献。

---

① 《习近平给河北保定学院西部支教毕业生群体代表回信》，《人民日报》2014 年 5 月 4 日。

（三）奋斗毅力需进一步强化以保障奋斗的恒久致远

奋斗要不畏艰难险阻，“锲而不舍，金石可镂”。当前少数大学生奋斗毅力仍需进一步强化，要提升他们面对困难的勇气和对抗挫折的能力，强化他们持续奋斗的决心。有的大学生因为没有考入理想的大学而陷入失落，在遗憾和叹息中混混度日，有的大学生面对大学学习和生活环境的新变化难以适应，产生悲观甚至厌学情绪，有的大学生不知如何正确地对待恋爱以及处理不好恋爱、学业和生活的关系，一度陷入情感苦楚，有的大学生过度忧虑未来，抵御不住就业的压力，择业中受几次挫折，便开始逃避，也有的大学生进入大学之后就自认为进了“安全屋”，开始“放任自我”，沉迷娱乐，对待学习得过且过。2017 年华中科技大学 18 人因学分不达标本科转专科，教育部高等教育司司长吴岩表示：“现在大学里，有些学生醉生梦死，这样是不行的。”2018 年，《人民日报》微信公众号曾发文《沉睡中的大学生：你不失业，天理难容》，批判那些在象牙塔里虚度光阴的大学生。目前已有多所高校对不合格的本科、硕士、博士进行清退处理，他们中的很多人曾经为了考入理想的大学，废寝忘食地努力过，然而在最应该接续奋斗的时候，却选择了安逸和享乐。归根到底，这些大学生没有认识到奋斗是一个长期的艰苦的过程，只有直面困难，接续努力，才能抵达理想的彼岸。正如习近平指出，“奋斗是艰辛的，艰难困苦、玉汝于成，没有艰辛就不是真正的奋斗，我们要勇于在奋斗中净化灵魂、磨砺意志、坚定信念”①。

三、新时代大学生奋斗精神培育的具体路径

新时代大学生奋斗精神的培育，要以习近平关于青年奋斗系列论述为引领，充分发挥思想政治理论课这门关键课程的主阵地主渠道作用，把奋斗精神

① 习近平：《在 2018 年春节团拜会上的讲话》，《人民日报》2018 年 2 月 15 日。

融入思想政治理论课教学中，追本溯源，打牢奋斗精神的坚实根基，以奋斗精神来凝聚大学生的奋斗力量。生动叙事，发挥奋斗故事的感染作用，以奋斗楷模来领航大学生的奋斗方向。强化锻炼，开启奋斗实践的锻造功能，以奋斗实践来磨砺大学生的奋斗毅力。

（一）以奋斗精神滋养心脉，燃新时代大学生奋斗之志

以奋斗精神激发大学生的奋斗信心，点燃他们的奋斗火焰，唤醒他们的奋斗热情。奋斗精神内含在中华民族的基因中，延续在党领导人民革命、建设和改革的历史进程中，存在于中国人民的具体实践中，所以我们要以中国传统文化中的奋斗精神，中国共产党的奋斗精神，中国人民的奋斗精神为养料，滋养新时代大学生的心脉，培育新时代大学生的奋斗情怀。第一，以中华优秀传统文化中的奋斗精神来唤醒大学生的奋斗基因。中华民族几千年生生不息的发展史也是一部可歌可泣的奋斗史，奋斗精神是民族精神的重要内容，是我们最宝贵的财富。传统文化中奋斗精神的内涵极为丰富，如顾炎武言："天下兴亡，匹夫有责"，道出了中国人心系国运，为国尽忠的奋斗立场；《周易》云："天行健，君子以自强不息"，诠释了中国人不畏艰难，顽强拼搏的奋斗勇气；张载言："贫贱忧戚，庸玉汝于成也"，体现了中国人吃苦耐劳，坚持不懈的奋斗意志；而无论是夸父逐日、大禹治水、愚公移山、精卫填海等典故，还是孙子膑脚、兵法修列，司马迁忍辱负重而著《史记》，张骞历经艰辛开拓丝绸之路等真实故事都为后来人树立了奋斗典范。因此，要引领大学生深入学习优秀传统文化，汲取其中的奋斗精神。第二，以中国共产党恢宏的奋斗史诗来感召大学生奋斗信念。习近平在党史学习教育动员大会上指出，"学史明理、学史增信、学史崇德、学史力行，学党史、悟思想、办实

事、开新局”[①]。党在克服重重困难中诞生，敢为人先，百折不挠，开辟了中国革命的新局面；党在艰难险阻中发展壮大，征服自然，战胜强敌，实现民族独立和人民解放；党在艰苦卓绝中领导人民取得了社会主义建设、改革和发展的伟大胜利，开启了民族复兴的新篇章。建党一百年来，党始终以奋斗精神为力量、为底气、为支撑，因此，要引导大学生在学习党史中感悟奋斗力量，并将对党史的学习与新中国史、改革开放史、社会主义发展史的学习结合起来，从历史中汲取智慧，接续奋斗赢得未来。第三，以中国人民的不屈的奋斗意志来激励大学生的奋斗士气。人民是奋斗的主体，人民在奋斗中创造奇迹，中国人民在争取民族独立过程中形成的“伟大抗战精神”，在保家卫国中形成的“伟大抗美援朝精神”，在捍卫人民生命安全中形成的“伟大抗疫精神”等，这些是中国人民在奋斗中形成的不畏牺牲，不惧强敌，不怕困难的壮丽凯歌，因此，要以中国人民的奋斗意志来激励大学生用奋斗谱写属于时代新人的青春华章。

（二）以奋斗榜样领航前行，定新时代大学生奋斗之向

习近平在《要善于学典型》一文中指出，“‘学所以益才也，砺所以致刃也’。我们就是要善于向先进典型学习，在一点一滴中完善自己，从小事小节上修炼自己，以自己的实际行动学习先进、保持先进、赶超先进”[②]。先进典型是引领我们前行的光辉旗帜。细数榜样事迹，他们无不是将个人发展与国家和民族命运紧密联系起来，具有深厚的爱国情怀和无私的奉献精神，达到忘我甚至“无我”的境界。我们要以榜样引领新时代大学生前行。第一，要引导大学生学习他们报国为民的价值旨归。“为战斗胜利献出一切”的邱少云，“心有大我，至诚报国”的黄大年，“以生命诠释初心”的黄文秀等，这些榜

① 《学习百年党史　汲取奋进力量》，《人民日报》2021 年 2 月 22 日。

② 习近平：《之江新语》，杭州：浙江人民出版社，2007 年，第 218 页。

样用生命树立了奋斗丰碑，大学生要学习他们将家国情怀融入奋斗中，坚持为国为民的价值坚守，在奉献中实现人生价值，在奋斗中体验幸福真谛。第二，要引导大学生学习他们不畏艰难，顽强拼搏的精神状态。奋斗是攻坚克难，开拓进取的过程，“有条件要上，没有条件创造条件也要上”的铁人王进喜，“勇于攀登，彪炳史册”的“两弹一星”先进群体，扎根边疆教育一线40余年，身患绝症仍坚守讲台的张桂梅等，他们展现了奋斗者的精神风貌，挺直了民族的脊梁，大学生要学习他们舍己为民，敢为人先，知难而进，不惧艰辛的精神，以昂扬的精神状态投入新时代的奋斗大潮当中。第三，要引导大学生学习他们以坚持不懈、接续努力的意志品质。“滴水穿石，非力使然，恒也”，奋斗需要韧劲。32载矢志不移的“守岛夫妇”，鲐背之年仍守望稻田的袁隆平，“人生字典里没有‘停步’二字”的钟南山等，他们在岁月中坚守，在年轮中刻下了奋斗的光辉印记，大学生要学习他们坚韧不拔的恒心，在奋斗中不妥协，不懈怠，不松劲，不放弃。第四，要引导大学生学习他们扎根本职，甘于平凡的高尚境界。“平凡铸就伟大”，把“为人民服务”刻入骨子里的雷锋，“六十余载深藏功名”的张富清，18年间用抗癌厨房，以爱心守护抗癌病人的万佐成和熊庚香等，他们平凡中的奉献和坚守，带给人们温暖且直抵人心的震撼，大学生要学习他们热爱本职，坚守平凡，不慕名利，让高尚的品格与奋斗同行。

（三）以奋斗实践磨砺成长，展新时代大学生奋斗之姿

习近平指出，“奋斗不只是响亮的口号，而是要在做好每一件小事、完成每一项任务、履行每一项职责中见精神”[①]。奋斗实践是大学生奋斗精神养成的根本途径，大学生在奋斗实践中能够进一步检验和运用自己所学的理论知识，

① 习近平：《在纪念五四运动100周年大会上的讲话》，《人民日报》2019年5月1日。

提升认识水平，能够更深入地接触社会，了解国情，密切与人民群众的联系，能够提升发现问题和破解问题的能力，在实践中磨砺意志，汲取能量，增长本领。第一，要领导大学生结合社会需要进行落地化的奋斗实践。如果将学的知识束之高阁，纸上谈兵，闭门造车，那我们培养的人是华而不实，难当大用的。大学生必须要深入基层，考察社会发展历史，了解社会发展现状，从新中国成立以来社会发展巨大变迁中感悟中国共产党领导的正确性和社会主义制度的优越性，通过了解当前社会经济发展中仍然存在一些亟待解决的问题来增强自身紧迫感和使命感，通过在实践中完成好一些工作来建立自我价值感，强化自我认同感，提升自信心。大学生要在实践中提升思想认识，提高实践能力，感悟家国情怀，增强使命担当。第二，要引领大学生结合专业优势进行常态化的奋斗实践。不同专业的大学生具备自身的专业优势，要结合专业优势来开展奋斗实践，如法律学子深入基层普及法律知识，弘扬法治观念。医学学子科普医学常识，传递健康理念。农大学子科技兴农，助力乡村振兴等，这样既能够增强大学生对专业知识的理解和对专业技能的掌握，也能够增强大学生对专业价值的认同，从而激发大学生的学习兴趣和学习热情。同时还要将实践活动常态化，以保证大学生能够在长期持续的锻炼中深化认识，强化技能，把握社会发展的动态，紧跟时代发展的步伐。第三，要引领大学生结合自身实际进行多样化的奋斗实践。要结合大学生自身的兴趣爱好、发展方向、所处环境等因素引导他们进行形式多样、内容丰富的实践活动，譬如兴边支教、志愿服务、精准扶贫、自主创业、环境保护等，使他们既能够从不同维度认知和考察社会发展现状，又可以多角度助力提升自身综合素质。

中国共产党百年思想政治教育工作成就和基本经验
——“2021 年全国思想政治教育学术研讨会”会议综述

李春晖[①]

为庆祝中国共产党成立 100 周年，深入学习贯彻习近平总书记在庆祝中国共产党成立 100 周年大会上的重要讲话精神，2021 年 7 月 18 日至 19 日，2021 年全国思想政治教育学术研讨会在内蒙古师范大学召开。此次研讨会由中国社会科学院马克思主义研究院、内蒙古师范大学联合主办，中国社会科学院马克思主义研究院马克思主义中国化研究部、内蒙古师范大学马克思主义学院共同承办。开幕式上，内蒙古师范大学党委书记阿拉坦仓致欢迎辞，内蒙古自治区党委宣传部副部长张兆刚受自治区党委副书记林少春委托发表讲话，中国社会科学院马克思主义研究院党委书记、副院长辛向阳致辞并作大会主旨报告。内蒙古师范大学党委委员、副校长宫箭主持开幕式。来自中国社会科学院、中共中央党校（国家行政学院）、清华大学、中国人民大学、北京师范大学等科研院所和高校的 200 余位专家学者参加会议，并围绕“中国共产党思想政治教育百年回顾与展望”这一主题展开了深入交流。

① 李春晖，内蒙古师范大学宣传部部长，马克思主义学院院长、教授。

一、习近平总书记关于思想政治工作重要论述及重要讲话精神研究

习近平总书记发表的“七一”重要讲话，正值中国共产党百年华诞的重大时刻，处于“两个一百年”历史交汇的关键节点，回望百年奋斗史、擘画未来新征程，是一篇马克思主义纲领性文献，是新时代中国共产党人不忘初心、牢记使命的政治宣言，是我们党团结带领人民以史为鉴、开创未来的行动指南，是新时代思想政治教育的根本遵循。

辛向阳围绕“中国式现代化道路”进行深入阐释。首先，“中国式现代化道路”是社会主义的现代化道路，其本质是社会主义，是不同于资本主义殖民扩张的、走和平发展的现代化道路，是在保障国家主权安全和领土完整基础上独立自主、共同富裕的现代化道路。第二，“中国式现代化道路”是遵循客观规律的现代化道路，是探寻规律、把握规律、运用规律的现代化道路。第三，“中国式现代化道路”是史诗级的现代化道路，是在创造最辉煌的经济史诗、政治史诗、社会史诗基础上创造更多史诗的进程中的现代化道路。第四，“中国式现代化道路”是世界级的现代化道路，是解决世界难题、为世界做出巨大贡献的现代化道路。中国社会科学院学部委员、中国社会科学院大学首席教授程恩富阐释了“中国共产党为什么能，中国特色社会主义为什么好，归根到底是因为马克思主义行”的问题：一是以马克思主义为指导的中国共产党为什么能；二是基于马克思主义的中国特色社会主义为什么好；三是自觉推进马克思主义守正创新。他提出要通过中外马克思主义理论研究继续深入推进学习领会习近平新时代中国特色社会主义思想，对习近平新时代中国特色社会主义思想给予科学、准确的阐发和学理上的支撑。南京师范大学马克思主义学院教授王永贵认为，习近平总书记“七一”重要讲话的精神实质可以归纳为“四个伟大”：一次伟大的政治宣告；高度总结概括了伟大的历史历程；凝练和表述了

伟大建党精神；对未来做出伟大宣誓，是一次伟大号召。华中师范大学马克思主义学院院长、教授万美容认为，走好新的赶考之路必须继续推进马克思主义中国化，加强党的思想理论建设；要在坚持和发展中国特色社会主义伟大实践基础上不断推进理论创新；要坚持不懈地推进思想理论武装，要深入开展思想政治教育。思想理论建设在党的建设中有基础性、关键性的作用。

二、中国共产党精神谱系研究

习近平总书记在“七一”重要讲话中，提出了“坚持真理、坚守理想，践行初心、担当使命，不怕牺牲、英勇斗争，对党忠诚、不负人民”的伟大建党精神，这是中国共产党的精神之源。与会专家学者围绕伟大建党精神的深刻内涵和时代价值以及中国共产党人的精神谱系进行了深入探讨。

中共中央党校（国家行政学院）一级教授韩庆祥从四个方面阐述“伟大建党精神逻辑结构”。第一，用大历史观，即从长远史观、世界史观、整体史观、规律史观的视角理解把握伟大建党精神和精神谱系。第二，基于党的四个历史时期解读中国共产党人为什么一直注重党的自身精神建设。第三，中国共产党人的初心和使命要求中国共产党一直注重党的自身精神建设。第四，伟大建党精神是中国共产党精神谱系的精神之源，是精神谱系的基因和本体，要从科学认知、目标追求、钢铁意志和政治情怀等维度来理解伟大建党精神。中国人民大学马克思主义学院教授刘建军阐发了伟大建党精神与红船精神的关系。红船精神是研究建党精神的起点不是终点，红船精神主要在三方面有积极价值。第一，体现伟大建党精神，是重要的体现。第二，补充伟大建党精神，对内容有补充作用。第三，具有象征性作用，能够代表伟大建党精神。中央财经大学马克思主义学院院长、教授冯秀军认为，深入理解伟大建党精神，需要坚持大历史观。中国共产党的建立是中华民族历史上开天辟地的大事件。创建中国共产党实践中孕育生成的伟大建党精神，也是中华民族精神演进史上的大事件。它带来了中国人民在精神上从被动向主动的转折，标志着中华民族精神的新生，构筑起中华民族的新的精神高地。《奋斗》杂志社副社长吴海宝认为，要针对中国共产党百年奋斗的历史背景去感悟伟大精神；要深入社会主义现代化建设的生动实践去挖掘伟大精神；要结合实现中华民族伟大复兴的梦想使命去继承伟大精神，要坚持红色基因传承的历史性，搞好传帮带，把青年思政课与现代化建设实践紧密结合。内蒙古师范大学马克思主义学院教授付桂军认为艰苦奋斗是中国共产党百年历史的红色基因，不同时期艰苦奋斗赋予不同的内涵；艰苦奋斗是中国共产党人一脉相承的精神血脉，精神谱系中有很多精神是以名字来命名的；艰苦奋斗是新时代青年始终保持的前进姿态。

三、中国共产党思想政治教育百年的经验与启示

理论与实践相结合，是中国共产党百年发展历程的重要特征和宝贵经验。党的不懈奋斗史推动着党的思想政治教育日臻成熟。百年来，党的思想政治教育思路不断创新，实践不断向前，方法日渐成熟，效果不断彰显。

清华大学马克思主义学院教授刘书林提出要从五个要点推动思想政治教育学科的新发展。第一，要学习百年党史，维护党的历史的主题、主线、主流。第二，要深刻理解党的百年历史就是马克思主义中国化的历史。第三，要加强理想信念教育，将理想信念教育作为立德树人的永恒的教育主题。第四，要不断加深对马克思主义人民立场的问题，系统掌握以人民为中心的发展思想。第五，要进一步牢固树立坚持党的领导，坚决维护以习近平同志为核心的党中央权威和党的集中统一领导的体制。北京师范大学思想政治工作研究院院长、教授冯刚认为把思想政治工作作为治党治国的重要方式是非常有战略意义的。首先，思想政治工作的开展和思想政治教育体系的构建，要把握历史的维度。其

次，在思想政治教育发展的体系建构过程中，要注意解决框架和理念问题。最后，注重实践导向问题，要牢记思想政治工作是做人的工作，要关注学生、服务学生、引导学生。江西开放大学校长、研究员黄平槐认为，回望百年党史有一条鲜明的主线，就是党始终牢牢抓住人的根本和事物的根本的有机统一。其蕴含于党的初心使命，承载于党的创新理论所解决一系列根本问题，集成于习近平总书记关于以人民为中心的发展思想和新阶段、新理念、新格局的重要论述。河海大学马克思主义学院教授孙其昂认为新时代思想政治教育基础理论研究有许多课题，具有前沿性、挑战性、基础性。一是思想政治教育的名称，二是思想政治教育基础理论的含义、意义、位置、功能，三是思想政治教育基础理论的统一性，即具有基础意义的基础理论，四是思想政治教育基础理论研究所处的阶段，五是思想政治教育基础理论研究的主体是学者。武汉大学马克思主义学院教授佘双好认为，百年来中国共产党形成了思想政治教育的优良传统和明显优势，形成了把思想政治教育作为党的治国理政重要方式，把思想政治教育摆在极端重要位置，把马克思主义理论教育与日常思想政治教育结合起来，因事而化、因时而进、因势而新的理念，民主、说理和正面教育的原则，科学化规范化制度化的方向，思想政治教育全员化与专业化结合等经验。江西师范大学副校长、教授周利生回顾中国共产党思想政治教育的百年，认为建党前后在中国工人阶级当中开展动员的主要路径有三：一是创办公立学校，学校的基本方针是提高工人的觉悟，要成为工人政党的中心机构；二是开办工会组织，开拓政治动员的阵地；三是创办通俗刊物，用日常生活素材提升阶级觉悟。百色干部学院副院长、研究员刘玄启从三个方面讲述了党的理论创新百年历程。第一，我们党的历史是一部不断推进理论创新，进行理论创造的历史。第二，在实践基础上不断推进理论创新进行理论创造是我们党的优良传统和宝贵经验。第三，增强用党的创新理论武装全党的政治自觉是不断推进理论创新进行理论创造的关键所在。上海师范大学马克思主义学院教授石书臣认为，开展党史学习教育的实质是进行思想政治教育，党史中具有丰富的思想政治教育资源。主要形态有物质形态与精神形态、内容形态与载体形态、理论形态与实践形态等。只有全面认识和利用党史中这些不同形态的思想政治教育资源，才能充分发挥党史的思想政治教育功能。

四、“两个一百年”历史交汇点的思想政治教育前瞻

站在“两个一百年”历史交汇点上，思想政治教育发展呈现新趋势、新变化，远观思想政治教育未来，依然要遵循习近平总书记在全国高校思想政治工作会议上强调的“要坚持把立德树人作为中心环节，把思想政治工作贯穿教育教学全过程，实现全程育人、全方位育人，努力开创我国高等教育事业发展新局面”。

湖南大学校务委员会副主任、马克思主义学院名誉院长、教授张国祚认为，思想政治教育的核心任务是解决“自信”的问题。首先，“自信”是人生志气、勇气、底气和不懈奋斗的思想前提、精神基础、力量之源。其次，必须使我们的教育者和教育对象相信我们党所倡导的理论信仰、理想信念、价值观念。最后，“信”是建立在对事物主要矛盾的正确认识、对事物本质的正确把握，对事物发展规律的正确认识和把握，对事物发展主流和发展趋势的正确判断基础上的。大连海事大学教授曲建武认为，思想政治教育的根本在于培养矢志不渝跟党走的人，要培养有志气、骨气、勇气的新青年。因此，思政课教师的家国情怀与远大理想至关重要。思政课教师不可以只想着做理论家、教育家，而是要想着去实践，去做马克思主义中国化的实践者。思政教师要有理想追求，要甘于为思政事业倾其所有。内蒙古社会科学院院长、教授李春林认为，做好思想政治工作是中国共产党人重要的使命和责任。当前思想政治教育

工作要抓住一个核心，就是要加强研究和贯彻落实习近平新时代中国特色社会主义思想，注重理论联系实践。要把实践一以贯之，在知行合一上下真功夫、真下功夫。中国社会科学院马克思主义研究院马克思主义基本原理教研部主任、研究员余斌认为，开展关于增强做中国人的志气、骨气、底气的思想政治教育是非常必要的。有志气，是指把想做成的事情实实在在做成的决心和勇气。有骨气，指的是刚强不屈，富贵不能淫，贫贱不能移，威武不能屈。有底气，是指以力量为基础的，对不利局面具有应对能力，并加以克服的信心和勇气。兰州大学马克思主义学院教授王学俭认为，思想政治工作作为一门治党治国的科学，是一切工作的“生命线”。思想政治教育工作“两个巩固”的根本任务，决定了它在国家治理中具有围绕中心、以人为本、服务大局的基本职能；思想政治工作在国家治理中的“功能”，是凝心聚力、团结奋斗；思想政治工作在国家治理中的“目标”，是以人为本、民族复兴；思想政治工作在国家治理中的“发展”，主要体现在改革创新、同向同行。南开大学马克思主义研究院教授平章起阐述了如何建设理想信念、理想信念的未来发展趋势。理想信念建设有三个问题需要解决：一是远大理想与中国现实国情问题关系如何处理；二是远大理想与各个时期个人理想、社会理想等关系如何处理；三是处理远大理想与社会舆情、社会思潮的关系。首都师范大学马克思主义学院院长、教授王淑芹肯定了思想政治工作在革命、建设和改革开放各个时期的重要的地位和作用。提出当前一方面要更好地发挥思想政治教育工作的功能，另一方面需要思考怎么样才把思想政治教育理论工作与时俱进，承担重要的使命和任务。因此需要加强思想政治教育基础理论研究。北京第二外国语大学副校长、教授郑承军阐发了人类命运共同体的思想教育意蕴，他认为在英语表达中，“共同体”和“共产主义”两个词有共同的词根，昭示着人类命运共同体不仅是一个对外话语，同时也是思想教育题中应有之义。人类命运共同体具有丰富的思想性，是中国主张的国际话语表达，是中国方案的国际主义理解，是中国精神的集体主义意蕴，是中国智慧的人本价值蕴含。安徽师范大学马克思主义学院教授王习胜认为，思想政治教育方法探索的面相描画是指基础理论中思想政治教育方法研究，包括马克思主义与马克思主义中国化著作中的思想政治教育方法研究、习近平新时代中国特色社会主义思想中的思想政治教育方法研究等。思想政治教育方法探索的专题研究重点在思想政治教育修辞的目的、作用、作用机理。思想政治方法探索的取向审思集中在深化思想政治教育方法的基础理论研究。